X.media.press

Klaus Simon

Farbe im Digitalen Publizieren

Konzepte der digitalen Farbwiedergabe
für Office, Design und Software

Prof. Dr. Klaus Simon
Alte Landstr. 158
8800 Thalwil
Schweiz
klaus.simon@empa.ch

ISBN 978-3-540-37327-8   e-ISBN 978-3-540-37329-2
DOI 10.1007/978-3-540-37329-2
ISSN 1439-3107

Bibliografische Information der Deutschen Nationalbibliothek
Die Deutsche Nationalbibliothek verzeichnet diese Publikation in der Deutschen
Nationalbibliografie; detaillierte bibliografische Daten sind im Internet über
http://dnb.d-nb.de abrufbar.

© 2008 Springer-Verlag Berlin Heidelberg

Dieses Werk ist urheberrechtlich geschützt. Die dadurch begründeten Rechte, insbesondere die
der Übersetzung, des Nachdrucks, des Vortrags, der Entnahme von Abbildungen und Tabellen,
der Funksendung, der Mikroverfilmung oder der Vervielfältigung auf anderen Wegen und der
Speicherung in Datenverarbeitungsanlagen, bleiben, auch bei nur auszugsweiser Verwertung,
vorbehalten. Eine Vervielfältigung dieses Werkes oder von Teilen dieses Werkes ist auch im
Einzelfall nur in den Grenzen der gesetzlichen Bestimmungen des Urheberrechtsgesetzes der
Bundesrepublik Deutschland vom 9. September 1965 in der jeweils geltenden Fassung zulässig. Sie
ist grundsätzlich vergütungspflichtig. Zuwiderhandlungen unterliegen den Strafbestimmungen
des Urheberrechtsgesetzes.

Die Wiedergabe von Gebrauchsnamen, Handelsnamen, Warenbezeichnungen usw. in diesem
Werk berechtigt auch ohne besondere Kennzeichnung nicht zu der Annahme, dass solche Namen
im Sinne der Warenzeichen- und Markenschutz-Gesetzgebung als frei zu betrachten wären und
daher von jedermann benutzt werden dürften. Text und Abbildungen wurden mit größter Sorgfalt
erarbeitet. Verlag und Autor können jedoch für eventuell verbliebene fehlerhafte Angaben und
deren Folgen weder eine juristische Verantwortung noch irgendeine Haftung übernehmen.

Einbandgestaltung: KünkelLopka Werbeagentur, Heidelberg

Gedruckt auf säurefreiem Papier

9 8 7 6 5 4 3 2 1

springer.com

Vorwort

Die hier präsentierte Sichtweise des Themas «*Farbe*» ist geprägt durch meine berufliche Tätigkeit an der Empa[1] bzw. der Ugra[2], die bis 2005 dort organisatorisch integriert war. Auf Grund der dadurch bedingten Konzentration auf branchenweite Veränderungen bzw. Vorgänge ist es naheliegend das Thema «*Farbe*» vor dem Hintergrund der aktuellen Workflow-Szenarien darzustellen. In Anbetracht des vollständig etablierten Desktop Publishings und des zunehmenden Trends zum Cross Media Publishing verändern sich die Zielgruppen, an die sich ein solches Werk traditionell wendet. Der gewählte Titel sei als Hinweis auf die geänderten Bedürfnisse bzw. Erwartungen an ein diesbezügliches Lehrbuch verstanden.

Die Publikationstechnik vor 1990 war durch die fotomechanische Bildreproduktion geprägt. Sie zeichnete sich durch feststehende industrielle Arbeitsabläufe aus, die durch Spezialisten der Druckvorstufe ausgeführt wurden. Farbe war gerätespezifisch. Der Umgang mit Farbe beschränkte sich auf die Bedienung der entsprechenden Geräte, z.B. einer Kamera, welche in den vielen einschlägigen Ausbildungsgängen der graphischen Industrie erlernt wurde. Farbe als technische Spezifikation war nur in Form der Qualitätskontrolle, z.B. bei Schadensfällen, präsent.

Im digitalen Publizieren besteht das Produkt aus einer abstrakten Layoutbeschreibung. Die festgefügten Arbeitsabläufe der Druckvorstufe sind durch offene Kommunikationsstandards ersetzt worden. Die abstrakten Farbspezifikationen der digitalen Daten sind geräteneutral. Gerätespezifische Anpassungen müssen explizit, z.B. durch ein Color Management System, vorgenommen werden. Der sichere Umgang mit digitalen Farbdaten erfordert ein konzeptionelles Wissen über Farbe, Farbmessung oder Farbräume. Das operative Farbverständnis der fotomechanischen Bildreproduktion tritt in den Hintergrund.

Die Herausforderung besteht nun darin, dass Farbe als ein Phänomen der menschlichen Wahrnehmung technisch keinesfalls einfach zugänglich ist. Das erste thematische Kapitel des Buches

---

[1] Eidgenössische Materialprüfungs- und Forschungsanstalt
[2] Verein zur Förderung wissenschaftlicher Untersuchungen in der grafischen Industrie, dem schweizer Pendant zur deutschen Fogra

beschäftigt sich demgemäss mit den physiologischen Grundlagen des Sehens. Es folgt die Farbmetrik, der farblichen Charakterisierung eines Lichtreizes, einschliesslich der Besonderheiten der wichtigsten technischen Farbräume. Die Farbmessung wird in den allgemeineren Kontext der Farberfassung eingebettet. Ein spezielles Kapitel ist dem Halftoning, der Realisierung von Helligkeitsstufen auf Papier, gewidmet. Anschliessend beschäftigen wir uns mit den zentralen Problemfelder der modernen Farbbildreproduktion, dem Gamut Mapping und seiner Anwendung im Color Management. Die Workflow-Problematik wird aus einer historischen Perspektive beleuchtet. Das letzte Kapitel behandelt die Qualitätskontrolle.

Wie bei jedem Lehrbuch mussten verschiedene Komprisse eingegangen werden. An erster Stelle ist hier der Widerspruch zwischen fachlicher Tiefe und allgemeiner Verständlichkeit zu nennen. Es wurde speziell versucht Farbforschung als Selbstzweck zu vermeiden und den Bezug jedes Einzelthemas zum Publizieren herauszuarbeiten.

Traditionell bildet die Danksagung den Schluss eines Vorwortes, so auch hier. Zunächst bedanke ich mich beim Springer-Verlag und speziell bei Herrn Engesser für das wohlwollende Interesse am Thema und die unkomplizierte Zusammenarbeit. Mein Dank gilt ferner den in- und externen Kollegen, die mich in der ein oder anderen Art und Weise unterstützt haben, namentlich möchte ich Iris Sprow, Donata Faust und Urs Bünter erwähnen. Schliesslich sei den verschiedenen Firmen, Museen und Organisationen gedankt, die mit Illustrationen zum Gelingen des Werkes beigetragen haben. Jeder diesbezüglichen Abbildung ist eine entsprechende explizite Quellenangabe zugeordnet.

Zürich, Mai 2007

Klaus Simon

Inhaltsverzeichnis

1	**Motivation**	**7**
	1.1 Literaturverzeichnis	11
2	**Sehen und Wahrnehmen**	**13**
	2.1 Der Lichtreiz	16
	2.1.1 Spektren	17
	2.1.2 Strahlungsgrössen	18
	2.2 Physiologie des Sehens	22
	2.2.1 Das Auge als optisches System	23
	2.3 Die Netzhaut	25
	2.3.1 Räumliche Verteilung der Rezeptoren	26
	2.3.2 Adaptation	27
	2.3.3 Die drei Zapfenarten	29
	2.3.4 Rezeptive Felder	31
	2.3.5 Hermann-Gitter	33
	2.3.6 Simultankontrast	34
	2.4 Farbsehen	35
	2.4.1 Dreikomponententheorie	35
	2.4.2 Gegenfarbentheorie nach Hering	36
	2.4.3 Zonentheorie	37
	2.5 Wahrnehmungsschwellen	39
	2.5.1 Reiz- und Empfindungsstärke	39
	2.5.2 Helligkeitsempfindung	41
	2.5.3 Räumliches Auflösevermögen	43
	2.5.4 Zeitliches Auflösevermögen	47
	2.6 Literaturverzeichnis	48

3 Farbmetrik   51

    3.1 Farbvergleiche 52
    3.2 Farbvalenzen 54
         3.2.1 Spektralwertkurven 60
         3.2.2 Farbdiagramme 61
         3.2.3 Das Normvalenzsystem 63
         3.2.4 Absolute und relative Farbmetrik 65
         3.2.5 Grossfeld-Normvalenzsystem 66
    3.3 Gleichabständige Farbräume 67
         3.3.1 Konzepte für Farbabstände 68
         3.3.2 CIELUV 72
         3.3.3 CIELAB 75
         3.3.4 Farbdifferenzformeln 80
    3.4 Körperfarben 83
         3.4.1 Lichtmodifikation durch Materie 84
         3.4.2 Messgeometrien 88
         3.4.3 Lichtquellen 90
    3.5 Der $\mathcal{CMYK}$-Farbraum 93
         3.5.1 Optimalfarben und der ideale Mehrfarbendruck   94
         3.5.2 Die realen Grundfarben des Mehrfarbendrucks   100
         3.5.3 Tansformation $\mathcal{XYZ}$ nach $\mathcal{CMYK}$ 102
    3.6 $\mathcal{RGB}$-Farbräume 107
         3.6.1 Ableitung aus $\mathcal{XYZ}$ 107
         3.6.2 sRGB 111
         3.6.3 $\mathcal{RGB}$ als Arbeitsraum 114
         3.6.4 Bemerkungen 120
    3.7 Literaturverzeichnis 121

4 Farbordnungssysteme — 125

    4.1 Das Munsell-System 127

    4.2 Das NCS-Farbsystem 129

    4.3 Das DIN-Farbsystem 131

    4.4 Literaturverzeichnis 132

5 Farberfassung — 133

    5.1 Farbmessverfahren 134

    5.2 Farbmessung 136

    5.3 Scanner 139

    5.4 Digitalfotografie 141

    5.5 Literaturverzeichnis 142

6 Halftoning — 143

    6.1 Rasterzellen 143

    6.2 Amplitudenmodulation 145

        6.2.1 Farbdarstellung und Moiré-Effekte 147

        6.2.2 Rasterzellenformen 149

    6.3 Frequenzmodulierte Rasterung 151

    6.4 Rasteralgorithmen 152

        6.4.1 Dot-by-Dot-Verfahren 154

        6.4.2 Error Diffusion 159

        6.4.3 Intensitätsmodulation 163

    6.5 Bemerkungen 164

    6.6 Literaturverzeichnis 165

7 Gamut Mapping — 167

- 7.1 Traditionelle Designprinzipien — 172
  - 7.1.1 Farbton — 172
  - 7.1.2 Helligkeit — 173
  - 7.1.3 Sättigung — 188
- 7.2 State-of-the-Art — 189
  - 7.2.1 Clipping-Verfahren — 190
  - 7.2.2 Grundschema komplexerer Algorithmen — 191
- 7.3 Forschungstendenzen — 198
- 7.4 Schlussbemerkungen — 200
- 7.5 Literaturverzeichnis — 200

8 Color Management Systeme — 203

- 8.1 Gerätespezifische Farbtransformationen — 205
- 8.2 ICC-Profile — 207
  - 8.2.1 Wiedergabeziele — 207
  - 8.2.2 Profilklassen — 219
  - 8.2.3 Profilstruktur — 220
- 8.3 Color Matching Method — 224
- 8.4 Profilerstellung — 225
  - 8.4.1 Scanner- und Kameraprofile — 229
  - 8.4.2 Monitorprofile — 232
  - 8.4.3 Druckerprofile — 235
- 8.5 Benutzersicht — 238
- 8.6 Technische Probleme — 239
- 8.7 Bewertung — 243
- 8.8 Literaturverzeichnis — 246

9 Drucken: Gestern, Heute, Morgen 247

- 9.1 Entstehen der Schwarzen Kunst 249
- 9.2 Industrialisierung des Druckens 252
    - 9.2.1 Papiererzeugung 252
    - 9.2.2 Weiterentwicklung der Druckmaschinen ... 254
    - 9.2.3 Mechanisierung der Schreib- und Satztechnik 258
- 9.3 Druck wird Massenmedium 262
- 9.4 Entwicklung der Bildreproduktion 266
    - 9.4.1 Holzschnitte und Kupferstiche 267
    - 9.4.2 Steindruck 272
    - 9.4.3 Fotomechanische Bildreproduktion 277
    - 9.4.4 Entwicklung der Fotografie 278
    - 9.4.5 Fotomechanische Rasterung 285
    - 9.4.6 Der fotografische Schwarzweissprozess 288
    - 9.4.7 Offsetdruck 292
    - 9.4.8 Fotosatz 295
- 9.5 Die Druckvorstufe zwischen 1970 – 90 297
- 9.6 Digitale Druckvorstufe 299
    - 9.6.1 Camera Ready und Wissenschaft 300
    - 9.6.2 Desktop Publishing 302
    - 9.6.3 Digitale Bogenmontage 305
- 9.7 Computer-to-Techniken 306
- 9.8 Cross Media Publishing 310
- 9.9 Konventionelle Druckverfahren 313
    - 9.9.1 Buchdruck 315
    - 9.9.2 Flexodruck 315
    - 9.9.3 Tiefdruck 316

	9.9.4 Siebdruck	318
9.10	Non-Impact-Printing	319
	9.10.1 Elektrofotografie (Laserdruck)	320
	9.10.2 Inkjets	321
	9.10.3 Thermographie	323
9.11	Literaturverzeichnis	324

10 Proofing — 325

10.1	Proof-Arten	326
10.2	Rahmenbedingungen des Kontraktproofs	327
10.3	Technik	330
	10.3.1 Rasterproof (True Proof)	333
	10.3.2 Softproof	333
	10.3.3 Remote Proofing	334
10.4	Tendenzen	335
10.5	Literaturverzeichnis	335

Kapitel 1

Motivation

Der Mensch nimmt seine Umwelt überwiegend visuell wahr. Redewendungen wie «sich ein Bild machen» oder «ein Bild sagt mehr als tausend Worte» weisen auf die zentrale Bedeutung des Gesichtssinnes hin. Ein wichtiger Teilaspekt ist dabei das Farbsehen. Sprachlich ist Farbe im Allgemeinen positiv besetzt wie in «schön bunt»[1] oder «Farbe bekommen».[2] Die Abwesenheit von Farbe, z.B. «grau in grau», wird dagegen negativ wahrgenommen. Formulierungen wie «ich sehe rot» oder «sich grün und blau ärgern» deuten auf die Verbindung von Farbe und Emotion.

Abbildung 1.1
Farbe und Gestalten

Die Wertschätzung von Farbe kann an dem Aufwand abgelesen werden, der zur farblichen Gestaltung der Umwelt getrieben wird, z.B. im Produktdesign. Die Auswahl der «richtigen» Farbe für ein neues Kleidungsstück oder ein neues Auto ist ein selbstverständlicher Teil der Kaufentscheidung. Es sei in diesem Zusammenhang darauf hingewiesen, dass die Entstehung der modernen Chemieindustrie auf das Engste mit der Produktion von Farbstoffen verknüpft ist,

---
[1] abwechselungsreich, nicht langweilig
[2] für gesund werden

man denke etwa an BASF, Agfa oder IG Farben.[3] Von der Gestaltung der Welt ist es nur ein kleiner Schritt zu ihrer Abbildung in der Kunst oder der Kommunikation. So bezeugen etwa die Höhlenbilder der **Grotte Chauvet** (Vallon-Pont-d'Arc)[4], die Ikonenmalerei der orthodoxen Christen oder die farbenprächtigen Mandalas des tibetanischen Lamaismus das tiefverwurzelte Interesse an Farbbildern in der menschlichen Kultur. Ein aktuelles und für die vorliegende Analyse besonders naheliegendes Beispiel liefert das Web. Das Internet, das 30 Jahre unbemerkt von der Öffentlichkeit als Werkzeug von Wissenschaftler für Wissenschaftler existierte, wurde erst Mitte der 90er Jahre populärer Teil der Alltagskultur, nachdem es fähig wurde auf einfache Art Farbbilder darzustellen.

Abbildung 1.2
mit und ohne Farbe

[3]Eine sehr schöne Beschreibung der Entwicklung der Farbstoffindustrie findet man in **Bram** [1].
[4]siehe **Chauvet** [2].

Und damit sind wir beim Thema des Buches angekommen, der Erzeugung digitaler Farbbilder. Obwohl der Computer im pragmatischen Umgang mit Farbe vieles vereinfacht hat, ist das wissenschaftliche Phänomen *Farbe* nicht trivial und ist bis heute Gegenstand der Grundlagenforschung.

> *Dies liegt vor allem daran, dass Farbe keine physikalische Grösse ist, sondern eine neuronale Interpretation sinnesphysiologisch erfasster, relativer Intensitätsunterschiede in der Wellenlängenzusammensetzung von sichtbarem Licht darstellt.*

Diese Aussage mag zunächst einmal irritieren, denn fundamental erfahren wir Farbe als Oberflächenfarbe, oder genauer, die Farbe eines Gegenstandes nehmen wir als Materialeigenschaft seiner Oberfläche wahr. Dieser Eindruck beruht auf der Konstanz der Farbwahrnehmung, d.h. ein rotes Auto bleibt ein rotes Auto, sowohl bei Glühbirnenlicht in der Garage, im Nebel auf der Autobahn oder im Morgenrot auf Mallorca. Ein besonders extremes Beispiel stellt eine farbige Sonnenbrille dar. Nach einer gewissen zeitlichen Anpassung nehmen wir unsere Umwelt mehr oder weniger wie gewohnt wahr, wobei besonders die Unterscheidbarkeit von bunt und unbunt erhalten bleibt.[5] Diese Konstanz von Oberflächenfarbe[6] ist aus evolutionsbiologischer Sicht äusserst wichtig für uns als Lebewesen, denn sie erlaubt es uns, unsere Umwelt an ihren Oberflächenfarben zu erkennen. Aus physikalischer Sicht ist diese Konstanz jedoch eher verwunderlich, denn die Farbe ist offenbar eine Funktion des von der jeweiligen Oberfläche reflektierten Lichtes. Die Lichtverhältnisse in unserer

Abbildung 1.3
zur Farbkonstanz; der blaue Schnee wird weiss wahrgenommen

---

[5] Die Farbkonstanz hat jedoch auch ihre Grenzen. So sind durch einen roten Farbfilter weisse Gegenstände noch als solche zu erkennen, aber rote erscheinen ebenfalls als weisse.
[6] Entwicklungsbiologen sehen in dieser Fähigkeit einen entscheidenden evolutionären Vorteil höherer Primaten.

Umwelt variieren[7] aber in einem schier unglaublichen Umfang.[8] In Strahlungsleistung gemessen, ist ein schwarzer Kohlenhaufen in der Sommersonne wesentlich heller als weisser Schnee in der Abenddämmerung.

Die elementare Erfahrung, dass mehr oder weniger unabhängig von den herrschenden Lichtverhältnissen eine Oberflächenfarbe als konstant wahrgenommen wird, zeigt, dass Farbsehen eine bemerkenswerte Leistung unseres Gehirns repräsentiert. Die entsprechenden physiologischen bzw. neuronalen Prozesse werden gerade heutzutage intensiv erforscht. Ihr Verständnis ist im 20. Jahrhundert soweit gereift, dass die technische Farbwiedergabe als Farbfoto, Farbkopie oder DVD zu einem unverzichtbaren Teil der Alltagskultur geworden ist.

Tafel 1.1: Ziele des Buches

- Farbwiedergabe im **Cross Media Publishing**
  - Druck, Bildschirm, Web, ...
- **geräteneutrale Farbwiedergabe**
- Verständnis des **digitalen Workflows**
  - marktgetriebene Entwicklung: PDF, ...
  - Forschung hinkt hinterher
- Publizieren als **Autorenkompetenz**

Der technisch zielgerichteten Farbreproduktion liegt eine Modellierung des menschlichen Farbsehens bzw. -empfindens zu Grunde. Die zugehörige Theorie, genannt *Farbmetrik*, ist als Abbildung neuronaler Prozesse geprägt von Normierungstabellen, nichtlinearen Kurvenverläufen, permanenten Interpolationen zwischen empirischen Stützwerten und ähnlichen Unbequemlichkeiten. Es ist deshalb kein Wunder, dass mit der Etablierung des Computers als Universalwerkzeug der technischen Zivilisation auch die Farbmetrik einen enormen Aufschwung erfahren hat. In der Tat hat in den letzten 20 Jahren die Digitalisierung der Farbwiedergabe einen solchen Umfang angenommen, dass es nicht mehr übertrieben ist von

---

[7]wobei noch nicht einmal primär an die Sonnenbrille gedacht ist
[8]siehe Kapitel 2.2

einer *Computational Color Reproduction* zu sprechen. In dieser Abhandlung wird versucht diese Sicht der Dinge wiederzugeben, insbesondere bezüglich der Farbbildproduktion in der Druckindustrie, dem Web oder dem privaten Tintenstrahldrucker.

Tafel 1.2: Entwicklung der Medientechnik

- ≈ 1440 Erfindung des Buchdrucks
- ≈ 1800 Erfinfung der Lithographie
- ≈ 1840 Erfindung der Fotografie
- ≈ 1880 fotomechanischer Rasterdruck
- ≈ 1890 Mechanisierung der Satztechnik
- ≈ 1900 Offsetdruck
- • 1931 CIE-Normvalenzsystem
- • 1970 digitaler Fotosatz
- • 1985 Desktop Publishing
- • 2000 Cross Media Publishing

Dabei wird eine geräteneutrale Darstellung der Farbwiedergabe angestrebt, im Sinne des heute populären *Cross Media Publishing*.[9] Spezielle Themen wie *Gamut Mapping* oder *Color Manangement* orientieren sich an den Verhältnissen des digitalen Workflows der Medienbranche. Dieses Buch versucht zum einen das Interesse der Informatik an der digitalen Farbwiedergabe zu wecken, einem schnell wachsenden Softwaremarkt, zum anderen versucht sie die Bedürfnisse eines Autors[10] im Publishing-Alltag abzudecken.

1.1 Literaturverzeichnis

[1] G. Bram und N. Anh. Der Siegeszug der Farbstoffindustrie. *Spektrum der Wissenschaft*, Seiten 56–58, 2000. Sonderausgabe Farben.

[2] J. Chauvet, E. Deschamps, und C. Hillaire. *Grotte Chauvet (bei Vallon-Pont-d'Arc)*. Jan Thorbecke Verlag, Sigmaringen, 1995.

---

[9] Publizieren desselben Inhaltes in verschiedenen Medien wie Zeitung, CD oder Web
[10] Doktoranden oder Wissenschaftlers

Kapitel 2

Sehen und Wahrnehmen

Die Farbwiedergabe orientiert sich sowohl in ihrem konzeptionellen Aufbau als auch in ihren technischen Standards relativ direkt an dem physiologischen Verständnis des Farbsehens. Bevor wir uns der technischen Spezifikation von Farbe zuwenden können, ist es deshalb erforderlich, sich zunächst mit einigen grundsätzlichen Erkenntnissen über das Sehsystem des Menschen vertraut zu machen.

> **Tafel 2.1:** Sehen und Wahrnehmen
>
> - **Lichtreiz**
>   - Anregung der Netzhautrezeptoren durch Licht
> - **Farbempfindung**
>   - durch Licht im Bewusstsein erzeugte Wahrnehmung
> - **Farbmetrik**
>   - quantitativer Zusammenh. «Lichtreiz-Empfindung»
>   - Analyse mit psychophysikalischen Methoden
> - **Farbvalenz (niedere Farbmetrik)**
>   - Welche Lichtreize erzeugen die gleiche Empfindung?
>   * genauer: ... werden physiologisch gleich erfasst?

Unter einem *Lichtreiz* verstehen wir die Anregung der Rezeptorzellen in der Netzhaut durch einfallendes Licht. Der Lichtreiz erzeugt im Bewusstsein eine Farbwahrnehmung, die *Farbempfindung*. Die *Farbmetrik* als Wissenschaft versucht den Zusammenhang

Lichtreiz–Farbempfindung

quantitativ zu beschreiben. Dazu bedient sie sich *psychophysikalischer Methoden*. Die Bezeichnung Psychophysik geht auf den Physiker **Gustav Theodor Fechner** zurück, der 1860 in seinem Werk

Elemente der Psychophysik

eine Reihe von richtungsweisenden Methoden beschrieb, die auch heute noch Stand der Technik sind. Das Teilgebiet der *Farbvalenzmetrik*[1] beschäftigt sich mit der Frage: *Welche Lichtreize erzeugen die gleiche Empfindung?* Die Farbvalenzmetrik ist die eigentliche Basis der technischen Farbspezifikation, siehe Kapitel 3. Ihre zentrale Fragestellung lässt sich allerdings nicht ohne Weiteres beantworten.

---
[1] auch niedere Farbmetrik genannt

Kapitel 2. Sehen und Wahrnehmen

Abbildung 2.1
Simultankontrast

Betrachten wir dazu die Abbildung 2.1. Der hier illustrierte Effekt ist als *Simultankontrast* bekannt. Ein graues Feld (Mitte) mit weissem Hintergrund erscheint dunkler als dasselbe graue Feld mit schwarzem Hintergrund. Dieses Beispiel zeigt, dass gleiche Lichtreize (das mittlere Graufeld) verschieden empfunden werden können. Das Bild in Tafel 2.2 veranschaulicht unsere Problematik am Beispiel einer schwarzen Fläche, die nicht automatisch als die Abwesenheit eines Lichtreizes zu verstehen ist. Betrachten wir einen Bildschirm, der im abgeschalteten Zustand grau ist.[2] Durch das Einschalten wird der Bildschirm heller, also heller als grau. Trotzdem können wir auf dem «heller als grau»-Bildschirm tiefschwarze Flächen erzeugen, was zeigt:

> Schwarz ist weiss mit einem helleren Rand.

Aber wir haben auch das umgekehrte Phänomen, nämlich dass verschiedene Lichtreize die gleiche Empfindung auslösen. Typisch hierfür sind Adaptationsvorgänge an die vorherrschende Beleuchtung. Bei der Hell- bzw. Dunkeladaptation handelt es sich hauptsächlich um eine chemische Anpassung der Rezeptorempfindlichkeit. Sie erlaubt das Sehen unter sehr verschiedenen Beleuchtungsstärken, siehe Abschnitt 2.3.2.

Tafel 2.2: gleicher Reiz – verschied. Empfindungen

- **Monitorschwarz**
    - abgeschalteter Bildschirm ist grau
        * reflektiert Umfeldlicht
    - im aktiven Betrieb wird er heller
        * Selbststrahler
    - nun sind iefschwarze Bildflächen sichtbar

---

[2]durch Reflexion des Umgebungslichtes

Tafel 2.3: verschiedene Reize — gleiche Empfindung

- durch Adaptation an vorherrschende Beleuchtung
- **Helladaptation**
  - durch Anpassung der Rezeptorempfindlichkeit
  - erlaubt Sehen in verschiedenen Beleuchtungsstärken
- **chromatische Adaptation** (Farbkonstanz, Umstimmung)
  - Anpassung an die Farbe der Lichtquelle
    * erfolgt auf neuronaler Ebene in der Netzhaut
  - Wahrnehmung konstanter Oberflächenfarben
    * "unabhängig" von der Lichtquelle
  - im Unbunten die Unterscheidung
    weiss-beschatteter Flächen von *grau-beleuchteten*

Auf die *chromatische Adaptation*, bekannt als *Farbkonstanz* oder *Umstimmung des Auges*, haben wir bereits in der Einleitung hingewiesen. Sie erfolgt auf neuronaler Ebene in der Netzhaut und ist als Anpassung an die Farbe der vorherrschenden Lichtquelle zu verstehen. Funktional ermöglicht sie die Wahrnehmung von Oberflächenfarben unabhängig von der Lichquelle. Bezüglich unbunter Farben ermöglicht die Farbkonstanz die Erkennung von Schatten, d.h. die Unterscheidung von «*weiss-beschatteten Flächen*» von «*grau-unbeschatteten Flächen.*»

Für die Farbmetrik bedeutet dies, dass das Empfinden einer farbigen Fläche sowohl vom Sehfeld als auch vom Adaptationszustand des Auges abhängig ist. Die zentrale Frage der Farbmetrik «*Welche Lichtreize verursachen gleiche Empfindungen?*» muss genauer gefasst werden, um beantwortet werden zu können. Die Präzisierung des Problems besteht in einer Standardisierung des Sehumfeldes zusammen mit der Beschränkung auf «*gleich-ungleich*»-Entscheide. Im Detail werden wir darauf im Kapitel 3 eingehen.

Tafel 2.4: Farbvalenz

- das **Farbempfinden einer Farbfläche** ist
  - sowohl abhängig vom Sehumfeld als auch
  - vom aktuellen Adaptationszustand des Auges
- **gleiche Empfindungen** sind nur erfassbar bei ...
  - standardisierten Bedingungen und
  - für den Test «*gleich – ungleich*»
- dies führt zur Definition des **Normbeobachters**
  - Grundlage der technischen Farberfassung
- Einfluss von Sehumfeld auf die Farbempfindung
  - wird in der **Color Appearance** untersucht

Das Resultat dieser Bemühungen ist ein sogenannter *Normbeobachter*, der das durchschnittliche Farbempfinden eines Menschen in der definierten Situation repräsentieren soll. Der Einfluss des Umfeldes, der durch dieses Vorgehen ausgeschlossen wurde, wird in der Farbforschung in dem Teilgebiet *Color Appearance* behandelt. Wir verweisen diesbezüglich auf das exzellente Werk von **Mark Fairchild** [4].

Bezeichnung	Frequenz (Hz)	Wellenlänge (m)
Niederfrequenz	$3 \cdot 10^1 - 3 \cdot 10^4$	$10^7 - 10^4$
Radiowellen	$3 \cdot 10^4 - 2 \cdot 10^{12}$	$10^4 - 2 \cdot 10^{-4}$
Infrarot	$3 \cdot 10^{11} - 4 \cdot 10^{14}$	$10^{-3} - 8 \cdot 10^{-7}$
sichtbares Licht	$4 \cdot 10^{14} - 7 \cdot 10^{14}$	$8 \cdot 10^{-7} - 4 \cdot 10^{-7}$
Ultraviolett	$7 \cdot 10^{14} - 3 \cdot 10^{16}$	$4 \cdot 10^{-7} - 10^{-8}$
Röntgenstrahlen	$3 \cdot 10^{15} - 3 \cdot 10^{23}$	$10^{-7} - 10^{-15}$
γ-Strahlen	$8 \cdot 10^{17} - 4 \cdot 10^{21}$	$4 \cdot 10^{-10} - 7 \cdot 10^{-14}$

Abbildung 2.2 elektromagnetisches Spektrum

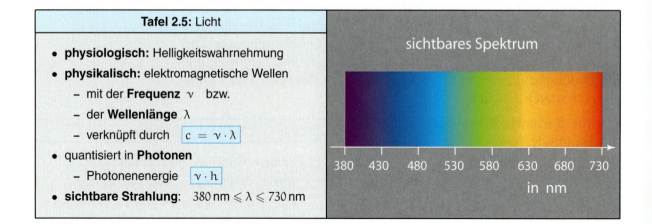

Tafel 2.5: Licht

- **physiologisch:** Helligkeitswahrnehmung
- **physikalisch:** elektromagnetische Wellen
  - mit der **Frequenz** ν bzw.
  - der **Wellenlänge** λ
  - verknüpft durch $c = \nu \cdot \lambda$
- quantisiert in **Photonen**
  - Photonenenergie $\nu \cdot h$
- **sichtbare Strahlung:** $380\,\mathrm{nm} \leq \lambda \leq 730\,\mathrm{nm}$

2.1 Der Lichtreiz

Der erste Schritt auf dem Weg zu einer farbmetrischen Beschreibung eines Lichtreizes besteht in einer physikalischen Charakterisierung des ihn verursachenden Lichtes.[3]

---

[3] Zur Vereinfachung der Sprache werden wir im Folgenden auf eine strenge Unterscheidung des Lichtreizes von dem ihm zu Grunde liegenden Lichtes verzichten, falls dadurch keine Verwirrung zu erwarten ist.

2.1. Der Lichtreiz

Aus physikalischer Sicht ist Licht eine elektromagnetische Strahlung. Umgangssprachlich versteht man unter Licht den *sichtbaren Anteil dieser Strahlung*, pragmatisch etwa durch den Wellenlängenbereich zwischen 380 und 780 nm charakterisiert. Im erweiterten Sinne bezeichnet Licht auch Infrarot-, Ultraviolett- und Röntgenstrahlung, siehe Abbildung 2.2.

Im engeren Sinne stellt elektromagnetische Strahlung eine Überlagerung von elektrischen und magnetischen Feldern dar, die sich im Vakuum oder in einem nicht absorbierenden Medium ausbreiten. An jedem Ort führen sowohl das elektrische wie auch das magnetische Feld Schwingungen der *Frequenz* ν und der *Wellenlänge* λ aus. Das elektromagnetische Feld ist quantisiert. Die einzelnen Teilchen (Quanten) heissen *Photonen*. Ein einzelnes Photon hat eine Energie[4] von $\nu \cdot h$. Da andererseits die Frequenz ν mit der Wellenlänge λ durch die Lichtgeschwindigkeit[5] c mittels $c = \nu \cdot \lambda$ verknüpft ist, ist auch λ ein Mass für die Energie eines Photons.

2.1.1 Spektren

In der Farbmetrik ist der zentrale Gegenstand der Betrachtung die *spektrale Strahlungsdichte (Spektrum)* $S(\lambda)$ eines Lichtreizes, d.h. seine Energieverteilung bezogen auf die Wellenlänge λ. Dabei sind jedoch gewisse Vorgehensweisen zu beachten, die zum Teil auf Gewohnheit zum grösseren Teil aber auf die Restriktionen des Sehprozesses zurückgehen.

In lichttechnischen Anwendungen wird der sichtbare Wellenlängenbereich[6] $380 - 780$ nm in eine feste Anzahl von Wellenlängenbänder $B_1, \ldots, B_n$ unterteilt. Jedes dieser Bänder B_i wird dann durch eine einzige Wellenlänge λ_i, $\lambda_i \in B_i$, repräsentiert. Die am häufigsten verwendete Bandbreite ist 10 nm,

Tafel 2.6: Spektrum $S(\lambda)$

- **relative Energieverteilung** gemäss Wellenlänge λ
- in der Farbmetrik üblich
  - Diskretisierung von $S(\lambda)$ in Tabellenform
    * häufigste Intervalllängen: 10 nm, 5 nm und 1 nm
  - Skalierung: $S(555\,nm) = 100$ bzw. $S(560\,nm) = 100$
- **Extremfälle**
  - *energiegleiches Spektrum* $S(\lambda) = k$, $k \in \mathbb{R}^+$
  - *monochromatische Strahlung*
    * $S(\lambda) = 0$ für $\lambda \neq \lambda_0$ und $\lambda_0 \in \mathbb{R}^+$

---
[4] Plancksches Wirkungsquantum $h = 6.6260755 \cdot 10^{-34}$ Js
[5] im Vakuum gilt $c = 299792458$ m/s, CGPM, 1983 Neudefinition des Meters
[6] häufig auch nur angegeben als $400 - 700$ nm

seltener findet man 5 nm oder gar 1 nm-Schritte. Ohne weitere Angaben gehen wir im Rest des Buches von 10 nm-Bandbreiten aus. Diese Diskretisierung hat ihre Begründung in der begrenzten Fähigkeit des Auges Farbdifferenzen erkennen zu können, siehe Abschnitt 3.3.3.

Im Allgemeinen werden Spektren als relative Strahlungsverteilungen angegeben, d.h. $S(\lambda)$ bzw. $S(\lambda_i)$ drückt den prozentualen Anteil des repräsentierten Wellenlängenbandes an der Gesamtenergie des betrachteten Lichtreizes aus. Typisch ist die Normierung auf einen willkürlichen Wert, meist auf 1 oder 100 bei der Wellenlänge $\lambda = 555$ nm oder $\lambda = 560$ nm.[7]

Schliesslich unterscheidet man noch zwei Extremfälle eines Spektrums. Gilt $S(\lambda) = c$ für eine Konstante c, so spricht man von einem *energiegleichen Spektrum*. Für eine *monochromatische Strahlung* gilt dagegen $S(\lambda') \neq 0$ und $S(\lambda) = 0$ für $\lambda \neq \lambda'$, $\lambda \in \mathbb{R}^+$.

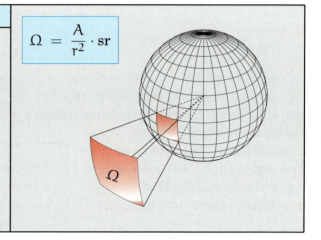

Tafel 2.7: Raumwinkel Ω

$$\Omega = \frac{A}{r^2} \cdot \text{sr}$$

- Abstrahlung in kegelförmiges Raumsegment
- gegeben sei eine Kugel mit Radius r
    - um die Strahlungsquelle
- Ω ist das Verhältnis der Fläche A zu r^2
- Einheit: **Steradiant (sr)**
- Raumwinkel des vollen Raums: $\Omega = 4\pi$ sr

2.1.2 Strahlungsgrössen

Mit einem relativen Spektrum ist ein Lichtreiz jedoch noch nicht vollständig beschrieben. Zur eindeutigen physikalischen Charakterisierung, etwa für Fragen der Messtechnik oder der Beleuchtung, ist zusätzlich noch die Kenntnis der Gesamtenergie des Lichtreizes nötig. Physikalisch betrachten wir eine Leistung, die Strahlungsenergie, die pro Zeiteinheit im Auge empfangen wird. Eine gegebene

---
[7]den Maximalwerten des Hellempfindlichkeitsgrades

2.1. Der Lichtreiz

Strahlungsleistung Φ kann auch auf eine Fläche A bezogen werden. Wir erhalten dann die *Bestrahlungsstärke* $E = d\Phi/dA$.

Besonders im Zusammenhang mit Lichtquellen betrachtet man auch die Strahlungsleistung in ein Raumsegment, die *Strahlungsstärke* $I = d\Phi/d\Omega$. Dabei wird von einer punktförmigen Strahlungsquelle ausgegangen, um die eine Kugel mit Radius r existiert. Der Raumwinkel Ω spannt dann auf der Oberfläche der Kugel eine bestimmte Fläche A auf. Das Verhältnis dieser Fläche A zu r^2 dient dann als Mass für Ω. Die Einheit wird im SI-System in sr angegeben und als *Steradiant* bezeichnet, folglich gilt

(2.1)
$$\Omega = \frac{A}{r^2} \cdot \text{sr}.$$

Da die Oberfläche der Einheitskugel gleich 4π ist, wird durch (2.1) der Raumwinkel des vollen Raums auf $\Omega = 4\pi$ sr festgelegt. Die Fläche A wird im Allgemeinen durch Integration bestimmt.

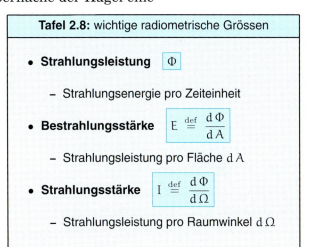

Tafel 2.8: wichtige radiometrische Grössen

- **Strahlungsleistung** Φ
  - Strahlungsenergie pro Zeiteinheit
- **Bestrahlungsstärke** $E \stackrel{\text{def}}{=} \frac{d\Phi}{dA}$
  - Strahlungsleistung pro Fläche dA
- **Strahlungsstärke** $I \stackrel{\text{def}}{=} \frac{d\Phi}{d\Omega}$
  - Strahlungsleistung pro Raumwinkel $d\Omega$

Die strahlungsphysikalischen Grössen Φ, E und I bezeichnet man auch als *radiometrische Grössen*. Aus ihnen leitet man durch Gewichtung der Spektren ihre *photometrischen* Entsprechungen, den *Lichtstrom* Φ_p, die *Beleuchtungsstärke* E_p und die *Lichtstärke* I_p ab. Die Photometrie beschäftigt sich mit der Wahrnehmung von Licht durch den Menschen. Das menschliche Auge ist aber für optische Strahlung verschiedener Wellenlänge unterschiedlich empfindlich.

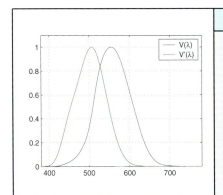

Tafel 2.9: Hellempfindlichkeitsgrad $V(\lambda)$ und $V'(\lambda)$

- Hellempfindung eines Lichtreizes variiert mit der Wellenlänge
  - verschieden für Tag- bzw. Nachtsehen
  - unterschiedlich von Mensch zu Mensch, altersabhängig usw.
- Normung durch Internationale Beleuchtungskommission (CIE)
- für das Tagsehen (photopisches Sehen, helladaptiert) $V(\lambda)$
  - Angabe in Tabellenform (in 10-, 5- oder 1-nm-Schritten)
- für das Nachtsehen (skotopisches Sehen, dunkeladaptiert) $V'(\lambda)$

Kapitel 2. Sehen und Wahrnehmen

Diese Empfindlichkeit ist zudem noch für das Tages- bzw. Nachtsehen verschieden. Ferner variiert die Empfindlichkeit von Mensch zu Mensch, verändert sich mit dem Alter, schwankt mit dem Vitaminhaushalt, Ermüdung usw.

Um angesichts dieser Umstände die Augenempfindlichkeit in geordneter Weise in ein Messsystem einfliessen zu lassen, hat die CIE[8] eine *mittlere Augenempfindlichkeit* festgelegt, den *spektralen Hellempfindlichkeitsgrad*[9] $V(\lambda)$ für das Tagsehen (photopisches Sehen, helladaptiertes Auge), bzw. $V'(\lambda)$, angepasst an das Nachtsehen (skotopisches Sehen, dunkeladapiertes Auge), siehe Tafel 2.9.

Bemerkung. Gegenüber $V(\lambda)$ ist $V'(\lambda)$ in den Blaubereich verschoben, was den sogenannten *Purkinje-Shift-Effekt*[10] zur Folge hat: Ein bei Tageslicht blauer Gegenstand erscheint bei starker Abdunkelung heller als ein bei Tageslicht gleich heller roter.

Tafel 2.10: photometrische Strahlungsgrössen

- **Lichtstärke** I_p
  - photometrische Entsprechung der Strahlungsstärke I
- abgeleitet durch

$$I_p = K_m \int_0^\infty I(\lambda) V(\lambda)\, d\lambda$$

und

$$I'_p = K'_m \int_0^\infty I(\lambda) V'(\lambda)\, d\lambda$$

- mit $K_m = 683$ bzw. $K'_m = 1700\ cd \cdot sr \cdot W^{-1}$
- andere photometrische Grössen analog

Radiometrie		Photometrie	
Grösse	**Einheit**	**Grösse**	**Einheit**
Strahlungsleistung Φ	W (Watt)	Lichtstrom Φ_p	lm (Lumen)
Strahlungsstärke I	$W \cdot sr^{-1}$	Lichtstärke I_p	cd (Candela)
Bestrahlungsstärke E	$W \cdot m^{-2}$	Beleuchtungsstärke E_p	lx (Lux)
Strahldichte L	$W \cdot sr^{-1} \cdot m^{-2}$	Leuchtdichte L_p	$cd \cdot m^{-2}$
Strahlungsenergie Q	$W \cdot s$	Lichtmenge Q_p	$lm \cdot s$
Bestrahlung H	$W \cdot m^{-2} \cdot s$	Belichtung H_p	$lx \cdot s$
Strahlungsausbeute η	%	Lichtausbeute η_p	$lm \cdot W^{-1}$
spez. Ausstrahlung M	$W \cdot m^{-2}$	spez. Lichtausstrahl. M_p	$lm \cdot m^{-2}$

Abbildung 2.3 Messgrössen des Lichtes

---

[8] die Internationale Beleuchtungskommission
[9] Sowohl der sichtbare Wellenlängenbereich als auch die Form des Hellempfindlichkeitsgrades ist stark korreliert mit dem Spektrum der primären Strahlungsquelle des Menschen, nämlich der Sonne. Vereinfachend lässt sich sagen: Der Mensch sieht die Strahlung, die es zu sehen gibt.
[10] nach dem tschechischen Physiologen **Jan Evangelista Purkinje**, der ihn 1823 erstmals beschrieb

2.1. Der Lichtreiz

Mit $V(\lambda)$ bzw. $V'(\lambda)$ ist die Lichtstärke I_p definiert als

$$I_p = K_m \int_0^\infty I(\lambda) V(\lambda) \, d\lambda$$

bzw.

$$I'_p = K'_m \int_0^\infty I(\lambda) V'(\lambda) \, d\lambda.$$

Die Konstanten K_m und K'_m sind festgelegt[11] als

$$K_m = 683 \, \text{cd sr W}^{-1}$$

und

$$K'_m = 1700 \, \text{cd sr W}^{-1}.$$

Der Lichtstrom und die Beleuchtungsstärke sind analog definiert.

Tafel 2.11: Candela

- Basiseinheit der Lichttechnik
- 6. Generalkonferenz für Mass u. Gewicht, 1979
  - Die **Candela (cd)** ist die Lichtstärke einer
    * monochromatischen Strahlungsquelle
    · mit der Wellenlänge

    $\lambda = 555 \, \text{nm}$

    · und der Strahlungsstärke

    $\dfrac{1}{683} \dfrac{\text{Watt}}{\text{sr}}$
- d.h. für $\lambda = 555$ nm entspricht
  - 1 Watt Strahlungsleistung
  - einem Lichtstrom von 683 Lumen
- abgeleitete Einheiten
  - cd·sr = lm (Lumen) und lm·m^{-2} = lx (Lux)

Als Basiseinheit der Photometrie fungierte seit Anbeginn die *Candela*[12], die Einheit der Lichtstärke. Die ersten Versuche zu ihrer Definition reichen zurück bis in die Mitte des 18. Jahrhunderts. Von der 16. Generalkonferenz für Mass und Gewicht (CGPM) wurde sie 1979 neu definiert: Die **Candela (cd)** ist die Lichtstärke einer monochromatischen Strahlungsquelle mit der Wellenlänge $\lambda = 555$ nm und der Strahlungsstärke 1/683 Watt pro sr. Daraus leiten sich dann die Einheit des Lichtstroms cd·sr = lm (Lumen) und der Beleuchtungsstärke lm·m^{-2} = lx (Lux) ab. In der Tabelle aus Abbildung 2.3 sind die vorangegangenen radio- bzw. photometrischen Grössen noch einmal zusammengestellt.

Ausser punktförmigen Stahlungsquellen betrachtet man in der Farbreproduktion

Tafel 2.12: Bemerkungen

- zum Lesen genügen 500 lx
- 500 lx allgemein ausreichend für Arbeitsplätzen
  - 1000 lx für Präzisionsarbeiten
- Mondlicht erzeugt etwa 0.2 lx
  - nicht mehr ausreichend zum Farbsehen
- Tageslicht liefert
  - im Winter etwa 6000 lx
  - im Sommer dagegen 70'000 lx
- Leuchtdichte der Sonnenscheibe beträgt
  - ausserhalb der Atmosphäre etwa $225 \cdot 10^7$ cd·m^{-2}
  - auf Meereshöhe etwa $150 \cdot 10^7$ cd·m^{-2}

[12]lat. Wachskerze

auch häufig selbstleuchtende Flächen (Bildschirm) oder beleuchtete Flächen (Papier). Dann verstehen wir unter der *Leuchtdichte* den Lichtstrom pro Flächeneinheit, der in der Richtung der Flächennormalen abgestrahlt bzw. reflektiert wird.

Für die intuitive Bewertung dieser Begriffe mögen die folgenden Bemerkungen hilfreich sein:

- Zum Lesen genügt dem Menschen eine Beleuchtungsstärke von 500 lx.
- 500 lx werden allgemein an Arbeitsplätzen benötigt bzw. 1000 lx für Präzisionsarbeiten.
- Das Mondlicht erzeugt etwa 0.2 lx, was zum Farbsehen nicht mehr ausreicht.
- Tageslicht liefert im Winter etwa 6000 lx, im Sommer dagegen 70'000 lx.
- Die Leuchtdichte der Sonnenscheibe beträgt ausserhalb der Atmosphäre etwa $225 \cdot 10^7$ cd·m^{-2}, bei klarer Atmosphäre auf Meereshöhe etwa $150 \cdot 10^7$ cd·m^{-2}.

2.2 Physiologie des Sehens

Das Auge liefert zwar nur einen Beitrag zum Gesamtphänomen Farbsehen, bezüglich der Farbvalenzmetrik jedoch den entscheidenden. Der Sehprozess lässt sich folgendermassen gliedern. Das einfallende Licht wird von der Hornhaut und der Augenlinse gebündelt, so dass auf der Netzhaut ein Abbild der Aussenwelt entsteht. Das Netzhautbild führt zu einer lokal unterschiedlichen Anregung der 125 Mill. Rezeptorzellen. Durch neuronale Prozesse innerhalb der Netzhaut wird diese Anregung zu etwa 1.2 Mill. Impulse des Sehnervs konzentriert. Die schlussendliche Erzeugung der visuellen Wahrnehmung erfolgt dann in spezialisierten Regionen des Grosshirns.

Tafel 2.13: Struktur des visuellen Systems

- das Auge (als optisches System)
  - bündelt einfallendes Licht
  - bildet die Aussenwelt auf die Netzhaut ab
- Anregung von ca. 125 Mill. Rezeptorzellen
- neuronale Konzentration auf etwa 1.2 Mill. Sehnervenfasern
- Weiterleitung an die visuellen Gehirnzentren

2.2.1 Das Auge als optisches System

Man kann das menschliche Auge als eine Bikonvexlinse[13] betrachten, das ein reelles Bild der Aussenwelt auf einer lichtempfindlichen Fläche, der Netzhaut erzeugt. Zwar ist das Auge als optisches Instrument (Hornhaut, Linse) eher schlechter als eine billige Kamera, aber seine diesbezüglichen Schwächen werden durch raffinierte neuronale Regelungsmechanismen mehr als korrigiert, so dass der menschliche Gesichtssinn als Gesamtsystem weit ausserhalb des technisch Machbaren anzusiedeln ist.

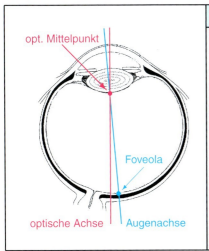

Tafel 2.14: das optische System Auge

- Hornhaut (44dpt) und Augenlinse (25dpt) bilden Gesamtsystem
  - optischer Mittelpunkt im hinteren Scheitel der Augenlinse
  - ca. 17.1 mm vor der Netzhaut
- keine Brechung an den inneren Grenzflächen
- Pupille als Aperturblende
  - Lichtmengensteuerung und Scharfeinstellung im Nahbereich
- Augenachse
  - auf **Foveola** ausgerichtet
    * das Gebiet des schärfsten Sehens
  - um etwa 5° gegenüber der optischen Achse verschoben

Der *Augapfel* ist mehr oder weniger kugelförmig, etwa 24 mm tief und 22 mm breit, siehe Abbildung 2.4. Die äussere Hülle besteht aus der lichtundurchlässigen *Lederhaut* und, im vorderen Teil, aus der transparenten *Hornhaut*, die etwas aus dem Kugelkörper herausragt. An der Grenzfläche Luft-Hornhaut findet mit 44 *Dioptrien* (dpt)[14] der grösste Teil der Lichtbrechung statt.

Dass an den inneren Grenzflächen kaum eine Brechung erfolgt, liegt an den geringen Unterschieden der Brechungsindizes von Hornhaut (1.376), des Kammerwassers[15] (1.336) und des Glaskörpers[16]

---

[13]Bezüglich hier nicht weiter erläuterten Begriffen der geometrischen Optik verweisen wir auf Hecht [6].
[14]Einheit der Linsenbrechkraft: Die Dioptrienzahl ist der Kehrwert der in Metern gemessenen Brennweite.
[15]Flüssigkeit zwischen Hornhaut und Linse
[16]gallertartige Füllung des Augapfels

(1.337). Zwischen der Hornhaut und der Augenlinse befindet sich die Aperturblende des Auges, die *Regenbogenhaut* (*Iris*) mit ihrem Zentrumsloch, der *Pupille*. Ausser an der kurzfristigen Lichtmengensteuerung[17] ist die Iris auch an der Scharfeinstellung naher Ojekte beteiligt.

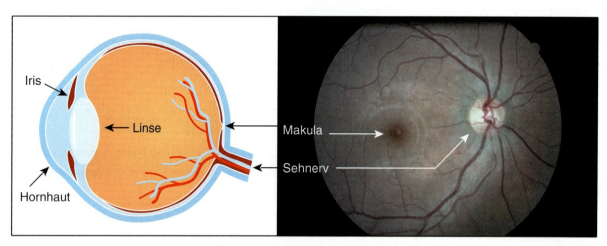

Abbildung 2.4
Auge und Netzhaut

Nach der Durchquerung der Pupille erreicht das einfallende Licht die Augenlinse. Sie besteht aus einer kompliziert geschichteten, faserigen Masse, die sich zwiebelförmig aus etwa 22'000 sehr dünnen Schichten zusammensetzt. Ihr Brechungsindex variiert von 1.406 im Kern bis etwa 1.386 am Rand. Durch Zusammenziehen oder Entspannen ist sie hauptsächlich für die Scharfeinstellung eines anvisierten Objektes verantwortlich.

Die lichtbrechenden Teile des Auges, die Hornhaut und die Augenlinse können zur Vereinfachung als eine Einheit aufgefasst werden. Das zusammengesetzte Linsensystem hat seinen optischen Mittelpunkt (Knotenpunkt) etwa 17.1 mm vor der Netzhaut im Zentrum des hinteren Randes der Augenlinse. Seine Gesamtbrechkraft von maximal 69 dpt erzeugt auf der Netzhaut einen Zerstreuungskreis mit 0.01 mm Durchmesser. Das Gesamtsystem ist auf eine spezielle Region der Netzhaut ausgerichtet. Dieser etwa 0.3 mm durchmessende Bereich des schärfsten Sehens wird *Foveola* genannt. Durch den optischen Mittelpunkt und die Foveola ist die *Augenachse* festgelegt, die sich um etwa 5° von der *optischen Achse* des Systems unterscheidet, siehe Tafel 2.14.

---

[17] bis zu einem Faktor 16

Auf Grund der Ausrichtung des Linsensystems auf einen zentralen Netzhautbereich ist es für die Wahrnehmung eines Objektes von grosser Relevanz wie gut die Objektabbildung mit diesem Zentralbereich korreliert. Dies führt zu dem Begriff des *Sehwinkels*, dem Winkel unter dem das Auge ein Objekt subjektiv wahrnimmt, siehe Tafel 2.15. Da man achsennahe Strahlen, die durch den optischen Mittelpunkt gehen, in guter Näherung als Geraden darstellen kann,[18] ist es möglich, den Sehwinkel als den Winkel zweier Grenzstrahlen vom Objekt zum optischen Mittelpunkt, dem hinteren Scheitel der Augenlinse, aufzufassen. Der Sehwinkel ist ein zentraler Begriff der Farbwiedergabe, insbesondere weil die Farbempfindung damit variiert und der minimal auflösbare Sehwinkel eine der zentralen Kenngrössen des Halftoning darstellt.

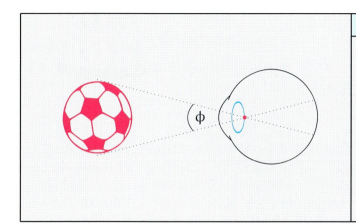

Tafel 2.15: Sehwinkel

- Winkel unter dem das Auge ein Objekt subjektiv wahrnimmt
- näherungsweise der Winkel
  - zweier Grenzstrahlen vom Objekt zum optischen Mittelpunkt
- wesentlicher Einfluss auf die Funktionalität der Wahrnehmung
  - Farbempfindung, Auflösevermögen

2.3 Die Netzhaut

Der Ort, an dem das optische Abbild der Aussenwelt in ein Erregungsmuster überführt wird,[19] ist die *Netzhaut* oder *Retina*. Sie ist ein feines Geflecht aus Nervengewebe, das an der Aussenseite (!) lichtempfindliche Sinneszellen enthält und nach innen von transparenten Nervensträngen bedeckt ist, siehe Tafel 2.16. Die Fortsätze (Axone) der Ganglienzellen bilden die Fasern des Sehnervs und laufen im sogenannten *Blinden Fleck* (*Papille*), dem Austrittspunkt

---

[18] siehe **Hecht** [6, S. 249]
[19] zur Vertiefung dieses sei auf [8, Kap. 18: Sehen und Augenbewegungen] hingewiesen

zum Gehirn, zusammen. Die umgebende äussere Schicht, das *retinale Pigmentepithel* (*Aderhaut*), hat durch die reichliche Pigmentierung mit Melanin eine dunkle Farbe, die Streulicht absorbiert. Sie ist stark durchblutet und versorgt die Photorezeptoren, insbesondere mit Vitamin A, das an der Synthese der Photopigmente beteiligt ist.

Tafel 2.16: Netzhaut (Retina)

- Umsetzung des optischen Aussenbildes in Erregungsmuster
- Funktionalität auf das Sehzentrum konzentriert
- lichtempfindliche Sinneszellen aussen
- innen von transparenten Nervenzellen bedeckt
  - laufen im blinden Fleck zusammen (Sehnerv zum Grosshirn)
- zwei verschiedene Arten von Photorezeptoren
  - **Zapfen**: Farbsehen, ca. 5 Millionen
  - **Stäbchen**: Schwarz-Weiss-Sehen, 120 Mill.

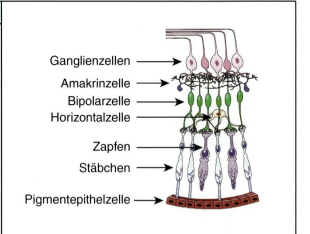

Die Netzhaut verfügt über zwei Arten von Photorezeptoren, die *Zapfen* und die *Stäbchen*, siehe Tafel 2.16. Die etwa 5 Millionen Zapfen sind für das Farbsehen verantwortlich. Relativ gesehen sind sie jedoch nicht sehr lichtempfindlich. Spezialisiert auf die Helligkeitswahrnehmung sind die 120 Millionen Stäbchen, die dafür jedoch keinen Beitrag zum Farbsehen leisten.

Über den Rezeptorzellen befindet sich ein neuronales Geflecht, das sich aus *Horizontal-, Bipolar-, Amakrin-* und *Ganglienzellen* zusammensetzt. Diese Schicht realisiert eine neuronale Verarbeitung des Erregungsmusters der Rezeptorzellen und konzentriert die Information auf die Ganglienzellen, welche die Weiterleitung zum Grosshirn übernehmen. Im Zentrumsbereich der Netzhaut ist das Nervengeflecht zur Seite hinverlagert, so dass der Lichteinfall nicht gestört wird.

2.3.1 Räumliche Verteilung der Rezeptoren

Die räumliche Struktur der Netzhaut ist auf die *Foveola*, das Gebiet des schärfsten Sehens ausgerichtet. Die Rezeptordichte und ihre Verteilung sind Funktionen der *retinalen Exzentrizität*, der Distanz eines Retina-Ortes von der Foveola. Die Foveola durchmisst ein Gebiet von etwa[20] 0.3 mm, was einem Sehwinkel von 1° entspricht, und enthält ausschliesslich Zapfen, absolut etwa 3500 in einer Dichte von 190'000 Zellen pro mm².

Konzentrisch um die Foveola schliessen sich die *Foeva*, 1.85 mm breit, Sehwinkel 6°, und die *Makula*, 3–5 mm breit, Sehwinkel ca. 13°, an. In der Fovea gibt es bereits eine geringe Anzahl von Stäbchen, aber die Zapfendichte ist mit 100'000 Zellen pro mm² immer noch sehr hoch. In der Makula steigt die Stäbchendichte stark an und erreicht knapp ausserhalb der Makula mit 160'000 Zellen pro mm² ihren Höhepunkt. Sowohl die Zapfen- als auch die Stäbchendichte fallen in der peripheren Aussenbezirken der Netzhaut wieder ab, auf etwa 5000 bzw. 50'000 Zellen pro mm². Die Makula wird auch als *gelber Fleck* bezeichnet, da sie das gelbe Pigment Xanthophyll enthält.

Tafel 2.17: Räumliche Struktur

- konzentrisch um die **Foveola** gruppiert
  - Gebiet des schärfsten Sehens, 0.3 mm breit, Sehw. 1°
  - keine Stäbchen, ca. 3500 Zapfen, Dichte 190'000 / mm²
- **Fovea**: 1.85 mm breit, Sehwinkel 6°
  - wenige Stäbchen, ca. 100'000 Zapfen pro mm²
- **Makula** = gelber Fleck, wegen gelbem Pigment Xanthophyll
  - 3–5 mm breit, Sehw. 13°, zunehmende Stäbchendichte
- **um die Makula herum**
  - 3–5 Schichten aus Ganglienzellen (Fasern d. Sehnervs)
  - höchste Stäbchendichte: 160'000 pro mm²
- **Peripherie**: abnehmende Zapfen- und Stäbchendichte
  - auf ca. 5000 bzw. 50'000 Rezeptorzellen pro mm²

2.3.2 Adaptation

Unter *Adaptation* versteht man die Anpassung der Lichtempfindlichkeit des Auges an die mittlere Lichtintensität der Aussenwelt. Diese Fähigkeit ist eine der zentralen Leistungen unseres Sehsystems. Sie erlaubt eine konstante Wahrnehmung der Umwelt aufbauend auf den relativen Intensitätsunterschieden in der Aussenwelt. Ob Regen oder Sonnenschein, die Welt sieht jeden Tag recht ähnlich aus. Die Relevanz der Adaptation bzw. ihr physikalisches Leistungsausmass wird erst dann wirklich klar, wenn man versucht sie auf technischem Wege nachzubilden, z.B. bei der Suche nach der *richtigen* Beleuchtung beim Fotografieren.

Das menschliche Auge ist in dem Intensitätsbereich

$$\text{zwischen } 10^{-6} \text{ und } 10^5 \text{ lx}$$

---
[20] Das Netzhautbild des Mondes hat etwa einen Durchmesser von 0.4 mm.

funktionsfähig. Es muss jedoch zwischen Tag- und Nachtsehen unterschieden werden, was auf die unterschiedliche Funktionsweise von Zapfen und Stäbchen zurückzuführen ist. Stäbchen erlauben das Sehen bei geringen Leuchtstärken, etwa kleiner als $5 \cdot 10^{-3}$ lx. Man spricht dann von *skotopischem Sehen*. Im Bereich zwischen $5 \cdot 10^{-3}$ lx bis 10 lx sind beide Rezeptorarten aktiv (*mesopisches Sehen*). Ab 10 lx sind die Stäbchen saturiert und nur die Zapfen bleiben aktiv (*photonisches Sehen*). Die Übergänge zwischen Nacht- und Tagsehen sind fliessend. Die Adaptation beruht auf drei verschiedenen Mechanismen:

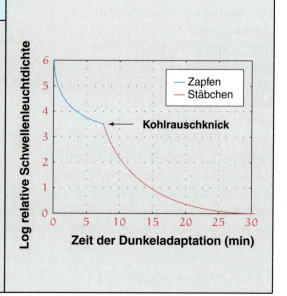

Tafel 2.18: Adaptation

- Anpassung der Rezeptorempfindlichkeit an die mittlere Lichtintensität
  - durch den Auf- oder Abbau von Photopigmenten
- zentrale Eigenschaft des Sehsystems
- sichtbarer Intensitätsbereich: 10^{-6}–10^5 lx
- unterschiedliche Funktion von Zapfen und Stäbchen
  - **skotopisches Sehen**: nur Stäbchenaktivität
    * Beleuchtungsstärken $\leqslant 5 \cdot 10^{-3}$ lx
  - **mesopisches Sehen**: beide Rezeptorarten aktiv
    * Beleuchtungsstärken $5 \cdot 10^{-3} - 10$ lx
  - **photonisches Sehen**: nur Zapfenaktivität
    * Beleuchtungsstärken ab 10 lx
  - Übergänge fliessend

1. Durch Veränderung der Pupillenweite wird der zur Netzhaut gelangende Lichtstrom bis zu einem Faktor 16 reguliert. Zwischen 10^{-2} und 10^4 lx ändert sich die Pupillenweite kontinuierlich mit der Leuchtdichte.

2. Die *neuronale Adaptation* basiert auf der Interaktion der verschiedenen Zellarten innerhalb der Netzhaut, insbesondere wirken Stäbchen hemmend auf Zapfen ein.

3. Die *chemische Adaptation* erfolgt über die Bildung bzw. den Abbau der Photopigmente in den Rezeptoren der Netzhaut. Die Erhöhung der Intensität lässt Photopigmente zerfallen, bei Erniedrigung werden sie neu synthetisiert. Auf dieser photochemischen Reaktion basiert insbesondere die *Dunkeladaption*.

Die Neusynthese der Zapfenpigmente und Stäbchenpigmente (*Rhodopsin*) dauern unterschiedlich lange. Nach rund 7 Minuten ist die Erneuerung der Zapfenpigmente abgeschlossen, die Stäbchen brauchen etwa 30 – 35 Minuten, siehe Tafel 2.18. Bemerkenswert ist dort der *Kohlrausch-Knick*, der den Übergang vom Zapfen- zum Stäbchensehen markiert. Der umgekehrte Prozess, die Adaptation an höhere Lichtintensitäten, die *Helladaptation*, verläuft dagegen mit etwa 5 Minuten sehr viel schneller.

Grundsätzlich ergibt sich aus dem Phänomen *Adaptation* das Fazit, dass Menschen nie «*hell*» oder «*dunkel*» sehen, sondern immer «*heller als*» bzw. «*dunkler als*». Diese Erkenntnis ist für die Modellierung der Helligkeitskomponente in der Farbwiedergabe von zentraler Bedeutung.

2.3.3 Die drei Zapfenarten

Ausser dem Sehen bei Helladaptation basiert auch das Farbsehen auf der Funktion der Zapfen, nämlich auf der unterschiedlichen spektralen Empfindlichkeit der verschiedenen Zapfenarten, siehe Tafel 2.19. Die drei Arten bezeichnet man mit

- L *long-wavelength*,
- M *middle-wavelength* und
- S *short-wavelength*,

je nachdem, in welchem Wellenlängenbereich das Maximum der Sensitivität liegt, nämlich

- 419.0 nm für die S-Zapfen,
- 530.8 nm für die M-Zapfen und
- 558.4 nm für die L-Zapfen.

Die Sensitivitätskurven in der Tafel 2.19 drücken die Wahrscheinlichkeit aus, mit der ein Photon der Wellenlänge λ in dem jeweiligen Rezeptor absorbiert wird. Das Resultat eines solchen Ereignisses ist eine Aufspaltung des Photopigments *Rhodopsin*[21], was über eine chemische Umwandlungskette[22] schliesslich zu einer Erhöhung des Zellpotentials führt. Diese Erhöhung ist unabhängig von der Energie des absorbierten Photons, so dass die Spannungsänderung keine Information über die Wellenlänge des auslösendenen Photons mehr enthält. Dieser Sachverhalt ist als

Univarianz-Prinzip

bekannt. Vereinfachend besagt es, dass ein rotempfindlicher Zapfen nicht ausschliesslich auf langwelliges, d.h. rotes Licht, reagiert, sondern nur besser.

Tafel 2.19: drei verschiedene Zapfenarten

- mit unterschiedlichen spektralen Empfindlichkeitskurven
  - Absorption eines Photon erhöht das elektrische Potential der Zelle
- unterschieden nach Wellenlänge des Sensitivitätsmaximums
  - 419.0 nm für die S-Zapfen
    * **short-wavelength**
  - 530.8 nm für die M-Zapfen
    * **middle-wavelength**
  - 558.4 nm für die L-Zapfen
    * **long-wavelength**
- ungleiche Verteilung in der Netzhaut
  - näherungsweise 40 : 20 : 1 für L, M und S
    * schlechte Kantenschärfe für Blau
    * Bestandteil von technischen Normen

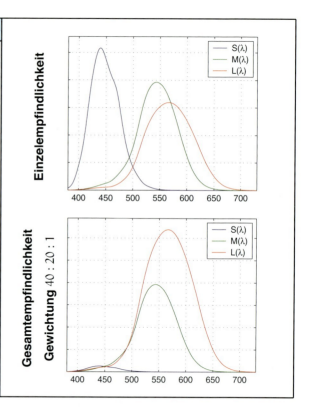

Signifikant ist ferner die ungleiche Verteilung der L, M und S Zapfen, die näherungsweise

$$40 : 20 : 1$$

---

[21] ein sehr grosses, rezeptorspezifisches Molekül, das bei Absorption in zwei Teile, Opsin und Retinal, zerfällt
[22] auch *Transduktionsprozess des Sehens* genannt

2.3. Die Netzhaut

beträgt. Bereits ohne weitere Kenntnisse über die entsprechenden Wahrnehmungsgrenzen, siehe Abschnitt 2.5, folgt bereits hier aus diesem groben Ungleichgewicht, dass das Auflösevermögen für Kanten, Punkte usw. im Blaubereich wesentlich schlechter ist als für Rot oder Grün. Diese Tatsache wird in verschiedenen technischen Normen, z.B. beim Fernsehen, berücksichtigt.

2.3.4 Rezeptive Felder

Wie bei Sinnesreizen im Allgemeinen, so werden auch die Erregungszustände der Photorezeptoren nicht direkt an das Grosshirn weitergeleitet. Dies ist schon äusserlich daran zu erkennen, dass den ca. 125 Millionen Rezeptoren nur etwa 1.2 Millionen Fasern des Sehnervs gegenüberstehen. Eine der zentralen Funktionen der Netzhaut ist somit eine starke Signalkonvergenz. Die Reduktion der Informationsmenge geschieht durch eine Konzentration auf das Wesentliche, d.h. dem Gehirn werden hauptsächlich Veränderungen und Differenzen mitgeteilt. Die Funktionseinheit, die diese Information erarbeitet, ist das

rezeptive Feld.

Tafel 2.20: rezeptive Felder (RF)

- 1.2 Millionen Sehnervfasern, Axone von Ganglionzellen
- jede Ganglionzelle besitzt ein **rezeptives Feld**
- RFs sind die funktionale Grundeinheit der Netzhaut
- ein Rezeptor kann zu mehreren RFs gehören
- RF-Grösse abhängig von retinaler Exzentrität
    - Foveola: 1 : 1-Verbindung Zapfen → Ganglionzelle
    - Makula: wenige Rezeptoren
        * einige Winkelminuten gross
    - Aussenbereich: viele Rezeptoren
        * bis zu mehreren Winkelgraden
- starke Signalkonvergenz
    - 125 Mill. Rezeptoren → 1.2 Mill. Axone
- Hauptsignalflussrichtung
    - Rezeptoren → Bipolarzellen → Ganglienzellen
- laterale Signalübertragung
    - mit Horizontalzellen und Amakrinen

Beginnen wir mit den Fasern des Sehnervs. Sie werden durch die Fortsätze (Axone) der Ganglienzellen gebildet. Eine Ganglionzelle sendet über ihren Axon im Ruhezustand mehr oder weniger regelmässig einen Impuls, eine kurze elektrische Entladung (Aktionspotential) zum Grosshirn. Die einzige Möglichkeit einer Informationsübertragung besteht in einer Änderung der Impulsfrequenz des Aktionspotentials. Wird die Impulsrate gegenüber dem Ruhezustand schneller, so sprechen wir von einer *Anregung* oder *Aktivierung* der Ganglionzelle, eine Erniedrigung nennen wir *Hemmung*. Die Aufgabe der Netzhaut besteht also in einer Übertragung der

Rezeptorzustände, vorhanden als elektrisches Potential, in eine Frequenzinformation in Form von Impulsraten der Ganglienzellen.

Alle Rezeptoren, die einen Einfluss auf den Erregungszustand einer Ganglionzelle haben, zusammen mit dem zugehörigen neuronalen Verbindungsnetzwerk aus Bipolar-, Horizontal-, Amakrinzellen usw. bilden das *rezeptive Feld (RF)* der Ganglionzelle. Die Grösse eines RF variiert stark mit der retinalen Exzentrizität. In der Foveola gibt es mehr oder weniger eine 1:1-Zuordnung von Zapfen, Bipolar- und Ganglionzellen. Innerhalb der Makula bleiben die RF auf wenige Rezeptoren bzw. Winkelminuten beschränkt. In den Aussenbezirken der Netzhaut wachsen die RF stark an, auf mehrere hundert Rezeptoren, die einem Sehwinkel von einigen Winkelgraden entsprechen können. Die verschiedenen RF-Typen unterscheiden sich durch die Zusammensetzung ihrer Rezeptoren und in der Art ihrer Wirkung auf die Ganglionzelle.

Tafel 2.21: Funktionsweise eines rezeptiven Feldes

- Signaltransport in Nervenfasern zum Grosshirn durch
  - Variation der Impulsfrequenz der Aktionspotentiale
- RF-Struktur: Zentrum und umgebende Peripherie
  - mit **gegensätzlicher Wirkung** auf die Impulsrate
  - einige Unterarten, insbesondere ON- und OFF-Formen
- ON-Zentrum-Ganglienzellen (Hellsystem)
  - Belichtung des Zentrums erhöht Impulsrate
  - Belichtung des Peripherie erniedrigt Impulsrate
- OFF-Zentrum-Ganglienzelle (Dunkelsystem, spiegelbildlich)
- ON + OFF-Formen ergeben Gesamteindruck (Gegenfarben)
  - benutzen häufig die gleichen Rezeptoren

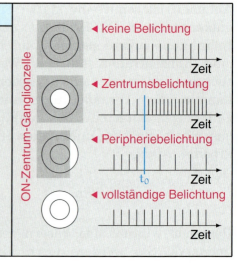

Die Funktionweise eines RF ergibt sich aus der Organisationsstruktur seiner Rezeptoren.[23] Diese bilden ein Zentrum und eine umgebende Peripherie, die grundsätzlich eine gegensätzliche Wirkung auf die Ganglionzelle haben. Entsprechend lassen sich zunächst die Klassen der ON-Zentrum-Neuronen von den OFF-Zentrum-Neuronen unterscheiden. ON-Zentrum-Ganglienzellen reagieren auf die Belichtung ihrer Zentrumsrezeptoren mit einer erhöhten Impulsrate, wohingegen eine Belichtung der Peripherierezeptoren

---
[23] abgesehen von den Sonderformen der Foveola

einen hemmenden Einfluss hat. Bei gleichzeitiger Belichtung des RF-Zentrums und der RF-Peripherie dominiert in der Regel die Reaktion des Zentrums. Die OFF-Zentrum-Ganglionzellen verhalten sich näherungsweise spiegelbildlich zur ON-Form. Typischerweise existieren ON- und OFF-RFs nebeneinander und haben auch die gleiche Rezeptorenmenge. Die dadurch erreichte kontrastbetonte Informationserfassung ist charakteristisch für das visuelle System.

2.3.5 Hermann-Gitter

Mit dem im vorangegangenen Abschnitt eingeführten Konzept der rezeptiven Felder lassen sich nun einige bekannte Phänomene der Wahrnehmung erklären. Wir beginnen mit einer Sinnestäuschung, dem sogenannten *Hermann-Gitter*.[24] Es handelt sich dabei um Gitter aus einander senkrecht kreuzenden hellen Balken vor dunklem Hintergrund, siehe Tafel 2.22. Der Betrachter sieht im Bereich der Kreuzungsstellen dunkle Schatten, die jedoch verschwinden, sobald sie direkt anvisiert werden.

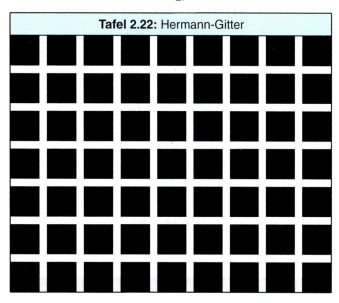

Tafel 2.22: Hermann-Gitter

Die hellen Balken werden von den ON-Zentrum-Ganglienzellen erfasst. Wird eine Gitterstelle nicht direkt anvisiert, so liegt ihr Abbild im Aussenbereich der Netzhaut, dort, wo die rezeptiven Felder weit ausgebreitet sind. Betrachten wir also ein entsprechendes RF, dessen Zentrum gerade in den Balken hineinpasst, aber ingesamt ausgedehnter ist als die Balkenbreite des Gitters. Dann wird die hemmende Peripherie des RF nur teilweise belichtet und bewirkt entsprechend nur eine Teilhemmung des RF. Verschieben[25] wir nun das RF-Zentrum entlang der Gitterkante zu einer Gitterkreuzung, dann werden zusätzliche Flächenteile der hemmenden Peripherie belichtet. Dadurch ist die Hemmung an dem Kreuzungspunkt insgesamt höher und die wahrgenommene Helligkeit niedriger.

---

[24]nach dem deutschen Physiologen **Ludimar Hermann**
[25]z.B. durch eine Augenbewegung

Kapitel 2. Sehen und Wahrnehmen

Wird jetzt aber der Kreuzungspunkt direkt anvisiert, dann erfolgt die Wahrnehmung über ein RF des Netzhautzentrums. Da diese RF nur sehr kleine Ausdehnungen besitzen, können wir annehmen, dass die wahrnehmenden RFs vollständig, d.h. einschliesslich ihrer Peripherie, in einem Gitterbalken Platz finden. Folglich existieren nun keine peripheren Belichtungsunterschiede mehr zwischen Gitterbalken und Kreuzungspunkten. Wir erhalten in beiden Fällen die gleiche Hemmung und den gleichen Helligkeitseindruck.

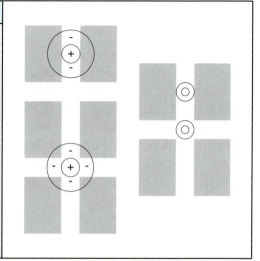

Tafel 2.23: Funktion des Hermann-Gitters

- Gitter aus hellen Balken vor dunklem Hintergrund
- an den Balkenkreuzungen sieht man dunkle Schatten
    - die bei direkter Anvisierung verschwinden
- Erklärung für ON-Zentrums-RF
    - bei nicht direktem Hinsehen: Sehen mit Peripherie
        * RF breiter als Balken (siehe links)
        * stärkere Hemmung an den Kreuzungspunkten
    - bei direkter Anvisierung: Sehen mit Makula
        * RF schmaler als Balkenbreite (siehe rechts)
        * gleiche Hemmung für Gitterkante und Kreuzungspunkte

2.3.6 Simultankontrast

Die antagonistische Struktur der rezeptiven Felder bietet auch eine Erklärung für den in Tafel 2.24 illustrierten Simultankontrast. Die verschiedenen Belichtungspositionen eines ON-Zentrum-Neurons in der Nähe einer Hell-Dunkel-Grenze sind in Tafel 2.24 dargestellt. Die angegebenen Zahlen sollen Relativwerte[26] der Zentrumserregung bzw. der peripheren Hemmung ausdrücken.

In Position A ist das RF vollständig belichtet. Somit liefert sowohl das Zentrum seinen maximalen Erregungswert 8 als auch die Peripherie ihren maximalen Hemmwert -4, woraus eine relative Aktivierung von $4 = 8 - 4$ resultiert. In Position B wird das Zentrum noch vollständig belichtet, hat also weiterhin Erregung 8, aber die Peripherie wird nur noch zu 75 % belichtet, was die Hemmung auf

---

[26] pro Flächeneinheit

−3 reduziert. Folglich hat die relative Aktivierung jetzt den Wert 5 = 8−3. In Position C ist nur noch die Peripherie belichtet und zwar zu 25 %. Die Erregung entfällt und die Hemmung hat einen Wert von −1, was zu einer relativen Aktivierung von −1 führt. Schlussendlich haben wir in Position D vollständige Dunkelheit mit einer relativen Aktivierung von 0.

Die Aktivierung ist also am grössten, wenn das RF-Zentrum unmittelbar an die Hell-Dunkel-Grenze anstösst (Position B). Mit der wohlbegründeten Annahme, dass die Empfindung *hell* positiv mit der Impulsfrequenz der ON-Zentrum-Ganglienzellen korreliert ist, erklärt also die Funktionsweise eines rezeptiven Feldes die empfundene Konstrastverstärkung an Hell-Dunkel-Grenzen.

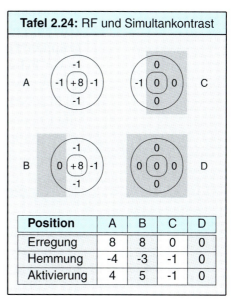

Tafel 2.24: RF und Simultankontrast

Position	A	B	C	D
Erregung	8	8	0	0
Hemmung	-4	-3	-1	0
Aktivierung	4	5	-1	0

2.4 Farbsehen

2.4.1 Dreikomponententheorie

Auf Grund der unterschiedlichen spektralen Empfindlichkeiten der drei Zapfenarten S, M und L, siehe Tafel 2.19, ist es heute offensichtlich von einer Dreikomponententheorie der Farbe auszugehen. Historisch wurde sie 1802 von **Thomas Young** (1773–1829) [14] als Hypothese aufgestellt und von **John Dalton** (1766-1844), **James Clerk Maxwell** (1821–1894) und **Hermann von Helmholtz** (1821-1894) [30] zu einer Theorie ausgebaut. Sie geht im wesentlichen davon aus, dass die S, M und L Zapfen blaue,[27] grüne und rote Farbeindrücke erzeugen, welche als solche

Tafel 2.25: Dreikomponententheorie

- **Young** (1801), **Helmholtz** u.a. (≥ 1850)
- drei verschiedene Typen von Netzhautrezeptoren liefern
  - rote, grüne und blaue Netzhautbilder zum Gehirn
- Farbempfindung als Funktion der Komponentenstärken
- direkter Nachweis der Farbrezeptoren
  - nach 1959 durch mikroskopische Messungen
- heutiges Verständnis
  - Grundlage der additiven Farbmischung
  - keine Berücksichtigung neuronaler Signalverarbeitung
  - Teilaspekt eines umfassenderen Farbverständnisses

---

[27]**Helmholz** benutzte violett anstelle von blau

über den Sehnerv zum Gehirn transportiert und dort zu einem Gesamteindruck gemischt werden. Der direkte Nachweis durch mikroskopische Messung der Absorptionscharakteristika einzelner Zapfen gelang erst 1959 durch die unabhängigen Forschungsgruppen **George Wald** und **Paul Brown** (Harvard University) sowie **Edward MacMichol** und **William Marks** (Johns Hopkins University). Die Dreikomponententheorie bildet die Grundlage der additiven Farbmischung, siehe Kapitel 3. Sie erklärt jedoch nicht alle Phänomene des Farbsehens und wird heute eher als Teilaspekt einer umfassenderen Theorie verstanden.

2.4.2 Gegenfarbentheorie nach Hering

Der Physiologe **Ewald Hering** (1834–1918) [7] entwickelte ab 1864 in einer Artikelserie einen Alternativvorschlag zur Dreikomponententheorie. Dabei bezog er sich auf physiologische Beobachtungen der Farbempfindung, die durch die Dreikomponententheorie nicht erklärt wurden.

Tafel 2.26: Gegenfarbentheorie

- **Hering** (⩾ 1864), teilweise schon bei **Leonardo da Vinci**
- abgeleitet aus verschiedenen Aspekten der Farbempfindung
  - speziell: Buntheit, Simultankontrast, Farbenblindheit
- zentrale Beobachtung: kein gelbliches Blau o. rötliches Grün
- Grundannahme: drei neuronale Prozesse zur Farberkennung
  - die Hell-Dunkel, Blau-Gelb u. Rot-Grün wahrnehmen
  - und die jeweils gegensätzlich strukturiert sind
- reine **Urfarben**: keine Beimischungen anderer Farben
  - reines Blau = 468 nm, reines Grün = 504.5 nm
  - rein. Gelb = 568 nm, rein. Rot: komplementär zu 510 nm
- wird heute als grundsätzlich korrekt betrachtet

Schon **Leonardo da Vinci** war die Gegensätzlichkeit von Blau und Gelb bzw. Rot und Grün geläufig. Er wies insbesondere daraufhin, dass dieser Gegensatz am stärksten wahrgenommen wird, wenn man die gegensätzlichen Farben direkt nebeneinander sieht.[28] Der Gegensatz ist so ausgeprägt, dass ein gelbliches Blau oder ein rötliches Grün nicht einmal in unserer Vorstellung existiert.

Hering folgerte aus diesen und ähnlichen Effekten, dass den Farbkombinationen *Blau-Gelb* und *Rot-Grün* fundamentale Bedeutung für das Farbsehen zukommt. Diese These wird insbesondere durch die Beobachtung gestützt, dass krankhafte Störungen des Farbsehens sich in einem Verlust der Unterscheidungsfähigkeit zwischen blau-gelb bzw. rot-grün äussern. **Hering** vermutete deshalb,

---

[28] Gemäss unserer Notation spricht er vom Simultankontrast.

dass die Gegensatzpaare *Blau-Gelb* und *Rot-Grün* neuronale Ursachen haben. Zur Vervollständigung seiner Farbtheorie postulierte er zusätzlich das Gegensatzpaar *Hell-Dunkel*.

Die Basiswerte der Farben Rot, Grün, Blau und Gelb, die sogenannten *Urfarben*, wurden emprisch so bestimmt, dass sie besonders rein erscheinen, d.h. nicht durch die Mischung mit anderen Farben verunreinigt sind. Die Urfarben Blau, Grün und Gelb wurden als Spektralfarben der Wellenlänge 468 nm, 504.5 nm und 568 nm definiert. Reines Rot dagegen ist keine Spektralfarbe, sondern enthält gegenüber dem spektralen Rot zusätzlich etwas Violett oder, technisch ausgedrückt ist reines Rot die Komplementärfarbe, siehe Seite 63, zu 510 nm. Der violette Anteil kompensiert die Gelbkomponente im spektralen Rot.[29]

Da **Hering**'s Theorie dem damaligen Kenntnisstand der Sinnesphysiologie widersprach, löste sie heftige Auseinandersetzungen aus. Heute gilt sie als grundsätzlich korrekt und stellt eine der Grundlagen der Color Appearance dar.

2.4.3 Zonentheorie

1905 präsentierte **Johannes von Kries** [12] ein Verständnis des Farbsehens, das die Widersprüche in den Vorstellungen von **Young**, **Helmholz** bzw. **Hering** auflöste. Seine Vorstellungen wurden etwa seit 1950 zunehmend durch direkte Messungen bestätigt. Auch wenn die neuronale Signalverarbeitung gerade heutzutage ein intensives Forschungsgebiet darstellt und viele Details noch ungeklärt sind, ist die Zonentheorie doch unzweifelhaft die Basis des aktuellen Farbverständnisses.

In Übereinstimmung mit den allgemeinen Prinzipien der Sinnesphysiologie unterscheidet die Zonentheorie zwischen der Rezeptorebene und der neuronalen Signalverarbeitung. Die L-, M- und S-Zapfen entsprechen offensichtlich den Vorstellungen der Dreikomponententheorie. Jedoch werden die resultierenden Anregungszustände nicht als S-, M- oder L-Signale an das Gehirn weitergeleitet, sondern bilden den Input für die rezeptiven Felder der Netzhaut. Hier wird durch die Summation $S + M + L$ das Hell-Dunkel-Signal gebildet. Das Rot-Grün-Signal ergibt sich aus der Differenz

---

[29]Spektrales Rot addiert sich mit spektralem Grün zu Gelb.

L − M plus S, bzw. das Blau-Gelb-Signal aus (L + M) − S. Gewichtet man das S + M + L-Signal gemäss der Häufigkeit der einzelnen Zapfentypen, so erhält man annähernd den Hellempfindlichkeitsgrad $V(\lambda)$.

Tafel 2.27: Zonentheorie

- 1905 von **Johannes von Kries** vorgeschlagen
- seit etwa 1950 zunehmend experimentell bestätigt
- Dreikomponententheorie: Rezeptorebene (S, M, L-Zapfen)
- Gegenfarbentheorie: Signalkodierung an das Gehirn
  - durch Summen- bzw. Differenzbildung aus S, M u. L
    * Hell-Dunkel Signal: $S + M + L$ ($\approx V(\lambda)$)
    * Rot-Grün-Signal: $L − M + S$
    * Blau-Gelb-Signal: $L + M − S$
  - Realisierung durch spezielle rezeptive Felder
  - Signalkonvergenz etwa 1 : 100
- Basis der Color Appearance

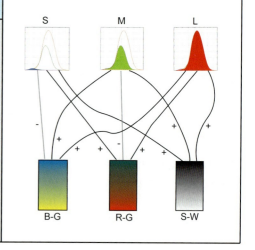

Das Hell-Dunkel-Signal wird von rezeptiven Feldern erzeugt, wo sowohl das Zentrum als auch die Peripherie aus L, M und S aufgebaut sind. Die Signale des Gegenfarbensystems besitzen dagegen rezeptive Felder, deren Zentrum und Peripherie sich farbspezifisch unterscheiden. Bezeichnen wir mit r^+g^- ein rezeptives Feld dessen Zentrum von L-Zapfen aktiviert wird und dessen Peripherie von M-Zapfen gehemmt wird. Die Beleuchtung des Zentrums mit rotem Licht aktiviert dann die Ganglionzelle, wohingegen rotes Licht in der Peripherie eine hemmende Wirkung auf das Neuron hat. Weitere Typen sind r^-g^+, g^+r^-, g^-r^+, und, in entsprechend modifizierter Form, b^+y^-, b^-y^+, ….

Alle diese Arten kommen nebeneinander vor und besitzen auch teilweise überlappende Rezeptorfelder. Aus Sicht der Signalverarbeitung ergibt sich daraus die Funktionalität eines Hochpassfilters für Ortsfrequenzen beliebiger Orientierung. Dadurch werden feine Details verstärkt und grossflächige Helligkeitsveränderungen vernachlässigt.

2.5 Wahrnehmungsschwellen

Unabhängig von der Funktion spezieller Sinnesorgane erfolgt die Signalerfassung bzw. die neuronale Weiterverarbeitung allgemeinen Prinzipien. Dies gilt insbesondere für das Thema dieses Abschnitts, die Beziehung zwischen Reiz- und Empfindungsstärke. Bevor wir im weiteren Verlauf des Abschnitts auf spezielle Aspekte des visuellen Systems eingehen, beschäftigen wir uns deshalb zunächst mit den allgemeinen Erkenntnissen der Psychophysik, soweit sie für den Gegenstand des Buches von Interesse sind.

2.5.1 Reiz- und Empfindungsstärke

Die folgenden Aussagen sind Resultate der Psychophysik, einem Gebiet, das vor etwa 150 Jahren als Teil der Sinnesphysiologie entwickelt wurde. Heute ordnet man es eher der Wahrnehmungspsychologie zu. Ihre Erkenntnisse ergeben sich aus empirischen Reihenuntersuchungen. Quantitative Aussagen stellen also menschliche Durchschnittswerte dar. Ein klassischer Untersuchungsgegenstand sind Wahrnehmungsschwellen oder, in anderen Worten, der Test «*wird als gleich empfunden*». Unter gewissen Annahmen lassen sich daraus die gesuchten Beziehungskurven ableiten. In moderneren Ansätzen wird durch direktere Testkonzepte wie "*ist x-mal so stark wie*" versucht die Empfindungsstärke unmittelbar zu erfassen.

Tafel 2.28: Empfindungsstärke eines Reizes

- **E. H. Weber (1795 – 1878)**
    - **Unterschiedsschwelle** (just noticeable difference JND)
        * minimal wahrnehmbare Differenz ΔR zur Reizstärke R
    - **Weber-Gesetz:** $\Delta R = c \cdot R, c \in \mathbb{R}^+$
        * gültig für mittlere Intensitäten vieler Reizarten
- **G. T. Fechner (1801–1887)**
    - Unterschiedsschwelle als Einheit der Empfindungsstärke E
    - **Weber-Fechner-Gesetz:** $E \approx \log R$
- **S. S. Stevens (20. Jahrhundert)**
    - **Stevens-Potenzfunktion:** $E \approx R^n, n \in \mathbb{R}^+$ (reizspezif.)
        * typisch: $0.3 < n < 1 \Rightarrow E(R)$ ist eine Wurzelfunktion
    - Grundlage der modernen Wahrnehmungsphysiologie

Die erste wichtige Kenngrösse der Beziehung Reizstärke-Empfindungsstärke ist die *Reizschwelle* R_0. Darunter verstehen wir die kleinste Reizstärke, die eine Reaktion auslöst, oder genauer, die zu einer Veränderung der Frequenz der Aktionspotentiale führt. Der Wert R_0 ist charakteristisch für den jeweiligen Reiz. Eine Empfindungsstärke $E = E(R)$ existiert definitionsgemäss nur für $R \geqslant R_0$.

Die Pioniere der Psychophysik **E. H. Weber (1795–1878)** [3] und **G. T. Fechner (1801–1887)** [5] gründeten ihre Arbeiten auf den Begriff der *Unterschiedsschwelle*,[30] definiert als den minimalen Reizzuwachs ΔR zu einem Reiz der Stärke R, so dass die Reizstärken R und $R + \Delta R$ als verschieden empfunden werden. **Weber** bemerkte 1834 im Zusammenhang mit der Wahrnehmbarkeit von Gewichtsunterschieden, dass ΔR keinen absoluten Schranken genügt, sondern proportional zu $R - R_0$ ist, was sich mathematisch ausdrücken lässt als:

$$\frac{\Delta R}{R - R_0} = \text{konstant} \quad \textbf{(Weber-Quotient)} \quad (2.2)$$

Da diese Beziehung im Anschluss für viele Reizarten — zumindest für mittlere Reizstärken — bestätigt[31] wurde, spricht man heute von dem **Weber-Gesetz** und benennt auch den darin enthalten Quotienten nach seinem Entdecker.

Fechner benutzte die Unterschiedsschwelle und den Weber-Quotienten zur Definition einer psychophysikalischen Skala der Empfindungsstärke $E = E(R)$. Dazu nahm er an, dass die Unterschiedsschwelle einer festen Erhöhung ΔE der Empfindungsstärke E entspricht, was ihn zusammen mit (2.2) zur Relation

$$\Delta E = \frac{\Delta R}{R - R_0} = c, \quad c \in \mathbb{R}^+ \quad (2.3)$$

führte. Die Ersetzung von ΔE und ΔR durch die Differentialquotienten dE bzw. dR überführt (2.3) in eine integrierbare Differentialgleichung. Mit deren Lösung erhalten wir das **Weber-Fechner-Gesetz**:

$$E(R) = \int dE = \int \frac{dR}{R - R_0} = a + b \cdot \ln(R - R_0), \quad a, b \in \mathbb{R}$$

Es besagt, dass die Empfindungsstärke E zum Logarithmus der zu Grunde liegenden Reizstärke R proportional ist.

---

[30] just noticable difference
[31] im Allgemeinen hat der Weber-Quotient einen Wert zwischen 7–12 %

Im 20. Jahrhundert wurden Anstrengungen unternommen, die Empfindungsstärke unmittelbar zu beobachten. In der von **S. S. Stevens** gegründeten *direkten Psychophysik*, siehe [10], versucht man Ansätze wie «*ist doppelt so stark wie*» oder «*ist so verschieden wie*» experimentell zugänglich zu machen. Ein Resultat dieser Bemühungen ist die **Stevenssche Potenzfunktion**:

(2.4) $E = c \cdot (R - R_0)^n, \quad c, n \in \mathbb{R}^+$

Hier ist n ein reizspezifischer Exponent, siehe Tafel 2.29. Da typischerweise

$$0.3 < n < 1$$

gilt, ersetzt (2.4) den Logarithmus des Weber-Fechner-Gesetzes durch eine im Allgemeinen recht ähnliche Wurzelfunktion.

Sowohl das Weber-Fechner-Gesetz als auch die Stevenssche Potenzfunktion repräsentieren erfolgreiche Konzepte zur Modellierung der Empfindungsstärke. Je nach Anwendung ist der eine oder der andere Ansatz vorzuziehen. Der erste betont die Unterscheidbarkeit von Empfindungen, der zweite ihre subjektive Einschätzung. Im Visuellen sind die Unterschiede in der Interpretation eher gering. Die technischen Standards der Farbmetrik basieren grösstenteils auf dem Konzept von **Stevens**.

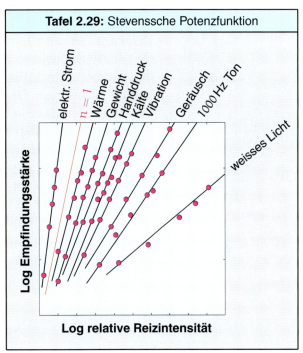

Tafel 2.29: Stevenssche Potenzfunktion

2.5.2 Helligkeitsempfindung

Die Hellempfindung ist ein klassischer Gegenstand der Physiologie. Beginnend mit der Arbeit von **A. König** und **E. Brodhun** [1] wurde der Weber-Quotient oftmals bestimmt.[32] Dazu vergleicht man die Leuchtdichteunterschiede zwischen einem kleinen Objekt und einer grösseren enthaltenden Umgebung. Bei mittleren Leuchtdichten von etwa 10–100'000 lx (Tageslichtverhältnisse) beträgt der Weber-Quotient etwa 1–2%, siehe Tafel 2.30.[33] Interpretiert man

---

[32] siehe etwa **H. R. Blackwell** [2, Kap. 4]

[33] In ihrem berühmten Standardwerk *Color Science* empfehlen **Günther Wyszecki** und **W. S. Stiles** [5, Kap. 7.10.1] einen Wert von 1%. Dass in einigen Messungen wie in Tafel 2.30 für hohe Leuchtdichten der Weber-Quotient wieder leicht ansteigt, erklären sie mit einer vermutlich unvollständigen Helladaptation der Probanden.

die Daten im Sinne von **Stevens**, so erhält man einen Exponenten von $n = 0.33$ für die Stevenssche Potenzfunktion. Auf diesen Exponenten werden wir anlässlich der Definition verschiedener Farbräume, wie z.B. CIELAB, zurückkommen.

Relevant für die Farbwiedergabe ist zunächst einmal die Erkenntnis aus Abschnitt 2.5.1, dass die Hellempfindung, wie Empfindungsstärken im Allgemeinen, relativen Schranken unterliegt und keinen absoluten. Dieser Tatbestand ist als das allmorgendliche Verschwinden des Sternenhimmels durchaus Teil unserer Alltagserfahrung, erfährt aber wohl eher selten die entsprechende Interpretation. Die Relativität der Hellempfindung macht aber eine Bildreproduktion auf Papier überhaupt erst sinnvoll. Die Grösse des Weber-Quotienten von 1–2 % begrenzt die Anzahl der gleichzeitig in einer Szene zwischen dem tiefsten Schwarz und dem hellsten Weiss unterscheidbaren Helligkeitsstufen auf 50–100. Diese Anzahl bestimmt die Minimalanforderung an die Helligkeitsauflösung eines Reproduktionssystems. Die üblichen 256 Stufen eines 8-Bit-RGB-Kanals sind also aus physiologischer Sicht mehr als ausreichend.

Tafel 2.30: Messung der Hellempfindlichkeit

- durch Betrachtung der Leuchtdichten
  - eines kleinen Objektes in einem grösseren Umfeld
- klassischer Gegenstand der Physiologie
- **Stevensscher Exponent** etwa $n = 1/3$
- **Weber-Quotient** etwa 1–2% (siehe rechts)
  - bei mittleren Leuchtdichten 10–100000 lx (Tageslicht)
  - etwa 50–100 Helligkeitsstufen gleichzeitig unterscheidbar
  - ausreichend: 8-Bit-RGB-Kanal mit 256 Helligkeitsstufen

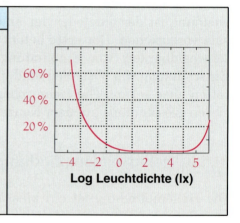

Die vorangegangenen Aussagen werden durch einen seit Jahrhunderten mit grosser Akribie betriebenen Grossversuch bestätigt, nämlich die Einteilung des Sternenhimmels in Helligkeitsklassen. Gemäss der *Pogsonschen Helligkeitsskala*[34] unterscheidet man die Grössenklassen 1 bis 6. Dabei wird eine gleichmässige Helligkeitsabstufung angestrebt, wobei die 6. Grössenklasse die mit blossem

---

[34] nach **Norman Robert Pogson** (1829–91)

Auge gerade noch erkennbaren Sterne repräsentieren soll. Technisch entspricht einem Grössenklassenzuwachs von 1 eine 2.512-fach kleinere Leuchtdichte. Folglich leuchten die hellsten Sterne am Firmament etwa 100-mal[35] heller als die gerade noch erkennbaren. Die resultierende logarithmische Abstufung der Hellempfindlichkeitsskala genügt dem Weber-Fechner-Gesetz.

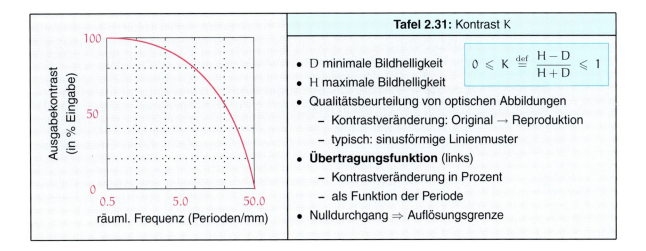

Tafel 2.31: Kontrast K

- D minimale Bildhelligkeit
- H maximale Bildhelligkeit

$$0 \leq K \stackrel{\text{def}}{=} \frac{H-D}{H+D} \leq 1$$

- Qualitätsbeurteilung von optischen Abbildungen
    - Kontrastveränderung: Original → Reproduktion
    - typisch: sinusförmige Linienmuster
- **Übertragungsfunktion** (links)
    - Kontrastveränderung in Prozent
    - als Funktion der Periode
- Nulldurchgang ⇒ Auflösungsgrenze

2.5.3 Räumliches Auflösevermögen

Das räumliche Auflösevermögen des menschlichen Sehsystems ist ein weiterer zentraler Parameter der Bildreproduktion. Wir stellen zwei verschiedene Konzepte zur Bestimmung dieser Kenngrösse vor. Das erste stellt eine Adaption der Gütemessung optischer Linsen an die Verhältnisse des menschlichen Auges dar. Das zweite ist die Sehschärfenbestimmung aus der Augenoptik. Beide Verfahren führen zu dem gleichen Resultat.

Um die Abbildungsqualität eines Linsensystems zu bestimmen,[36] analysiert man häufig die Kontrastveränderung, die ein Eingabebild bei der Transformation zum Ausgabebild erfährt. Der Kontrast K, $0 \leq K \leq 1$, ist definiert als

$$K = \frac{H-D}{H+D},$$

---

[35] $100 \approx 2.512^5$
[36] wir folgen [9, Kap. 5]

wobei D und H für die minimale bzw. maximale Bildhelligkeit stehen.

Im Zusammenhang mit Kontrastveränderungen betrachtet man typischerweise sinusförmige Linienmuster als Testbilder.[37] Die Helligkeitseigenschaften des Sinusmusters sind durch den Kontrast gegeben und seine Feinheit wird in Perioden pro mm (Linsen) oder Perioden pro Grad des Sehwinkels (Auge) ausgedrückt. Bestimmen wir nun die Veränderung des Kontrastes vom Eingabemuster zum Ausgabemuster in Prozent des Eingabekontrastes, so erhalten wir die *Übertragungsfunktion* des Systems, siehe Tafel 2.31.

Für grobe Testmuster bleibt der Kontrast weitgehend unverändert. Werden die Perioden jedoch immer kleiner, so beginnen sich die hellen und die dunklen Teile des Ausgabebildes zu vermischen, was einen Kontrastverlust zur Folge hat. Das Ende dieser Entwicklung ist erreicht, wenn das resultierende Bild nur noch eine graue Einheitsfläche darstellt, die gemäss Definition den Kontrast 0 besitzt. Die kleinste Anzahl von Perioden pro mm bei der dies geschieht, markiert die *Auflösungsgrenze*[38] des Linsensystems.

Tafel 2.32: Kontrastsensitivitätsfunktion

- erweiterte Übertragungsfunktion für Netzhautbilder
- **Definition**: bestimme für jede Periode
  - den minimalen Kontrast (**Kontrastschwelle**)
  - bei dem Testmuster noch wahrgenommen wird
- **Kontrastsensitivität** = Kehrwert der Kontrastschwelle
- Kontrastsensitivitätsfunktion **CFS** der Helligkeit
  - Auflösungsgrenze: ca. 60 Perioden / Winkelgrad
  - ⇒ **physiologischer Grenzwinkel** ≈ 1′ Bogenminute
  - schlechtere Auflösungsgrenzen für Farbkontraste

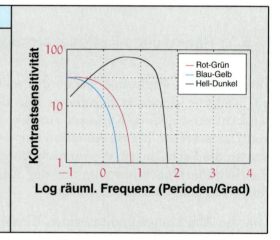

Dieses Vorgehen zur Bestimmung der Auflösungsgrenze ist auf das menschliche Auge nicht ohne weiteres anwendbar. Zum einen ist das Ausgabebild das Netzhautbild und damit ist sein Kontrast nicht direkt zu beobachten. Zum zweiten wird durch das obige Verfahren

---

[37]Man beachte, dass gemäss Fourieranalysis jedes Bild in solche Muster zerlegt werden kann.
[38]cutoff frequency

2.5. Wahrnehmungsschwellen

die neuronale Signalverarbeitung der Netzhaut nicht erfasst. Anstatt der Übertragfunktion analysieren wir deshalb die sogenannte

> Kontrastsensitivitätsfunktion (CSF).

Dazu bestimmen wir für ein sinusförmiges Testmuster mit gegebener Periode den minimalen Kontrast, bei dem das Testmuster noch erkannt wird. Dieser Wert heisst *Kontrastschwelle* bzw. sein Kehrwert die *Kontrastsensitivität*. Beschreiben wir letztere als Funktion der Perioden pro Grad des Sehwinkels, so erhalten wir die Kontrastsensitivitätsfunktion CFS.

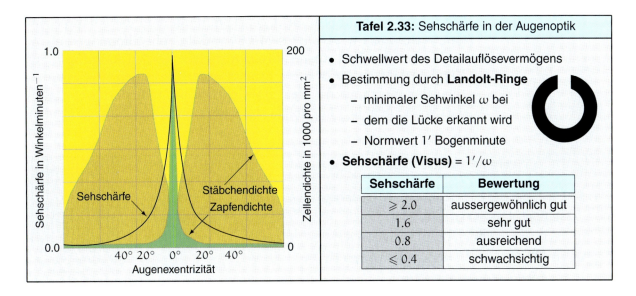

Tafel 2.33: Sehschärfe in der Augenoptik

Ein typischer glockenförmiger Verlauf der CFS für Tageslichtverhältnisse ist in Tafel 2.32 dargestellt. Bezüglich des Hell-Dunkel-Kontrastes (schwarze Kurve) kennzeichnet das Kurvenmaximum bei etwa 5–6 Perioden pro Grad den Bereich, in dem Details am besten erkannt werden. Die Auflösungsgrenze ist erreicht, wenn die Kontrastsensitivitätsfunktion auf ihren Minimalwert 1 zurückgeht. Dies ist bei etwa 60 Perioden pro Grad der Fall, was gerade einer Periode pro Bogenminute des Sehwinkels entspricht. Bei deutlich kleineren Sehwinkeln ist das menschliche Auge normalerweise nicht mehr in der Lage zwischen entsprechend feinen Linienpaaren zu unterscheiden. Den Sehwinkel von 1 Bogenminute bezeichnet man deshalb auch als

> physiologischer Grenzwinkel.

Ein alternativer Zugang zum Detailauflösevermögen des menschlichen Sehsystems stellt die *Sehschärfe* dar. Dieser Begriff stammt aus der Augenheilkunde und beschreibt dort das Verhältnis des physiologischen Grenzwinkels zum minimalen Sehwinkel unter dem ein Probant die Lage der Lücke in einem *Landolt-Ring*, siehe Tafel 2.33, identifizieren kann. Normalsichtigkeit ist bei einer Sehschärfe von 1 gegeben. Dies bestätigt die aus der CSF abgeleiteten Aussagen, hat aber als massenhaft ausgeführter Grossversuch eine wesentlich bessere statistische Absicherung.

Die hier angesprochenen Auflösungsgrenzen gelten für gute bis sehr gute Sehbedingungen, insbesondere setzen sie Tageslicht voraus. Sind diese Verhältnisse nicht gegeben, dann sind die entsprechenden Grenzwerte wesentlich schlechter. Gute Sehbedingungen meint auch, dass das Testmuster direkt anvisiert werden kann, und das Netzhautbild in der Makula erfasst wird. Da in den Aussenbereichen der Netzhaut die Rezeptordichte stark reduziert ist, nimmt dort eben auch die Sehschärfe stark ab, siehe Tafel 2.33.

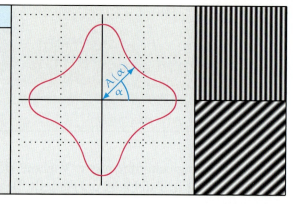

Tafel 2.34: Oblique-Effekt

- die Erkennbarkeit von Linienmuster ist abhängig
  - von der Orientierung der Linien
  - gegenüber der Verbindungsgraden der Augen
- horizontal oder vertikal: bestes Auflösevermögen
- 45° schlechtestes Auflösevermögen
- Sehschärfe $A(\alpha)$ als
- Distanz vom Nullpunkt

Unser letzter Punkt in diesem Abschnitt ist ein überraschendes Phänomen, das vielleicht entwicklungsbiologisch erklärt werden kann. Das Auflösungsvermögen des Auges, ermittelt durch eine CSF, ist nämlich vom Winkel abhängig, den das Linienmuster mit der Verbindungsgerade der beiden Augen bildet, siehe Tafel 2.34. Es ist für $0°$ und $90°$ am grössten und für eine Rotation um $45°$ am kleinsten, d.h. dass horizontal oder vertikal orientierte Details besser wahrgenommen werden als andere. Dieser sogenannte *Oblique-Effekt* hat in der Drucktechnik eine praktische Bedeutung, auf die wir im Zusammenhang mit Rastertechnik zurückkommen werden.

2.5.4 Zeitliches Auflösevermögen

Die Vorgänge in der Netzhaut stellen letztlich elektro-chemische Prozesse dar, die als solche mit einer limitierten Geschwindigkeit ablaufen. In Folge dessen ist natürlich auch die Wahrnehmung von Veränderungen des aktuellen Netzhautbildes zeitlich begrenzt. Um das zeitliche Auflösevermögen zu untersuchen,[39] betrachtet man zeitlich periodische Bildfolgen mit einer variablen Wiederholfrequenz. Ein einfaches Beispiel ist eine drehbare Flimmerscheibe. Die Wiederholfrequenz wird dann so weit erhöht, bis der zeitliche Ablauf einer Periode nicht mehr erkannt und nur noch ein einheitliches Mischbild wahrgenommen wird. Diese Grenzfrequenz ist bekannt als *Flimmerfusionsfrequenz*.[40] Sie beträgt für Hell-Dunkel-Muster bei optimalen Bedingungen[41] etwa 60 Hz.

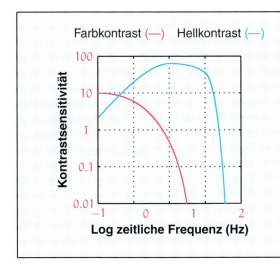

Tafel 2.35: zeitliches Auflösevermögen

- begrenzte Wahrnehmung von zeitlichen Veränderungen des Netzhautbildes
- Analyse mit periodischen Flimmermuster
- bei 10 Hz höchste Sensitivität für Flimmerbilder
- **Flimmerfusionsgrenze** bei etwa 60 Hz
  - bei optimalen Bedingungen $\geq$ 1000 lx
  - für Hell-Dunkel-Muster
- jenseits der Flimmerfusionsgrenze
  - Vermischung der Lichtreize
  - z.B. beim Maxwellscher Farbkreisel

Erweiterte Informationen über das zeitliche Auflösevermögen können analog zum vorangegangenen Abschnitt aus einer Kontrastsensitivitätsfunktion abgeleitet werden. Ein sinusförmiges Flimmermuster mit gegebenen Kontrast wird zeitlich variabel wiederholt. Für eine gegebene Periode wird dann wieder die Kontrastschwelle ermittelt.

---

[39] als wissenschafliche Referenz zum Thema dieses Abschnittes sei auf **D. H. Kelly** [2, Kap. 11: Flicker] verwiesen
[40] critical flicker frequency (CFF)
[41] Leuchtdichten über 1000 lx

Es zeigt sich, dass Flimmerfrequenzen von etwa 10 Hz am besten erkannt werden. Führt man diese Versuche mit farbigen Flimmermuster durch, so liegen analog zum räumlichen Auflösevermögen die entsprechenden Grenzfrequenzen niedriger.[42]

Das zeitliche Auflösevermögen ist speziell für Bildschirmdarstellungen von Bedeutung sowie bei Filmen und Videos. Historisch gesehen, basiert die Funktionsweise des Maxwellschen Farbkreises auf diesen Effekten.

2.6 Literaturverzeichnis

[1] A. König and E. Brodhun. Experimentelle Untersuchungen über die psycho-physische Fundamentalformel in Bezug auf den Gesichtssinn. *Zweite Mittlg. S. B. Preuss. Akad. Wiss.*, pages 641–660, 1889.

[2] D. Jameson and L. M. Hurvich, editors. *Visual Psychophysics*. Springer, 1972.

[3] E. H. Weber. *De Pulsu, Resorptione, Auditu et Tactu: Annotationes Anatomicae et Physiologicae*. Köhler, Leipzig, 1834.

[4] M. Fairchild. *Color Appearance Models*. Addison-Wesley, 1998.

[5] G. T. Fechner. *Elemente der Psychophysik*. 2 Bde. Leipzig, 1860,1889.

[6] E. Hecht. *Optik*. Oldenbourg, München, 2001.

[7] E. Hering. Grundzüge zur Lehre vom Lichtsinn. In Gräfe-Sämisch, editor, *Handbuch der Augenheilkunde*, Leipzig, 1905. Engelmann.

[8] R. Schmidt, F. Lang, and G. Thews. *Pysiologie des Menschen*. Springer, 29 edition, 2005.

[9] R. Sekuler and R. Blake. *Perception*. McGraw-Hill, 4 edition, 2002.

[10] S. S. Stevens. *Psychophysics*. Wiley, New York, 1975.

---

[42] siehe [5, Kap. 7]

[11] H. v. Helmholtz. Über die Zusammensetzung von Spektralfarben. *Poggendorrfs Ann. Physik*, 94:1–28, 1855.

[12] J. v. Kries. Die Gesichtsempfindungen. In *Handbuch der Physiologie des Menschen*, volume 3, Braunschweig, 1920.

[13] G. Wyszecki and W. Stiles. *Color Science*. Wiley-Interscience, 1982.

[14] Th. Young. On the theory of light and colours. *Philos. Trans. Roy Soc. London*, 92:210–271, 1802.

Kapitel 3

Farbmetrik

Durch das *Weber-Fechner-Gesetz* bzw. die *Stevenssche Potenzfunktion* wurde in Abschnitt 2.5.1 die Relation «Reizstärke-Empfindungsstärke» für die Helligkeit weitgehend charakterisiert. Auf entsprechende Farbrelationen sind wir jedoch noch nicht eingegangen. Im Gegensatz zur Helligkeit lässt sich das Phänomen Farbe nicht in allgemeine Konzepte der Physiologie einbetten. Um auch hier zu einer «Reizstärke-Empfindungsstärke»-Relation zu gelangen ist ein höherer konzeptioneller Aufwand nötig. Der hier gewählte Aufbau orientiert sich im Wesentlichen an der historischen Entwicklung der Farbmetrik.

Tafel 3.1: Zielsetzung der niederen Farbmetrik

- technische Charakterisierung einer Farbempfindung
  - durch den Begriff der **Farbvalenz**
- **Methode**
  - visueller Vergleich von Lichtreizen
    * *Welche Lichtreize werden gleich empfunden?*
  - Festlegung des Sehumfelds
    * durch den **Normalbeobachter**
    * Persistenzsatz
  - Gesetze der additiven Farbmischung
    * Farbvalenzen bilden einen 3-D-Vektorraum
  - Zuordnung *Lichtreiz-Farbvalenz* durch

  Normvalenzsystem

Zunächst charakterisieren wir in Abschnitt 3.2 die farbliche Gleichheit innerhalb der Menge der Lichtreize $\mathfrak{R}$. Technisch gesehen, leiten wir für $R \in \mathfrak{R}$ eine Funktion $F(R)$ her, die sogenannte *Farbvalenz*, die zwei Lichtreizen den approximativ gleichen Funktionswert zuordnet, wenn die zugehörigen Farbempfindungen nicht unterschieden werden können. Experimentell wird die Ununterscheidbarkeit, notiert als

$$F(R_1) \approx F(R_2), \quad R_1, R_2 \in \mathfrak{R},$$

durch einen standardisierten Vergleichstest überprüft, welcher die Sehbedingungen so festlegt, dass die Versuche reproduzierbar werden. Die mathematischen Eigenschaften der Farbvalenzen resultieren aus der Verbindung des Unterscheidbarkeitstests mit der *addi-*

tiven Farbmischung. Die sich ergebende Struktur ist ein dreidimensionaler Vektorraum.[1]

Die Auswahl spezieller Basisvektoren und die Normierung der Farbvalenzen monochromatischer Lichtreize bezüglich dieser Basisvektoren führt dann zur technischen Spezifikation von Farbvalenzen beliebiger, durch ihre Spektren gegebene, Lichtreize. Dieses Konzept ist bekannt als *Normvalenzsystem*. Es repäsentiert die durchschnittliche Fähigkeit des Menschen Farben unterscheiden zu können und stellt — trotz allen bekannten Schwächen — das Fundament der industriellen Farbwiedergabe dar.

Die eigentlich gesuchte Beziehung

> Reizstärke-Empfindungsstärke

wird dann im Anschluss[2] als eine Funktion zwischen Farbvalenzen eingeführt.

3.1 Farbvergleiche

Für jede messtechnisch zu erfassende Grösse ist die Feststellung der Gleichheit bzw. der Ungleichheit die Elementaroperation. Bezüglich der Farbempfindung ist sie jedoch alles andere als trivial. In Kapitel 2.2 haben wir dargelegt, dass derselbe Lichtreiz in verschiedenen Situationen sehr unterschiedlich empfunden werden kann. Um reproduzierbare Farbvergleiche durchführen zu können, ist es deshalb notwendig die Beobachtungsbedingungen festzulegen.[3]

Es ist mehr oder weniger unmöglich, zwei Farben zu vergleichen, die man nicht gleichzeitig sieht. Zwei zu vergleichende Farbmuster sollten deshalb gleichzeitig, unmittelbar nebeneinander[4] und in einem neutralen Umfeld (mittleres Grau) gesehen werden, siehe Tafel 3.2.

---

[1] Dieses auf **Hermann Günther Grassmann** zurückgehende Result von 1853 markiert sowohl den eigentlichen Beginn der modernen Farbforschung als auch die Grundlegung der Vektorrechnung. Man beachte, dass **Erwin Schrödinger** letztere in der Farbforschung kennenlernte, bevor er sie in der Quantenmechanik populär machte.
[2] siehe Abschnitt 3.3.4
[3] etwa nach DIN 5053 *Farbmessung* Teil 1
[4] was durch den Simultankontrast Farbdifferenzen verstärkt, siehe Abschnitt 2.3.6

Die Farbmuster sollten zudem strukturlos sein. Da die Farbwahrnehmung nur durch die Zapfen erfolgt und um den verfälschenden Einfluss der Stäbchen auszuschliessen, ist es notwendig den Sehwinkel der Farbmuster auf etwa 2° zu beschränken.[5] Diese Forderung vermeidet zusätzlich Probleme mit der Gelbpigmentierung der Makula. Die Beobachtung sollte bei hellem Tageslicht durchgeführt werden.[6] Weitgehend selbstverständlich ist, dass der Beobachter unter keiner Farbfehlsichtigkeit leiden sollte.[7]

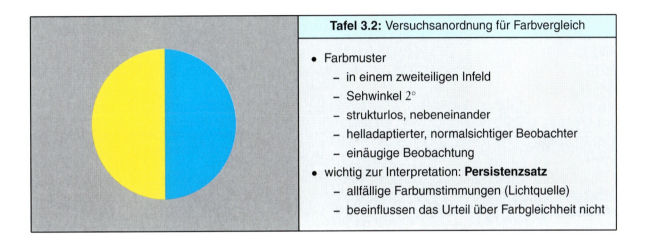

Tafel 3.2: Versuchsanordnung für Farbvergleich

- Farbmuster
    - in einem zweiteiligen Infeld
    - Sehwinkel 2°
    - strukturlos, nebeneinander
    - helladaptierter, normalsichtiger Beobachter
    - einäugige Beobachtung
- wichtig zur Interpretation: **Persistenzsatz**
    - allfällige Farbumstimmungen (Lichtquelle)
    - beeinflussen das Urteil über Farbgleichheit nicht

Sind zwei Farbmuster unter den genannten Versuchsbedingungen nicht zu unterscheiden, dann haben sie per Definition die gleiche *Farbvalenz*. Der Begriff Farbvalenz bezieht sich im Prinzip immer auf den dargelegten Vergleichstest, auch wenn wir im Folgenden die Farbvalenz als eine Funktion des Lichtreizes beschreiben werden, in welcher die Farbvalenz schlussendlich die mathematische Form eines Vektors annimmt. Gleiche Farbvalenzen schliessen jedoch keinesfalls aus, dass die zu Grunde liegenden Farbmuster unter anderen Betrachtungsbedingungen farblich unterscheidbar sein können.[8] Die Relevanz des Begriffes ergibt sich jedoch daraus, dass Farbmuster mit gleicher Farbvalenz auch bei einem (moderaten) Wechsel der Lichtquelle[9] immer noch als gleiche Farben wahrge-

---

[5] Der Einfluss der Stäbchen bei der Betrachtung von Grossflächen wird durch ein später vorgestelltes 10°-Szenario explizit abgedeckt.
[6] auch dies um das Stäbchensehen zu vermeiden
[7] Etwa 8% der männlichen und 0.4% der weiblichen Bevölkerung leiden an der einen oder anderen Form einer Fehlsichtigkeit.
[8] z.B. im 10°-Normvalenzsystem
[9] etwa von Tageslicht zu Glühlampenlicht

nommen werden. Dieser für die Farbmetrik grundlegende Sachverhalt wurde 1878 durch **von Kries**[10] [32] formuliert:

> **Persistenzsatz.** Das Urteil über die Gleichheit oder Ungleichheit zweier Farben ist (weitgehend) unabhängig vom chromatischen Adaptationszustand (Umstimmung) des Auges.

Abbildung 3.1
RGB-Kanäle als additive Farbmischung

3.2 Farbvalenzen

Die Basis der industriellen Farbwiedergabe ist die mathematische Charakterisierung der Aussage: *Die Farbmuster haben die gleiche Farbvalenz*. Dabei verstehen wir die Farbvalenz als eine Funktion der zugehörigen Spektren. Der konstruktive Existenzbeweis dieser Funktion ist die zentrale Leistung der Farbforschung im 19. Jahrhundert. Wie in Abschnitt 2.1.1 bereits vereinbart, verstehen wir unter einem Lichtreiz R ein diskretes, relatives Spektrum $S(\lambda_i)$ im sichtbaren Wellenlängenbereich $380\,\text{nm} \leqslant \lambda_i \leqslant 780\,\text{nm}$. Ein Lichtreiz ist folglich als hochdimensionaler Vektorraum aufzufassen. Die Menge der so verstandenen Lichtreize sei mit $\mathfrak{R}$ bezeichnet. Gesucht ist eine Funktion $F(R)$, $R \in \mathfrak{R}$, so dass

- $F(R_1) \approx F(R_2)$ für im Farbvergleich ununterscheidbare Lichtreize $R_1 \in \mathfrak{R}$ und $R_2 \in \mathfrak{R}$ sowie

---
[10]eine lesenswerte Diskussion dieser Problematik findet man in [3]

- $F(R_1) \not\approx F(R_2)$ für verschiedenfarbige Lichtreize R_1 und R_2.

Da wir F als eine stetige Funktion auf $\mathfrak{R}$ ansehen, nehmen die Unterschiedsschwellen des Farbsehens endliche Zahlenwerte der Art $F(R') - F(R'')$ an. Wir benutzen deshalb $\approx$ anstelle von $=$, um eine Differenz «*kleiner als eine Unterschiedsschwelle*» auszudrücken. Die Bildmenge von F repräsentiert dann die Menge der Farbvalenzen.

Tafel 3.3: Farbvalenz

- sei $\mathfrak{R}$ die Menge der Lichtreize (diskrete relative Spektren)
- gesucht: Funktion $F(R)$ (**Farbvalenz**), so dass
  - $F(R_1) \approx F(R_2)$ für ununterscheidbare $R_1, R_2 \in \mathfrak{R}$
  - $F(R_1) \not\approx F(R_2)$ für verschiedenfarbige R_1 und R_2
- Konstruktion von F durch
  - Festlegung der Addition für Farbvalenzen als
  - Homomorphismus: $a\,F(R_1) + b\,F(R_2) \stackrel{\text{def}}{=} F(a\,R_1 + b\,R_2)$
    * mit komponentenweiser Addition der Spektren
- Analyse d. **additiven Farbmischung** durch **Grassmann** 1853
  - Farbvalenzen bilden einen 3-D-Vektorraum

Die im Folgenden vorgestellte Konstruktionsmethode für F orientiert sich an der historischen Entwicklung. Den eigentlichen Beginn der modernen Farbforschung markiert die Analyse der

additiven Farbmischung

durch **Günter Grassmann** im Jahr 1853 [11]. Aus Sicht der Mathematik steht der Begriff additive Farbmischung zunächst einmal für die Definition der Addition auf der Menge der Farbvalenzen. In moderner Algebranotation handelt es sich um einen Homomorphismus[11]:

$$a\,F(R_1) + b\,F(R_2) \stackrel{\text{def}}{=} F(a\,R_1 + b\,R_2), \quad a, b \in \mathbb{R},\ R_1, R_2 \in \mathfrak{R} \quad (3.1)$$

In anderen Worten, die mathematische Operation der Farbvalenzaddition (linke Seite) wird als die Farbvalenz der physikalischen

---
[11] eine strukturerhaltende Abbildung

Vektoraddition der zu Grunde liegenden Reizspektren (rechte Seite) verstanden. Die Multiplikation mit Skalaren hat die Interpretation einer Intensitätsänderung der beteiligten Lichtreize. Die Wortwahl «*Farbmischung*» anstelle von «*Farbaddition*» weist auf den zu modellierenden physikalischen Prozess, illustriert in Tafel 3.3, hin. Die Lichtreize R_i entsprechen hier den verschiedenen Projektorfarben, etwa durch vorgeschaltete Farbfilter erzeugt.[12] Die Projektoren sollen über eine einstellbare Helligkeitsregulierung verfügen. Durch Übereinanderblendung der Projektoren kann man Farben *mischen*. In Tafel 3.3 ist diese Farbmischung in ein Vergleichstestszenario gemäss Abschnitt 3.1 eingebettet, was dem hier angesprochenen historisch wissenschaftlichen Kontext entspricht.

> **Bemerkung.** In der Farbreproduktion betrachtet man ausser der additiven auch eine *subtraktive* bzw. *multiplikative* Farbmischung. Die letzten beschreiben wellenlängenspezifische Veränderungen von Spektren. Ein typisches Beispiel ist ein Farbfilter. Der Filter nimmt in bestimmten Wellenlängenbereichen Licht weg, worauf das Wort «*subtraktiv*» zurückgeht. Als wellenlängenabhängige Operation hat die Filterung die mathematische Form einer Faltung, was die Bezeichnung «*multiplikativ*» erklärt. Man beachte, dass eine negative additive Farbmischung keine subtraktive ist.

Das wissenschaftliche Interesse an der Farbmischung gemäss (3.1) ist wohl durch **Newtons** Prismaversuche [20] geweckt worden. Die Zerlegung des Sonnenlichtes durch ein Prisma demonstriert, dass Licht einer speziellen Wellenlänge λ eine spezielle Farbe hat. Die Farbvalenzen dieser *Spektralfarben*[13] bezeichnen wir mit $F(\lambda)$. **Newtons** Experimente mit Farbmischungen der Art

$$a\, F(\lambda_1) + b\, F(\lambda_2)$$

ergaben einerseits Farben, die keine Spektralfarben waren, andererseits liesen sich manche Spektralfarben approximativ aus anderen zusammensetzen. Die Systematik dieses Phänomens blieb **Newton** jedoch weitgehend verborgen.

---

[12] wobei es sich hier auch um **Maxwellsche Kreisel**, Monochromatoren, oder Laser handeln könnte

[13] Da die Spektralfarben von einem Regenbogen bekannt sind, ist auch der Name *Regenbogenfarben* geläufig

Neben der wissenschaftlichen Motivation gab und gibt es bis heute ein unmittelbares industriell-technisches Interesse an der additiven Farbmischung. Aus Sicht der Reproduktionstechnik ist es wesentlich einfacher die Helligkeit eines gegebenen Lichtreizes zu manipulieren, sprich die Konstanten in der Gleichung (3.1) technisch zu kontrollieren, als das Spektrum eines vorgegebenen Reizes physikalisch nachzubilden. In Folge dessen versuchen konventionelle Farbreproduktionsprozesse mit einer minimalen Anzahl von physikalisch fixierten Grundfarben auszukommen und alle weiteren Farben durch Mischung aus ihnen zu gewinnen.

Vor dem Hintergrund dieser Interessenlage wurden in der ersten Hälfte des 19. Jahrhunderts viele Experimente zur additiven Farbmischung durchgeführt. Ihre Prinzipien wurden 1853 von **Hermann Günter Grassmann** in einer wegweisenden Arbeit [11] aufgeklärt. In mathematischer Formulierung[14] lauten die *Grassmannsche Gesetze der additiven Farbmischung* wie folgt:

1. Eine Menge von 4 gegebenen Farbvalenzen ist linear abhängig.

2. Zwei spektral verschiedene Lichtreize R_1 und R_2 mit $F(R_1) = F(R_2)$ sind als Operanden in Farbmischungen nicht unterscheidbar.

3. Eine stetige Veränderung eines Mischungsoperanden bewirkt eine stetige Veränderung der Farbmischung.

Das erste Gesetz besagt, dass Farbvalenzen eine dreidimensionale Struktur darstellen. Aus heutiger Sicht ist dies auf Grund der physiologischen Erkenntnisse nicht sonderlich überraschend. Man beachte jedoch, dass **Grassmann** weder der strukturelle Aufbau der Netzhaut bekannt war, noch dass er auf die Hilfsmittel der modernen Vektoralgebra zurückgreifen konnte.

Das zweite Prinzip stellt fest, dass bezüglich der algebraischen Behandlung von Farbvalenzen die spektrale Zusammensetzung der zu

---

[14]**Grassmann** war Mathematiker, der zeitlebens immer wieder Ausflüge in andere Wissensgebiete unternahm. Leider wurde die Fundamentalität seiner Arbeiten in ihrer Zeit nicht erkannt. Heute sollte man in den **Grassmannschen Gesetzen** der additiven Farbmischung auch die Grundlegung der Vektorrechnung sehen.

Grunde liegenden Lichtreize ignoriert werden kann. Die Gültigkeit dieses Prinzips macht die Definition (3.1) überhaupt erst sinnvoll, denn es bestätigt die Konsistenz des Gleichheitszeichens mit der Ununterscheidbarkeit im Vergleichstest. In anderen Worten, das zweite **Grassmannsche Gesetz** besagt, dass die Ununterscheidbarkeit von Farben mathematisch eine Äquivalenzrelation ist.

Grassmanns dritte Feststellung ist die Stetigkeit der Farbvalenzen als mathematische Funktion. Aus ihr lassen sich die algebraischen Grundoperationen für Farbvalenzgleichungen ableiten. So bleiben etwa bei der Addition von Konstanten oder der Multiplikation mit Skalaren Identitäten als solche erhalten.

Tafel 3.4: innere und äussere Farbmischung

- gegeben: $R \in \mathfrak{R}$ und beliebige Basis $F(R_1)$, $F(R_2)$, $F(R_3)$
- Grassmann: es gibt positive Koeffizienten c_1, c_2, c_3, so dass
  (1) $F(R) = c_1 F(R_1) + c_2 F(R_2) + c_3 F(R_3)$ (**innere Mischung**)
  (2) $F(R) + c_i F(R_i) = c_{i-1} F(R_{i-1}) + c_{i+1} F(R_{i+1})$ (**äussere M.**)
- die Gleichungen (1) und (2)
  - repräsentieren verschiedene Versuchsanordnungen
  - sind mathematisch äquivalent
  - negative Vektorkomponenten physikalich nicht erzeugbar
- jedes System vom Basisvektoren
  - beschreibt mathematisch jede Farbvalenz
  - die physikaliche Realisierbarkeit ist aber beschränkt

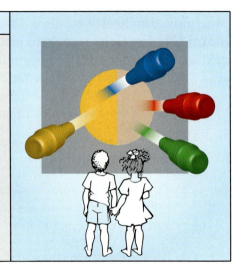

Gesamthaft besagen die drei **Grassmannschen Gesetze**, dass die Menge der Farbvalenzen $\mathfrak{F}$ als dreidimensionaler Vektorraum betrachtet werden kann, einschliesslich der heute mit diesem Begriff verbundenen algebraischen Rechenregeln.

Mathematisch lässt sich damit jede Farbvalenz $F(R)$, $R \in \mathfrak{R}$, in der Form

$$F(R) = c_1 F(R_1) + c_2 F(R_2) + c_3 F(R_3) \qquad (3.2)$$

darstellen, wobei $F(R_1)$, $F(R_2)$, $F(R_3)$ für eine beliebige Basis in $\mathfrak{F}$ steht. Die physikalische Realisierbarkeit von $F(R)$ aus R_1, R_2 und R_3 folgt jedoch noch **nicht** aus der Gültigkeit von (3.2). Der Grund dafür liegt in den Koeffizienten c_1, c_2 und c_3. Der Lichtreiz R_i beschreibt nach Definition eine Strahlungsenergie, d.h. alle Komponenten seines Spektrums sind positiv. Das Produkt $c_i R_i$ repräsentiert also nur dann eine physikalisch realisierbare Grösse, wenn

$c_i > 0$ gilt. Trifft dies für alle Produkte in (3.2) zu, so sprechen wir von einer *inneren Mischung* anderenfalls von einer *äusseren Mischung*. Da äussere Mischungen gemäss Definition Bestandteile enthalten, die als negative Energie zu interpretieren sind, können sie nach heutigem Stand der Technik nicht realisiert werden.

Diese Aussage bezieht sich auf die benutzte Basis R_1, R_2 und R_3. Ein geeigneter Wechsel der Basis kann selbstverständlich mit einem Vorzeichenwechsel der Koeffizienten c_i verbunden sein und aus einer äusseren eine innere Mischung machen. Die Interpretierbarkeit von (3.2) in Farbvergleichstests ist jedoch durch negative Koeffizienten c_i nicht beeinträchtigt, da man in einem solchen Fall $-c_i\, F(R_i)$ auf der linken Seite der Gleichung berücksichtigen kann anstatt $c_i\, F(R_i)$ auf der rechten.

> **Tafel 3.5:** Basisvektoren CIE-$\mathcal{RBG}$
>
> - 1920-30 intensive Überprüfung des Farbvalenzkonzepts
> - 1931 CIE-Standardisierung der Basisvektoren
>   - Spektralfarben $R_1 = 700\,\text{nm}$, $R_2 = 546.1\,\text{nm}$, $R_3 = 435\,\text{nm}$
>   - **Primärvalenzen**
> $\mathcal{R} \stackrel{\text{def}}{=} F(72.1 \cdot R_1)$, $\quad \mathcal{G} \stackrel{\text{def}}{=} F(1.4 \cdot R_2)$, $\quad \mathcal{B} \stackrel{\text{def}}{=} F(1 \cdot R_3)$
>   - Intensitäten nur relativ zueinander bestimmt
>   - Farbvalenz enthält keine absolute Helligkeitsinformation
>   - Summe $\mathcal{R} + \mathcal{G} + \mathcal{B}$ ergibt Unbunt $\mathcal{U}$
> - Konzept seit 1931 mehrfach verfeinert und ausgebaut

Die innere Konsistenz und die Konsequenzen der **Grassmannschen Gesetze** wurden im Laufe der Zeit immer wieder überprüft und weitestgehend bestätigt. Besonders genaue Experimente wurden 1928 von **Wright** [34] und 1931 von **Guild** [12] durchgeführt, welche die CIE 1931 [5] zur Grundlage ihres *Normvalenzsystems* machte. Unmittelbar auf den experimentellen Daten aufbauend, bestimmte die CIE zunächst die Basisvektoren (*Primärvalenzen*) ihres $\mathcal{RGB}$-Farbvalenzsystems, welche als die folgenden Spektralfarben vereinbart wurden:

$$\mathcal{R} \stackrel{\text{def}}{=} 72.1\, F(700\,\text{nm}), \quad \mathcal{G} \stackrel{\text{def}}{=} 1.4\, F(546.1\,\text{nm}), \quad \mathcal{B} \stackrel{\text{def}}{=} F(435\,\text{nm})$$

Die relativen Gewichte sind so bestimmt, dass die Summe der Primärfarben Weiss oder, genauer[15], Unbunt $\mathcal{U}$, die Farbvalenz des energiegleichen Spektrums, ergibt. Zu beachten ist, dass diese Festlegung keine Aussage über die absoluten Längen der Basisvektoren enthält. Da die Vektorlängen grundsätzlich die Helligkeit (Strahlungsenergie) der Lichtreize repräsentieren, enthalten also weder

---
[15]Unbunt in dem hier gebrauchten Sinne ist die Farbart von Weiss, siehe Abschnitt 3.2.2

die Primärvalenzen noch die daraus abgeleiteten Farbvalenzen eine Information über die absolute Helligkeit der betrachteten Lichtreize sondern drücken ausschliesslich Grössenverhältnisse aus. Dieses Vorgehen mag im ersten Augenblick irritieren, entspricht aber exakt den Erkenntnissen aus dem Abschnitt 2.3.2 bzw. 2.5.2. Auf Grund der Helladaptation ist die absolute Helligkeit nicht wahrnehmbar und kann deshalb auch nicht Bestandteil der Beschreibung einer wahrnehmbaren Farbe sein.

Tafel 3.6: CIE-$\mathcal{RGB}$ Spektralwertkurven

- Komponenten $\bar{r}(\lambda)$, $\bar{g}(\lambda)$, $\bar{b}(\lambda)$ der Spektralfarbe $F(\lambda)$
  - $F(\lambda) = \bar{r}(\lambda)\,\mathcal{R} + \bar{g}(\lambda)\,\mathcal{G} + \bar{b}(\lambda)\,\mathcal{B}$
  - Bestimmung durch Mischversuche: **Helmholtz**, ...
  - es gilt $V(\lambda) = \bar{r}(\lambda) + 4.59071\,\bar{g}(\lambda) + 0.06007\,\bar{b}(\lambda)$
- die Farbvalenz $F(L) = R\,\mathcal{R} + G\,\mathcal{G} + B\,\mathcal{B}$ eines Lichtreizes L ergibt sich aus seinem Spektrum $S(\lambda_i)$ gemäss

$$F(L) = \sum_i S(\lambda_i)\left(\bar{r}(\lambda_i)\,\mathcal{R} + \bar{g}(\lambda_i)\,\mathcal{G} + \bar{b}(\lambda_i)\,\mathcal{B}\right)$$

$$= \underbrace{\left(\sum_i S(\lambda_i)\,\bar{r}(\lambda_i)\right)}_{=R}\mathcal{R} + \cdots + \underbrace{\left(\sum_i S(\lambda_i)\,\bar{b}(\lambda_i)\right)}_{=B}\mathcal{B}$$

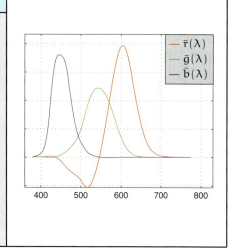

3.2.1 Spektralwertkurven

Im Prinzip sind durch Nachmischversuche die CIE-$\mathcal{RGB}$-Koordinaten jedes Lichtreizes R bestimmbar. Derartige Versuche sind recht aufwendig und durch die menschliche Subjektivität auch relativ unsicher. Wegen des Aufwandes sollte die Durchführung solcher Nachmischversuche auf eine minimal benötigte Anzahl von Lichtreizen beschränkt bleiben und die Variation der Resultate in Folge des menschlichen Faktors in einer Standardisierung der Ergebnisse ausgeglichen werden.

Da sich jeder Lichtreiz aus monochromatischen Komponenten zusammensetzt, lassen sich die minimal benötigten Lichtreize einfach als die Spektralfarben identifizieren. Wegen dem beschränkten Vermögen Farben zu unterscheiden, siehe Abschnitt 3.3.4, genügt es die Farbvalenzen $F(\lambda)$ in festen Abständen, etwa 5 nm, zu ermitteln.

3.2. Farbvalenzen

Die resultierenden Kurven $\bar{r}(\lambda)$, $\bar{g}(\lambda)$ und $\bar{b}(\lambda)$, definiert durch

$$F(\lambda) = \bar{r}(\lambda)\,\mathcal{R} + \bar{g}(\lambda)\,\mathcal{G} + \bar{b}(\lambda)\,\mathcal{B}, \tag{3.3}$$

heissen *Spektralwertkurven* und wurden von der CIE als Tabellen standardisiert und publiziert.[16]

Die Kenntnis der Spektralwertkurven erlaubt nun die unmittelbare Berechnung der Farbvalenz $F(L)$ aus dem Spektrum $S(\lambda_i)$ des Lichtreizes L:

$$\begin{aligned}
F(L) &= \sum_i S(\lambda_i)\, F(\lambda_i) \tag{3.4}\\
&= \sum_i S(\lambda_i) \left[\bar{r}(\lambda_i)\,\mathcal{R} + \bar{g}(\lambda_i)\,\mathcal{G} + \bar{b}(\lambda_i)\,\mathcal{B} \right]\\
&= \underbrace{\left[\sum_i S(\lambda_i)\,\bar{r}(\lambda_i)\right]}_{=\,R}\mathcal{R} + \underbrace{\left[\sum_i S(\lambda_i)\,\bar{g}(\lambda_i)\right]}_{=\,G}\mathcal{G} + \underbrace{\left[\sum_i S(\lambda_i)\,\bar{b}(\lambda_i)\right]}_{=\,B}\mathcal{B}
\end{aligned}$$

Schliesslich ist noch darauf hinzuweisen, dass die Spektralwertkurven mit dem Hellempfindlichkeitsgrad $V(\lambda)$ durch

$$V(\lambda) = \bar{r}(\lambda) + 4.59071\,\bar{g}(\lambda) + 0.060107\,\bar{b}(\lambda)$$

in Beziehung stehen.

3.2.2 Farbdiagramme

Seit **Newtons** Zeiten ist es üblich Farbräume in zweidimensionalen Diagrammen zu visualisieren. Die dazu benötigte Projektion der dreidimensionalen Farbvalenzen in eine Ebene erhält man durch die Vernachlässigung der Helligkeitsinformation, d.h. der Vektorlänge. Farben, die sich nur in ihrer Helligkeitskomponente unterscheiden, nennt man Farben gleicher *Farbart*. Um die Farbart einer Farbvalenz $F = (R, G, B)$ zu erhalten, berechnet man zunächst die *Farbwertanteile* r, g und b gemäss

$$r = \frac{R}{R+G+B}, \quad g = \frac{G}{R+G+B}, \quad b = \frac{B}{R+G+B}. \tag{3.5}$$

---

[16]Historisch gehen die ersten diesbezüglichen Experimente auf **Helmholtz** [30] und **Maxwell** [18] zurück. Mit aufwendigeren Verfahren wurden sie später von **König** und **Dieterici** [1], **Wright** [34], **Stiles** [27] und **Speranskaja** [26] wiederholt.

Der Vektor (r, g, b) heisst der *Farbort* von F und ist die Zentralprojektion von (R, G, B) in die durch $\mathcal{R}$, $\mathcal{G}$ und $\mathcal{B}$ aufgespannte Ebene. Per Definition gilt

$$r + g + b = 1,$$

was äquivalent ist zu

$$b = 1 - r - g.$$

Dies zeigt, dass der Farbort (r, g, b) bereits durch den zweidimensionalen Vektor (r, g) vollständig bestimmt ist. In Tafel 3.8 ist ein dem entsprechendes rg-Diagramm des CIE-$\mathcal{RGB}$-Farbraums abgebildet. Die Menge aller Farborte $\mathfrak{F}$ ist gelb eingezeichnet. Die Farborte der Spektralfarben, der *Spektralfarbenzug*, bildet einen Teil des Randes von $\mathfrak{F}$. Oder genauer, da jede Farbvalenz eine Linearkombination der Spektralfarben darstellt, ist $\mathfrak{F}$ die konvexe Hülle des Spektralfarbenzugs. Man beachte, dass Spektralfarben zwischen $380-410$ nm bzw. $690-780$ nm identische Farborte haben, d.h. das Auge kann monochromatisches Licht in diesen Wellenlängenbereichen nicht unterscheiden.

Tafel 3.7: Spektralfarbenzug

- Kurve der Farborte von $F(\lambda)$, $380\,\text{nm} \leqslant \lambda \leqslant 780\,\text{nm}$
- Menge aller Farborte $\mathfrak{F}$: gleich der konvexen Hülle des Spektralfarbenzuges
- identische Farborte der Spektralfarben $F(\lambda)$
  - 380-410 nm bzw. 690-780 nm
- **Purpurgerade**: nichtspektrale Randpunkte von $\mathfrak{F}$
  - Farborte der Mischung aus Violett und Rot
- Randpunkte p' und p'' von $\mathfrak{F}$ heissen **komplementär**
  - bezüglich e. Referenzpunktes R, z.B. Unbunt U
    * U = Farbort des energiegleichen Spektrums
  - wenn ihre Verbindungsgerade R enthält

Tafel 3.8: Farbdiagramme

- Ableitung der **Farbwertanteile** r, g, b
  - aus den (R, G, B) Koordinaten
  - durch Vernachlässigung der Helligkeit (Vektorlänge)

$$r = \frac{R}{R+G+B}, \quad g = \frac{G}{R+G+B}, \quad b = \frac{B}{R+G+B}$$

- **Farbort** (r, g, b): Projektion des Punktes (R, G, B)
  * in die durch $\mathcal{R}, \mathcal{B}, \mathcal{G}$ aufgespannte Ebene
  * wegen $r + g + b = 1 \iff b = 1 - r - g$
    · Farbwertanteile nur zweidimensional
    · typische Darstellung in der r-g-Ebene

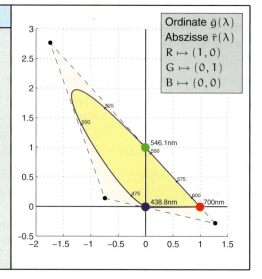

Da das kurz- und das langwellige Ende des Spektrums offensichtlich verschieden sind, ist der Spektralfarbenzug nicht geschlossen. Die Gerade, die durch diese beiden Endpunkte aufgespannt wird, heisst *Purpurgerade*. Die Purpurtöne sind Farbmischungen aus Violett und Rot. Gemäss Definition enthält der Spektralfarbenzug die Farborte der drei Primärvalenzen $(1,0)$, $(0,1)$ und $(0,0)$, verläuft aber auch ausserhalb des durch sie aufgespannten Farbdreiecks, was auf die negativen Anteile in vielen $F(\lambda)$ zurückgeht.

Zwei Randpunkte p' und p'' von $\mathfrak{F}$ heissen *komplementär* zu einander bezüglich eines gegebenen Referenzpunktes R, z.B. Unbunt U, wenn ihre Verbindungsgerade den Farbort R enthält. Liegt ein Farbort O einer Farbart A auf der Verbindungsstrecke von Unbunt U zu dem Randpunkt R, dann haben A und R denselben *Farbton*. Das Verhältnis der Strecken $\overline{UA}$ zu $\overline{UR}$ wird als *Sättigung* bezeichnet. Farben mit hoher Sättigung liegen also in der Nähe des Spektralfarbenzuges. Die Wellenlänge λ der zu R gehörenden Spektralfarbe $F(\lambda)$ nennt man die zu A *farbtongleiche Wellenlänge*.

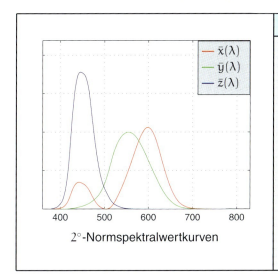

2°-Normspektralwertkurven

Tafel 3.9: CIE Normvalenzsystem $\mathcal{XYZ}$

- rechentechnisch optimierte Alternative zu CIE-$\mathcal{RGB}$
- Kennzeichnung durch «*Norm-*» oder «*Normal-*»
- **Normalbeobachter** 2°: repräsentiert die durchschnittliche Unterscheidbarkeit von Farben
  - bis etwa 4° Sehwinkel geeignet (Zapfensehen)
- Definition durch die Wahl der $\mathcal{XYZ}$-Basis, CIE 1931
  - Basisvektoren sind virtuell
    * d.h. physikalisch nicht realisierbar
  - Normspektralwertkurve $\bar{y}(\lambda)$ mit $V(\lambda)$ identisch
  - alle Zahlenwerte $\bar{x}(\lambda)$, $\bar{y}(\lambda)$ und $\bar{z}(\lambda)$ positiv
  - Unbunt U (energiegleiches Spektrum): $x = y = z$

3.2.3 Das Normvalenzsystem

Im Prinzip könnte man die gesamte Farbmetrik aus dem $\mathcal{RGB}$-Farbraum aufbauen. Die CIE hat sich bezüglich der Festlegung eines technischen Standardfarbraumes jedoch für die Basis $\mathcal{XYZ}$ entschieden, die gegenüber $\mathcal{RGB}$ einige rechentechnische Vereinfachungen enthält. Dieser Farbraum ist bekannt als das *Normvalenzsystem*. Entsprechend benutzt man die Vorsilbe *Norm* wie in

*Norm*spektralwert oder *Norm*farbtafel, um den Bezug zum Normvalenzsystem auszudrücken. Der *farbmetrische 2°-Normalbeobachter* repräsentiert die durchschnittliche menschliche Fähigkeit, Farben zu unterscheiden. Die Wahl der Basis XYZ verfolgte unter anderem die Ziele:

- Die Normspektralkurve $\bar{y}(\lambda)$ ist mit der $V(\lambda)$-Funktion identisch.

- Alle Zahlenwerte $\bar{x}(\lambda), \bar{y}(\lambda), \bar{z}(\lambda)$ sind positiv[17] für jedes λ, siehe Tafel 3.9.

- Es gilt $\bar{z}(\lambda) = 0$ für $\lambda \geqslant 650\,\text{nm}$.

- Für Wellenlängen um 505 nm gilt $\bar{x}(\lambda) \approx 0$.

- Die Werte von $\bar{x}(\lambda)$ bzw. $\bar{y}(\lambda)$ werden klein am kurzwelligen Ende des Spektrums.

- Das energiegleiche Spektrum ist durch $X = Y = Z$ charakterisiert.

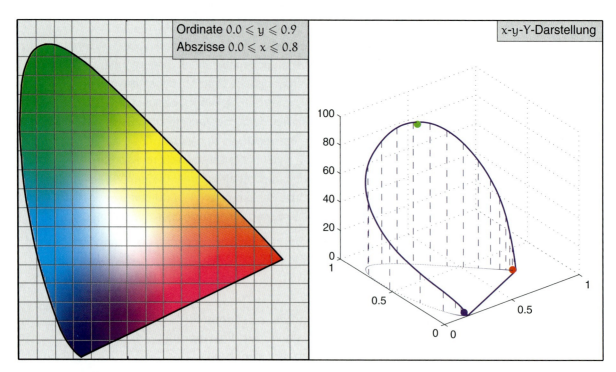

Abbildung 3.2
2°-Normfarbtafel

[17]was z.B. im Zusammenhang mit dem Design von Farbfiltern eine signifikante Eigenschaft ist

In CIE-$\mathcal{RGB}$ haben $\mathcal{X}$, $\mathcal{Y}$ und $\mathcal{Z}$ die Koordinaten:

$$\mathcal{X} = \frac{1}{5.6508}\left[2.365\,\mathcal{R} - 0.515\,\mathcal{G} + 0.005\,\mathcal{B}\right] \quad (3.6)$$

$$\mathcal{Y} = \frac{1}{5.6508}\left[-0.897\,\mathcal{R} + 1.426\,\mathcal{G} - 0.014\,\mathcal{B}\right]$$

$$\mathcal{Z} = \frac{1}{5.6508}\left[-0.468\,\mathcal{R} + 0.089\,\mathcal{G} + 1.009\,\mathcal{B}\right]$$

Weil keine dieser Farbvalenzen physikalisch realisierbar ist, werden sie auch *virtuelle Primärvalenzen* genannt. Mit den Gleichungen (3.6) sind gemäss Vektoralgebra auch beliebige Koordinatentransformationen zwischen $\mathcal{RGB}$ und $\mathcal{XYZ}$ festgelegt, insbesondere gilt für die Spektralwertkurven:

$$\begin{pmatrix}\bar{x}(\lambda)\\\bar{y}(\lambda)\\\bar{z}(\lambda)\end{pmatrix} = 5.6508\begin{pmatrix}0.490 & 0.310 & 0.200\\0.177 & 0.812 & 0.011\\0.000 & 0.010 & 0.990\end{pmatrix}\begin{pmatrix}\bar{r}(\lambda)\\\bar{g}(\lambda)\\\bar{b}(\lambda)\end{pmatrix} \quad (3.7)$$

und

$$\begin{pmatrix}\bar{r}(\lambda)\\\bar{g}(\lambda)\\\bar{b}(\lambda)\end{pmatrix} = \frac{1}{5.6508}\begin{pmatrix}2.365 & -0.897 & -0.468\\-0.515 & 1.426 & 0.089\\0.005 & -0.014 & 1.009\end{pmatrix}\begin{pmatrix}\bar{x}(\lambda)\\\bar{y}(\lambda)\\\bar{z}(\lambda)\end{pmatrix} \quad (3.8)$$

Die Normalspektralwertkurven $\bar{x}(\lambda)$, $\bar{y}(\lambda)$ und $\bar{z}(\lambda)$ stellen das eigentliche Fundament der modernen Farbmetrik dar. Analog zu (3.4) erlauben sie die Berechnung der Farbvalenzen für gegebene spektrale Farbreize. Eine räumliche Darstellung des Spektralfarbenzugs ist in Abbildung 3.2 zu sehen. Die Begriffe Farbdiagramme, Farborte usw. werden für CIE-$\mathcal{XYZ}$ analog zu CIE-$\mathcal{RGB}$ verwendet.

3.2.4 Absolute und relative Farbmetrik

Bereits anlässlich der Definition des CIE-$\mathcal{RGB}$-Farbraums wurde daraufhingewiesen, dass die Basisvektoren $\mathcal{R}$, $\mathcal{G}$, $\mathcal{B}$ ausschliesslich farbmetrisch ($\mathcal{R} = 72.1 \cdot F(700\,\text{nm})$) vereinbart wurden und keine Festlegung einer Strahlungsenergie enthalten. Es wird lediglich von Tageslichtverhältnissen $\geq 500\,\text{lx}$ ausgegangen. Die Vektorlängen der Normvalenzen drücken deshalb nur Grössenverhältnisse aus, haben aber keine unmittelbare physikalische Interpretation. Zwar ist offensichtlich, dass die Vektorlängen proportional zur sichtbaren Strahlungsenergie sind,[18] aber die entsprechende Skalierungskonstante ist nicht ein originärer Bestandteil des Normvalenzsystems.

---

[18]grundsätzlich könnte man anstatt relativer Spektren auch absolute benutzen

Die Festlegung ȳ(λ)=V(λ) erlaubt aber eine nachträgliche photometrische Normierung der Y-Komponente im Sinne von Abschnitt 2.1.2 und somit auch der restlichen. Diese strahlungsphysikalische Normierung wird als *absolute Farbmetrik* bezeichnet.

Tafel 3.10: absolute und relative Farbmetrik

- Basisvektoren $\mathcal{R}, \mathcal{G}, \mathcal{B}$ (auch $\mathcal{X}, \mathcal{Y}, \mathcal{Z}$)
  - nur farbmetrisch definiert ($\mathcal{R} = 72.1 \cdot F(700\,\text{nm})$, ...)
  - keine Festlegung einer Strahlungsenergie
  - Vektorlängen repräsentieren Grössenverhältnisse
  - Normvalenzen enthalten freie Skalierungskonstante
- **absolute Farbmetrik**: strahlungsphysikalische Einheiten
  - photometrische Skalierung gemäss ȳ(λ) = V(λ)
- **relative Farbmetrik**: wegen Helladaptation ...
  - keine absolute Helligkeitswahrnehmung möglich
  - willkürliche Skalierung auf Applikationshelligkeit
  - Bildanwendungen: max Y = 100 o. 256-RGB-Stufen

Im Gegensatz dazu benutzt man im Zusammenhang mit Bildern normalerweise die *relative Farbmetrik*. Hier werden die Farbvalenzen der Bildpixel so normiert, dass der hellste Pixel oder ein angenommenes Referenzweiss den Wert Y = 100, seltener Y = 1, erhält. Dieses Vorgehen ist durch die Helladaptation motiviert, siehe Abschnitt 2.3.2, welche eine absolute Helligkeitswahrnehmung verhindert. Der Wert 100 ist zwar einerseits eine willkürliche Konstante, harmoniert andererseits jedoch gut mit den Auflösungsgrenzen der relativen Helligkeitswahrnehmung aus Abschnitt 2.5.2.

3.2.5 Grossfeld-Normvalenzsystem

Bei der Definition der Versuchsanordnung zur Gleichfarbigkeit wurde gefordert, dass der Sehwinkel bei 2° liegen sollte. Dies um sicherzustellen, dass der Farbreiz in der Fovea und damit ausschliesslich durch Zapfen wahrgenommen wird. Für einen visuellen Farbvergleich grösserer Flächen (Sehwinkel > 5°) ist es jedoch nötig, auch den Einfluss der Stäbchen zu berücksichtigen. Ferner reduziert sich bei grösseren Sehwinkel der Einfluss des Gelbpigmentes der Makula auf die Farbempfindung.

Aus diesen Gründen hat die CIE 1964 einen zweiten Normalbeobachter definiert, den *farbmetrischen* 10°-*Beobachter* im *Grossfeld-Normvalenzsystem*. Zur Unterscheidung setzt man bei den Begriffen die Vorsilbe "Grossfeld-" oder "10°" voran bzw. ergänzt eine entsprechende Variable um den Index "10". Die Differenzen von 2°- zum 10°-Normvalenzsystem, siehe Abbildung 3.3, sind rein empirisch und nicht durch eine Transformation beschreibbar. Die zu Grunde liegenden Messungen wurden durch **Stiles** [27] und **Speranskaja**

[26] durchgeführt. Die Grossfeldprimärvalenzen sind wie folgt definiert:

$$\mathcal{R}_{10} \stackrel{\text{def}}{=} 45.2\,\text{nm}, \quad \mathcal{G}_{10} \stackrel{\text{def}}{=} 526.3\,\text{nm}, \quad \text{und} \quad \mathcal{B}_{10} \stackrel{\text{def}}{=} 444.4\,\text{nm}$$

Die entsprechenden Spektralwertkurven sind durch

$$\bar{x}_{10}(\lambda) = 0.341\,\bar{r}_{10}(\lambda) + 0.189\,\bar{g}_{10}(\lambda) + 0.388\,\bar{b}_{10}(\lambda) \quad (3.9)$$
$$\bar{y}_{10}(\lambda) = 0.139\,\bar{r}_{10}(\lambda) + 0.837\,\bar{g}_{10}(\lambda) + 0.073\,\bar{b}_{10}(\lambda) \quad (3.10)$$
$$\bar{z}_{10}(\lambda) = 0.000\,\bar{r}_{10}(\lambda) + 0.040\,\bar{g}_{10}(\lambda) + 2.026\,\bar{b}_{10}(\lambda) \quad (3.11)$$

mit einander verbunden.

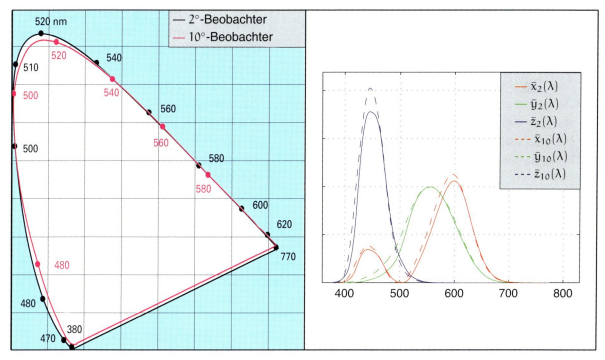

Abbildung 3.3
Differenzen 2° zu 10°-Normfarbtafel

3.3 Gleichabständige Farbräume

Der Begriff der Farbvalenz $F(R)$ erlaubt es die Gleichheit von Farbempfindungen mathematisch zu erfassen. Mit ein wenig Gewöhnung ist es sogar möglich ein intuitives Farbverständnis für eine gegebene xy-Spezifikation zu entwickeln. Aber ein kurzer Blick auf das xy-Diagramm[19] zeigt, dass wir unser eigentliches

---
[19] soweit es in der verfügbaren Drucktechnik darstellbar ist

Ziel, die mathematische Beschreibung der Beziehung *Reizstärke-Empfindungsstärke*, noch nicht erreicht haben. Betrachtet man das Normfarbdiagramm einfach als ein buntes Bild, dann sind die verschiedenen Grundfarben flächenmässig sehr ungleich vertreten, d.h. es dominiert Grün wohingegen Blau stark unterrepräsentiert ist. Dies ergibt einen ersten Hinweis darauf, dass der mathematische Abstand zweier Farbvalenzen im Normfarbdiagramm nicht mit den empfundenen Farbabständen übereinstimmen kann.

Tafel 3.11: Farbabstände

- Farbvalenz F(R) spezifiziert die Farbgleichheit
- **empfundene Farbabstände** entsprechen **nicht (!)**

$$|F(R_1) - F(R_2)|$$

- aber Charakterisierung ist industrielle Notwendigkeit zur Vereinbarung von Toleranzen: z.B. Signalleuchten
- Basis für gleichabständige Farbräume
    - Voraussetzung algorithmischer Anwendungen
- bis heute Teil der Grundlagenforschung

Die Frage der mathematischen Erfassung von empfundenen Farbabständen ist andererseits ein wichtiges Ziel der technischen Farbreproduktion. Insbesondere die Farbstoff- und die Textilindustrie waren von jeher an verifizierbaren Fertigungstoleranzen einer vereinbarten Produktfarbe interessiert. Aber diese Problematik stellt sich auch bei Signalleuchten oder im Zusammenhang mit Corperate Identities, gewinnt mit **ebay** an Bedeutung und ist die Basis eines «*Gut-zum-Druck*».

Aus Sicht des Publizierens ist man aber nicht nur an einer Farbabstandsformel interessiert. Für eine algorithmische Behandlung von Farbe, z.B. im Gamut Mapping, benötigt man eine Farbabstandsformel, die mit dem euklidischen Abstand eines Farbraums übereinstimmt, d.h. einen *gleichabständigen Farbraum*. Aus wissenschaftlicher Sicht ist weder die Frage des Farbabstandes noch diejenige des gleichabständigen Farbraumes als abgeschlossen zu betrachten. Die im Folgenden vorgestellten Farbräume, insbesondere CIELAB, sind trotz aller bekannten Schwächen in der industriellen Farbreproduktion weit verbreitet. Nicht zuletzt leitet sich die aktuelle Messtechnik aus CIELAB ab.

3.3.1 Konzepte für Farbabstände

Einer der Beiträge mit denen **Hermann von Helmholtz** [31] die Farbforschung inspiriert hat, war sein theoretisch-mathematischer Ansatz zur Herleitung eines gleichabständigen Farbraums. In

Anbetracht des **Weber-Fechnerschen Gesetzes** bzw. **Fechners** Annahme, dass Unterschiedsschwellen gleich empfundenen Abständen entsprechen, versuchte er den drei durch die verschiedenen Zapfenarten gegebenen Rezeptionsprozessen eigene Unterschiedsschwellen, genannt *Linienelemente*, zuzuordnen und aus deren Kombination den Weberquotienten herzuleiten. Dazu musste er eine Reihe von Annahmen treffen, insbesondere, dass die Farbabstände einer Riemannschen Metrik genügen und, dass die Koordinaten unabhängig sind.[20]

Helmholtz versuchte seinen Ansatz an den seinerzeit verfügbaren empirischen Daten zu verifizieren. Obwohl dies nur teilweise gelang, oder vielleicht gerade deswegen, wurde im 20. Jahrhundert intensiv nach überzeugenderen Linienelementen geforscht. Speziell zu erwähnen sind **Erwin Schrödinger** [8], der nachwies, dass **Helmholtzs** Resultate nicht mit dem Kurvenverlauf von $V(\lambda)$ zu vereinbaren sind und **Stiles** [28, 29], der die Fundamentalannahme der Koordinatenunabhängigkeit widerlegte. Aus heutiger Sicht lässt sich feststellen, dass das Interesse an einer theoretisch-mathematischen Begründung von gleichabständigen Farbräumen stark abgenommen hat.

> **Tafel 3.12:** Konzepte für Farbabstände
>
> - theor.-math. Annah.: Farbempfindung genügt Riemann Metrik
>   - **Helmholtz, Schrödinger, Stiles**
>   - keine befriedigende Übereinstimmung mit experim. Daten
> - Unterschiedsschwellen für Spektralfarben
>   - Farbart jedoch nicht analog zur Helligkeit charakterisierbar
> - lokale JND-Bestimmung mit Nachmischversuchen
>   - verteilt über alle Farbarten
>   - interpretiert als Mass für lokale Farbabstände
>   - Basis für die Definition von CIELUV und CIELAB
> - Farbmustersammlungen (insbesondere Munsell)
>   - prinzipielle Probleme mit der Interpretierbarkeit
>   - teilweise in CIE-Farbräume übernommen

Aber auch pragmatische Konzepte basieren auf der experimentellen Analyse der Unterschiedsschwellen des Farbsehens. Ein klassischer Versuch dieser Art wurde 1884 von **König** und **Dieterici** [1] durchgeführt. Der Gegenstand war die Unterscheidbarkeit von Spektralfarben $F(\lambda)$ hinsichtlich der Wellenlänge λ. Das Diagramm in Abbildung 3.4 (links) zeigt die Wellenlängendifferenz $\Delta\lambda$ der Unterschiedsschwelle zu $F(\lambda)$ bei konstanter Leuchtdichte. Obwohl der exakte Kurvenverlauf von der Leuchtdichte, dem Umfeld, dem Sehwinkel der Farbmuster usw. abhängt, ist der abgebildete Kurvenverlauf auch für spätere Studien repräsentativ.

---

[20]was einen Euklidischen dreidimensionalen Farbraum induziert

Kapitel 3. Farbmetrik

Die rechte Seite von Abbildung 3.4 zeigt ebenfalls Unterschiedsschwellen für die Spektralfarbe F(λ), dieses Mal jedoch bezüglich der Mischung mit weissem Licht W. In ihrer Arbeit [33] betrachten **Wright** und **Pitt** Farbmischungen der Art[21]:

$$F = (1 - \alpha) F(\lambda) + \alpha W, \quad 0 \leqslant \alpha \leqslant 1$$

Angegeben ist $\log(1/\alpha)$ für den kleinsten Wert α, so dass F und F(λ) unterscheidbar sind. Auch hier schwankt die JND beträchtlich mit der Wellenlänge. Ein nicht völlig symmetrisches aber doch sehr ähnliches Verhalten kann beobachtet werden, siehe **Priest** [13] bzw. **Kaiser** [21], wenn man dieselbe JND von Weiss in Richtung F(λ) analysiert.

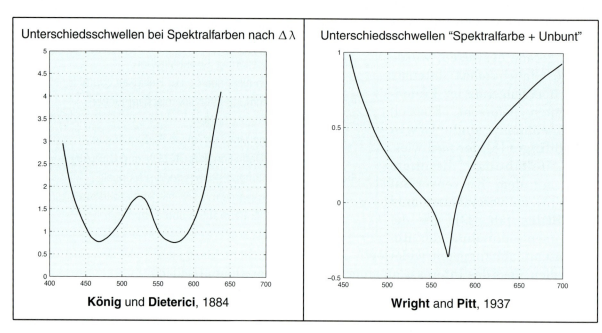

Abbildung 3.4

Obwohl die Unterschiedsschwellen in Abbildung 3.4 nicht die einfache Struktur des Weberquotienten für die Helligkeit aufweisen, ist es doch naheliegend aus ihnen eine Farbabstandsmetrik abzuleiten. Bereits 1935 schlug **D. Judd** [7] eine demgemässe Transformation des Normfarbdiagramms in ein gleichabständiges Farbdiagramm (engl. *Uniform Chromaticity Scale Diagram UCS*) vor. **Judds** Transformation wurde relativ schnell vereinfacht bzw. verbessert. Das Konzept des UCS blieb aber — in modifizierter Form — bis heute eines der Fundamente der höheren Farbmetrik.

[21] α wird gelegentlich *relativer Spektralwertanteil* genannt oder im Englischen auch *Purity*

3.3. Gleichabständige Farbräume

Die Schwächen von **Helmholtzs** theoretischen Betrachtungen als auch diejenigen von **Judds** Arbeiten deuten daraufhin, dass die Unterschiedsschwellen des Farbsehens von Farbort zu Farbort verschieden sind und deshalb jeder globale Ansatz prinzipiellen Beschränkungen unterliegt. Als pragmatischer Ausweg aus diesem Problem bot sich an, die lokalen Unterschiedsschwellen in Nachmischversuchen zu ermitteln und anschliessend gänzlich empirisch nach einer mathematischen Transformation zu suchen, welche die lokal verschiedenen JNDs gleich gross abbildet.

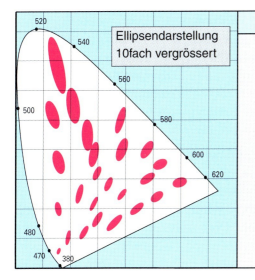

Tafel 3.13: MacAdam-Ellipsen und Unterschiedsschwellen

- **MacAdam**: Nachmischversuche für feste Farbvalenz F
  - bei konstanter Leuchtdichte
  - aus sich bzgl. F gegenüberliegenden Farben A und B
  - A und B vielfach variiert aus der Umgebung von F
- Standardabweichungen formen eine Ellipse um F
- eine Standardabweichung entspricht etwa $\frac{1}{3}$ JND
- MacAdam-Ellipsen im Normfarbdiagramm
  - stellen gleiche Farbabstände dar (**Fechner**)
- gleichabständige Farbräume entstehen
  - durch Transformation von X, Y und Z, so dass
  - MacAdam-Ellipsen gleichgrosse Kreise werden

Die auch heute noch populärsten Experimente dieser Art wurden 1942 von **L. D. MacAdam** [17] durchgeführt. **MacAdam** betrachtete eine feste Menge von 25 Farbvalenzen konstanter Helligkeit. Jede der gewählten Farbvalenzen F wurde vielfach nachgemischt. Dazu wurden jeweils zwei zu F benachbarte, sich relativ zu F gegenüberliegende Farben A und B ausgewählt. Der Proband musste dann in einem Farbvergleichstest einen Wert α so bestimmen, dass die visuelle Beurteilung

$$F = (1 - \alpha) A + \alpha B$$

ergab. Die experimentelle Bestimmung von α und damit auch von F unterlagen naturgemäss einer gewissen Unsicherheit. **MacAdam** interessierte sich nun speziell für die Standardabweichung vom Sollwert F. Die Menge der Standardabweichungen für veschiedene A und B formten eine Ellipse[22] um F, heute bekannt als *MacAdam-*

---
[22]was einer zweidimensionalen Normalverteilung entspricht

Ellipsen. In Tafel 3.13 sind sie zur besseren Lesbarkeit 10fach vergrössert dargestellt. Der Zusammenhang zu der hier diskutierten Problematik ergibt sich aus **MacAdams** Beobachtung, dass eine Standardabweichung seiner Nachmischversuche etwa einem Drittel einer Unterschiedsschwelle entspricht. Folglich ist eine MacAdam-Ellipse ein Mass für die lokalen Unterschiedsschwellen um die Farbvalenz F. Der gesuchte gleichabständige Farbraum ist also dann gefunden, wenn in ihm die MacAdam-Ellipsen gleich grosse Kreise bilden.

MacAdam-Ellipsen haben sich in der zweiten Hälfte des 20. Jahrhunderts zu einem zentralen Werkzeug der Farbforschung entwickelt. Es sei jedoch darauf hingewiesen, dass sie als Analysewerkzeug weder in Genauigkeit noch in Wiederholbarkeit mit dem Normvalenzsystem verglichen werden können [10]. Der daraus resultierende approximative Charakter findet sich entsprechend in den aus MacAdam-Ellipsen abgeleiteten Farbräumen wieder, insbesondere bei CIELAB und CIELUV.

Abschliessend sei hier noch auf Farbordnungssysteme hingewiesen.[23] Es handet sich dabei um systematische Farbmustersammlungen. Die jeweils benutzte Systematik kann in manchen Fällen durchaus als direkte empirische Definition eines gleichständigen Farbraums verstanden werden. Dies gilt insbesondere für das Munsell-System und den Farbraum nach DIN 6164. Die benutzten Ordnungskriterien können aber meist nur unzulänglich in technische Farbräume übertragen werden, so dass sie nicht als eigentliche Lösung des hier betrachteten Problems verstanden werden können. Da die populären Farbordnungssysteme jedoch mit grossem experimentellem Aufwand gewonnen wurden, haben sie Referenzcharakter und werden zur Verifikation konzeptioneller Schlussfolgerungen verwendet. Eine spezielle Bedeutung hat die Helligkeitsfunktion des Munsell-Systems, die in approximativer Form in die entsprechenden CIE-Farbräume übernommen wurde, insbesondere in die Formel (3.12).

3.3.2 CIELUV

Bei der Definition ihrer empfindungsmässig gleichabständigen Helligkeitsfunktion L^*, in der CIE-Notation als *psychometrische Helligkeit* bezeichnet, orientiert sich die CIE, wie vorgängig bereits

---

[23]eine detaillierte Beschreibung folgt in Kapitel 4

3.3. Gleichabständige Farbräume

erwähnt, an dem V-Wert des Munsell-Systems, einer der experimentell am besten abgesicherten Skalen dieser Art. Sie ist vom Typ der Stevensschen Potenzfunktion. Zusätzlich wurde noch eine Normierung auf ein Referenzweiss eingeführt, wobei es sich um den hellsten Pixel in einem Bild, das Papierweiss oder die verwendete Lichtquelle handeln kann. Sei (X_0, Y_0, Z_0) die Normvalenz des Referenzweiss, so sollte für eine beliebige sonstige Valenz (X, Y, Z) gelten: $0 \leqslant Y/Y_0 \leqslant 1$. Der Kurvenverlauf von

$$L^* = L^*(Y) \stackrel{\text{def}}{=} \begin{cases} 116 \sqrt[3]{\dfrac{Y}{Y_0}} - 16 & \text{für } 0.008856 \leqslant \dfrac{Y}{Y_0} \leqslant 1 \\ 903.29 \dfrac{Y}{Y_0} & \text{für } 0 \leqslant \dfrac{Y}{Y_0} \leqslant 0.008856. \end{cases} \quad (3.12)$$

ist in Tafel 3.14 illustriert. Graukeile in $10\,\Delta E$-Schritten bilden die L^*-Achsen in den Abb. 3.5 bis 3.7 auf den Seiten 76 bis 77.

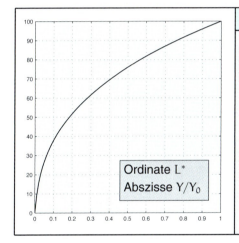

Tafel 3.14: psychometrische Helligkeit L^*

- sei (X_0, Y_0, Z_0) die Normvalenz des Referenzweiss
  - z.B. maximale Helligkeit, Papierweiss, Lichtquelle
  - so dass gilt $0 \leqslant Y/Y_0 \leqslant 1$ für Y beliebig
- Definition

$$L^* \stackrel{\text{def}}{=} \begin{cases} 116 \sqrt[3]{\dfrac{Y}{Y_0}} - 16 & \text{für } 0.008856 \leqslant \dfrac{Y}{Y_0} \leqslant 1 \\ 903.29 \dfrac{Y}{Y_0} & \text{für } 0 \leqslant \dfrac{Y}{Y_0} \leqslant 0.008856 \end{cases}$$

- approximiert die V-Komponente des Munsell-Systems

Ordinate L^*
Abszisse Y/Y_0

Das CIE-UCS-Diagramm, siehe Tafel 3.15, ergibt sich aus der Überführung der Koordinaten x und y aus dem Normdiagramm in die ebenfalls rechtwinkligen Koordinaten u' und v' gemäss der Transformation:

$$u' = \frac{4x}{-2x + 12y + 3} = \frac{4X}{X + 15Y + 3Z} \quad (3.13)$$

und

$$v' = \frac{9y}{-2x + 12y + 3} = \frac{9Y}{X + 15Y + 3Z} \quad (3.14)$$

Kapitel 3. Farbmetrik

Da es sich um eine projektive Transformation handelt, werden Geraden in der Normfarbtafel als Geraden im CIE-UCS-Diagramm abgebildet.

Durch die Verknüpfung von der psychometrischen Helligkeitsskala L^* mit der CIE-UCS-Farbtafel erhält man den CIE-$L^*u^*v^*$-Farbraum, CIELUV abgekürzt. Er wurde 1976 eingeführt [4] und wird z.B. im Kontext von TV-Anwendungen genutzt. Die Koordinaten u^* und v^* sind wie folgt vereinbart:

$$u^* = 13\,L^*(u' - u'_0) \quad \text{und} \quad v^* = 13\,L^*(v' - v'_0)$$

Die Werte u'_0 und v'_0 beziehen sich wieder auf das Referenzweiss.

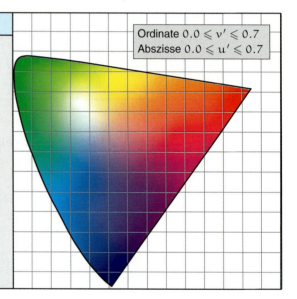

Tafel 3.15: CIE 1976-$L^*u^*v^*$-Farbraum (CIELUV)

- erster Vorschlag der CIE zur Gleichabständigkeit
- Zentrierung auf Referenzweiss (X_0, Y_0, Z_0)
- rechtwinklige Koordinaten L^*, u^*, v^*

$$u^* \stackrel{\text{def}}{=} 13\,L^*(u' - u'_0), \quad v^* \stackrel{\text{def}}{=} 13\,L^*(v' - v'_0)$$

mit

$$u' \stackrel{\text{def}}{=} \frac{4X}{X + 15Y + 3Z}, \quad v' \stackrel{\text{def}}{=} \frac{9Y}{X + 15Y + 3Z}$$

- Polarkoordinaten: C^*_{uv} Buntheit, h_{uv} Farbtonwinkel

$$C^*_{uv} \stackrel{\text{def}}{=} \sqrt{(u^{*2} + v^{*2})}, \quad h_{uv} \stackrel{\text{def}}{=} \arctan\left(\frac{v^*}{u^*}\right)$$

- Geraden werden als Geraden abgebildet

Ordinate $0.0 \leqslant v' \leqslant 0.7$
Abszisse $0.0 \leqslant u' \leqslant 0.7$

Aus u^* und v^* lassen sich durch den Übergang zu Polarkoordinaten einige alternative Parameter gewinnen:

$$C^*_{uv} = \sqrt{u^{*2} + v^{*2}} \tag{3.15}$$

$$h_{uv} = \arctan\left(\frac{v^*}{u^*}\right) = \arctan\left(\frac{v' - v'_0}{u' - u'_0}\right) \tag{3.16}$$

$$s_{uv} = 13\sqrt{u'^2 + v'^2} = \frac{C^*_{uv}}{L^*} \tag{3.17}$$

Die *psychometrische Buntheit* C^*_{uv} gibt den Abstand der Farbe von der Unbuntachse an. Der Farbton lässt sich in CIELUV durch h_{uv} spezifizieren. Schliesslich ist s_{uv} als *psychometrische Sättigung* bekannt.

3.3.3 CIELAB

Alternativ zu CIELUV hat die Internationale Beleuchtungskommission ein zweites näherungsweise gleichabständiges System definiert, CIELAB mit den Koordinaten L*, a* und b*. Trotz aller bekannten Schwächen[24] ist CIELAB der heute meistgebrauchte psychometrische Farbraum, sowohl in der Forschung als auch in der Industrie.[25] Die Basisdefinitionen sind

$$a^* = 500 \left[f\left(\frac{X}{X_0}\right) - f\left(\frac{Y}{Y_0}\right) \right] \quad (3.18)$$

$$b^* = 200 \left[f\left(\frac{Y}{Y_0}\right) - f\left(\frac{Z}{Z_0}\right) \right] \quad (3.19)$$

$$C^*_{ab} = \sqrt{(a^{*2} + b^{*2})} \quad (3.20)$$

$$h_{ab} = \arctan\left(\frac{b^*}{a^*}\right), \quad (3.21)$$

und

$$f(w) = \begin{cases} \sqrt[3]{w} & \text{für } w > 0.008856 \\ 7.787\, w + \frac{16}{116} & \text{sonst} \end{cases} \quad (3.22)$$

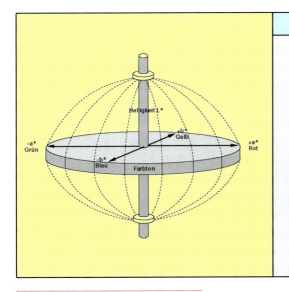

Tafel 3.16: CIE 1976-L*a*b*-Farbraum (CIELAB)

- heute meistgenutzter gleichabständiger Farbraum
- rechtwinklige Koordinaten L*, a*, b* mit

$$a^* \stackrel{\text{def}}{=} 500 \left(\sqrt[3]{\frac{X}{X_0}} - \sqrt[3]{\frac{Y}{Y_0}} \right) \quad \text{(Rot-Grün)}$$

$$b^* \stackrel{\text{def}}{=} 200 \left(\sqrt[3]{\frac{Y}{Y_0}} - \sqrt[3]{\frac{Z}{Z_0}} \right) \quad \text{(Blau-Gelb)}$$

- Polarkoordinaten: C^*_{ab} Buntheit, h_{ab} Farbtonwinkel

$$C^*_{ab} \stackrel{\text{def}}{=} \sqrt[3]{a^{*2} + b^{*2}}, \quad h_{ab} \stackrel{\text{def}}{=} \arctan\left(\frac{b^*}{a^*}\right)$$

- Geraden werden **nicht** auf Geraden abgebildet
- a* und b*-Koordinate von L* abhängig

---

[24] Die CIE bezeichnet CIELUV bzw. CIELAB auch nur als «angenähert empfindungsgemäss gleichabständig».
[25] Weiterentwicklungen wie CIECAM02 oder DIN99 werden relativ zu CIELAB definiert.

Kapitel 3. Farbmetrik

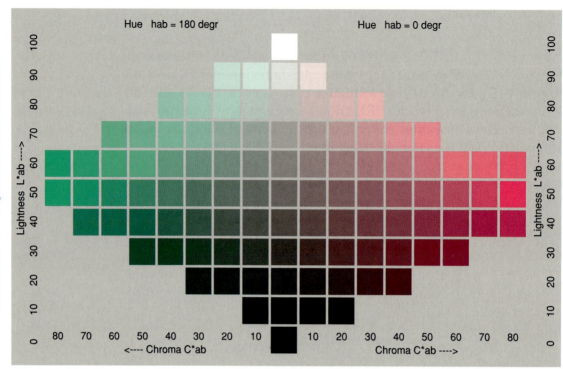

Abb. 3.5: L*-a*-Diagramm in 10 ΔE-schritten

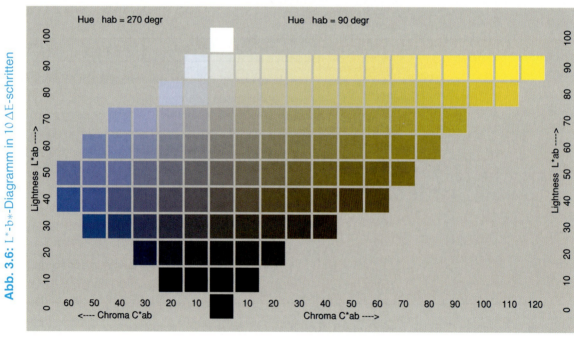

Abb. 3.6: L*-b*-Diagramm in 10 ΔE-schritten

3.3. Gleichabständige Farbräume

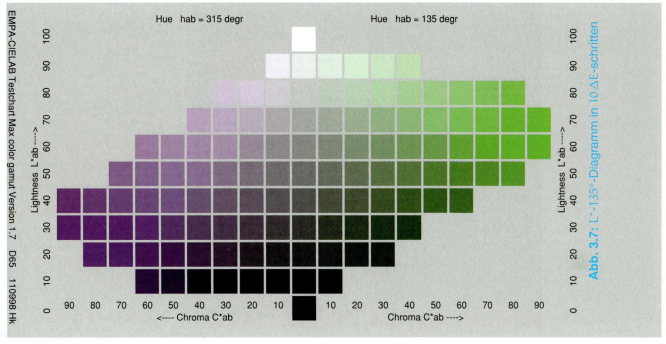

Abb. 3.7: L*-135°-Diagramm in 10 ΔE-schritten

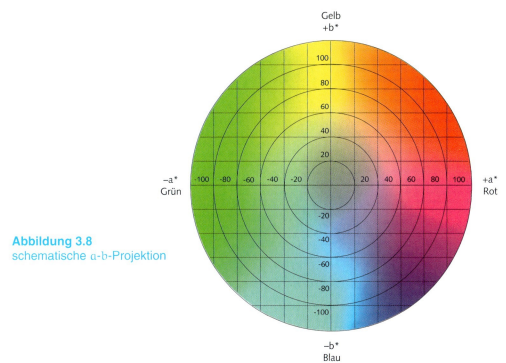

Abbildung 3.8
schematische a-b-Projektion

Kapitel 3. Farbmetrik

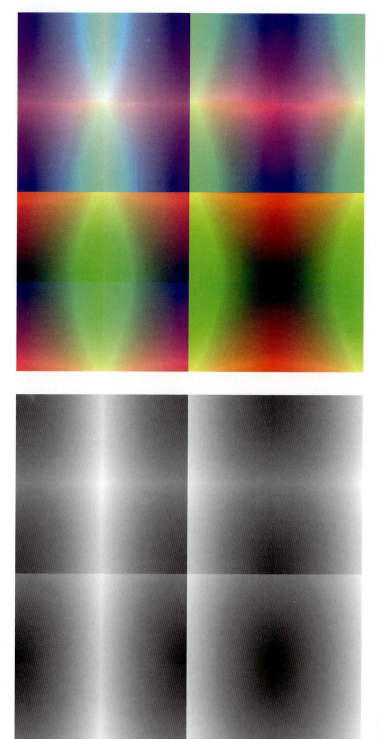

Abbildung 3.9
Originalbild in RGB-Eingabe

Abbildung 3.10
L*-a-Auszug

3.3. Gleichabständige Farbräume

Abbildung 3.11
L*-a-Auszug

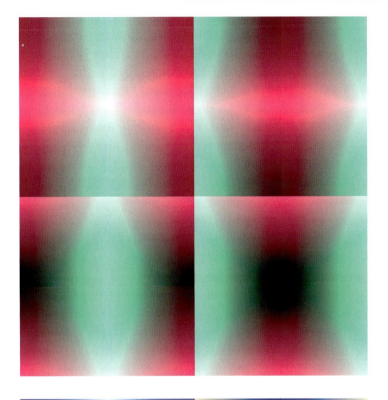

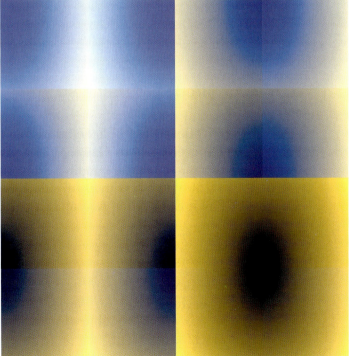

Abbildung 3.12
L*-b-Auszug

Das Referenzweiss ist wieder durch die Normvalenz (X_0, Y_0, Z_0) repräsentiert. Die Koordinaten a^* bzw. b^* kennzeichnen die Rot-Grün bzw. die Blau-Gelb-Achse. Das CIELAB-System besitzt keine Farbtafel, da die Koordinaten a^* und b^* von der Helligkeit abhängig sind. Man beachte, dass Geraden der Normfarbtafel in CIELAB keine Geraden darstellen. Die Buntheit bzw. der Farbton werden analog zu CIELUV durch C^*_{ab} und h_{ab} beschrieben. Der Farbton wird durch den Winkel h_{ab} beschrieben.

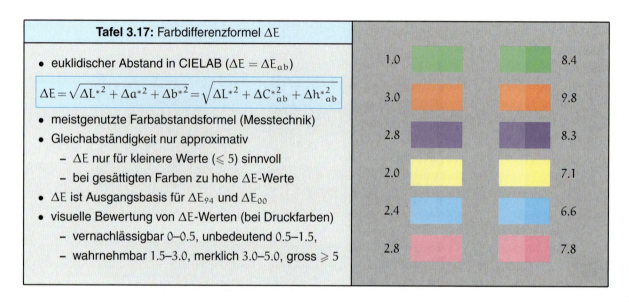

Tafel 3.17: Farbdifferenzformel ΔE

- euklidischer Abstand in CIELAB ($\Delta E = \Delta E_{ab}$)

$$\Delta E = \sqrt{\Delta L^{*2} + \Delta a^{*2} + \Delta b^{*2}} = \sqrt{\Delta L^{*2} + \Delta C^{*2}_{ab} + \Delta h^{*2}_{ab}}$$

- meistgenutzte Farbabstandsformel (Messtechnik)
- Gleichabständigkeit nur approximativ
  - ΔE nur für kleinere Werte ($\leqslant 5$) sinnvoll
  - bei gesättigten Farben zu hohe ΔE-Werte
- ΔE ist Ausgangsbasis für ΔE_{94} und ΔE_{00}
- visuelle Bewertung von ΔE-Werten (bei Druckfarben)
  - vernachlässigbar 0–0.5, unbedeutend 0.5–1.5,
  - wahrnehmbar 1.5–3.0, merklich 3.0–5.0, gross $\geqslant 5$

3.3.4 Farbdifferenzformeln

Ein Farbabstand wird üblicherweise in ΔE ausgedrückt. Will man die der Differenz ΔE zu Grunde liegende Differenzformel speziell kennzeichnen, so schreibt man ΔE_{ab} (CIELAB), ΔE_{uv} (CIELUV), ΔE_{94} (CIE 1994) usw. Ohne spezielle Kennzeichnung versteht man unter ΔE den Euklischen Abstand in CIELAB:

$$\Delta E = \sqrt{\Delta L^{*2} + \Delta a^{*2} + \Delta b^{*2}} = \sqrt{\Delta L^{*2} + \Delta C^{*2}_{ab} + \Delta h^{*2}_{ab}} \quad (3.23)$$

Die visuelle Bewertung orientiert sich an der Tabelle aus Tafel 3.18. Es ist zu beachten, dass ΔE-Werte im engeren Sinne nur für kleine Abstände sinnvoll anwendbar sind, etwa $\Delta E \leqslant 5$, d.h. in der Nähe der Unterschiedsschwelle.

3.3. Gleichabständige Farbräume

Sowohl CIELUV als auch CIELAB wurden unter verschiedenen Alternativen speziell wegen ihrer einfachen Ableitbarkeit aus dem Normvalenzsystem ausgewählt. Obwohl beide Farbräume Schwächen bezüglich der Gleichabständigkeit aufweisen,[26] entsprechen sie doch industriellen Notwendigkeiten. Besonders CIELAB hat in der aktuellen Messtechnik eine hohe Bedeutung.

Aufbauend auf ΔE_{ab} hat die CIE verschiedene Versuche unternommen, die empfohlenen Farbabstandsformeln zu verbessern, insbesondere ΔE_{94} und ΔE_{00}, siehe unten. Diese Formeln haben den Nachteil einer wesentlich komplexeren Anwendung und sind zudem nicht mehr als Euklidische Distanz in einem entsprechenden Farbraum interpretierbar. Der letzte Punkt ist jedoch eine zentrale Voraussetzung für algorithmische Anwendungen wie das Gamut Mapping, siehe Kapitel 7. Im Allgemeinen sind die Farbabstände in ΔE_{94} oder ΔE_{00} kleiner als in ΔE.

Tafel 3.18: visuelle Einschätzung ΔE

0–0.5	vernachlässigbar
0.5–1.5	unbedeutend
1.5–3.0	wahrnehmbar
3.0–5.0	merklich
≥ 5.0	gross

Schon bald nach der Einführung der (3.23)-Formel wurde erkannt, dass der Farbabstand bei gesättigten Farben im Verhältnis zu Neutraltönen zu hoch bewertet wird. So ist etwa der visuelle Unterschied zwischen zwei Gelbfeldern mit 50 % bzw. 55 % Flächenbedeckung kaum erkennbar, für Schwarz dagegen deutlich wahrnehmbar. Die Berechnung der entsprechenden ΔE-Werte liefert jedoch für Gelb einen grösseren Wert als für Schwarz. Die CIE hat auf Grund solcher Probleme 1994 einen neuen Standard [6] verabschiedet

Tafel 3.19: Standardumgebung für ΔE_{94}

Lichtart	D_{65}
Beleuchtungsstärke	1000 lx
Umfeld	mittleres Grau (L* = 50)
Probengrösse	grösser als $4°$
Probenanordnung	Kante an Kante
ΔE-Bereich	0 bis 5

$$\Delta E_{94} \stackrel{\text{def}}{=} \sqrt{\left(\frac{\Delta L^*}{K_L \cdot S_L}\right)^2 + \left(\frac{\Delta C_{ab}^*}{K_C \cdot S_C}\right)^2 + \left(\frac{\Delta H_{ab}^*}{K_H \cdot S_H}\right)^2} \quad (3.24)$$

mit

$$S_L = 1, \quad S_C = 1 + 0.045 \, C_{ab}^* \quad \text{und} \quad S_H = 1 + 0.015 \, C_{ab}^*. \quad (3.25)$$

---
[26]Im Allgemeinen sind die ΔE-Werte im gesättigten Bereich zu hoch.

Die K-Werte erlauben die Anpassung von (3.24) an gegebene Abmusterungsbedingungen. Die Default-Festlegung

$$K_L = K_C = K_H = 1$$

bezieht sich konkret auf die Normumgebungsbedingungen aus Tafel 3.19.

Die CIE94-Formel ist auf Grund von (3.25) nicht symmetrisch, d.h. eines der beiden Farbmuster wird implizit zum Standard erklärt. Obwohl dieser Einfluss gering ist, sieht die CIE, falls gewünscht, eine explizite Korrekturmöglichkeit vor:

$$S_C = 1 + 0.045 \sqrt{C_1^* \cdot C_2^*} \quad \text{und} \quad S_H = 1 + 0.015 \sqrt{C_1^* \cdot C_2^*}$$

ΔE_{94} wurde von Anfang an als eine Übergangslösung verstanden. Um zusätzlich Color Appearance Modelle zu berücksichtigen wurde 1998 das Technical Committee TC1-47 eingesetzt. Das Ergebnis dieser Arbeiten wurde 2001 von **M. Luo**, **G. Cui** and **B. Rigg** in [15] präsentiert, die Farbabstandsformel ΔE_{00}:

$$\Delta E_{00} = \sqrt{\left(\frac{\Delta L'}{K_L S_L}\right)^2 + \left(\frac{\Delta C'}{K_C S_C}\right)^2 + \left(\frac{\Delta H'}{K_H S_H}\right)^2 + R_T \left(\frac{\Delta C'}{K_C S_C}\right)\left(\frac{\Delta H'}{K_H S_H}\right)}$$

Die K-Werte wurden aus ΔE_{94} übernommen. Die Parameter $L', \ldots$ leiten sich aus den CIELAB-Grössen L^*, a^*, b^* und C^* ab:

$$L' = L^*, \quad a' = (1 + G)\, a^*, \quad b' = b^*$$

sowie

$$C' = \sqrt{a'^2 + b'^2}, \quad h' = \tan^{-1}\left(\frac{b'}{a'}\right),$$

mit

$$G = 0.5 \left(1 - \sqrt{\frac{\bar{C}_{ab}^{*\,7}}{\bar{C}_{ab}^{*\,7} + 25^7}}\right)$$

Dabei steht $\bar{C}_{ab}^*$ für den arithmetischen Mittelwert der C^*-Werte des Probenpaares. In analoger Weise sind $\bar{L}'$, $\bar{C}'$ und $\bar{h}'$ definiert. Bezüglich des Winkels $\bar{h}'$ ist zu beachten, dass im Falle einer absoluten Differenz grösser als 180° vor der Mittelwertbildung 360° vom grösseren Winkel zu subtrahieren ist, d.h. für die Winkel 90° und 300° ergibt sich ein arithmetisches Mittel von:

$$\frac{90° + (300° - 360°)}{2} = \frac{90° - 60°}{2} = \frac{30°}{2} = 15°$$

Die Berechnung von $\Delta L'$, $\Delta C'$ und $\Delta H'$ — zwischen den zwei Farbproben, indiziert mit 1 bzw. 2 — erfolgt durch:

$$\Delta L' = L'_1 - L'_2, \quad \Delta C' = C'_1 - C'_2, \quad \Delta H' = 2\sqrt{C'_1 C'_2} \sin\left(\frac{h'_1 - h'_2}{2}\right)$$

Schliesslich führt

$$\begin{aligned} T = \ & 1 - 0.17\cos(\bar{h}' - 30°) + 0.24\cos(2\bar{h}') \\ & + 0.32\cos(3\bar{h}' + 6°) - 0.20\cos(4\bar{h}' - 63°), \end{aligned}$$

zu den S-Parametern

$$S_L = 1 + \frac{0.015\,(\bar{L}' - 50)^2}{\sqrt{20 + (\bar{L}' - 50)^2}}, \quad S_C = 1 + 0.045\,\bar{C}', \quad S_H = 1 + 0.015\,\bar{C}'\,T$$

und die R-Werte sind definiert als

$$R_C = 2\sqrt{\frac{\bar{C}'^7}{\bar{C}'^7 + 25^7}}, \quad R_T = -\sin(2\Delta\theta)\,R_C$$

mit

$$\Delta\theta = 30\exp\left(-\left(\frac{\bar{h}' - 275°}{25}\right)^2\right).$$

3.4 Körperfarben

Bisher haben wir einen Lichtreiz als gegeben betrachtet, vergleichbar zu einer Lichtquelle, deren Strahlung unmittelbar ins Auge gelangt. Zur Entwicklung der Farbmetrik war diese Vorstellung ausreichend. Im Allgemeinen gilt unserer Interesse jedoch den Farben unserer Umwelt. Die Farben von *nichtselbstleuchtenden* Objekten heissen *Körperfarben*. Ihre speziellen Eigenschaften sind insbesondere für die Farbmessung und die Farbreproduktion relevant.

3.4.1 Lichtmodifikation durch Materie

Grundsätzlich geht Strahlung von einer Lichtquelle aus, dringt in eine beleuchtete Oberfläche ein, wird wieder remittiert und gelangt schliesslich ins Auge des Empfängers. Mit dem Materiekontakt sind durch Absorption, Streuung, Fluoreszenz und Reflexion Veränderungen in der Wellenlängenzusammensetzung des Lichtreizes verbunden, die wir dann als Farbe der Oberfläche wahrnehmen. Der gleiche Modifikationsprozess liegt prinzipiell auch bei einem Farbfilter vor. Anstatt von *Remission* sprechen wir dann von *Transmission*. Eine physikalisch korrekte Beschreibung der Vorgänge ist sehr aufwendig und liegt jenseits des Anspruchniveaus dieser Abhandlung. Die folgende Darstellung ist als konzeptionelle Vereinfachung aufzufassen, die im Wesentlichen aus einer Separierung von Lichtquelle und Materialeinfluss besteht. Dieser Ansatz ist motiviert durch die Alltagserfahrung, die einer Oberfläche weitgehend unabhängig von der sie beleuchtenden Lichtquelle eine Farbe zuordnet. Nicht zuletzt basiert auf diesem Verständnis von Körperfarben die aktuelle Farbmesstechnik.

Gehen wir zunächst auf die Reflexion, die direkte Rückstrahlung des ankommenden Lichtes an der Körperoberfläche, genauer ein. In Abhängigkeit der Rauheit der Oberfläche unterscheiden wir zwei Reflexionsarten.

Diffuse Reflexion an matten (rauen) Oberflächen wie Pappe. Das eintreffende Licht wird unabhängig von der Beleuchtungsrichtung gleichmässig in alle Richtungen reflektiert. Eine mattweisse Fläche, die vollkommen diffuse reflektiert heisst *Lambertsche Fläche*.[27] Lambertsche Flächen werden beispielsweise in der Farbmessung als ideales Eichnormal benutzt.

Gerichtete Reflexion oder auch **Spiegelung**. Sie ist typisch für glatte Oberflächen und tritt dann als Glanz in Erscheinung. Das einfallende Licht wird nach dem Reflexionsgesetz gerichtet reflektiert. Der reflektierte und der einfallende Strahl bilden mit der Normalen zur Grenzfläche im Einfallspunkt gleiche Winkel

$$\theta_1 = \theta_2,$$

---

[27] nach dem elsässischen Universalgelehrten **Johann Heinrich Lambert** (1728–1777), dem Begründer der Photometrie

siehe Tafel 3.20. Diese Reflexionsart ist charakteristisch für glatte Metallflächen oder polierte Edelsteine. Zwischen diesen beiden Extremen gibt es einen stetigen Übergang aus mehr oder weniger glatten Oberflächen. Für eine vollständige Beschreibung muss für jeden Einfallswinkel angegeben werden, welcher Anteil der Strahlung in welchem Ausfallswinkel reflektiert wird. Solche *bidirectional reflectance distribution functions (BRDF)* sind jedoch nur in komplizierten goniometrischen Messungen zu ermitteln.

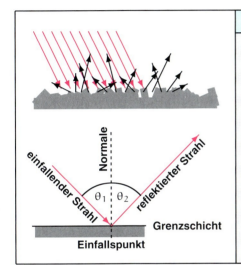

Tafel 3.20: Reflexion

- Lichtrückstrahlung an der Körperoberfläche
- **gerichtete Reflexion (Spiegelung)** (mitte-unten)
  - Einfalls- = Ausfallswinkel ⇒ Glanz an glatten Oberflächen
- **diffuse Reflexion (Lambertscher Strahler)** (mitte-oben)
  - Rückstrahlung in alle Richtungen (rauhe Oberflächen)
  - entspricht Mischung mit Weiss (Unbunt) ⇒ matte Farben
- **allgemein**: sowohl gerichtete als auch diffuse Reflexion
  - winkel- und materialabhängig (Goniometrie)
- Oberflächenfarben (winkelabhängig)
  - geringer Reflexionsanteil an der Remission (4 % – 10 %)
  - allgemein: Vermeidung von Reflexionserfassung (Glanz)

Beide Reflexionsarten, die im Allgemeinen je nach Rauheit der Oberfläche gemischt vorliegen, stellen in der Farbmessung und der Reproduktion ein Problem dar. Diffuse Reflexionsanteile an einer Körperfarbe wirken sich farbmetrisch wie die Mischung mit Weiss (Unbunt) aus, reduzieren also die Sättigung der Körperfarbe.[28] Um diesem Effekt entgegen zu wirken, überzieht man hochwertige Druckprodukte mit einer Glanzschicht, woher auch der Qualitätsbegriff *Hochglanzmagazin* seinen Ursprung hat. Die diffuse Reflexion ist physikalisch schwierig von der (reinen) Remission zu unterscheiden. In der Farbmesstechnik wird deshalb im Normfall darauf verzichtet. Der Anteil der diffusen Reflexion ist aber in der industriellen Farbwiedergabe eher vernachlässigbar.

Einen Leser stört die gerichtete Reflexion in Form von Glanz nur dann, wenn er ungeschickterweise gerade in den entsprechenden

---

[28] Ein sauberes Auto hat eine intensivere Farbe.

Ausfallwinkel blickt. Dann hat er das gleiche Problem wie bei der diffusen Reflexion, aber in konzentrierter blendender Form. Aber dem Leser eines Hochglanzmagazin mag zuzumuten sein, dass er durch eine kleine Änderung seiner Kopfhaltung den kritischen Betrachtungswinkel vermeidet. In der Farbmessung, wo der Glanz aus dem gleichen Grunde stört, verhält man sich ähnlich wie der Leser, der seinen Kopf bewegt. Die Erfassung von Glanz wird durch die systematische Kontrolle der Positionen von Lichtquelle und Empfänger, die sogenannte *Messgeometrie*, weitgehend verhindert. Wir werden in Abschnitt 3.4.2 darauf zurückkommen. Bezüglich der Charakterisierung von Körperfarben gehen wir davon aus, dass diese Massnahmen erfolgreich sind und wir im Folgenden den Glanzaspekt ignorieren können.

Tafel 3.21: Modellierung Körperfarben

- Lichtquelle $S_Q(\lambda)$ ⇝ **Materiekontakt** ⇝ Lichtreiz $S_R(\lambda)$

  Remissionsgrad $\beta(\lambda)$

  Transmissionsgrad $\tau(\lambda)$

- spektrale Wirkung (bei Farbmessung, Reproduktion)

  $S_R(\lambda) = \beta(\lambda) S_Q(\lambda)$ bzw. $S_R(\lambda) = \tau(\lambda) S_Q(\lambda)$

- starke Vereinfachung
  - $S_Q(\lambda)$: im Allgemeinen komplexe, rekursive Struktur
    * siehe: raytracing, radiosity (computer graphics)
  - Vernachlässigung von Fluoreszenz und Glanz

Licht, das nicht reflektiert wird, typischerweise mehr als 95 %, dringt durch die Oberfläche in die Materie ein. Dort wird das Licht zum einen gestreut und zum zweiten absorbiert. Die Streuung bewirkt, dass ein Photon nach der Absolvierung einer Irrfahrt wieder zur Oberfläche zurückfindet, von wo es schliesslich remittiert wird. Die eigentliche Körperfarbe ist das Resultat der Absorption, denn sie ist in den einzelnen Wellenlängenbereichen sehr unterschiedlich wirksam. Die spektrale Wirkung der Absorption lässt sich als Verhältnis $\beta(\lambda)$ der Spektren $S_{\text{out}}(\lambda)$ und $S_{\text{in}}(\lambda)$ des remittierten bzw. einfallenden Lichtes ausdrücken,

$$\beta(\lambda) = \frac{S_{\text{out}}(\lambda)}{S_{\text{in}}(\lambda)}, \tag{3.26}$$

oder äquivalent dazu

$$S_{\text{out}}(\lambda) = \beta(\lambda) S_{\text{in}}(\lambda). \tag{3.27}$$

Die Änderungsfunktion $\beta(\lambda)$ bezeichnen wir als *Remissionsgrad*, was gewohnheitsmässig einschliesst, dass $S_{\text{out}}(\lambda)$ keine gerichtete Reflexion enthalten soll. In Abwesenheit von Fluoreszenz,[29] was

---

[29]worauf wir später in diesem Abschnitt eingehen werden

3.4. Körperfarben

in der Natur als Normalfall aufgefasst werden darf, ist der Remissionsgrad unabhängig von Qualität und Zusammensetzung des einfallenden Lichtes, ist also eine konstante Materialeigenschaft des entsprechenden Körpers. Der Remissionsgrad $\beta(\lambda)$ repräsentiert im eigentlichen Sinne die Körperfarbe. Dieses Verständnis liegt speziell dem Messen von gedruckten Farbmuster (*Aufsichtsfarben*) zu Grunde.

Im Zusammenhang mit Farbfilter oder Farbfolien (Durchsichtsfarben) sind die Vorstellungen im Prinzip übertragbar. Die Durchsichtigkeit entspricht einer vernachlässigbaren Streuung. Anstelle des Remissionsgrades tritt in (3.27) der spektrale *Transmissionsgrad* $\tau(\lambda)$. Ansonsten gelten Aussagen für Aufsichtsfarben sinngemäss auch für Durchsichtsfarben.

Wichtig für die korrekte Benutzung von (3.26) bzw. (3.27) ist die genaue Kenntnis des einfallenden Lichtes $S_{in}(\lambda)$. In den typischen Anwendungen der graphischen Industrie identifiziert man $S_{in}(\lambda)$ mit dem Spektrum der Lichtquelle. Dies ist aber nicht selbstverständlich, was beispielsweise an dem sorgfältigen Arrangement der äusseren Umstände erkennbar ist, das in der Farbmessung oder in einer Abmusterung — *Gut-zum-Druck* — üblich ist. In komplexen Situationen des Alltags ist es indessen fahrlässig die Lichtquelle mit $S_{in}(\lambda)$ gleichzusetzen. Das Spektrum $S_{in}(\lambda)$ enthält im Allgemeinen neben der Lichtquelle auch grössere Anteile des remittierten Lichtes aus der Umgebung. Die mathematische Beschreibung von $S_{in}(\lambda)$ hat dann eine komplexe rekursive Struktur, die man in der Computergraphik mit Begriffen wie *Raytracing* oder *Radiosity* verbindet.[30]

Der letzte Beitrag zum Zustandekommen von Körperfarben leistet die *Fluoreszenz*. In der Natur ist sie ein eher seltenes Phänomen, in der Technik der Farbreproduktion ist sie jedoch zunehmend anzutreffen. Eine repräsentative Anwendung sind etwa die üblichen Büropapiere (Kopierer), wo optische Aufheller im Blaubereich den natürlichen Gelbton von Papier kompensieren.

Fluoreszenz meint den physikalischen Effekt, dass Atome Photonen der Wellenlänge λ' absorbieren und die so gewonnene Energie zeit-

---

[30] Die hier angesprochene Problematik ist streng von dem farbmetrischen Einbezug des Sehumfeldes zu unterscheiden. Die Viewing Conditions der Color Appearance beziehen sich auf eine Modifikation der Farbempfindung und sollten nicht mit Aspekten der mathematisch-physikalischen Szenenbeschreibung verwechselt werden.

verzögert als Licht der Wellenlänge λ'' wieder abgeben. Ist λ' ausserhalb des sichtbaren Spektrums, z.B. im Ultravioletten, und λ'' ist sichtbar, häufig blau, dann hat die Fluoreszenz die Wirkung einer zusätzlichen Lichtquelle. Die naive messtechnische Anwendung von (3.26) führt bei fluoreszierenden Materialien folglich zu Fehlinterpretationen der Art

$$\beta(\lambda) > 1, \qquad (3.28)$$

d.h. die farbmetrischen Materialeigenschaften sind nicht mehr unabhängig von der Lichtquelle beschreibbar. Im Kontext des vorliegenden Buches, das im Wesentlichen an der Normvalenz von Körperfarben interessiert ist, stellt (3.28) zwar ein interpretatorisches aber kein berechnungstechnisches Problem dar. Im Folgenden werden wir deshalb auf den Aspekt der Fluoreszenz nicht weiter eingehen.[31]

3.4.2 Messgeometrien

Das traditionelle Verständnis der Farbforschung ist stark auf die Bedürfnisse der technischen Farbmessung ausgerichtet. Dies verlangt, dass die Messmethodik im Rahmen der benötigten Genauigkeit möglichst einfach und allgemein verbindlich, sprich standardisiert, sein soll. In Bezug auf die Messung von Köperfarben, deren Reflexions- bzw. Remissionsverhalten stark von den Winkeln zwischen Lichtquelle, Probe und Empfänger abhängig ist, empfiehlt die CIE eine Beschränkung auf eine festgelegte Anzahl von Winkelkombinationen, bekannt als *Messgeometrien*. Die benutzte Messgeometrie ist als Bestandteil des Messresultates aufzufassen.

Ein Standardmessgerät wie das EyeOne von **Gretag Macbeth**, siehe Abbildung 8.27 auf Seite 226, hat eine 45/0-Messgeometrie, d.h. die Probe

---

Tafel 3.22: Messen von Körperfarben

- Materialeigenschaft manifestiert sich im Remissionsgrad

$$\beta(\lambda) = \frac{S_R(\lambda)}{S_Q(\lambda)}$$

- allgemeine Abhängigkeit von Einfalls- und Ausfallswinkel
  - Standardisierung der Erfassungssituation (Messgeometrie)
    * Strahlverlauf von Lichtquelle zum Empfänger
- 45/0-Messgeometrie: Normalfall bei Farbmessung
  - Probenbeleuchtung unter 45°, Messung bei 0°
  - weitgehende Vermeidung von Glanzerfassung
- 0/d-, d/0-, d/8-Messgeometrien: bei **d**iffuser Strahlung
  - Messkugel mit separaten Zugängen für Quelle/Empfänger

---

[31] den interessierten Leser verweisen wir auf [10, Kap.3]

wird durch die geräteeigene Lichtquelle unter 45° beleuchtet und die Messung erfolgt bei 0° aus der Normalen, also senkrecht zur Probe. Die Anordnung vermeidet grösstenteils die Erfassung von Glanzanteilen.

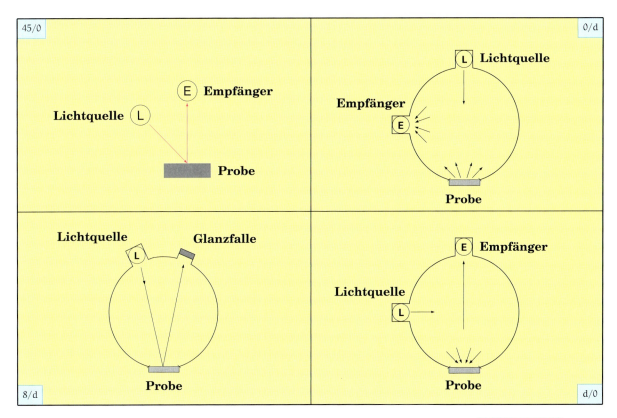

Abbildung 3.13
Messgeometrien

Die 0/d-*Messgeometrie* steht für Beleuchtung von 0° und eine Messung der diffus — symbolisiert durch das d — in alle Richtungen reflektierten bzw. remittierten Strahlung. Zur Kontrolle des Umgebungslichtes benutzt man als Messinstrument die *Ulbrichtsche Kugel*, eine Hohlkugel, deren Inneres mattweiss beschichtet ist, siehe Abbildung 3.13. Die Beleuchtung erfolgt durch eine Öffnung senkrecht auf die Probe. Der Empfänger befindet sich in einer weiteren Öffnung, so angeordnet, dass kein Lichtstrahl direkt von der Probe zum Empfänger gelangen kann. Das gesamte gemessene Licht stammt folglich aus diffuser Reflexion/Remission.

Bei der 8/d-*Messgeometrie* wird die Probe im Gegensatz zu 0/d-Geometrie unter 8° beleuchtet. Dadurch wird der als Glanz reflektierte Lichtstrom nicht in die Beleuchtungsrichtung zurückgeworfen und kann entweder bewusst mitgemessen werden oder durch eine *Glanzfalle*[32] ausgeblendet werden.

Die d/0 bzw. d/8-*Messgeometrien* entstehen aus den vorgängigen Anordnungen durch Vertauschung von Beleuchtungs- und Messwinkel. Dabei wird eine diffuse Beleuchtung realisiert, indem man den Beleuchtungsstrahl nicht auf die Probe richtet, sondern auf die weisse Kugelwand. Eine diffuse Beleuchtung wird häufig zur Simulation der Lichtverhältnisse unter freiem, aber bedecktem Himmel benutzt.

3.4.3 Lichtquellen

Auch bei einer als konstant betrachteten Materialcharakteristik in Form eines bekannten Remissionsgrades $\beta(\lambda)$ bleibt die Körperfarbe gemäss (3.27)

$$\beta(\lambda)\, S_{in}(\lambda) \tag{3.29}$$

eine Funktion der Lichtquelle $S_{in}(\lambda)$. Eine Änderung von $S_{in}(\lambda)$ ändert auch die entsprechende Körperfarbe. Dies hat z.B. Konsequenzen für die Spezifikation eines Druckbildes. Ausser den Normvalenzen der einzelnen Pixel benötigt man für eine vollständige Spezifikation auch die Daten der zugehörigen Lichtquelle. Diese Lichtquelle sollte dann auch in der Reproduktion benutzt werden.

Um den technischen Aufwand im Umgang mit Lichtquellen zu begrenzen, beschränkt man sich auf wenige Standardlichtquellen. So benutzt man in der graphischen Industrie generell eine als D_{50} bekannte Lichtart. Im Folgenden werden wir diese und einige weitere technische Lichtarten vorstellen.

Wärmestrahlung

Heisse Körper wie glühendes Eisen senden Licht aus und zwar je heisser desto heller. Bei dieser Strahlungsart stammt die Energie aus dem Wärmehaushalt des Körpers, wir sprechen deshalb von *Temperatur-* oder *Wärmestrahlung*. Der Idealfall eines Temperaturstrahlers ist der *schwarze Strahler*. Er absorbiert die gesamte auf ihn einfallende Strahlung über alle Wellenlängen. Infolgedessen ist

---

[32]eine in Richtung des Glanzwinkel angebrachte schwarze Blende oder Kugelöffnung

die durch ihn ausgesandte elektromagnetische Strahlung in ihrer Intensität und spektralen Energieverteilung ausschliesslich durch die Temperatur bestimmt. Das *Plancksche Strahlungsgesetz*[33] beschreibt die spektrale Strahldichte $L(\lambda, t)$ des schwarzen Strahlers in Abhängigkeit von der Temperatur t und der Wellenlänge λ:

$$L(\lambda, t) = \frac{c_1}{\lambda^5} \frac{1}{\exp(\frac{c_2}{\lambda t}) - 1} \frac{1}{\text{sr}\,\pi} \qquad (3.30)$$

mit $c_1 = 3.741832 \cdot 10^{-16}\,\text{W}\,\text{m}^2$ und $c_2 = 1.438786 \cdot 10^{-2}\,\text{m}\,\text{K}$. Viele Wärmestrahler lassen sich durch den schwarzen Strahler annähern, z.B. Glühbirnen. Von besonderer Bedeutung ist in unserem Kontext die Sonne, da das Sehvermögen des Menschen daran angepasst ist. So stimmt der sichtbare Wellenlängenbereich mit dem Strahlenmaxima eines schwarzen Strahlers der Temperatur 6000° K recht gut überein.[34] Ferner definiert das Spektrum eines solchen Strahlers unser Weissempfinden.

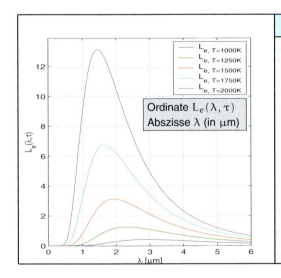

Tafel 3.23: Lichtquellen

- Wärmestrahler: Sonne, Glühlampe
  - Ideal: **Schwarzer Strahler** mit Strahlungsdichte

  $$L_e(\lambda, t) = \frac{c_1}{\lambda^5} \frac{1}{\exp(\frac{c_2}{\lambda t}) - 1} \frac{1}{\text{sr}\,\pi}, \quad c_1, c_2 \in \mathbb{R}^+$$

  - **Farbtemperatur**: Farbwert bei Temperatur t
    * definiert den **Planckschen Farbenzug**
    * allgemein: Charakterisierung von Lichtquellen
- **Lumineszenzstrahler** (kaltes Licht)
  - Energie aus inneratomaren Vorgängen
  - Spektren nicht kontinuierlich

Der einfache Zusammenhang zwischen der Temperatur und dem Spektrum eines schwarzen Strahlers erlaubt es einem Temperaturwert eine Farbe zuzuordnen, bekannt als *Farbtemperatur*. Die Kurve der zugehörigen Farbarten in der Normfarbtafel heisst *Planckscher Farbenzug*. In Analogie zum schwarzen Strahler kann man

---

[33] von **Max Planck** im Jahre 1900 abgeleitet mit fundamentaler Bedeutung in der Physik

[34] von speziellen Absorptionen in der Lufthülle einmal abgesehen

auch Spektren anderer Lichtquellen eine Farbtemperatur zuordnen, was dann bedeutet, dass sie dieselbe Farbart haben. Bei grösseren Abweichungen kann man immerhin noch die beste Näherung an eine Farbtemperatur bestimmen und spricht dann von der *ähnlichsten Farbtemperatur*.

Tafel 3.24: Normlichtquellen

- zur Vereinfachung von Farbmessung und Reproduktion
- Definition durch Festlegung der Spektren (als Tabellen)
- **Tageslichtarten** D
  - abstrakt definiert (nur approximativ realisierbar)
  - meist verwendet
    * D_{65}: TV-Anwendungen (Farbtemperatur 6504 K)
    * D_{50}: graphische Industrie (Farbtemperatur 5003 K)
- andere Tageslichtarten
  - A: Wolfram-Glühlampe bei 2856 K
  - C: aus A durch **Davis-Gibson-Filter** (6800 K)
  - B: Sonnenlicht

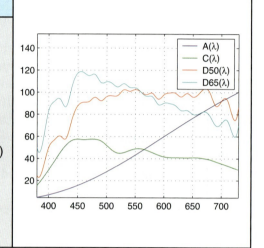

Normlichtarten

Die CIE hat für farbmetrische Anwendungen eine Anzahl von *Normlichtarten* empfohlen, deren Strahlungsfunktionen vorgegeben und tabelliert sind.

Normlichtart A. Sie entspricht der Strahlung eines schwarzen Strahlers bei der Temperatur 2865 K und wird im sichtbaren Bereich des Spektrums hinreichend gut durch eine Wolfram-Glühlampe der Temperatur 2856 K approximiert.

Normlichtart D_{65}. Die CIE hat 1963 eine Serie von *Tageslichtarten* definiert, die alle mit D beginnen. Die technisch wichtigste ist D_{65} mit einer ähnlichsten Farbtemperatur von 6504 K. Ihre Strahlungsfunktion ist nicht an einer technischen Strahlungsquelle orientiert, sondern wurde rein abstrakt definiert. Ausser D_{65} ist besonders in der graphischen Industrie auch D_{50} (ähnlichste Farbtemperatur 5003 K) verbreitet.

Normlichtart C. Modifiziert man die Normlichtart A durch einen speziellen Filter, den *Davis-Gibson-Filter*, so erhält man die Tageslichtart C (ähnlichste Farbtemperatur 6800 K), die vor der Einführung von D_{65} sehr populär war.

Normlichtarten F. Eine Serie von 12 fluoreszierenden Lichtquellen. F_8 stellt einen fluoreszierenden D_{50}-Simulator mit ähnlichster Farbtemperatur 4000 K dar.

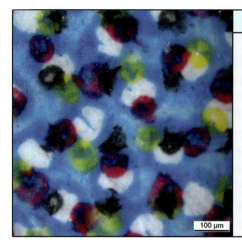

Tafel 3.25: Cyan-Magenta-Yellow-blacK

- Körperfarben
  - konstante Helligkeit (als Funktion der Lichtquelle)
  - geringe Sättigung (wegen breitem Remissionsspektrum)
- erfordert Optimierung des Druckfarbenraums CMYK
  - Approximation der abstrakten Optimalfarben
  - Übereinanderdruck von Dots (Farbfilter)
  - Sekundärfarben: subtraktive Mischung der Grundfarben
    * nicht in der konvexen Hülle der Primärfarben
- Transformation $XYZ \to CMYK$ nicht funktional bestimmt
  - Farbspezifikation in Flächenbedeckungen c, m, y, k

3.5 Der $CMYK$-Farbraum

Gerechtfertigt durch die üblichen Betrachtungsbedingungen des Lesens werden Druckfarben als Körperfarben aufgefasst, die sich durch die Gleichung (3.27) beschreiben lassen, d.h. ihr Spektrum ist das Resultat der Faltung der Lichtquelle mit ihrem Remissionsgrad.

Dies hat zwei grundlegende Konsequenzen für die Auswahl der Druckfarben. Zum einen besitzen Körperfarben eine konstante Helligkeit[35] und zum zweiten sind ihre Spektren häufig über den ganzen sichtbaren Wellenlängenbereich verteilt, was tendenziell zu einer geringen Sättigung führt.[36] Die technische Antwort auf die nicht natürlicherweise vorhandene Helligkeitsmodulation ist die Rastertechnik (Halftoning). Da die Rastertechnik eher von algorithmischen und weniger von farbmetrischen Fragen geprägt ist, behandeln wir sie in einem eigenen Kapitel, siehe Seite 143.

---

[35] als Folge einer zeitlich konstanten Lichtquelle
[36] Man beachte, dass die Mischung aller Spektralfarben Unbunt U ergibt.

Kapitel 3. Farbmetrik

Hier genügt es, sich auf die Farbvalenz eines einzelnen *Druckpunktes (Dot)* zu konzentrieren, siehe Tafel 3.25. Der Gegenstand dieses Abschnittes ist die Grösse des Druckfarbenraums als Funktion der ausgewählten Prozessfarben, *Grund-* oder *Primärfarben* genannt. In Hinsicht auf die Sättigung der Grundfarben handelt es sich um ein Optimierungsproblem. Dabei kommt den aus dem Übereinanderdruck zweier Primärfarben resultierenden *Sekundärfarben* eine entscheidende Bedeutung zu. Der Übereinanderdruck wirkt sich wie das Übereinanderblenden von Farbfiltern aus, ist also als subtraktive Farbmischung zu verstehen. Die Sekundärfarben *Rot*, *Grün* und *Blau* liegen deshalb nicht in der konvexen Hülle der Primärfarben *Cyan*, *Magenta* und *Yellow* und haben zumindest theoretisch den grösseren Einfluss auf den Umfang des Druckfarbenraums.

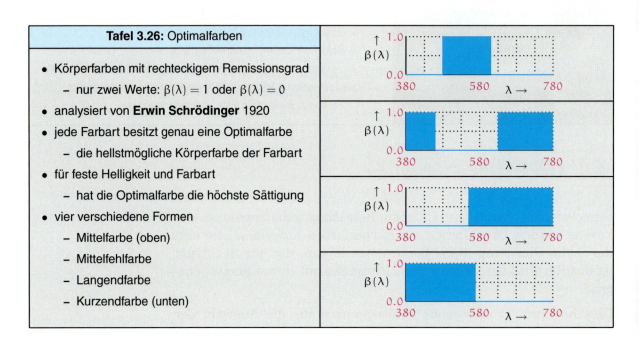

Tafel 3.26: Optimalfarben

- Körperfarben mit rechteckigem Remissionsgrad
  - nur zwei Werte: $\beta(\lambda) = 1$ oder $\beta(\lambda) = 0$
- analysiert von **Erwin Schrödinger** 1920
- jede Farbart besitzt genau eine Optimalfarbe
  - die hellstmögliche Körperfarbe der Farbart
- für feste Helligkeit und Farbart
  - hat die Optimalfarbe die höchste Sättigung
- vier verschiedene Formen
  - Mittelfarbe (oben)
  - Mittelfehlfarbe
  - Langendfarbe
  - Kurzendfarbe (unten)

3.5.1 Optimalfarben und der ideale Mehrfarbendruck

Eine *Optimalfarbe* ist die Farbe eines Körpers, dessen Remissionskurve eine rechteckige Gestalt hat, wobei nur die Werte $\beta(\lambda) = 0$ oder $\beta(\lambda) = 1$ und höchstens zwei Sprungstellen vorkommen. Die vier möglichen Formen *Mittelfarbe*, *Mittelfehlfarbe*, *Langendfarbe* und *Kurzendfarbe* sind in Tafel 3.26 dargestellt. Die uns hier inter-

3.5. Der $\mathcal{CMYK}$-Farbraum

essierenden Eigenschaften der Optimalfarben wurden zuerst[37] von **Erwin Schrödinger** analysiert [9]:

- Zu jeder Farbart gibt es genau eine Optimalfarbe, nämlich die hellstmögliche Körperfarbe dieser Farbart.

- Unter allen Körperfarben mit einer festen Helligkeit und gegebenem Farbton ist diejenige mit der höchsten Sättigung eine Optimalfarbe.

Die zweite Aussage identifiziert die Optimalfarben als ideale Kandidaten für die gesuchten Primärfarben des Mehrfarbendrucks. Damit sich beim Übereinanderdruck die gewünschte Wirkung einstellt, müssen die verschiedenen Primärfarben noch zusätzlich über identische Sprungstellen A und B verfügen, welche den bläulich vom grünlichen bzw. den grünlichen vom rötlichen Bereich des sichtbaren Spektrums trennen. Der Wert von A sollte um $490\,\text{nm}$ liegen, bzw. B bei etwa $580\,\text{nm}$. Als Grundfarben ergeben sich daraus

- **Cyan** als Kurzendfarbe, $\beta(\lambda) = 1$ für $\lambda \leqslant B$,

- **Magenta** als Mittelfehlfarbe, $\beta(\lambda) = 1$ für $\lambda \leqslant A \vee B \leqslant \lambda$, und

- **Yellow** als Langendfarbe, $\beta(\lambda) = 1$ für $A \leqslant \lambda$.

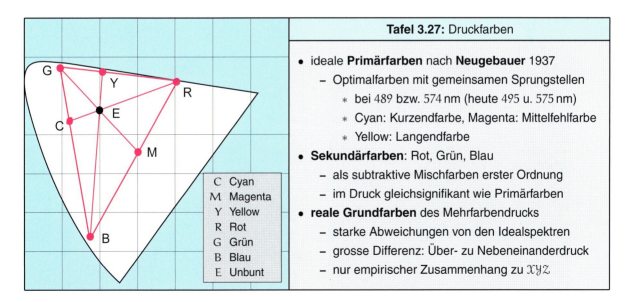

Tafel 3.27: Druckfarben

- ideale **Primärfarben** nach **Neugebauer** 1937
  - Optimalfarben mit gemeinsamen Sprungstellen
    * bei 489 bzw. $574\,\text{nm}$ (heute 495 u. $575\,\text{nm}$)
    * Cyan: Kurzendfarbe, Magenta: Mittelfehlfarbe
    * Yellow: Langendfarbe
- **Sekundärfarben**: Rot, Grün, Blau
  - als subtraktive Mischfarben erster Ordnung
  - im Druck gleichsignifikant wie Primärfarben
- **reale Grundfarben** des Mehrfarbendrucks
  - starke Abweichungen von den Idealspektren
  - grosse Differenz: Über- zu Nebeneinanderdruck
  - nur empirischer Zusammenhang zu $\mathcal{XYZ}$

C Cyan
M Magenta
Y Yellow
R Rot
G Grün
B Blau
E Unbunt

---

[37]später hat **R. Luther** [22] die Theorie der Optimalfarben erweitert

Kapitel 3. Farbmetrik

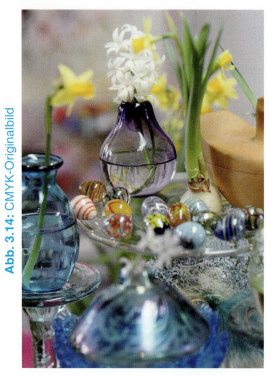

Abb. 3.14: CMYK-Originalbild

Abb. 3.16: nur Cyan und Magenta

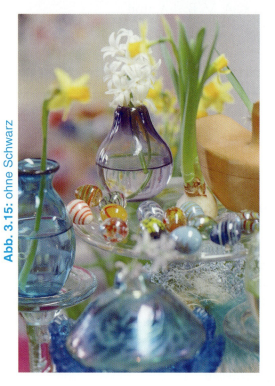

Abb. 3.15: ohne Schwarz

Abb. 3.17: ohne Cyan

3.5. Der CMYK-Farbraum

Abb. 3.18: Cyan-Auszug

Abb. 3.20: Yellow-Auszug

Abb. 3.19: Magenta-Auszug

Abb. 3.21: Black-Auszug

Die genaue Wahl der Sprungstellen A und B hängt von dem Remissionsverhalten der Sekundärfarben ab, welches in ähnlicher Art und Weise idealisiert werden kann wie die Optimalfarben. Eine auf Papier gedruckte Farbschicht der Primärfarbe H fassen wir dazu als einen in gewissen Wellenlängenbereichen transparenten Farbfilter mit Transmissionsgrad $\tau_H(\lambda) \in \{1, 0\}$ auf. Als Lichtquelle setzen wir im Folgenden das energiegleiche Spektrum $S(\lambda) = 1$ voraus.

Tafel 3.28: subtraktive Mischung der CMYK-Grundfarben

- Annahme: $\boxed{\beta_{C*Y}(\lambda) = \beta_C(\lambda) \cdot \beta_Y(\lambda)}$
- R = F(574 nm < λ), G = F(495 < λ ⩽ 574), B = F(λ ⩽ 495)
- multiplikative (subtraktive) Mischung

  $Y * M = \square * \square = \square = R$
  $C * Y = \square * \square = \square = G$
  $C * M = \square * \square = \square = B$

- additive Mischung
  - $\boxed{C + Y = (B + G) + (G + R) = U + G}$ (U Unbunt)
- additive und subtraktive Mischung der Grundfarben
  * haben den gleichen Grundton

Das Papier selbst wird als Lambertsche Fläche mit Remissionsgrad $\beta_P(\lambda) = 1$, λ beliebig, modelliert. Ferner nehmen wir an, dass ein Photon, das an der Oberfläche der Farbschicht remittiert wird, zunächst durch die Farbschicht zum Papier durchdringt, dort remittiert wird und die Farbschicht erneut durchdringt. Der Remissionsgrad $\beta_H(\lambda)$ hat somit die Interpretation

$$\beta_H(\lambda) = \tau_H(\lambda)^2 \cdot \beta_P(\lambda). \qquad (3.31)$$

Man beachte, dass das Photon die Farbschicht zweimal passiert und $\tau_H(\lambda)$ deshalb quadriert vorkommt, was aber wegen $\tau_H(\lambda)^2 = \tau_H(\lambda)$ als Folge von $\tau_H(\lambda) = 1$ oder $\tau_H(\lambda) = 0$ keine praktischen Auswirkungen hat. Der Übereinanderdruck zweier Grundfarben, z.B. Cyan (C) und Yellow (Y), lässt sich gemäss dieser Modellvorstellung als die Hintereinanderschaltung des Cyan- und des Yellow-Farbfilter verstehen. Auf der rechten Seite von (3.31) muss lediglich der Faktor $\tau_H(\lambda)^2$ durch $\tau_C(\lambda)^2 \cdot \tau_Y(\lambda)^2$ ersetzt werden, da das Photon nun beide Farbschichten durchläuft. Berücksichtigen wir noch $\beta_P(\lambda) = 1 = \beta_P(\lambda)^2$, so erhalten wir für den Remissionsgrad $\beta_{C*Y}(\lambda)$ des Übereinanderdrucks von Cyan und Yellow:

$$\begin{aligned}\beta_{C*Y}(\lambda) &= \tau_C(\lambda)^2 \cdot \tau_Y(\lambda)^2 \cdot \beta_P(\lambda) \qquad (3.32)\\ &= \underbrace{\tau_C(\lambda)^2 \cdot \beta_P(\lambda)}_{\stackrel{(3.31)}{=}\beta_C(\lambda)} \cdot \underbrace{\tau_Y(\lambda)^2 \cdot \beta_P(\lambda)}_{\stackrel{(3.31)}{=}\beta_Y(\lambda)} = \beta_C(\lambda) \cdot \beta_Y(\lambda)\end{aligned}$$

Für den Übereinanderdruck mit Magenta M bzw. von Yellow und Magenta gilt sinngemäss das Gleiche. Zusammenfassend können wir also festhalten, dass der Remissionsgrad der Sekundärfarben

Rot R, Grün G und Blau B mit dem Produkt der Remissionsgrade der beteiligten Primärfarben identisch ist.

Aus der so gewonnenen spektralen Beschreibung des Übereinanderdrucks ergibt sich nun auch zwanglos eine valenzmetrische Charakterisierung der multiplikativen Mischung der Primärfarben:

$$Y * M = \Box * \Box = \Box = R \quad (3.33)$$
$$C * Y = \Box * \Box = \Box = G \quad (3.34)$$
$$C * M = \Box * \Box = \Box = B \quad (3.35)$$

Für die entsprechenden additiven Mischungen erhalten wir

$$Y + M = (G + R) + (B + R) = U + R \quad (3.36)$$
$$C + Y = (B + G) + (G + R) = U + G \quad (3.37)$$
$$C + M = (B + G) + (B + R) = U + B, \quad (3.38)$$

wobei U für Unbunt steht. Diese Gleichungen repräsentieren die konzeptionellen Eigenschaften des *idealen Mehrfarbendrucks*, siehe Tafel 3.27:

1. Additive und subtraktive Farbmischungen von C, M und Y haben den gleichen Farbton.

2. Der ideale Druckfarbenraum ist mit der konvexen Hülle der **Sekundärfarben**

   - **Rot** $R = Y * M$, $\beta_R(\lambda) = 1$ für $\lambda \geq B$,
   - **Grün** $G = C * Y$, $\beta_G(\lambda) = 1$ für $A \leq \lambda \leq B$, und
   - **Blau** $B = C * M$, $\beta_B(\lambda) = 1$ für $\lambda \leq A$,

   identisch.

3. Die additive Mischung aller Primärfarben ergibt Unbunt U, genau wie die Mischung einer Sekundärfarbe und der gegenüberliegenden Primärfarbe.

Die exakte Wahl der Sprungstellen A und B nimmt gemäss Punkt 2 die Form eines einfachen Flächenoptimierungsproblems an, d.h. die Fläche des von den Sekundärfarben in der Normfarbtafel aufgespannten Dreiecks ist zu maximieren. Diese Aufgabe wurde 1937 von **Hans Neugebauer** [19] gelöst, wobei er die Werte $A = 489\,\text{nm}$ und $B = 574\,\text{nm}$ ermittelte. Neuere Untersuchungen der **Ugra** [24] legen $A = 495\,\text{nm}$ und $B = 575\,\text{nm}$ nahe.

3.5.2 Die realen Grundfarben des Mehrfarbendrucks

Die Spektralverläufe des idealen Mehrfarbendrucks lassen sich technisch leider nur annäherungsweise realisieren. Typische Spektralverläufe für reale Grundfarben sind in Abbildung 3.22 zu sehen. Die Abweichungen vom idealen Kurvenverlauf reduzieren sowohl die potentielle Grösse des Druckfarbenraums, siehe Tafel 3.29, als auch die Graubedingung, d.h. die jeweiligen Anteile bei additiven Mischungen von Grau sind nur noch approximativ gültig. Die Unterschiede zwischen Über- und Nebeneinanderdruck sind im realen Mehrfarbendruck grösser, bis etwa $10\,\Delta E$, und zudem nicht nur mehr auf die Sättigung beschränkt.

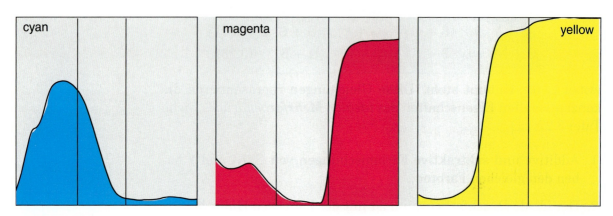

Abbildung 3.22
(ISO 2846) reale Remissionsgrade

Im realen Mehrfarbendruck ergänzt man die Farben C, M und Y durch Schwarz K und schreibt dann $\mathcal{CMYK}$.[38] Im Druck entspricht einem Pixel aus einer Bildschirmdarstellung ein Rasterpunkt.[39] Die Spezifikation eines Rasterpunktes geschieht im Vierfarbendruck durch die Angabe der *Flächenbedeckungen* c, m, y und k. Der Wert von c legt fest, wieviel Prozent der Rasterpunktfläche mit Cyan bedruckt werden soll. Eine analoge Interpretation haben m, y und k. Da jede Farbe separat gedruckt wird, gilt für dem maximal möglichen Farbauftrag:

$$c + m + y + k \leqslant 400\,\%$$

Konzeptionell ist Schwarz K redundant, d.h. entspricht dem Übereinanderdruck von C, M und Y. In der Praxis ist K aus verschiedenen Gründen jedoch unverzichtbar.

---
[38] Gemäss einer populären Interpretation steht der Buchstabe K für den letzten in *black*. Der erste ist nicht möglich, weil er bereits an *blue* vergeben ist. Alternativ kann man K als *Key Color* interpretieren.
[39] siehe Kapitel 6

3.5. Der CMYK-Farbraum

Zunächst einmal ist die Farbaufnahmefähigkeit einer Papierart beschränkt, d.h. der theoretisch mögliche maximale Farbauftrag von 400 % ist technisch nicht realisierbar. Hohe Farbaufträge führen beispielsweise zu Trocknungs- und Abriebsproblemen. Auf Zeitungspapier sind ca. 250 %, auf Kunstdruckpapieren etwa 340 % Farbauftrag realisierbar. Aber die Ersetzung des zu Grau äquivalenten CMY-Anteils durch einen entsprechenden K-Wert reduziert nicht nur den Gesamtfarbauftrag, sondern senkt durch den verminderten Farbverbrauch auch die Betriebskosten.[40]

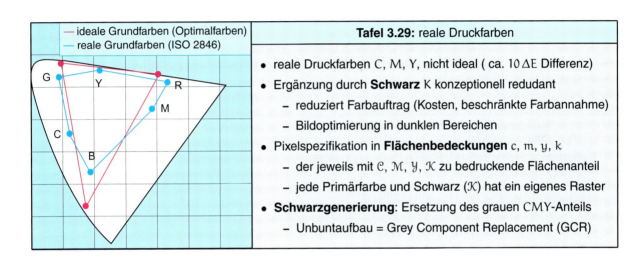

Tafel 3.29: reale Druckfarben

- reale Druckfarben C, M, Y, nicht ideal (ca. 10 ΔE Differenz)
- Ergänzung durch **Schwarz** K konzeptionell redudant
    - reduziert Farbauftrag (Kosten, beschränkte Farbannahme)
    - Bildoptimierung in dunklen Bereichen
- Pixelspezifikation in **Flächenbedeckungen** c, m, y, k
    - der jeweils mit C, M, Y, K zu bedruckende Flächenanteil
    - jede Primärfarbe und Schwarz (K) hat ein eigenes Raster
- **Schwarzgenerierung**: Ersetzung des grauen CMY-Anteils
    - Unbuntaufbau = Grey Component Replacement (GCR)

Die Substitution durch K nennt man im Deutschen einen *Unbuntaufbau* oder im Englischen *Grey Component Replacement (GCR)*. In welchem Umfang der Grauanteil in CMY ersetzt wird, ist konzeptionell nicht bestimmt. Eine übliche Strategie verzichtet z.B. für Flächenbedeckungen unter 50 % gänzlich auf den Unbuntaufbau. Wird die CMY-Graukomponente vollständig ersetzt, dann spricht man von *Under Color Removal (UCR)*. Als Default-Einstellung für Gerätefarbräume in PostScript bzw. PDF hat diese Variante heute eine grosse Bedeutung. Der Vollständigkeit halber sei auch erwähnt, dass es auch negative GCRs (Buntaufbau) gibt, nämlich das zusätzliche Überdrucken eines hohen K-Wertes mit CMY zur Erzielung eines sogenannten *gesättigten* oder *brillanten Schwarzes*. Schliesslich sei darauf hingewiesen, dass der Unbuntaufbau einen Beitrag zur Kantenschärfe bzw. Detailgenauigkeit in der Bildreproduktion leisten kann.

---

[40] traditionell ist K die billigste Farbe

3.5.3 Tansformation XYZ nach $CMYK$

Die Bestimmung der Flächenbedeckungen c, m, y und k für eine gegebene XYZ-Farbvalenz ist bekannt als *Separation*. Die technische Komplexität der involvierten Einflussgrössen kontrastiert stark mit dem Effizienzbedarf einer Zentralroutine des Publizierens. Entsprechend weitgestreut sind die üblichen Lösungsansätze. Im Folgenden stellen wir zunächst ein einfaches, aus dem idealen Mehrfarbendruck abgeleitetes Konzept vor. Im Rest des Abschnitts beschäftigen wir uns dann mit dem klassischen **Neugebauer-Ansatz** als Beispiel für ein modellbasiertes Vorgehen. Auf die State-of-the-Art-Technologie, das ICC-Color Management, gehen wir hier im Kontext der Farbmetrik nicht ein, sondern verweisen den Leser auf das Kapitel 8.

Tafel 3.30: Transformation XYZ nach $CMYK$

- **Separation**: finde c, m, y, k für gegebenen XYZ-Wert
- komplexe Abhängigkeiten
    - Tonwertzunahme (rechts) und Lichtfang
    - additive + subtraktive Farbmischung (Übereinanderdruck)
    - verwendete Rastertechnik (AM/FM)
    - sich verändernde Druckbedingungen (Luftfeuchtigkeit, ...)
- verschiedene Separationskonzepte
    - idealisierte Gerätetransformation («cyan = 1- rot», ...)
    - Prozessmodelle, z.B. **Neugebauer**
    - ICC-Color Management
        * empirische Gerätecharakterisierung

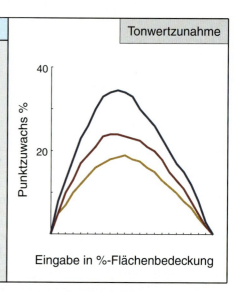

Tonwertzunahme

Zu den zentralen Schwierigkeiten der Farbseparation zählt die *Tonwertzunahme*. Sie beschreibt die Differenz zwischen spezifizierter und realisierter Flächenbedeckung. Der Name verweist auf die allgemeine Erfahrung steigender Flächenbedeckungen, wobei der Effekt in mittleren Bereichen relativ am grössten ist, siehe Tafel 3.30. Sie beruht sowohl auf mechanischen Effekten (Diffusion der Farbe ins Papier, *Mechanical Dot Gain*), als auch auf optischen Phänomenen (komplexer Lichtstreuung im Papier, *Optical Dot Gain*). Beide Ursachen sind Gegenstand der aktuellen Forschung und können zum jetzigen Zeitpunkt nicht abschliessend gewürdigt werden.

Das zweite grosse Problem ist das Zusammenspiel von additiver und subtraktiver Farbmischung infolge des Übereinanderdrucks der einzelnen Farbraster. Zwar lässt sich konzeptionell die substraktive Farbmischung auf eine Menge von additiven Mischungen zurückführen, siehe Seite 105, aber die resultierenden Modellparameter sind auf Grund ihrer Abhängigkeit von dem benutzten Halftoning, dem eingesetzten Papier, der aktuellen Luftfeuchtigkeit, der Umgebungstemperatur usw. in der Praxis nur grob approximierbar. In Anbetracht dieser Sachlage ist es nicht verwunderlich, dass bis anhin eine farbmetrische Regelung einer Druckmaschine eine wissenschaftliche Herausforderung ist und nach wie vor die menschliche Erfahrung im professionellen Druck unverzichtbar ist.

Auf Grund der angesprochenen Schwierigkeiten, haben Konzepte zur Farbseparation überwiegend einen empirischen Charakter, streng auf pragmatische Nützlichkeit hin ausgerichtet. In letzterem Sinne ist unsere erste Separationslösung zu sehen. Sie basiert auf dem idealen Mehrfarbendruck und ignoriert die konkrete Produktionssituation gänzlich. Den farbmetrischen Nachteilen des Verfahrens steht seine universelle Anwendbarkeit gegenüber. Die Relevanz des letztgenannten Aspektes kann man daran ersehen, dass **Adobe** diese Transformation als Default-Separation in PostScript bzw. PDF benutzt, siehe [2, chapter 6.2.3: Conversion from DeviceRGB to DeviceCMYK]. **Adobe** unterscheidet CIE-basierte Farbräume von «*Device*»-Farbräumen,[41] weswegen wir im Folgenden von der *d2d-Separation* bzw. *d2d-Transformation* sprechen werden.[42]

Seien wie in Abschnitt 3.5.1 C, M, Y, R, G und B die Primär- bzw. die Sekundärfarben des idealen Mehrfarbendrucks. Unmittelbar aus ihren Definitionen ergibt sich unsere Grundgleichung

$$R + G + B = U, \qquad (3.39)$$

wobei U wieder für Unbunt, dem Weiss des energiegleichen Spektrums steht. Setzen wir nun die Identitäten

$$C = B + G, \quad M = B + R \quad \text{und} \quad Y = G + R$$

in die Gleichung (3.39) ein, so erhalten wir:

$$C = U - R \qquad (3.40)$$
$$M = U - G \qquad (3.41)$$
$$Y = U - B \qquad (3.42)$$

---

[41] DeviceRGB steht für das «*dem Gerät eigene RGB*»
[42] «*d2d*» für «*device-to-devive*»

Der nächste Schritt besteht in einer formalen Uminterpretation der vorangegangenen Gleichungen. Auf den linken Seiten ersetzen wir die Primärfarben durch die Flächenbedeckungen c, m und y. Rechts identifizieren wir die Sekundärfarben des Drucks mit den Primärfarben eines Monitorbildes, d.h. R, G und B werden durch die gleichnamigen Komponenten r, g und b eines RGB-Eingabewertes substituiert. Ferner nehmen wir an, dass alle vorkommenden Farbvalenzen, insbesondere U, auf 1 normalisiert sind. Die Gleichungen (3.40) – (3.42) verändern sich dadurch zu:

$$c = 1 - r \quad (3.43)$$
$$m = 1 - g \quad (3.44)$$
$$y = 1 - b \quad (3.45)$$

Beispielsweise wird der RGB-Vektor $(0.2, 0.7, 0.4)$ mit dem CMY-Vekor $(0.8, 0.3, 0.6)$ identifiziert. Im Einklang mit den Prinzipien des idealen Mehrfarbendrucks erfolgt die Schwarzgenerierung durch:

$$k = \min(c, m, y)$$

Die gesuchten Flächenbedeckungen c', m', y' und k' der d2d-Separation genügen dann:

$$c' = c - k \quad (3.46)$$
$$m' = m - k \quad (3.47)$$
$$y' = y - k \quad (3.48)$$
$$k' = k \quad (3.49)$$

Bemerkung. Adobe sieht statt dem Wert k in den Gleichungen (3.46) bis (3.48) eine Funktion UCR(k) bzw. B(k) in (3.49) vor, die es z.B. einem Hersteller von Laserdruckern erlaubt, die d2d-Transformation den individuellen Bedürfnissen anzupassen.

Die d2d-Separation ist farbmetrisch recht abenteuerlich motiviert und liefert entsprechend bei normalen Bildern auch nicht die besten visuellen Resultate, siehe Abbildung 8.1 bis 8.16. Sie hat allerdings ausser der universellen Anwendbarkeit noch weitere Vorteile. Die Abbildung RGB → CMY ist bijektiv und verzerrungsfrei. Der Druckfarbraum wird vollständig genutzt. Bei Motiven mit grossen Bildgamuts wird das im Color Management weitverbreite Clipping extremer Farben vermieden, was auch visuell durchaus vorteilhaft sein kann, siehe Abbildung 8.17 bis 8.24 auf Seite 214 bis 217.

Das Neugebauer-Modell

Sind die Ansprüche an die Genauigkeit nicht allzu hoch, so lässt sich die Farbvalenz einer $\mathcal{CMYK}$-Spezifikation mit einem einfachen probabilistischen Verfahren schätzen. Dieses auf **Hans Neugebauer** [19] zurückgehende Konzept liefert eine im Normalfall brauchbare Approximation und war vor der Digitalisierung der Medienwelt, etwa 50 Jahre lang, der Standardansatz zur Separation. Im Gegensatz zu den Interpolationstechniken des Color Managements gewährt es zudem einen Einblick in die funktionellen Zusammenhänge.

Die zentrale Schwierigkeit bei der farbmetrischen Modellierung der Separation ist der Einbezug der 16 möglichen Kombinationen des Übereinanderdrucks von 4 Grundfarben, siehe Tafel 3.31. Der erste Schritt in **Neugebauers** Konzept ist die Messung der Farbvalenzen F_i, $1 \leq i \leq 16$, aller Kombinationen des Übereinanderdrucks. Diese Werte sind prozessspezifisch und offline ermittelbar. Um nun die Farbvalenz F eines fixierten Rasterpunktes als additive Farbmischung darstellen zu können, benötigt man noch die relativen Flächenanteile f_i in dem F_i vorliegt:

Tafel 3.31: Zurückführung auf additive Farbmischung

	1	Papierweiss (W)
• Übereinanderdruck von 4 Raster	2	Cyan (C)
	3	Magenta (M)
– erzeugt 16 Kombinationsfarben	4	Gelb (Y)
∗ mit messbarer Normvalenz F_i	5	Schwarz (K)
∗ und relativem Flächenanteil f_i	6	C * Y
	7	C * M
• Farbvalenz des Rasterpunktes	8	M * Y
$\quad F = f_1 F_1 + \cdots + f_{16} F_{16}$	9	C * K
	10	M * K
• $f_1, \ldots, f_{16}$ Funktionen von	11	Y * K
– c, m, y, k (primär)	12	C * M * Y
– des Rasterverfahrens	13	C * M * K
– Produktionsschwankungen	14	C * Y * K
	15	M * Y * K
	16	C * M * Y * K

$$F = f_1 F_1 + \cdots + f_{16} F_{16} \qquad (3.50)$$

Die Gleichung (3.50) beschreibt die Situation **nach** dem Druckvorgang, anwenden möchten wir sie aber **vor** dem Drucken. Da zu diesem Zeitpunkt die Werte f_i noch nicht existieren, müssen wir ihre späteren Werte schätzen. Eine modellbasierte Schätzung wäre sehr anspruchsvoll, da die f_i-Koeffizienten voneinander, von den c, m, y, k Werten, von dem verwendeten Rasterverfahren und von zufälligen Produktionsschwankungen abhängen. **Neugebauer** schlug deshalb eine probabilistische Interpretation des Vierfarbendrucks vor, in dem der Koeffizient f_i der Wahrscheinlichkeit entspricht, dass die Druckkombination i realisiert wird:

- Die Cyan, Magenta, Yellow und Black entsprechenden separaten Druckvorgänge werden jeweils als ein unabhängiges Zufallsexperiment verstanden, genauer, als gewichteter Münzwurf (Bernoulli-Versuch).

- Die Flächenbedeckungen der einzelnen Grundfarben c, m, y und k repräsentieren jeweils die Wahrscheinlichkeit, dass der Rasterpunkt mit der entsprechenden Farbe überdruckt wird:

$$c = \mathbf{Prob}(\ll Rasterpunkt\ mit\ Cyan\ überdruckt\gg)$$

und

$$1 - c = \mathbf{Prob}(\ll Rasterpunkt\ \textbf{nicht}\ mit\ Cyan\ überdruckt\gg)$$

- Die Wahrscheinlichkeit der kombinierten Ereignisse ist auf Grund der Unabhängigkeit der einzelnen Druckvorgänge identisch mit dem Produkt der Einzelwahrscheinlichkeit, also gilt beispielsweise:

$$\begin{aligned} f_1 &= \mathbf{Prob}(\ll Rasterpunkt\ bleibt\ weiss\gg) \\ &= (1-c)(1-m)(1-y)(1-k) \end{aligned}$$

In diesem Modell nimmt die Gleichung (3.50) die Form eines Erwartungswertes an

$$F = F(c, m, y, k) = \sum_i f_i F_i = \sum_i F_i\,\mathbf{Prob}(\text{``}F_i\text{''}), \quad (3.51)$$

d.h. zu einer gegebenen Pixelspezifikation in Form von Flächenbedeckungen c, m, y und k beschreibt (3.51) den Erwartungswert der zugehörigen Farbvalenz. Damit haben wir zwar unser ursprüngliches Problem, nämlich die Überführung eines gegebenen $\mathcal{XYZ}$-Wertes in eine cmyk-Spezifikation, noch nicht unmittelbar gelöst. Die noch fehlende Invertierung von (3.51) kann jedoch mit mathematischen Standardmethoden routinemässig vorgenommen werden.

Bemerkung. Die probabilistische Interpretation des Neugebauer Modells hat sicher seine pädagogische Berechtigung. Prosaischer kann man den Ansatz aber auch als lineare Interpolation in einem 4-dimensionalen Einheitswürfel — mit Basisvektoren C, M, Y und K — verstehen, wobei die 16 Ecken des Einheitswürfels farbmetrisch vermessen und die Dimensionen als separierbar[43] betrachtet werden.

---

[43]im Sinne der Interpolationsmathematik

3.6 $\mathcal{RGB}$-Farbräume

Die letzten Jahre haben die Medientechnik in vielfacher Hinsicht verändert. Einer der dominanten Trends ist die wachsende Bedeutung von $\mathcal{RGB}$-Farbräumen. Dies liegt daran, dass gegenwärtig sowohl die zentralen Eingabesysteme wie Digitalkameras oder Scanner als auch die entsprechenden Ausgabesysteme als dreikanalige[44] Farbsysteme konzipiert sind. Die übliche vorzeichenlose 8-Bit-Kodierung unterstützt unmittelbar die Arbeit der AD/DA-Wandler[45] und sichert der Hardware die bestmögliche Performance.

Wenn aber sowohl die Eingabe als auch die Ausgabe $\mathcal{RGB}$-basiert ist, warum sollte man dann zur Datenhaltung oder zur Bildverarbeitung etwas anderes benutzen? Der durchschnittliche Anwender der digitalen Medienwelt versteht sich selbst in überwiegender Mehrheit als Konsument und als solcher hat er die Beantwortung der obigen Frage dem Markt überlassen. **Microsoft** und **Hewlett-Packard** haben in Form von sRGB geantwortet, dem *Standard-$\mathcal{RGB}$* der aktuellen Medientechnik.

Tafel 3.32: $\mathcal{RGB}$-Farbräume

- motiviert durch Gerätetechnologie
  - sowohl in der **Eingabe**: Scanner, Digitalkameras
  - als auch in der **Ausgabe**: Bildschirme, TV, ...
- minimale Kodierung (8-Bit, positiv)
  - unmittelbare Hardware-Unterstützung
  - höchste Performance (DA/AD-Wandlung)
  - beschränkter Farbraum
- als Softwarestandard (insbesondere sRGB)
  - allgemeine Verbreitung in der Farbreproduktion
    * Computer, TV, Video, Web, Laserprinter, ...
  - implizite Anwendung durch Nichtspezialisten

Aus Sicht der professionellen Bildverarbeitung ist dieses Format aber nicht unproblematisch. So hat **Adobe** sRGB als Default-RGB-Arbeitsraum im `Photoshop` wieder durch eine eigene Lösung ersetzt. Um jedoch tiefer in die Probleme der RGB-Formate eindringen zu können, benötigen wir zunächst eine entsprechende technische Grundlage.

3.6.1 Ableitung aus $\mathcal{XYZ}$

Auf Grund der vorherrschenden Anwendungen versteht man unter $\mathcal{RGB}$-Koordinaten im eigentlichen Sinne die nichtlineare Kodierung

---
[44] In der aktuellen Forschung werden weitere Farbkanäle diskutiert.
[45] DA-Wandler sind spezielle Prozessoren, die computerinterne digitale (D) Zahlendarstellungen in externabgreifbare analoge (A) Strom- oder Spannungsgrössen transferieren. AD-Wandler realisieren die entgegengesetzte Richtung.

der $\mathcal{RGB}$-Farbvalenzen, die wir im Folgenden für gegebene $\mathcal{XYZ}$-Valenzen herleiten werden.

> **Tafel 3.33:** lineare Koordinaten R'G'B'
>
> - Farbwerte $x_w, y_w, x_r, \ldots$ von Weisspunkt W bzw. $\mathcal{R}, \mathcal{G}, \mathcal{B}$
> - und $Y_w = 1$ definieren $\mathcal{R} = (X_r, Y_r, Z_r)$, $\mathcal{G} = \ldots$, $\mathcal{B} = \ldots$
> - beliebige Normvalenz (X, Y, Z) hat $\mathcal{R}, \mathcal{G}, \mathcal{B}$-Koordinaten
>
> $$\begin{pmatrix} X \\ Y \\ Z \end{pmatrix} = R' \begin{pmatrix} X_r \\ Y_r \\ Z_r \end{pmatrix} + G' \begin{pmatrix} X_g \\ Y_g \\ Z_g \end{pmatrix} + B' \begin{pmatrix} X_b \\ Y_b \\ Z_b \end{pmatrix} = A \begin{pmatrix} R' \\ G' \\ B' \end{pmatrix}$$
>
> - Transfermatrix A^{-1} bestimmt **lineare RGB-Koordinaten**
>
> $$\begin{pmatrix} R' \\ G' \\ B' \end{pmatrix} = (A^{-1}) \times \begin{pmatrix} X \\ Y \\ Z \end{pmatrix}$$

Ein $\mathcal{RGB}$-Farbraum wird typischerweise durch die Normfarbwertanteile seiner Basisvektoren

$$x_r, y_r, x_g, \ldots, y_b \quad (3.52)$$

bzw. diejenigen des Weisspunktes

$$x_w, y_w \quad (3.53)$$

charakterisiert. Zusammen mit der Normierung[46]

$$Y_w = 1 \quad (3.54)$$

sind damit die Normvalenzen der Basisvektoren

$$\mathcal{R} = \begin{pmatrix} X_r \\ Y_r \\ Z_r \end{pmatrix}, \quad \mathcal{G} = \begin{pmatrix} X_g \\ Y_g \\ Z_g \end{pmatrix}, \quad \mathcal{B} = \begin{pmatrix} X_b \\ Y_b \\ Z_b \end{pmatrix} \quad (3.55)$$

bestimmt, was man wie folgt nachvollziehen kann. Per Definition gilt

$$\mathcal{R} + \mathcal{G} + \mathcal{B} = W, \quad (3.56)$$

was äquivalent ist zu:

$$\begin{aligned} X_r + X_g + X_b &= X_w \\ Y_r + Y_g + Y_b &= Y_w \\ Z_r + X_g + Z_b &= Z_w \end{aligned} \quad (3.57)$$

Zusammen mit $Y_w = 1$ ergibt sich daraus für die Farbwertanteile

$$y_w \stackrel{(3.5)}{=} \frac{Y_w}{X_w + Y_w + Z_w} = \frac{1}{X_w + 1 + Z_w} \quad (3.58)$$

bzw.

$$\frac{x_w}{y_w} \stackrel{(3.58)}{=} \frac{X_w}{\frac{1}{X_w + 1 + Z_w}(X_w + 1 + Z_w)} = X_w \quad (3.59)$$

---

[46] oder $Y = 100$

sowie
$$\frac{1-x_w-y_w}{y_w} = \frac{z_w}{y_w} = \frac{Z_w}{\frac{1}{X_w+1+Z_w}(X_w+1+Z_w)} = Z_w. \tag{3.60}$$

Andererseits folgt unmittelbar aus
$$x_r \stackrel{(3.5)}{=} \frac{X_r}{X_r+Y_r+Z_r}$$
die Identität
$$X_r = c_r\, x_r \tag{3.61}$$
mit der Konstante $c_r = X_r + Y_r + Z_r$. Für G und B gilt (3.61) mit Konstanten c_g und c_b in entsprechender Weise. Damit können wir im Gleichungssystem (3.57) die Variablen der linken Seite durch die Identitäten (3.61) ersetzen, bzw. diejenigen der rechten Seite durch (3.58) – (3.60), und erhalten:

$$\begin{aligned} x_r c_r + x_g c_g + x_b c_b &= \frac{x_w}{y_w} \\ y_r c_r + y_g c_g + y_b c_b &= 1 \\ z_r c_r + z_g c_g + z_b c_b &= \frac{1-x_w-z_w}{y_w} \end{aligned}$$

Durch Auflösung dieses Gleichungssystems nach c_r, c_g, c_b und deren Einsetzung in (3.61) sind die Normvalenzen der Basisvektoren $\mathcal{R}, \mathcal{G}$ und $\mathcal{B}$ gemäss (3.55) bestimmt.

Die Normvalenz (X, Y, Z) eines beliebigen $\mathcal{RGB}$-Vektors (R', G', B') hat nun in Vektorschreibweise die Form

$$R'\mathcal{R}+G'\mathcal{G}+B'\mathcal{B} = R'\begin{pmatrix}X_r\\Y_r\\Z_r\end{pmatrix}+G'\begin{pmatrix}X_g\\Y_g\\Z_g\end{pmatrix}+B'\begin{pmatrix}X_b\\Y_b\\Z_b\end{pmatrix} = \begin{pmatrix}X\\Y\\Z\end{pmatrix}$$

bzw. in Matrixnotation:

$$\begin{pmatrix}X\\Y\\Z\end{pmatrix} = \underbrace{\begin{pmatrix}X_r & X_g & X_b\\Y_r & Y_g & Y_b\\Z_r & Z_g & Z_b\end{pmatrix}}_{\stackrel{\text{def}}{=} M}\begin{pmatrix}R'\\G'\\B'\end{pmatrix}$$

Die Multiplikation beider Seiten mit der Invertierung M^{-1} von M führt zur Identität:

$$\begin{pmatrix}R'\\G'\\B'\end{pmatrix} = (M^{-1})\begin{pmatrix}X\\Y\\Z\end{pmatrix} \tag{3.62}$$

Um diese Vektordarstellung bezüglich der Basis $\mathcal{R}, \mathcal{G}, \mathcal{B}$ von den nachfolgenden Darstellungen abzugrenzen, bezeichnet man sie als *lineare $\mathcal{RGB}$-Koordinaten*. Die Matrizen M bzw. M^{-1} sind als *Transfermatrizen* bekannt.

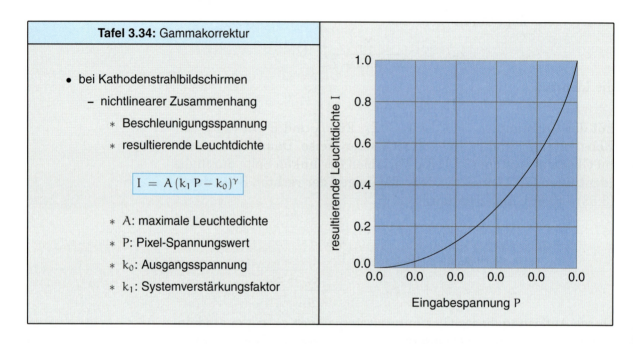

Tafel 3.34: Gammakorrektur

- bei Kathodenstrahlbildschirmen
  - nichtlinearer Zusammenhang
    * Beschleunigungsspannung
    * resultierende Leuchtdichte

  $I = A(k_1 P - k_0)^\gamma$

    * A: maximale Leuchtedichte
    * P: Pixel-Spannungswert
    * k_0: Ausgangsspannung
    * k_1: Systemverstärkungsfaktor

Gammakorrektur und nichtlineare $\mathcal{RGB}$-Koordinaten

Der Ursprung liegt in der Funktionsweise von Kathodenstrahlbildschirmen, deren Lichterzeugung durch den Beschuss einer Phosphorschicht mittels eines Elektronenstrahls erfolgt. Die Lichterzeugung wächst dabei mit der Geschwindigkeit der auftreffenden Elektronen, welche durch die Beschleunigungsspannung der Kathodenstrahlröhre reguliert wird. Die resultierende Leuchtdichte I ist in nichtlinearer Weise von der angelegten Beschleunigungsspannung P abhängig, siehe Tafel 3.34. Lichtemissionen können erst ab einer minimalen Spannung, der Ausgangsspannung k_0, beobachtet werden. Beschleunigungspannungen über k_0 führen zu einem Wachstum der Art:

$$I = I(P) = A(k_1 P - k_0)^\gamma \qquad (3.63)$$

Die Konstante A steht für den maximal erzeugbaren Helligkeitswert, k_1 für einen vom Benutzer einstellbaren Verstärkungsfaktor, P für den die Pixelhelligkeit repräsentierenden Spannungswert und

k_0 für die Ausgangsspannung. Der typische γ-Wert liegt bei $\gamma = 2.2$. Man beachte, dass im TV-Kontext die Konstanten k_1 «*Kontrast*»[47] bzw. k_0 «*Helligkeit*»[48] genannt werden, was sich von der hier benutzten Notation unterscheidet.

Da die Farbkoordinaten eines $\mathcal{RGB}$-Farbraumes direkt zur Regelung der Beschleunigungsspannung dienen, sollte der nichtlineare Zusammenhang zwischen Beschleunigungsspannung und Leuchtdichte gemäss (3.63) durch eine geeignete Kodierung der Koordinatenwerte korrigiert werden. Diese Linearisierung ist bekannt als *Gammakorrektur*.

Tafel 3.35: nichtlineare Koordinaten R'', G'', B''

- typische Parameter bei RGB-Kodierungen
  - «*Kontrast*» $k_1 = 1$
  - «*Helligkeit*» $k_0 = 0$
  - Gammawert $\gamma = 2.2$
- durch Invertierung der Gammakurve

$$R'' = (R')^{\frac{1}{\gamma}}, \quad G'' = (G')^{\frac{1}{\gamma}}, \quad B'' = (B')^{\frac{1}{\gamma}}$$

- 8-Bit-Kodierung durch

$$R''' = \lfloor 255\,R'' \rfloor,\; G''' = \lfloor 255\,G'' \rfloor,\; B''' = \lfloor 255\,B'' \rfloor$$

Zur Vereinfachung der Gammakorrektur nimmt man in der Informatik üblicherweise

$$A = 1, \quad k_1 = 1 \quad \text{und} \quad k_0 = 0$$

an. Der typische Gammawert ist etwa $\gamma = 2.2$, siehe Abbildung 3.23. Durch Invertierung der Gleichung (3.63) erhalten wir dann aus den linearen Koordinaten R', G' und B' die *nichtlinearen Koordinaten*:

$$R'' = (R')^{\frac{1}{\gamma}},\; G'' = (G')^{\frac{1}{\gamma}}, \text{ und } B'' = (B')^{\frac{1}{\gamma}} \qquad (3.64)$$

Schliesslich gewinnt man durch Multiplikation mit 255 und nachfolgender Rundung die Werte der gesuchten 8-Bit-Kodierung:

$$R''' = \lfloor 255\,R'' \rfloor,\; G''' = \lfloor 255\,G'' \rfloor \text{ und } B''' = \lfloor 255\,B'' \rfloor \qquad (3.65)$$

3.6.2 sRGB

In den 90er Jahren des letzten Jahrhunderts entwickelte sich der PC zur dominanten Computerplattform. Die $\mathcal{RGB}$-Spezifikation für Computerdisplays dieser Plattform erhielt den Namen sRGB, wobei s für *Standard* steht. Im Schatten des Windows-Erfolges wurde

---

[47] hier als Verkürzung von *maximalem Kontrast* zu verstehen
[48] Die Ursache ist hier ein Übersetzungsproblem. Die in der englischen Literatur geläufige Unterscheidung von *Brightness* und *Illuminance* existiert im Deutschen nicht.

sRGB zum Basisfarbraum der multimedialen Welt. Die benutzten Basisvektoren orientieren sich an älteren TV-Normen und sind auch heute noch grundsätzlich mit handelsüblichen Displaytechnologien kompatibel. Verschiedene Standardisierungskommittes haben sich mit sRGB beschäftigt, z.B. die *International Electrotechnical Commission* unter IEC 61966-2-1.

Name	x_w	y_w	x_r	y_r	x_g	y_g	x_b	y_b	γ
sRGB	.3127	.3290	.6400	.3300	.3000	.6000	.1500	.0600	2.20
PAL-SECAM	.3127	.3290	.6400	.3300	.2900	.6000	.1500	.0600	2.20
EBU-Monitor	.3457	.3585	.6314	.3391	.2809	.5971	.1487	.0645	1.90
NTSC-53	.3101	.3162	.6700	.3300	.2100	.7100	.1400	.0800	2.20
HDTV	.3127	.3290	.6400	.3300	.2900	.6000	.1500	.0600	2.20
CIE-RGB	.3333	.3333	.7350	.2650	.2740	.7170	.1670	.0090	1.00
Adobe-98	.3127	.3290	.6400	.3300	.2100	.7100	.1500	.0600	2.20
Adobe-RGB	.3127	.3290	.6250	.3400	.2800	.5950	.1550	.0700	1.80
Kodak-DC	.3457	.3585	.6492	.3314	.3219	.5997	.1548	.0646	2.22
ColorMatch	.3457	.3585	.6300	.3400	.2950	.6050	.1500	.0750	1.80
ECI-RGB	.3457	.3585	.6700	.3300	.2100	.7100	.1400	.0800	1.80
WideGamut	.3457	.3585	.7347	.2653	.1152	.8264	.1566	.0177	2.20

Abbildung 3.23 verschiedene RGB-Farbräume

Genauer, die sRGB-Basisvektoren beziehen sich auf einen Satz von Phosphorvarianten aus dem ITU-R BT.709-Standard. Als Display-Weisspunkt wird D_{65} mit

$$x_w = 0.3127 \quad \text{und} \quad y_w = 0.3290$$

angenommen. Eine gegebene Normvalenz (X, Y, Z) wird durch

$$\begin{pmatrix} R' \\ G' \\ B' \end{pmatrix} = \begin{pmatrix} 3.2406 & -1.5372 & -0.4986 \\ -0.9689 & 1.8758 & 0.0415 \\ 0.0557 & -0.2040 & 1.0570 \end{pmatrix} \begin{pmatrix} \frac{1}{100} X \\ \frac{1}{100} Y \\ \frac{1}{100} Z \end{pmatrix} \quad (3.66)$$

in die *linearen* sRGB-Werte (R', G', B') übergeführt, wobei Werte grösser 1.0 oder kleiner 0.0 durch 1.0 bzw. 0.0 ersetzt werden. Für kleinere Werte $R' \leqslant 0.0031308$ ergeben sich die *nichtlinearen* sRGB-Grössen R'' gemäss

$$R'' = 12.92 R', \quad (3.67)$$

sonst durch

$$R'' = 1.055 (R')^{\frac{1}{2.4}} - 0.055. \quad (3.68)$$

3.6. $\mathcal{RGB}$-Farbräume

Die Werte G'' und B'' sind analog festgelegt. Die Kodierung entspricht dem allgemeinen Fall nach (3.65). Die Umkehrung dieser Koordinatentransformationen geschieht durch

$$R' = \begin{cases} \dfrac{R''}{12.92} & \text{für } R'' \leqslant 0.04045 \\ \left(\dfrac{R'' + 0.055}{1.055}\right)^{2.4} & \text{sonst} \end{cases} \qquad (3.69)$$

bzw.

$$\begin{pmatrix} X \\ Y \\ Z \end{pmatrix} = 100 \cdot \begin{pmatrix} 0.4124 & 0.3576 & 0.1805 \\ 0.2126 & 0.7152 & 0.0722 \\ 0.0193 & 0.1192 & 0.9505 \end{pmatrix} \begin{pmatrix} R' \\ G' \\ B' \end{pmatrix}. \qquad (3.70)$$

Erklärungsbedürftig ist der Gammawert $\gamma = 2.4$. Berücksichtigt man die Offset-Konstante von 1.055, so ist der effektive Unterschied zu $\gamma = 2.2$ ohne Offset-Konstante vernachlässigbar gering.

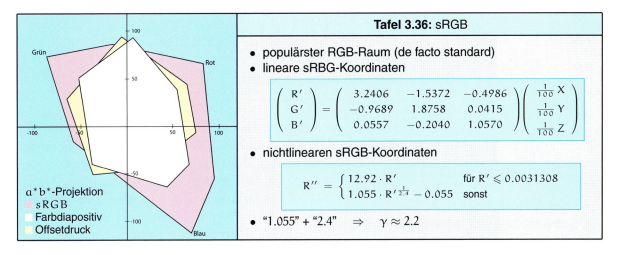

Tafel 3.36: sRGB

- populärster RGB-Raum (de facto standard)
- lineare sRBG-Koordinaten

$$\begin{pmatrix} R' \\ G' \\ B' \end{pmatrix} = \begin{pmatrix} 3.2406 & -1.5372 & -0.4986 \\ -0.9689 & 1.8758 & 0.0415 \\ 0.0557 & -0.2040 & 1.0570 \end{pmatrix} \begin{pmatrix} \tfrac{1}{100} X \\ \tfrac{1}{100} Y \\ \tfrac{1}{100} Z \end{pmatrix}$$

- nichtlinearen sRGB-Koordinaten

$$R'' = \begin{cases} 12.92 \cdot R' & \text{für } R' \leqslant 0.0031308 \\ 1.055 \cdot R'^{\frac{1}{2.4}} - 0.055 & \text{sonst} \end{cases}$$

- "1.055" + "2.4" $\Rightarrow$ $\gamma \approx 2.2$

Die Definition von sRGB ist stark von der Kompabilität zu TV-Normen geprägt. Man sollte auf seinem PC auch TV oder Videos ansehen können. Aus den einschlägigen TV-Normen wurden auch Spezifikationen über Betrachtungsbedingungen, z.B. das Sehen in abgedunkelten Räumen, übernommen. Diese als *Viewing Conditions* bekannten Empfehlungen sind immer wieder Grund für Irritationen, siehe etwa **Sabine Süsstrunk et al.** [23].

Wie bereits mehrfach erwähnt, hat das Umfeld einen signifikanten Einfluss auf das Farbempfinden. Diesen Einfluss versucht man in der Farbforschung im Teilgebiet der Color Appearance zu charakterisieren. Das Format sRGB versteht sich selbst indessen als CIE-kompatibler Farbraum und nicht als Color Appearance Model, siehe [16]. Insbesondere existiert keine Spezifikation auf welche Art und Weise die Viewing Conditions farbmetrisch zu berücksichtigen sind. Folglich beziehen sich die Viewing Conditions nicht auf den Farbraum sRGB sondern auf die Displays, auf denen sRGB-Daten dargestellt werden. Die Viewing Conditions sollten deshalb als Bestandteil der sRGB-Farbraumdefinition ignoriert werden, in Übereinstimmung mit anderen $\mathcal{RGB}$-Standards wie Adobe RGB-98 oder ECI-RGB, die gänzlich auf eine Spezifikation von Viewing Conditions verzichten.

Die Anwendung eines geeigneten Color Appearance Model zur optimierten Präsentation von sRGB-Daten ist davon jedoch völlig unabhängig zu sehen. In einem solchen Fall ist aber die Bezugnahme auf das tatsächlich vorhandene Sehumfeld empfehlenswert, da die sRGB-Spezifikation nicht mehr vollumfänglich dem Stand der Technik entspricht.

3.6.3 $\mathcal{RGB}$ als Arbeitsraum

Da $\mathcal{RGB}$-Farbräume nun mal die natürliche Sprache der aktuellen Computerdisplays darstellen und man eben diese Displays benötigt um digitale Bilder zu bearbeiten, ist es naheliegend, die beabsichtigten Manipulationen direkt in dem entsprechenden Display-Farbraum vorzunehmen. Folglich sind die Default-Einstellungen populärer Bildverarbeitungsprogramme wie Photoshop oder GIMP mit den dominanten $\mathcal{RGB}$-Spezifikationen identisch. Die Anforderungen der professionellen Bildverarbeitung werden allerdings nicht automatisch durch ein beliebiges $\mathcal{RGB}$-Format erfüllt, was man z.B. daran erkennen kann, dass in Photoshop mit den Versionsnummern 4, 5 und 6 der Default-Arbeitsraum von Apple RGB über sRGB zu Adobe RGB-98 wechselte.

Tafel 3.37: RGB als Arbeitsraum

- naheliegend: sowohl Ein- als auch Ausgabe in RGB
- Bildbearbeitung mit Photoshop, Gimp usw.
  - benutztes RGB-Format häufig unklar
    * speziell bei Rohdaten aus Digitalkameras
  - Default-RGB bei Photoshop: Adobe RGB 98
  - 8-Bit-Kodierung kritisch (Quantisierungsfehler)
    * 16-Bit-Kodierung in Vorbereitung
  - beschränkter Farbraum (speziell sRGB)
  - grobe Approximation der Gleichabständigkeit

Problematisch ist zunächst die Grösse des Farbraums, induziert durch die jeweils benutzten Primärvalenzen. Da insbesondere sRGB relativ klein ist und die durch Digitalkameras oder Scanner erzeugbaren Farbräume im Wachsen begriffen sind, zeichnet sich hier ein Problem für den Standard ab. Der zweite problematische Punkt ist die übliche 8-Bit-Kodierung. Für die physikalische Darstellung einer Farbvalenz ist dies eine ausreichende Genauigkeit. Da aber keine negativen Werte kodiert werden, ist ein Grossteil der existierenden Farben nicht einmal mathematisch beschreibbar und nicht nur physikalisch unproduzierbar. Ferner können sich bei komplexen Berechnungen auf Grund der geringen Bitanzahl Rundungsfehler zu sichtbaren Störungen summieren.

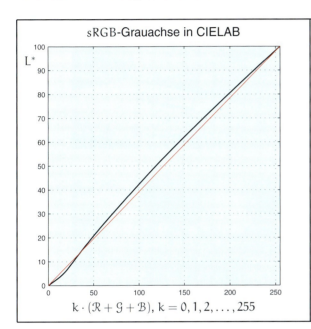
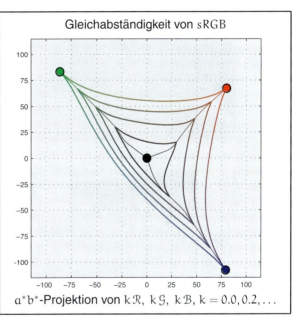

Entsprechend gibt es verschiedene Bemühungen $\mathcal{RGB}$-Farbräume mit einer erweiterten Kodierung zu etablieren. Schliesslich benötigen einige signifikante Operationen der Bildverarbeitung, wie z.B. das Gamut Mapping, die Gleichförmigkeit des zu Grunde liegenden Arbeitsraumes, was für $\mathcal{RGB}$-Räume nur sehr grob zutrifft. Dass sie hinsichtlich der Gleichabständigkeit nicht gänzlich unbrauchbar sind, ist ein positiver Nebeneffekt der Gammakorrektur. Man beachte, dass der typische Gammawert 2.2 sich nicht allzu sehr von dem *Stevensschen Exponenten* 1/3 aus der L^*-Definition unterscheidet. In Folge dessen ist die Grauachse näherungsweise gleichabständig.

Abbildung 3.24
sRGB in CIELAB

Kapitel 3. Farbmetrik

Abb. 3.25: sRGB, d2d-Transformation

Abb. 3.26: Adobe RGB 98, d2d-Transformation

3.6. $\mathcal{RGB}$-Farbräume

Abb. 3.27: WideGamut, d2d-Transformation

Abb. 3.28: Color Match, d2d-Transformation

Kapitel 3. Farbmetrik

Abb. 3.29: sRGB, d2d-Transformation

Abb. 3.30: Adobe RGB 98, d2d-Transformation

3.6. $\mathcal{RGB}$-Farbräume

Abb. 3.31: WideGamut, d2d-Transformation

Abb. 3.32: Color Match, d2d-Transformation

3.6.4 Bemerkungen

Die aktuelle $\mathcal{RGB}$-Technologie ist von einer inneren Widersprüchlichkeit geprägt. So basiert beispielsweise der Erfolg von sRGB auf der direkten Unterstützung der verfügbaren Displaytechnik. Die geforderte Systemperformance verlangt nach einer gerade eben ausreichenden Minimalkodierung. Andererseits sollte sRGB als Softwarestandard minimal jede beliebige CIE-Farbvalenz darstellen können. Aus Sicht der Bildverarbeitung ist zudem eine möglichst hohe Darstellungsgenauigkeit wünschenswert.

Tafel 3.38: Probleme

- widersprüchliche Anforderungen
    - Hardwareunterstützung $\Rightarrow$ primitive Kodierung
    - Softwarestandard $\Rightarrow$ CIE-Kompatibilität
- viele unterschiedliche Formate
    - teilweise gerätespezifisch
    - nicht unterschieden in Dateiformaten (z.B. TIFF)
    - geringer Kenntnisstand der Anwender
        * Vertrauen auf Default-Einstellungen der Tools
- Color Management: Weisspunktkonvertierung nötig
    - speziell: D_{65} nach D_{50} und zurück
- Trend zur Mehrkanaltechnik (≥ 5)

In Anbetracht dieser gegensätzlichen Anforderungen ist es verständlich, dass in den letzten 15 Jahren — ungeachtet der Popularität von sRGB — eine unüberschaubare Menge von $\mathcal{RGB}$-Definitionen publiziert wurden. Eine kleine Auswahl findet sich in der Abbildung 3.23. Als Konsument von extern erzeugten $\mathcal{RGB}$-Daten, z.B. in der Druckvorstufe der graphischen Industrie, hat man in Folge dessen zunehmend das Problem, dass das zu Grunde liegende $\mathcal{RGB}$-Format nicht mehr feststellbar ist. In den Abbildungen 3.25 bis 3.32 sind verschiedene RGB-Interpretationen zu sehen.[49] Derartige Fehlinterpretationen von RGB-Files sind nicht ungewöhnlich, da viele Anwender mangelndes Fachwissen durch ein allzu grosses Vertrauen in die Default-Einstellungen ihrer Tools kompensieren.[50]

---

[49]Um die relativen Unterschiede im Offsetdruck darstellen zu können — was auf Grund der häufig im Color Management benutzten Clipping-Verfahren nicht selbstverständlich ist — wurden dieselben Daten farbmetrisch in die jeweiligen RGB-Räume übertragen und dann — ohne Color Management — als Geräte-RGB wiedergegeben. Die so realisierte d2d-Transformation ist für jedes RGB-Format infektiv und erhält damit die Unterschiede. Man beachte, dass bei diesem Vorgehen die Farben im Offsetdruck umso gesättigter sind, je kleiner der betrachtete RGB-Raum ist.

[50]Ratschläge im Umgang mit unbekannten $\mathcal{RGB}$'s findet man z.B. im IFRA-Bericht [14].

3.7 Literaturverzeichnis

[1] A. König and C. Dieterici. Die Grundempfindungen in normalen und anomalen Farbensystemen und ihre Intensitätsverteilung im Spektrum. *Z. Psychol. u. Physiol. d. Sinnesorgane*, 4:241–347, 1892.

[2] Adobe. *PDF Reference (Version 1.6), ISBN 0-321-30474-8*. Adobe Press (published by Peachpit Press), Berkely, 2005.

[3] C. J. Bartleson. On Chromatic Adaptation and Persistence. *Color research and application*, 6:153–160, 1981.

[4] CIE. *Recommendations on Uniform Color Spaces, Color-Difference Equations, Psychmetric Color Terms, Supplement No. 2 of CIE Publ. No. 15 (E-1.3.1)*. Bureau Central de la CIE, Paris, 1978.

[5] CIE (Comité d'Etudes sur la Colorimétrie). *CIE Proceedings 1931*. Cambridge University Press, Cambridge, 1932.

[6] CIE (Comité d'Etudes sur la Colorimétrie). *Technical Report: Industrial Colour Difference Evaluation*. Central Bureau of the CIE, Vienna, Austria, 1995.

[7] D. Judd. A Maxwell triangle yielding uniform chromaticity scales. *J. Opt. Soc. Am.*, 25:24–85, 1935.

[8] E. Schrödinger. Grundlinien einer Theorie der Farbenmetrik im Tagessehen. *Ann. Physik (IV)*, 63:397–456,489–520, 1920.

[9] E. Schrödinger. Theorie der Pigmente von grösster Leuchtkraft. *Annalen der Physik*, 63:603–622, 1920.

[10] G. Wyszecki and G. Fielder. New color-matching ellipses. *J. Opt. Soc. Am.*, 61:1135–1152, 1971.

[11] H. Grassmann. Zur Theorie der Farbenmischung. *Poggendorfs Ann. Physik*, 89:69–84, 1853.

[12] J. Guild. The colorimetric properties of the spectrum. *Phil. Trans. Roy Soc. London*, A 230:149–187, 1931.

[13] I. Priest, K. Gibson, and H. McNicholas. The perceptible colorimetric purity as function of dominant wavelength. *J. Opt. Soc. Am.*, 28:133f, 1938.

[14] IFRA. RGB in der Zeitungsvorstufe. *IFRA Special Report*, 2.38:1–34, 2005.

[15] M. Luo, G. Cui, and B. Rigg. The development of the CIE 2000 colour difference formula. CIEDE2000. *Col. Res. App.*, 26:340–350, 2001.

[16] M. Stokes, M. Anderson, S. Chandrasekar, and R. Motta. A Standard Default Color Space for the Internet — sRGB. *International Color Consortium*, *www.w3.org/Graphics/Color/sRGB.html*, 1996.

[17] D. L. MacAdam. Visual sensitivities to color differences in daylight. *J. Opt. Soc. Amer.*, 32:247–274, 1942.

[18] J. C. Maxwell. Experiments on color, as perceived by the eye, with remarks on color blindness. *Trans. Roy. Soc. Edinburgh*, 21:275–297, 1855/57.

[19] H. E. J. Neugebauer. Eine in gewissen Fällen vorteilhafte additive Darstellung der subtraktiven Mischung von Farben. *Z. wiss. Photogr.*, 36:171–182, 1937.

[20] I. Newton, editor. *Optics, or a treatise of the reflections, refractions, inflections & colours of light*. Dover, New York, 4 edition, 1704/1952.

[21] P. Kaiser, J. Comerford, and D. Bodinger. Saturation of spectral lights. *J. Opt. Soc. Am.*, 66:818–826, 1976.

[22] R. Luther. Aus dem Gebiet der Farbreiz-Metrik. *Z. techn. Physik*, 8:540–558, 1927.

[23] S. Süsstrunk, R. Buckley, and S. Sven. Standard RGB Color Spaces. In *Proceedings of IS&T/SID's 7th Color Imaging Conference*, pages 127–134, 1999.

[24] K. Schläpfer. *Farbmetrik in der Preproduktionstechnik und im Mehrfarbendruck*. UGRA, 1993.

[25] G. Sharma. *Digital Color Imaging*. CRC Press, Boca Raton, 2003.

[26] N. I. Speranskaja. Determination of spektrum color coordinates for twenty-seven normal observers. *Optics and Spectroscopy*, 7:424–428, 1959.

[27] W. S. Stiles. The basic data of colour-matching. *Phys. Soc. London Yearbook*, pages 44–65, 1955.

[28] W. S. Stiles. Mechanism concept in colour theory (newton lecture). *J. of the Colour Group (Great Britain)*, 11:106–123, 1967.

[29] W. S. Stiles. The line element in colour theory: A historical review. In *Color Metrics (Proc. AIC Sympos. Driebergen)*, pages 1–25, Soesterberg: Inst. for Perception, 1972.

[30] H. v. Helmholtz. Über die Zusammensetzung von Spektralfarben. *Poggendorrfs Ann. Physik*, 94:1–28, 1855.

[31] H. v. Helmholtz. *Handbuch der physiologischen Optik*. Voss, 2. Auflage, Hamburg/Leipzig, 1896.

[32] J. v. Kries. Theoretische Studien zur Umstimmung des Sehorgans. *Festschrift Univ. Freiburg*, pages 144–158, 1902.

[33] W. D. Wright and F. Pitt. The saturation-discrimination of two trichromats. *Proc. Phys. Soc. (London)*, 49:93, 1937.

[34] W. D. Wright. A re-determination of the trichromatic coefficients of the spectral colours. *Trans. Opt. Soc. London*, 30:144–164, 1928–29.

Kapitel 4

Farbordnungssysteme

Die im letzten Kapitel entwickelte Farbmetrik bildet die Grundlage für den technischen oder wissenschaftlichen Umgang mit Farbe. In diesem Sinne ist sie das Werkzeug eines technischen Spezialisten. Es kann jedoch nicht erwartet werden, dass ein Aussenstehender seine Farbwünsche in der Sprache der Farbmetrik formuliert, auch wenn dies vom technischen Standpunkt aus wünschenswert wäre. Andererseits sind aber z.B. Architekten oder Designer darauf angewiesen, mit ihren Kunden verbindlich Farbvereinbarungen zu treffen. Sie lösen ihr Problem, indem sie ihren Kunden grosse Sammlungen von Farbmuster vorlegen, aus denen diese dann auswählen können. Diese *Farbatlanten* oder genauer die zu Grunde liegenden *Farbordnungssysteme* sind der Gegenstand dieses Kapitels. Da die populären Farbordnungssysteme experimentell gut überprüft sind, haben sie für die Farbmetrik Referenzcharakter.

Tafel 4.1: Farbordnungssysteme

- **Farbmetrik:** Werkzeug für Spezialisten
- **Farbatlanten:** systematische Farbanordnungen
    - physikalisch vorliegende Mustersammlungen
    - zur Farbspezifikation im Kundenkontakt
        * Mode, Architektur, Lacke, Pigmente, ...
- (historisch) **vielfältige Ordnungskriterien**
    - physik. Mischung von Farbstoffen (subtraktiv)
    - Anschauung: Farbton, Sättigung, Helligkeit
    - Wahrnehmungspsychologie: Gegenfarben
- **Referenzcharakter:** Messzwecke, Testtarget
    - Verifikation von farbmetrischen Theorien
    - oft gute experimentelle Überprüfung

In den letzten Jahrhunderten wurden einige Farbordnungssysteme vorgeschlagen. Ein Grossteil dieser Systeme verstand sich als *praxisnah*, d.h. war implizit auch eine Rezeptur zur physikalischen Herstellung der entsprechenden Farben. So resultiert der *Lambertsche Farbatlas*[1] [2] aus der ganzzahligen abgestuften Mischung von farbigen Wachsen.

Mit der Weiterentwicklung der Farbmetrik wurden jedoch auch Farbordnungssysteme populär, die gemäss ihren Prinzipien konstruiert waren. Grundsätzlich kann man deshalb drei Gruppen von Farbordnungssystemen unterscheiden, siehe **Wyszecki** [8]:

---
[1]nach **Johann Heinrich Lambert**

1. Systeme, die auf der physikalischen Mischung von Farbstoffen basieren und weitgehend als subtraktive Farbmischungen zu verstehen sind.

2. Systeme, die sich aus der additiven Farbmischung herleiten. Ein bekanntes Beispiel hierfür ist das *Ostwald-System* [6].

3. Systeme, die auf Farbwahrnehmung oder auf Color Appearance-Modelle zurückgehen.

Ein heutiges Farbordnungssystem sollte sich an den folgenden Kriterien orientieren:

- Die Farben sollten als materiell ausgeführte Muster vorhanden sein. Jede Farbe muss eine eindeutige Kennzeichnung haben. Ihre Anzahl sollte möglichst gross sein: Es sollten mindestens 20 bis 40 Farbtöne in je etwa 5 bis 10 Helligkeits- und Sättigungsstufen unterschieden werden, was zu einer Gesamtzahl zwischen 500 und 4000 Farbmuster führt.

- Die Farbmuster sollten mit einer sehr kleinen Toleranz zu fertigen sein und dürfen nur einer geringen Alterung unterliegen.

- Die Muster sollten farbmetrisch erfasst sein, d.h. ihre Normvalenzen sollten bei spezifizierter Beleuchtung bekannt sein.

- Der Aufbau der Muster sollte in einer systematischen und möglichst empfindungsgemässen Weise erfolgen. Geeignete empfindungsmässige Parameter sind beispielsweise Farbton, Sättigung und Helligkeit.

- Die Farbmuster sollten visuell möglichst gleichabständig sein.

Nachfolgend gehen wir auf die bekanntesten Farbordnungssysteme näher ein.

Tafel 4.2: Anforderungen an ein Farbordnungssystem

- Farben müssen als materielle Muster vorhanden sein
  - eindeutige Kennzeichnung für jede Farbe
  - möglichst grosse Anzahl
    * mindestens 20 bis 40 Farbtöne
    * in je 5 bis 10 Helligkeits- und Sättigungsstufen
      · insgesamt etwa 500 bis 4000
- kleine Fertigungstoleranz für Farbmuster
- Muster sollen farbmetrisch vermessen sein
  - Normvalenzen bei spezifizierter Beleuchtung
- systematischer und empfindungsmässiger Aufbau
  - z.B. nach Farbton, Sättigung und Helligkeit
- möglichst visuell gleichabständig

4.1 Das Munsell-System

Das *Munsell-System* ist das in den USA am weitesten verbreitete Farbordnungssystem. Es ist nach dem amerikanischen Maler **A. H. Munsell** [3] benannt, der es anfangs des 20. Jahrhunderts entwickelte. Es wurde 1943 von einer Arbeitsgruppe der *Optical Society of America* überarbeitet, wobei insbesondere die Gleichabständigkeit verbessert[2] wurde, siehe **Newhall** [5]. Das *Munsell Book of Color* [4] enthält 1450 glänzende und 1277 matte Muster, jeweils auf 40 Farbtöne aufgeteilt, siehe Tafel 4.3. Die Gleichabständigkeit des Munsellsystems bezieht sich auf die Lichtart C. Die Pflege und die Weiterführung dieses Farbordnungssystems obliegt heute dem *Munsell-Color-Science-Laboratory*.[3] Dort sind auch Tabellen beziehbar[4], welche die Munsell-Farbmuster in CIELAB-Koordinaten ausdrücken.

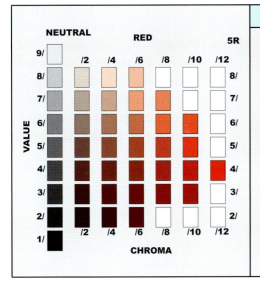

Tafel 4.3: Munsell-System

- am weitesten verbreitet in den angelsächsischen Ländern
- nach **A. H. Munsell**, 1905
- 1943 durch **Optical Society of Amerika** überarbeitet
  - Verbesserung der Gleichabständigkeit
- **Munsell Book of Color**, 1929 (links)
  - enthält 1450 glänzende und 1277 matte Muster
    * jeweils auf 40 Farbtöne aufgeteilt
  - bezieht sich auf die Lichtart C
  - Pflege durch **Munsell-Color-Science-Laboratory**
    * www.cis.rit.edu/mcsl
    * Tabellen mit CIELAB-Koordinaten der Farbmuster
      · www.cis.rit.edu/mcsl/online/munsell.html

Das Munsellsystem unterscheidet die Parameter *Value* V (Helligkeit), *Hue* H (Buntton) und *Chroma* C (Buntheit). Die Anordnung der Farben erfolgt auf einem Zylinder, siehe Abbildung 4.1. Die Zylinderachse repräsentiert die Helligkeitsskala, welche elffach unterteilt ist, von 0 für Schwarz bis 10 für Weiss. Die relative Helligkeit

---

[2] zur Abgrenzung bezeichnet man diese verbesserten Werte *Munsell-Neuwerte (Neuwerte)*
[3] siehe http://www.cis.rit.edu/mcsl
[4] siehe http://www.cis.rit.edu/mcsl/online/munsell.html

Y einer Graustufe hängt mit ihrem V-Wert gemäss

$$Y = 1.2219\,V - 0.23111\,V^2 + 0.23951\,V^3 - 0.021009\,V^4 + 0.0008404\,V^5$$

zusammen. Diese Beziehung wurde empirisch ermittelt. Sie war historisch gesehen das Vorbild bei der Definition der psychometrischen Helligkeit L^*. Es überrascht deshalb wenig, dass L^* eine sehr gute Approximation von V darstellt.

Tafel 4.4: zylinderförmige Koordinaten

- **Hue** H: Zylindermantel, 10 Segmente (je zehnfach unterteilt)
  - Rot R, Gelbrot YR, Gelb Y, Gelbgrün GY, Grün G, Blaugrün BG, Blau B, Purpurblau PB, Purpur P, Purpurrot PR
- **Value** V: Helligkeit, 11 Stufen (von 0 Schwarz bis 10 Weiss)

$$Y = 1.222\,V - 0.2311\,V^2 + 0.2395\,V^3 - 0.02101\,V^4 + 0.00084\,V^5$$

- **Chroma** C: Radius, 14 Stufen (0 Grauachse, 14 Mantel)
- **Musterkennzeichnung**: $[5\,R\,8/2]$ meint $H = 5\,R$, $V = 8$, $C = 2$
  - mittleres Rot
  - relativ hell
  - schwach gesättigt

Auf dem Zylindermantel des Munsell-Farbkörpers sind die Farbtöne dargestellt. Dazu ist der Zylindermantel in 10 parallel zur Zylinderachse angeordnete Hue-Segmente unterteilt. Diese Segmente entsprechen den Farben Rot R, Gelbrot YR, Gelb Y, Gelbgrün GY, Grün G, Blaugrün BG, Blau B, Purpurblau PB, Purpur P, Purpurrot PR. Jedes Segment ist selbst wieder in 10 Teile aufgeteilt. Zur Kennzeichnung des entsprechenden Farbtons setzt man diese Segmentnummer dem Farbtonnamen voran, siehe Gleichung (4.1).

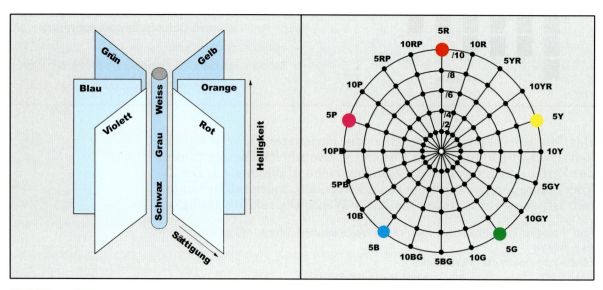

Abbildung 4.1
das Munsell-System

Der Radius des Zylinders repräsentiert den Chroma-Wert C. Die Sättigungsskala besteht aus maximal 14-Stufen, wobei Chroma 0 einem Grauwert auf der Zylinderachse entspricht und Chroma 14 eine maximale Sättigung auf dem Zylindermantel darstellt. Eine Farbe mit Chroma ≤ 4 bezeichnet man als schwach gesättigt bzw. stark gesättigt für Chroma ≥ 10. Die Musterkennzeichnung

$$\boxed{5\,R\,8/2} \tag{4.1}$$

steht also für ein mittleres Rot (H = 5 R), das relativ hell (V = 8) und schwach gesättigt (C = 2) ist.

4.2 Das NCS-Farbsystem

Das Kürzel NCS steht für *Natural Color System*. Dieses System wurde 1981 von **Hård und Sivik** [1] entwickelt und ist in Schweden zur Norm (SS019100) erklärt worden. Es orientiert sich an der Gegenfarbentheorie nach **Hering**. Der Farbatlas enthält 40 verschiedene Farbtöne, die in Helligkeit und Sättigung jeweils zehnfach unterteilt sind. Wegen drucktechnischen Beschränkungen sind jedoch nur etwa 1500 Muster ausgeführt. Der NCS-Atlas sollte unter Tageslichtbedingungen mit ausreichender Helligkeit (≥ 500 lx) gesehen werden.

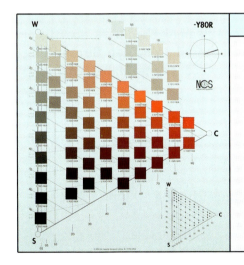

Tafel 4.5: Natural Color System (NCS)

- schwedische Norm SS019100 (**Hård** und **Sivik**, 1981)
- basiert auf der Gegenfarbentheorie nach **Hering**
- **Ziel:** leichte, intuitive Beschreib- und Handhabbarkeit
  - Gleichabständigkeit eher vernachlässigt
- zunehmende weltweite Popularität
- enthält 40 verschiedene Farbtöne
  - in Helligkeit und Sättigung zehnfach unterteilt
- wegen drucktechnischen Beschränkungen
  - jedoch nur etwa 1500 Muster ausgeführt
- für Tageslicht ≥ 500 lx

Das NCS-System definiert einen Farbkreis analog zum CIELAB-System, siehe Tafel 4.6. Durch die Blau/Gelb- und Rot/Grün-Achse wird der Farbkreis in Quadranten gegliedert, welche ihrerseits in 100 Segmente unterteilt ist. Ein Farbton, der nicht exakt eine der Urfarben Rot R, Gelb Y, Grün G oder Blau B darstellt, liegt zwischen zwei Urfarben und wird durch die jeweiligen Urfarbenanteile beschrieben. Die Angabe

$$\boxed{R\,30\,B} \quad \text{steht für} \quad \boxed{70\,\%\,\text{Rot} + 30\,\%\,\text{Blau},} \qquad (4.2)$$

d.h. die Zahl zwischen den beiden Urfarben wird als Prozentsatz der rechten Urfarbe interpretiert.

Tafel 4.6: NCS-Kennzeichnung

- **Farbkreiseinteilung**: Rot R, Gelb Y, Grün G, Blau B
  - in 4 Quadranten mit je 100 Segmenten
- **Farbton**: $\boxed{B\,70\,R}$ steht für $\boxed{30\,\%\,\text{Blau} + 70\,\%\,\text{Rot}}$
- **Notationsschema**: *Weissanteil, Schwarzanteil, Farbton*

  $\boxed{30\,40\,Y\,25\,R}$

  entspricht
  - 30 % Weissanteil
  - 40 % Schwarzanteil
  - 30 % Buntanteil, mit 75 % Gelb und 25 % Rot

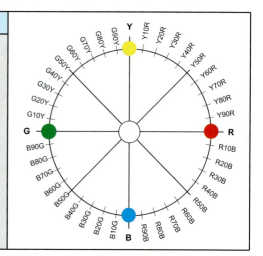

Zusätzlich zum Farbton, der wie in (4.2) angegeben wird, spezifiziert man den Weissanteil w den Schwarzanteil s und den Buntanteil c, jeweils wieder als %-Wert der Flächenbedeckung. Dabei wird

$$\boxed{w + s + c = 100}$$

angenommen, so dass effektiv nur w und s angegeben werden. Das Notationsschema besteht folglich in

$$\boxed{w\,s\,\text{Farbton,}} \quad \text{d.h. die Kennzeichnung} \quad \boxed{30\,40\,Y\,25\,R}$$

spezifiziert:

- 30 % Weissanteil
- 40 % Schwarzanteil

- 30 % Buntanteil, bestehend aus 75 % Gelb und 25 % Rot

Obwohl das NCS relativ jung ist, hat es doch bereits einen grossen Bekanntheitsgrad gewonnen.

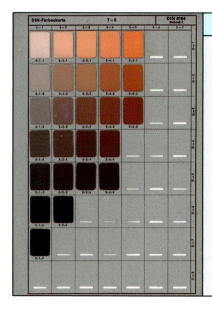

Tafel 4.7: DIN-Farbsystem

- DIN-Norm 6164 (**Manfred Richter**, 1952)
- unmittelbar aus dem Normvalenzsystem abgeleitet
- Parameter
  - **Buntton** T (24 Stufen)
  - **Dunkelstufe (Helligkeit)** D (10 Stufen)
  - **Sättigungsstufe** S (bis zu 16 Stufen)
- gleichabständige Unterteilung des xyz-Farbraums
  - empirische Abstufung von Sättigung und Farbton
  - Helligkeit relativ zur entsprechenden Optimalfarbe
  - Transformation über Stützwerte und Interpolation
- als Farbraum eine Alternative zu CIELAB

4.3 Das DIN-Farbsystem

Dieses Farbsystem wurde von **Manfred Richter** [7] nach dem zweiten Weltkrieg entwickelt und als DIN-Norm 6164 publiziert. Die Farbmuster sind in der Grösse 20×25 mm ausgeführt, sowohl als Mattfarben als auch als Glanzfarben. Sie sind durch die drei Parameter *Bunttonzahl* T, *Dunkelstufe* D und *Sättigungsstufe* S gekennzeichnet. Der Bunttonkreis ist in 24 gleichabständige Bunttöne eingeteilt, siehe Tafel 4.7. Linien gleichen Fabtons bilden in der x-y-Farbtafel Geraden, die von Unbunt U ausgehen. Die Linien gleicher Sättigung bilden Höhenlinien um U. Die Dunkelstufe hat den Maximalwert 10 und die maximale Sättigungswerte liegt zwischen 7 und 16.

4.4 Literaturverzeichnis

[1] A. Hård and L. Sivik. NCS-Natural Color System: A Swedish Standard for Color Notation. *Color Res. and Appl.*, 6:129–138, 1981.

[2] J. H. Lambert. *Beschreibung einer mit dem Calanschen Wachse ausgemahlten Farbenpyramide: Wo die jeder Farben aus weiß und drey Grundfraben angeordnet, dargelegt und derselben Berechnung und vielfacher Gebrauch gewiesen wird.* Haude & Spener, Berlin, 1772.

[3] A. H. Munsell. *A Color Notation.* Boston, 1905.

[4] A. H. Munsell. *Book of Colors. A revision and extension of the Atlas of Munsell Color System.* Baltimore, 1929.

[5] D. Nickerson Newhall, S. M. D. and D. B. Judd. Final report of the O.S.A. subcommittee on the spacing of Munsell colors. *J. opt. Soc. Amer.*, 33:385–418, 1943.

[6] W. Ostwald. *Farbnormen-Atlas.* Unesma, Leipzig, 1923–24.

[7] M. Richter and K. Witt. The story of the DIN color system. *Color Res. Appl.*, 11:138–145, 1986.

[8] G. Wyszecki. Color appearance. In *Handbook of Perception and Human Performance*, New York, 1986. John Wiley & Sons.

Kapitel 5

Farberfassung

Die technische Bestimmung einer Farbvalenz beruht unmittelbar auf dem Normvalenzsystem, was nicht überrascht, denn dieses wurde ja nicht zuletzt zu diesem Zweck entwickelt. Im vordigitalen Zeitalter war sie exklusiv mit der Farbmessung verbunden. Zur Farbmessung benötigte man teure Geräte, die von Experten bedient wurden, typischerweise im Kontext von Produkttoleranzen oder Schadensfällen. Erst die Digitaltechnik hat die Farbmessung für weitere Kreise in Industrie und Forschung benutz- und bezahlbar gemacht. Dieselbe Digitalisierung veränderte aber auch die Arbeitsabläufe der Medienbranche und damit auch die Bedeutung, die der technischen Farberfassung zukommt.

Stand früher das Drucken im Mittelpunkt des Geschehens, so liegt heute der Schwerpunkt auf dem digitalen Workflow von der digitalen Erfassung bzw. der Generierung der Daten, über deren Integration und Weiterverarbeitung, bis hin zu ihrer Reproduktion auf Papier, als CD-ROM oder im Web. Dieses neue Erscheinungsbild der Medienbranche, oder genauer, die damit verbundene Technologie veränderte in Folge massiv die Art und Weise wie technische Farberfassung nachgefragt wird. Zwar basiert die Input-Technologie von Scanner und Digitalkameras auf den gleichen Prinzipien wie die klassische Farbmessung. Im Gegensatz zur traditionellen Einzelmessung ist sie auf einen effizienten Massendurchsatz ausgerichtet. Als indirekte Rückwirkung des Gesamtphänomens Publishing Workflow verändert gegenwärtig ebenfalls die Farbmessung im eigentlichen Sinne ihr Erscheinungsbild. Da auch eine Produktionskette nur so stark ist wie ihr schwächstes Glied, ist es für

Tafel 5.1: digitale Farberfassung

- technische Bestimmung der Farbvalenz eines Lichtreizes
- im Workflow des digitalen Publizierens als
  - **Farbmessung**
    * Kalibration von Kameras, Monitoren, Druckern
      · speziell im Color Management
    * Unterschiede zur klassischen Farbmessung
      · Einzelproben, Toleranzwerte, Schadensfälle
    * Farbmessung wird zur Massenanwendung
  - **ortsaufgelöste Farberfassung**: Scanner + Kameras

eine überzeugende Farbwiedergabe notwendig, dass alle beteiligten Geräte wie Scanner, Displays oder Drucker permanent kalibriert, überwacht und gewartet werden, ein Prozess der als *Color Management* bekannt ist. Neben der Kalibration hat hier die Farbmessung vor allem die Aufgabe, die tatsächlichen durch ein Gerät erzeugbaren Farben zu bestimmen. Weil die Ermittlung dieser *Geräte-Gamuts* zum einen sehr aufwendig und zum anderen häufig nachgefragt wird, entwickelt sich auch die eigentliche Farbmessung zu einen Massenphänomen.

5.1 Farbmessverfahren

Die Herleitung der Farbmetrik in Kapitel 3 hat uns bereits mit einem Farbmessverfahren bekanntgemacht, nämlich das Nachmischen eines Farbmusters aus gegebenen Primärvalenzen. In der Messtechnik bezeichnet man dieses Vorgehen als *Gleichheitsverfahren*. Es ist umständlich und im Einzelfall relativ unsicher. In der Grundlagenforschung ist es andererseits, z.B. zur Ermittlung der Normspektralwertkurven, unverzichtbar. In **H. Beck** [2] findet man eine detaillierte technische Beschreibung einer entsprechenden wissenschaftlichen Messanordnung.

Tafel 5.2: Farbmessverfahren

- **Gleichheitsverfahren**: visueller Unterscheidbarkeitstest
  - ungenau, aber wichtig für die Grundlagenforschung
- **Spektralverfahren**: Stand der heutigen Farbmesstechnik
  - Zerlegung des Spektrums mit Prismen oder Gitter
  - Intensitätsmessung einzelner Wellenlängenbänder
    * übliche Abtastung 10 nm (Photodioden, CCDs)
  - Gewichtung mit Normspektralwertkurven
- **Dreibereichsverfahren**: geringere Genauigkeit, aber billiger
  - Transformation des Lichtreizes durch 3 Farbfilter
    * Intensitätsmessung ergibt unmittelbar Normvalenz
  - in modifizierter Form auch bei Scanner + Digitalkameras

Die heute technisch vorherrschende Farbmessmethode ist das zweistufige *Spektralverfahren*. Zunächst wird der zu messende Lichtreiz durch ein Prisma oder ein Gitter physikalisch nach Wellenlängen aufgespalten. Die Abtastung erfolgt typischerweise in 10 nm-Schritten, seltener in 5 nm-Schritten. Das so gewonnene Spektrum wird entweder direkt ausgegeben, was bei der Messung von Körperfarben zur Ermittlung des Remissionsgrades durchaus üblich ist, oder die Addition des mit den Normspektralwertkurven gewichteten Spektrums liefert die entsprechende Normvalenz. Geräte, die diesem Schema folgen, heissen *Spektralphotometer*. Die Tafel 5.3 zeigt das

Spectrolino (**Gretag MacBeth**), eines der bekanntesten Geräte dieses Typs, bei der Vermessung des Testcharts IT8.7-3. Spektralphotometer sind heute weitverbreitet, liegen in der Anschaffung bei einigen Kilofranken und sind über Standardschnittstellen von einem Computer leicht zugreifbar.

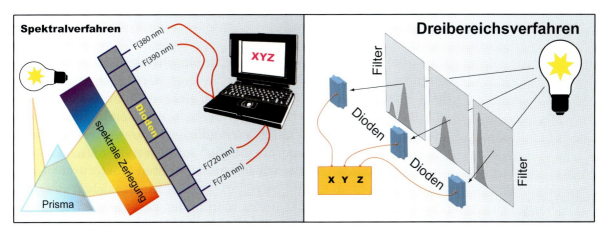

Abbildung 5.1
Messverfahren

Beim *Dreibereichsverfahren* wird kein Spektrum ermittelt. Folglich ist auch keine nummerische Gewichtung des Spektrums zur Bestimmung der Normvalenz möglich. Stattdessen wird der Lichtreiz wellenlängenneutral in drei Teile zerlegt, auf die jeweils ein spezieller Farbfilter angewendet wird. Anschliessend wird die Intensität des gefilterten Lichtes gemessen.[1] Die Gewichtung der fixen Filtervalenzen mit diesen Messwerten ergibt dann die Farbvalenzen der jeweiligen Reizanteile und deren Addition schliesslich die Normvalenz des Gesamtreizes. Die physikalische Filterung ersetzt dabei die numerische Gewichtung des Spektrums gemäss (3.4), wobei der Transmissionsgrad des Filters als spezifische Spektralwertkurve verstanden wird.[2]

Der Vorteil des Dreibereichsverfahren gegenüber den Spektralverfahren ist der physikalisch deutlich geringere Aufwand, weshalb diese Technologie in modifizierter Form auch in Scanner und Digitalkameras eingesetzt wird. Nachteilig ist dagegen die reduzierte

---

[1] etwa durch eine Photodiode
[2] Wegen $\bar{x}(\lambda) \geqslant 0$, $\bar{y}(\lambda) \geqslant 0$ und $\bar{z}(\lambda) \geqslant 0$ können die Normspektralwertkurven zumindest approximativ in diesem Sinne als Filter realisiert werden, die unmittelbar Normvalenzen erzeugen. Bei Spektralwertkurven mit negativen Anteilen sind zusätzliche Berechnungen nötig.

Genauigkeit, nicht zuletzt auf Grund der Temperaturempfindlichkeit üblicher Filter. Dreibereichsphotometer müssen dementsprechend regelmässig kalibriert werden. Generell eignen sie sich besser zur Ermittlung von Farbdifferenzen als für Normvalenzen.

5.2 Farbmessung

Eine absolute Strahlungsmessung ist ein physikalisch schwieriger Vorgang und entsprechend teuer. So liegt der Anschaffungspreis des CS1000 aus der Abbildung 5.2 bei einigen 10000 Franken. Die gängige Messpraxis begnügt sich deshalb mit Relativmessungen. Um trotzdem zu physikalisch verbindlichen Messwerten zu gelangen, müssen Farbmessgeräte häufig[3] kalibriert werden, d.h. die Messwerte müssen immer wieder mit bekannten Musterproben verglichen und entsprechend korrigiert werden. Einen solchen physikalischen Messbezugspunkt nennt man in der Farbmetrik *Weissstandard*. Das Ideal eines Weissstandards für Körperfarben ist die vollkommen mattweisse Fläche, die aus Abschnitt 3.4 bekannte *Lambertsche Fläche*. Als Idealisierung existiert sie nur als technische Approximation, z.B. als Bariumsulfat $BaSO_4$ (in Tablettenform). In Messgeräten ist sie häufig, wie im Bild zu Tafel 5.3 zu sehen, als Keramikplatte realisiert, die fest in das Gerät eingebaut ist.

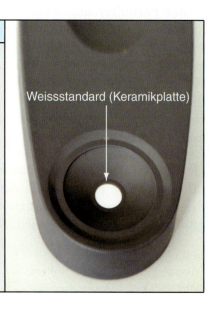

Tafel 5.3: Kontext der Farbmessung

- **Kalibration**
  - wegen relativer Messung zu physikal. Bezugswert
  - **Weissstandard** bei Körperfarben: *Lambertsche Fläche*
- **Normalisierung** der Farbwerte auf ein Referenzweiss R
  - relative Farbmetrik: z.B. R = Medium White
  - problematisch: Kalibration auf Medium White
    * Zentrierung auf willkürliches R (z.B. CIELAB)
    * Messung von Farbdifferenzen (Toleranzen, Schadensf.)
- neue Anforderungen durch **Color Management**
  - physikalische Gerätecharakterisierung (Gamuterfassung)
    * Drucker: Vermessung von Testcharts (Massendaten)
    * Displays (Selbstleuchter): Weisspunkt + Primärfarben

---

[3]um nicht zu sagen ständig

Wie im Kapitel 3 unter dem Begriff *relative Farbmetrik* ausgeführt wurde, stellen Normvalenzen bezüglich der Helligkeitskomponente nur Grössenverhältnisse dar. Damit verbunden ist die Normalisierung der Y-Komponente auf Werte zwischen 0 und 100. Da Farbmessgeräte Normvalenzen liefern, müssen sie auch eine entsprechende Normalisierung vornehmen. Häufig geschieht dies implizit, indem sie technisch in die Kalibrierung auf einen Weissstandard integriert wird, d.h. die Y-Komponente des Weissstandards wird auf 100 gesetzt. Im Gegensatz zu dieser eher beiläufigen Handhabung ist jedoch die explizite Beachtung des Aspektes *Normalisierung* angemessen. Der Grund dafür sind traditionelle Gewohnheiten der Farbmetrik, aus denen sich verschiedene Normalisierungsmethoden herausgebildet haben, die von dem Konzept der relativen Farbmetrik abweichen und gegebenenfalls bei der Interpretation einer Messung zu berücksichtigen sind.

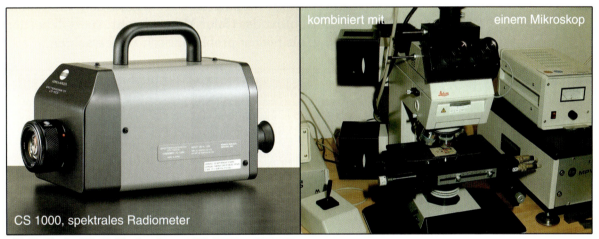

Abbildung 5.2
Spektralphotometer

In der graphischen Industrie, siehe ISO 13655,[4] ist es üblich, nicht auf den Weissstandard sondern auf das Papierweiss (allgemein Medium White) zu normalisieren. Damit erhält jedes Papier den Y-Wert 100 anstatt etwa 85. Dieses Vorgehen mag zwar pragmatisch gesehen gewisse Berechnungen vereinfachen, ist konzeptionell aber ausgesprochen fragwürdig, siehe **Mark Fairchild** [1, S. 75–77]. Die Gleichsetzung aller Papiere ist ein Akt des Gamut Mapping[5] und ist durch die Farbmetrik nicht begründet.

---

[4]ISO 13655:1996 Graphic Technology – Spectral measurement and colorimetric computation for graphic arts images
[5]worauf wir im Kapitel 7 zurückkommen werden

Kapitel 5. Farberfassung

Durch die Definition von CIELUV (Seite 72) bzw. CIELAB (Seite 75) haben wir eine Normalisierung kennengelernt, bekannt als *Mittelpunkt-Transformation* oder *Zentrierung* (siehe **Manfred Richter** [4, Anhang 1]), die auch allgemein in der Farbmessung verwendet wird und nicht nur im Kontext von Farbabständen. Hierbei wird in der einfachsten Form die Normvalenz (X, Y, Z) durch $(X/X_R, Y/Y_R, Z/Z_R)$ ersetzt, wobei (X_R, Y_R, Z_R) für die Normvalenz eines Referenzweisses R steht. Die Zentrierung ist eine projektive Verzerrung des Normvalenzsystems, basierend auf einer Neugewichtung der Primärvalenzen $\mathcal{X}, \mathcal{Y}, \mathcal{Z}$, so dass deren Summe nicht länger Unbunt $\mathcal{U}$ ergibt, sondern (X_R, Y_R, Z_R). Sie wird üblicherweise mit der farblichen Umstimmung des Auges begründet. Als Modellierung dieses Color Apperance-Phänomens ist sie indessen unzureichend, weshalb sie in der Literatur auch als *Wrong von Kries Transformation* bezeichnet wird, siehe etwa **Mark Fairchild** [1, S. 191] oder **Manfred Richter** [4, Anhang 2]. Die routinemässige Vermischung von Messdaten und impliziten Farbraumtransformationen ist insbesondere im Kontext des Color Management, speziell bei der Monitorkalibrierung, als höchst problematisch zu betrachten.

Abbildung 5.3
Messen des IT8.7-3

Wie jede Technologie ist auch die Farbmessung von der Art und Weise geprägt, in welcher sie nachgefragt wird. Typisch für die traditionelle Farbmetrik war die Analyse und Bewertung von Farbdifferenzen bei Toleranzvereinbarungen oder Schadensfällen. Diese Farbmessung war das Metier von Spezialisten. Das breitere Publikum war auf die Mustersammlungen der Farbordnungssyteme angewiesen. Dieses Verständnis der Farbmessung liegt vielen Empfehlungen und Gewohnheiten der CIE oder ISO zu Grunde.

Durch die Digitalisierung der Medienbranche hat sich die Nachfrage von Farbmessung in diesem Bereich jedoch deutlich verändert, sowohl quantitativ als auch in den damit verbundenen Zielsetzungen. Der quantitative Aspekt hat zwei Seiten, nämlich, zum einen werden heute Geräte wie Digitalkameras, Scanner, Monitore oder Farbdrucker massenhaft eingesetzt und zum zweiten müssen diese Geräte im professionellen Einsatz mehr oder weniger permanent kalibriert und kontrolliert werden. Allein die Gamuterfassung eines Farbdruckers umfasst die Messung von etwa 1000 Messfeldern, was auch in automatisierter Form[6] bis in die jüngste Vergangenheit etwa 45 Minuten dauerte.[7] Dieses Mengenproblem widerspricht dem klassischen Selbstverständnis der optimierten Einzelmessung. Die qualitative Zielsetzung des digitalen Publizieren ist eine über den gesamten Produktionsprozess konsistente Qualitätssicherung (Color Management). Dazu bedarf es einer systemweit eindeutigen geräteneutralen Farbdarstellung und -messung. Mit diesem auf den gesamten Workflow bezogenen Anforderungsprofil sind aber gewisse Traditionen der graphischen Industrie wie die oben ausgeführte Normalisierung auf Papierweiss unvereinbar.

5.3 Scanner

Technisch nahe verwandt mit Farbmessgeräten sind Scanner und Digitalkameras, wobei letztere als eine Art von ortsauflösenden Dreibereichsphotometer verstanden werden können. Speziell die Kontrolle über die benutzte Lichtquelle sowie die Erfassungsgeometrie entsprechen bei Scannern dem Vorgehen zur Messung von Körperfarben. Einzig die angestrebte hohe Ortsauflösung erzwingt Kompromisse hinsichtlich der Erfassungsgenauigkeit.

Die industrielle Rastertechnik,[8] der historisch erste Schritt auf dem Weg zum digitalen Publizieren, wurde bereits Ende des 19. Jahrhundert entwickelt. Nicht zuletzt dieser Basistechnologie ist das Entstehen der modernen Massenmedien zu verdanken. Aber die Erzeugung eines Rasterbildes, insbesondere das eines Farbrasterbildes, war eine teure Angelegenheit. Die Überführung einer photographischen Vorlage in ein Rasterbild erforderte zeitaufwendige und anspruchsvolle (analoge) Verarbeitungsschritte, die auch noch sehr

---

[6]etwa mit dem Spectroscan T aus Abbildung 5.3
[7]die neuste Generation ist jedoch etwa um den Faktor 10 schneller
[8]siehe Kapitel 6

fehleranfällig waren. Die Entwicklung digitaler Scanner Mitte der 70er Jahre zur Erfassung von Fotos, Dias, Filmen usw. stellte eine revolutionäre Vereinfachung der Arbeitsabläufe dar. Zudem eröffnete die neue Technik die Möglichkeit, die erfassten Bilder als digitale Dateien zwischenzuspeichern und bei Bedarf auch zu bearbeiten. Seit dieser Zeit hat sich die Leistungsfähigkeit von Scanner so verbessert, dass High End-Scanner in der Farberfassung durchaus mit Farbmessgeräten konkurrieren können. In Folge des Desktop Publishings werden Flachbettscanner heutzutage als übliche Büroausstattung betrachtet.

Tafel 5.4: Scanner

- Dreibereichsfarbmessung (ortsaufgelöst, spezielles Licht)
- **Trommelscanner**
  - spiralförmige Abstastung eines rotierenden Zylinders
  - feststehender Messkopf (Photomultiplier)
  - hohe Auflösung, geringes Rauschen
    * geeignet für hochqualitative Vergrösserungen (z.B. Dias)
- **Flachbettscanner**
  - Abtastung durch CCD-Zeile
  - weitgehend automatisierte Bedienung
  - flexibler in der Handhabung (z.B. Kopie von Buchseiten)
  - gute Integration in den digitalen Workflow
  - permanente Qualitätsverbesserung

Der klassische Scannertyp ist der *Trommelscanner*. Das zu erfassende Foto, Dia oder etwas Vergleichbares wird auf einem Zylinder befestigt und anschliessend in einer spiralförmigen Drehung an einem feststehenden Lesekopf vorbeigeführt. Der erfassende Sensor besteht typischerweise aus einem Photomultiplier, was in Kombination mit optischen Linsen eine hochgenaue, rauscharme Abtastung ermöglicht. Der in Tafel 5.4 abgebildete Tango-Scanner erreicht eine Auflösung von 11000 dpi bei einer 14-Bit-Kodierung pro Farbkanal. High End-Trommelscanner sind auf Grund der aufwendigen Mechanik sehr teuer. Sie werden speziell für anspruchsvolle Vergrösserungen, etwa bei Dias oder Filmnegativen eingesetzt. Das Aufspannen des Originals auf der Trommel limitiert indessen die Anwendbarkeit.

Das Desktop Publishing hat den zweiten Scannertyp, den *Flachbettscanner*, populär gemacht. Er zeichnet sich durch eine weitgehend automatisierte Bedienung bei guter Workflow-Integration aus. Die Abtastung erfolgt über ein Spiegelsystem und eine feststehende CCD-Zeile[9] mit mehreren tausend Sensorzellen. Die Vorlage wird entweder mehrfach abgetastet, dann jeweils mit einem anderen Farbfilter, oder die verschiedenen Farbfilter sind direkt auf den einzelnen Sensorelementen aufgebracht, so dass eine einzige Abtastung genügt. Als Halbleiter-Technologie sind CCD-Sensoren verhältnismässig preiswert. Allerdings sind sie relativ anfällig für thermisches Rauschen, was ihre Anwendbarkeit bei niedrigen Helligkeiten beschränkt. Bei entsprechender Kühlung gehören andererseits CCDs zu den empfindlichsten Bildaufnehmern überhaupt. Auf Grund der üblichen Dynamik des Halbleitermarktes kann man bei Flachbettscannern weitere relevante Leistungssteigerungen erwarten.

Tafel 5.5: Digitalfotografie

- **Dreibereichsmessung**: Ortsauflösung mit CCD-Feld
    - Lichtquelle kaum kontrollierbar
        * Interaktion mit Umgebung nicht erfasst
        * nicht analog zur Messung von Körperfarben
- direkter Zugang zum digitalen Workflow
    - Ursprung in der Videotechnik (Camcorder)
    - flexibler Einsatz (z.B. Erfassen von Museumsbilder)
    - Tendenz zu weiteren Farbkanälen
- allgemein noch relativ ungenaue Farberfassung
    - Nachbearbeitung der Bilder üblich
    - technische Dokumentation teilweise schlecht

5.4 Digitalfotografie

Der gegenwärtig dynamischste Teil des Publishing Workflows ist die Digitalfotografie. Ihre Farberfassungstechnik ist mit derjenigen von Flachbettscanner vergleichbar, obwohl sie ihren Ursprung in der Videotechnik hat. Im Gegensatz zu einer CCD-Zeile bei Scannern hat

---

[9] charge coupled devices

man in der Digitalfotografie eine CCD-Matrix. Die einzelnen Sensoren arbeiten wieder als Dreibereichsphotometer, wobei die Farbfilter entweder global oder lokal zugeordnet sein können.

Anders als in der Farbmessung oder beim Scannen hat die Digitalfotografie aber wesentlich weniger Kontrolle über die Aufnahmesituation. Dies bezieht sich vor allem auf die Lichtquelle, bzw. die vorhandenen Lichtverhältnisse. Wie in Abschnitt 3.4 ausgeführt wurde, ist eine originalgetreue Rekonstruktion nur unter identischen Lichtverhältnissen möglich. Im wirklichen Leben sind die tatsächlichen Lichtverhältnisse kaum ermittelbar, was die technischen Möglichkeiten von $\mathcal{RGB}$-Kameras prinzipiell beschränkt. Als Konsequenz dieser Limitierung werden Bilder von Digitalkameras im Publishing-Alltag routinemässig nachbearbeitet. So wetteifern gerade Fotolabors darum, wer Kundenfotos am kompetentesten «verbessert».

Aus Sicht des digitalen Workflows hat die Digitalfotografie trotzdem enorme Vorteile. Die vorgängig angedeuteten Probleme sind nämlich Probleme der Kameratechnik allgemein und nicht typisch für ihre digitale Variante. Zu vergleichen ist also die Digitalfotografie mit der *konventionellen Fotografie zusammen mit dem nachfolgenden Einscannen* und dann sind die Konzeptvorteile der Digitalfotografie offensichtlich.

5.5 Literaturverzeichnis

[1] M. Fairchild. *Color Appearance Models*. Wiley, 2. Ed., 2005.

[2] H. Beck and M. Richter. Neukonstruktion des Dreifarben-Messgeräts nach Guild-Bechstein. *Farbe*, 7:141–152, 1958.

[3] R. Hunt. *Measuring Colour*. Fountain Press, 1996.

[4] M. Richter. *Einführung in die Farbmetrik*. Walter de Gruyter, 1981.

[5] G. Wyszecki and W. Stiles. *Color Science*. Wiley-Interscience, 1982.

Kapitel 6

Halftoning

Im Gegensatz zu einem Bildschirm, der durch seine variable Pixelhelligkeit charakterisiert ist, besitzt ein Druckpunkt auf Papier eine mehr oder weniger konstante Farbvalenz, die als Funktion der Umgebungsbeleuchtung zu verstehen ist. Diese Konstanz hinderte die Drucktechnik jahrhundertelang daran Bilder in abgestuften Grautönen, sogenannten *Halbtönen*, zu produzieren. Angetrieben durch die Entwicklung der Fotografie vor 150 Jahren, wurde dann Ende des 19. Jahrhunderts die *Rastertechnik* entwickelt, siehe etwa **Fox Talbot** [7], **Georg Meisenbach** [2] oder **Louis** und **Max Levy** [5], die konzeptionell so noch heute angewendet wird. Aus heutiger Sicht war die industrielle Rastertechnik ein entscheidender Schritt auf dem Weg zur modernen Medienlandschaft und kann durchaus als früher Triumph der Digitaltechnik verstanden werden.

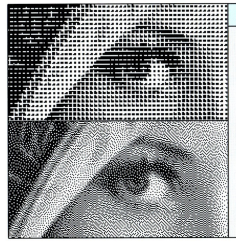

Tafel 6.1: Problemstellung

- konstante Helligkeit von Papier bzw. Druckpunkten
    - macht physikalische Farbmischung unmöglich
- Helligkeitswahrnehmung bei Druckbilder
    - durch beschränktes Auflösevermögen des Auges
- unterhalb des physiologischen Grenzwinkels 1'
    - werden Einzelheiten nicht mehr separat erkannt
    - sondern ergeben mit ihrer Nachbarschaft e. Gesamtreiz
- Wahrnehmung ausreichend kleiner Druckpunkte (Dots)
    - erfolgt zusammen mit dem umgebenden Papierweiss
    - Farbmischung in den Rezeptorzellen der Netzhaut

6.1 Rasterzellen

Die konstante Helligkeit von *Druckpunkten (Dots)* auf Papier macht eine physikalische Farbmischung unmöglich. Dass wir trotzdem

Halbtöne auf Papier wahrnehmen können, basiert auf dem beschränkten Ortsauflösevermögen des Auges. Wie in Abschnitt 2.5.3 ausgeführt wurde, beträgt der *physiologische Grenzwinkel* etwa eine Bogenminute. Unterhalb dieser Grenze werden Details nicht mehr als solche erkannt, sondern verschmelzen mit ihrer Nachbarschaft in einem Zapfen bzw. Stäbchen zu einem Gesamtreiz. Diese «*Farbmischung*» auf Rezeptorebene ist die Grundlage der Rastertechnik. Produziert werden Druckpunkte die unterhalb oder wenigstens in der Nähe des physiologischen Grenzwinkels liegen. Dabei resultiert der Helligkeitseindruck eines gerade auflösbaren Flächenelements aus dem Verhältnis des bedruckten zum unbedruckten Flächenanteil.

Tafel 6.2: Auflösungsvermögen im Halftoning

- physiologischer Grenzwinkel: $1'$
- ein Kreis enthält

  $360 \cdot 60 = 21600$ Bogenminuten

- bei Betrachtungsabstand r

  Kreisumfang: $2\pi r$

- bei einer üblichen Lesedistanz von 40 cm
  - entspricht einer Bogenminute

  $\frac{1}{86}$ cm oder $\frac{1}{218}$ inch oder 0.12 mm

Der physiologische Grenzwinkel beschreibt einen Sehwinkel. Für den Umgang mit Dotgrössen auf Papier ist das eine eher unpraktische Masseinheit. Zur Spezifikation von Radien oder Rasterweiten sind Längenangaben besser geeignet. Um den physiologischen Grenzwinkel entsprechend auszudrücken zu können, bezieht man sich auf einen Betrachtungsabstand r. Ein Kreis mit Radius r hat einen Umfang von $2\pi r$. Derselbe Kreis enthält andererseits

$$360 \cdot 60 = 21600$$

Bogenminuten. Folglich entspricht dem Winkel 1 Bogenminute gerade die Länge:

$$\frac{2\pi r}{21600}$$

Betrachten wir nun eine typische Lesedistanz von $r = 40$ cm, so erhalten wir eine Auflösegrenze von:

$$\frac{1}{86}\text{ cm} \quad \text{oder} \quad \frac{1}{218}\text{ inch} \quad \text{oder} \quad 0.12\text{ mm}$$

Um nun die Helligkeitskomponente eines Bildpixels auf Papier darzustellen, ordnet man dem Pixel zunächst einen bestimmten Flächenbereich zu, genannt *Rasterzelle*. Gemäss den vorangegangen Überlegungen sollte dabei der Durchmesser der Rasterzelle für den anvisierten Betrachtungsabstand den physiologischen Grenzwinkel nicht überschreiten.

In der heutigen digitalen Medientechnik bestehen Rasterzellen aus einzeln adressierbaren *Druckpunkten*, wobei die englische Bezeichung *Dots* zumindest gleich populär ist.

In der einfachsten Form kann man mit einer Rasterzelle eine $r \times r$-Matrix mit den Dots als Matrixelemente verbinden. Eine solche Zelle kann dann $r^2 + 1$ verschiedene Graustufen darstellen, je nachdem wieviele der r^2 maximal möglichen Druckpunkte realisiert werden.[1] Wenn man annimmt, dass ein Dot seine Matrixposition exakt ausfüllt, dann entspricht die so spezifizierte Graustufe gerade dem bedruckten Flächenanteil der Rasterzelle. Die verschiedenen Rasterverfahren unterscheiden sich in der Art und Weise wie die Dots in der Rasterzelle angeordnet werden und in der Form und Anordnung der Rasterzellen, was wir im Folgenden genauer ausführen werden.

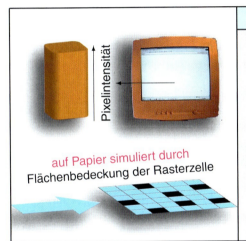

Tafel 6.3: Rasterzelle

- **realisiert** einen **Bildpixel** (Farbvalenz, Grauwert)
  - $\leq 1/86 \approx 0.12$ mm breit bei Lesedistanz 40 cm
- **im Digitaldruck** aus **Dots** (Druckpunkten) aufgebaut
  - z.B. als $r \times r$-Matrix mit $r^2 + 1$ realisierbaren Graustufen
  - Graustufe = bedruckter Flächenanteil der Rasterzelle
- **Halftoning-Algorithmen**
  - zur Verteilung der **Dots** innerhalb der Rasterzelle
  - extreme Verfahren
    * **Amplitudenmodulation:** konzentriert im Zentrum
    * **Frequenzmodulation:** zufällig verteilt in der Zelle

6.2 Amplitudenmodulation

Die traditionelle Rastertechnik ist die *Amplitudenmodulation* (AM). Hier sind alle gedruckten Dots im Zentrum der Rasterzelle in einer jeweils spezifischen Rasterpunktform konzentriert. Es sind verschiedene Rasterpunktformen wie Kreise, Quadrate oder Linien gebräuchlich, siehe Tafel 6.4. Aus naheliegenden Gründen kann man z.B. im Gelddruck besonders ungewöhnliche Formen beobachten. Die verschiedenen Graustufen variieren die Grösse der Rasterpunktform, was dem Verfahren seinen Namen verlieh. Obwohl die

---
[1] die "+1"-te Graustufe entspricht "keine Dots in der Rasterzelle"

Amplitudenmodulation für eine feste Dotauflösung nicht die beste Bildqualität erzeugt, ist sie in ihren digitalen Varianten in vielen Druckbereichen auch heute noch das vorherrschende Rasterverfahren.

In der Amplitudenmodulation sind die Rasterzellen auf den Gitterpunkten eines imaginären Gitters, dem *Raster*, platziert. Die Feinheit des Gitters ist dabei durch den Durchmesser der Rasterzelle definiert und unterliegt bezüglich des physiologischen Grenzwinkles den gleichen Beschränkungen. Sie wird in *Linien pro cm (l/cm)* bzw. in *Linien pro inch (lpi)* angegeben. In der Druckindustrie sind die folgenden Feinheiten üblich:

- 40–50 l/cm bei Zeitungen (Tendenz steigend)

- 60 l/cm ≈ 152 lpi im normalen Buchdruck

- 80–150 l/cm ≈ 203–381 lpi für den hochqualitativen Druck von Bildern, speziell bei künstlerischem Hintergrund

Wie wir vorgängig hergeleitet haben, entspricht dem physioligischem Grenzwinkel bei einer Lesedistanz von 40 cm eine Gitterfeinheit von 86 l/cm. Unter normalen Betrachtungsbedingungen wird aber bereits ein Wert von 60 l/cm für pragmatisch ausreichend erachtet. Im Zeitungsdruck mit 40–50 l/cm ist die Gitterstuktur jedoch noch leicht erkennbar. Hier werden deshalb gegenwärtig auch grosse Anstrengungen unternommen die Gitterfeinheit anzuheben.

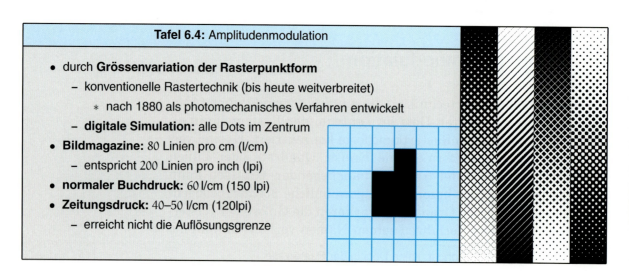

Tafel 6.4: Amplitudenmodulation

- durch **Grössenvariation der Rasterpunktform**
  - konventionelle Rastertechnik (bis heute weitverbreitet)
    * nach 1880 als photomechanisches Verfahren entwickelt
  - **digitale Simulation:** alle Dots im Zentrum
- **Bildmagazine:** 80 Linien pro cm (l/cm)
  - entspricht 200 Linien pro inch (lpi)
- **normaler Buchdruck:** 60 l/cm (150 lpi)
- **Zeitungsdruck:** 40–50 l/cm (120lpi)
  - erreicht nicht die Auflösungsgrenze

6.2.1 Farbdarstellung und Moiré-Effekte

In der Rastertechnik wird grundsätzlich für jede der benutzten Prozessfarben Cyan, Magenta, Gelb und Schwarz ein eigenes Raster erstellt, die übereinander gedruckt werden. Die farbmetrischen Aspekte dieses Vorgehens wurden bereits in Abschnitt 3.5 untersucht. Hier betrachten wir die prozesstechnischen Implikationen des Übereinanderdrucks, nämlich Moiré-Effekte und Strategien um sie zu vermeiden.

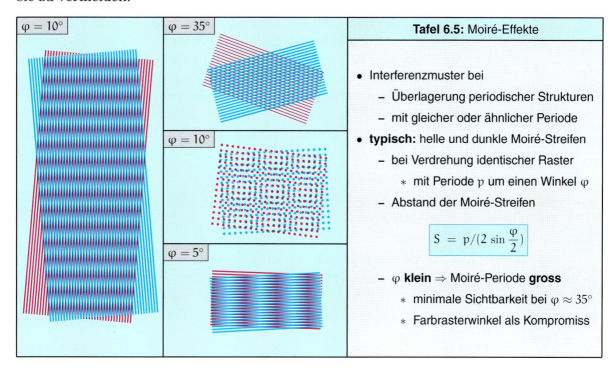

Tafel 6.5: Moiré-Effekte

- Interferenzmuster bei
  - Überlagerung periodischer Strukturen
  - mit gleicher oder ähnlicher Periode
- **typisch:** helle und dunkle Moiré-Streifen
  - bei Verdrehung identischer Raster
    * mit Periode p um einen Winkel φ
  - Abstand der Moiré-Streifen

$$S = p/(2 \sin \frac{\varphi}{2})$$

  - φ **klein** $\Rightarrow$ Moiré-Periode **gross**
    * minimale Sichtbarkeit bei $\varphi \approx 35°$
    * Farbrasterwinkel als Kompromiss

Bei der Überlagerung periodischer Strukturen mit gleicher oder ähnlicher Periode entstehen Interferenzmuster mit einer grösseren Periode. Bei Gitterstrukturen spricht man von einem *Moiré-Bild* oder kurz *Moiré*. Repräsentativ ist die Überlagerung von parallelen Linienmuster der Periode p, siehe Tafel 6.5. Sind die beiden Muster um einen kleinen Winkel φ gegeneinander verdreht, so entstehen helle und dunkle Moiré-Streifen, wobei die Mitten der hellen Moiré-Streifen durch die Schnittpunkte der Mitten der dunklen Mustersteifen verlaufen. Die Periode S der Moiré-Streifen ist durch

$$S = \frac{p}{2 \sin \frac{\varphi}{2}}$$

gegeben. Entsprechend führen kleine Winkel φ zu einer grossen Sichtbarkeit der Moiré-Effekte. Dagegen sind sie in einem Winkelbereich zwischen 30° und 45° stark reduziert. Moiré-Muster dieser Art entstehen auch unter wesentlich allgemeineren Bedingungen, siehe Tafel 6.5. Sie werden beispielsweise in der Messtechnik angewandt, um durch Messung von S die Periode p zu bestimmen.

Beim Druckvorgang treten zwei Arten von Moiré-Effekten auf. Zum einen als Überlagerung der Rasterstruktur mit periodischen Teilen des Bildinhaltes, wie z.B. einem kariertem Jackett. Dies ist ein allgemeines Problem der digitalen Medientechnik. Populäre Lösungsansätze manipulieren den Bildinhalt, etwa in der Form von *Weichzeichnen* oder dem Einkodieren von Rauschen. Diese Techniken liegen ausserhalb unseres Themas. Wir gehen deshalb hier nicht weiter darauf ein, sondern verweisen auf die einschlägige Literatur.

Tafel 6.6: Farbdarstellung

- separates Raster für jede Prozessfarbe (CMYK)
- Übereinanderdruck der Farbraster
    - führt zu ungewollten Moiré-Bildungen
- Minimierung der Moiré-Sichtbarkeit
    - durch Drehung der Rastergitter gegeneinander
- **zusätzlich:** Farbzuordnung gemäss *Oblique-Effekt*
- Rasterwinkel nach DIN 16547
    - Yellow 0°
    - Cyan 15°
    - Magenta 75°
    - Schwarz 45°

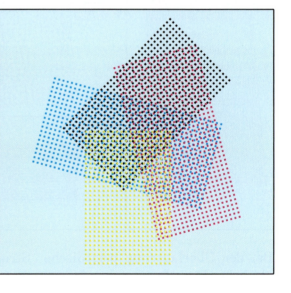

Die zweite Art der Moiré-Bildung resultiert aus der Überlagerung der verschiedenen Farbraster in der Amplitudenmodulation. Der exakte Übereinanderdruck ist auf Grund unvermeidbarer Produktionsschwankungen nicht realisierbar und kleine Abweichungen führen zu grossen visuellen Störungen. Der Ausweg zur Reduktion der Moiré-Bildungen besteht deshalb in einer deutlichen Verdrehung der Gitter zueinander. Da es 4 Prozessfarben in 90° einzuteilen gilt, kann eine wünschenswerte Winkeldifferenz von mehr als 35° nicht zwischen allen Farben eingehalten werden. Die üblichen

Rasterwinkel aus DIN 165447

> Gelb 0°, Cyan 15°, Magenta 75° und Schwarz 45°

stellen jedoch einen erfahrungsgemäss guten Kompromiss dar. In der Zuteilung der Farben auf die Winkel wurde zusätzlich zur Moiré-Problematik auch der Oblique-Effekt berücksichtigt, indem die visuell unauffälligste Farbe Gelb mit dem besten auflösbaren Winkel 0° bzw. die am besten sichtbare Farbe mit dem am schlechtesten auflösbaren Rasterwinkel 45° kombiniert wurden. Die Moiré-Bildung kann auf diese Weise zwar nicht gänzlich vermieden werden, wird aber in der Häufigkeit des Auftretens und in der visuellen Auffälligkeit deutlich reduziert.

6.2.2 Rasterzellenformen

In der traditionellen Amplitudenmodulation wurden die Raster photomechanisch erzeugt. Da dies ein analoger Prozess war, liessen sich die benötigten Rasterwinkel 0°, 15°, 45° und 75° einfach durch eine mechanische Drehung der Eingabesysteme realisieren. Im heutigen digitalen Workflow müssen die Rasterdrehungen auf einem zu Grunde liegenden rechtwinkligen Dot-Gitter simuliert werden. Diese Simulation, *Screening*[2] genannt, äussert sich im Wesentlichen in einer Verformung der ursprünglich quadratischen Zellenform als Konsequenz der Quantisierung auf das Dot-Gitter.

Die Quantisierungseffekte werden in einem gewissen Sinne minimal, wenn man sich auf Drehungen beschränkt, welche periodisch bestimmte Ecken der ursprünglichen Rasterzelle exakt auf die Gitterpunkte des Dot-Gitters abbildet. Ein entsprechender Drehwinkel ist dadurch charakterisiert, dass sich sein Tangens als rationaler Bruch schreiben lässt, wobei Zähler und Nenner in Anzahl Dots zu zählen sind. Demgemäss spricht man von *Rational Tangent Screening* oder kurz *RT-Screening*. Diese Methode hat den Vorteil von festen Rasterzellenformen, siehe Tafel 6.7, was die Algorithmik wesentlich vereinfacht. Da die Grösse in Dots der ursprünglichen Rasterzelle aber vorgegeben ist, lassen sich im RT-Screening

---

[2]Im Deutschen ist traditionell *Rasterung* verbreitet, was aber hier vermieden werden soll, um eine Verwechslung dieses Teilschrittes mit dem Gesamtprozess auszuschliessen.

Kapitel 6. Halftoning

nur eine beschränkte Anzahl von Winkeldrehungen realisieren. Unter den üblichen Randbedingungen hat dies zur Folge, dass 18° die bestmögliche Annäherung an den Sollwert 15° darstellt.

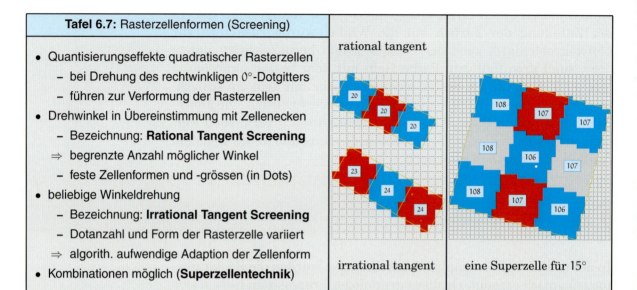

Tafel 6.7: Rasterzellenformen (Screening)

Selbstverständlich ist es mathematisch möglich eine Rasterzelle um einen beliebigen Winkel zu drehen. Darauf aufbauende Verfahren sind als *Irrational Tangent Screening* (*IR-Screening*) bekannt. Ihr Nachteil besteht darin, dass sich die Rasterzelle in Form und Grösse von Pixel zu Pixel verändert, siehe Tafel 6.7 (links unten). Die Verwaltung dieser Variationsformen ist algorithmisch relativ aufwendig. Zusätzlich ist eine Anpassung der gewählten Rasterpunktform an die aktuelle Form der Rasterzelle nötig. Ungeachtet des Aufwandes ist IR-Screening weitverbreitet.

Schliesslich ist es möglich RT- und IT-Screening zu kombinieren. Dies ist einfach zu erreichen, indem man mehrere Rasterzellen zu einer Superzelle zusammenfasst, siehe Tafel 6.7 (rechts). Da die Superzelle entsprechend grösser ist, stehen ihr im RT-Ansatz mehr Winkelmöglichkeiten zur Verfügung und die Annäherung an die kritischen Drehwinkel 15° bzw. 75° ist entsprechend erfolgreicher. Die Aufteilung der Superzelle auf die ursprünglichen Rasterzellen führt dann zwar auch zu Variationen in Grösse und Form der Subzellen, die aber im Gegensatz zum IT-Konzept kombinatorisch beschränkt sind.

6.3 Frequenzmodulierte Rasterung

Bereits in den 70er Jahren wurden erste Konzepte zur *frequenzmodulierten Rasterung* (FM) vorgeschlagen. Obwohl dieses Verfahren bei gleicher Dot-Auflösung eine wesentlich bessere Detailschärfe bietet, siehe Tafel 6.8, wurde es eigentlich erst in den 90er Jahren populär, vermutlich nicht zuletzt auf Grund steigender Rechnerleistung.

Die FM-Rasterung verteilt im Gegensatz zur AM-Methode die Dots mehr oder weniger zufällig in der Rasterzelle, siehe Tafel 6.8. Man spricht deshalb auch von *stochastischer Rasterung*. Der Tonwert einer Rasterzelle ist also durch die Häufigkeit der Druckpunkte bestimmt und nicht durch den Durchmesser einer Rasterpunktform. Da durch die zufällige Verteilung der Dots die Rasterzelle als solche nicht mehr erkennbar ist, verschiebt sich die Sichtbarkeitsgrenze in Richtung der Dot-Auflösung. Damit ist FM-Rasterung insbesondere für Ausgabegeräte mit einer geringen Dot-Auflösung, wie z.B. Ink-Jets, interessant.

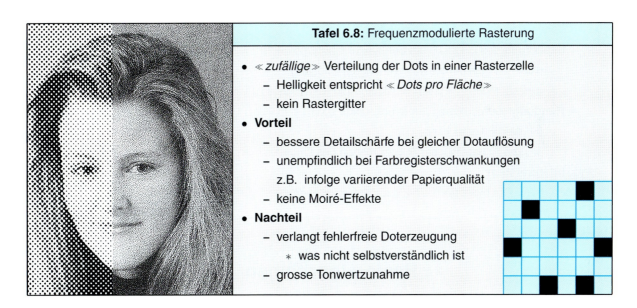

Tafel 6.8: Frequenzmodulierte Rasterung

- «*zufällige*» Verteilung der Dots in einer Rasterzelle
    - Helligkeit entspricht «*Dots pro Fläche*»
    - kein Rastergitter
- **Vorteil**
    - bessere Detailschärfe bei gleicher Dotauflösung
    - unempfindlich bei Farbregisterschwankungen
      z.B. infolge variierender Papierqualität
    - keine Moiré-Effekte
- **Nachteil**
    - verlangt fehlerfreie Doterzeugung
        * was nicht selbstverständlich ist
    - grosse Tonwertzunahme

Ausser der höheren Detailgenauigkeit haben FM-Raster aber noch einige weitere prinzipielle Vorteile. Dies ist zunächst die Unempfindlichkeit gegenüber Moiré-Effekten im Mehrfarbendruck. Die zufällige Dot-Verteilung bildet im Allgemeinen keine periodischen

Strukturen, die beim Übereinanderdruck der Farbraster interferieren könnten. Es sind deshalb auch keine speziellen Massnahmen zur Moiré-Vermeidung, wie die Verdrehung der Farbraster, bei der AM-Rasterung nötig. Gleichfalls wirken sich Abweichungen bei der Platzierung der Farbraster, etwa als Folge von variierender Papierqualität während des Drucks, weniger störend aus.

Aber es gibt auch Nachteile. Die zentrale Voraussetzung der FM-Rasterung ist die physikalisch fehlerfreie Produzierbarkeit eines einzelnen Druckpunktes. Dies ist z.B. bei Laserdruckern keine Selbstverständlichkeit. Im Offsetdruck kommt es bei grossen Auflagen zu einer mechanischen Abnutzung der Druckplatten. Einzelne Dots sind dafür empfindlicher als Dot-Cluster. Nicht zuletzt beobachtet man für FM eine stärkere Tonwertzunahme, d.h. eine grössere Abweichung zwischen angestrebter und produzierter Flächenbedeckung als bei der AM-Rasterung.

Tafel 6.9: Grundschema

- Herleitung aus Quantisierung
- **gegeben:** Pixelwerte $P(x,y)$
- zur Darstellung in $r^2 + 1$ Helligkeitsstufen
  - **Skalierung** des Originals um den Faktor r (Interpolation)
    * nicht nötig bei bereits ausreichender Auflösung
    * einfachste Form: Pixelmultiplikation (bei Dither-Verf.)
  - **Rundung** der resultierenden Druckpunkte $I(x,y) \in [0,1]$,
    * auf Werte 0 oder 1 mit
    * bestmöglicher visueller Approximation des Originals
  - **Interpretation**:
    * 0 = «Dot bleibt frei» bzw. 1 = «Dot wird gedruckt»

(1) **forall** x, y **do**
(2)   **if** $I(x,y) < 0.5$
(3)   **then**
(4) $O(x,y) \leftarrow 0;$
(5)   **else**
(6) $O(x,y) \leftarrow 1;$
(7)   **fi**
(8) **od**

6.4 Rasteralgorithmen

Um die Algorithmik des Halftoning systematisch entwickeln zu können, wählen wir einen Zugang als Quantisierungproblem. Dies ist aber nicht nur ein pädagogischer Ansatz, sondern zeigt auch, dass es uns in dieser Abhandlung auf Grund der Weitläufigkeit des Themas Quantisierung nicht möglich sein wird, das Thema erschöpfend zu behandeln. Wir beschränken uns deshalb auf die wichtigsten Grundalgorithmen. Zudem vereinfachen wir die Situation, indem wir nur einen Farbkanal, d.h. ein Graustufenbild, mit Rasterwinkel 0° betrachten. Andere Rasterwinkel für amplitudenmodulierte Raster haben grundsätzlich die gleiche Algorithmik, müssen aber bei Rasterwinkel ungleich 0°, wie in Abschnitt 6.2.2 ausgeführt wurde, an die jeweilige Rasterzellenform angepasst werden.

Abbildung 6.1
Rundung

Gegeben sei ein rechtwinkliges Graustufenbild der Dimension

$$X \times Y$$

mit Pixelwerten

$$0 \leqslant P(x,y) \leqslant 1.$$

Zu bestimmen ist ein Ausgabebild O der Grösse

$$r \cdot X \times r \cdot Y$$

mit Pixelwerten

$$O(x,y) = 0 \quad \text{oder} \quad O(x,y) = 1.$$

Die Ausgabe O repräsentiert das zu realisierende Dot-Bild mit der Interpretation:

$$O(x,y) = \begin{cases} 0 & \text{Position } (x,y) \text{ bleibt frei} \\ 1 & \text{an der Position } (x,y) \text{ wird ein Dot gedruckt} \end{cases}$$

Der Parameter r steht für die Kantenlänge der Rasterzelle, die wir uns als $r \times r$-Matrix vorstellen. Gemäss dieser Festlegung können also $1+r^2$ Helligkeitsstufen realisiert werden.

Die Bestimmung des Ausgabebildes O erfolgt in zwei Schritten. Der erste Schritt ist eine Skalierung des Bildes um den Faktor r. Das sich ergebende Bild I repräsentiert nun *implizit* die Rasterzellen, bestehend aus $r \times r$-Blöcken von interpolierten Kopien eines P-Pixels. Die Skalierung kann im einfachsten Fall in einer Pixelmultiplikation bestehen, was für Ditherverfahren durchaus angemessen ist, oder kann für Error Diffusion-Ansätze durch eine hochwertige Interpolationsmethode vorgenommen werden. Idealerweise liegt das Originalbild bereits in der benötigten Dot-Auflösung vor, so dass der Skalierungsschritt entfallen kann.

Der zweite Schritt ist dann die Rundung der Bildpunkte $I(x,y)$ auf die Werte 0 oder 1. Dabei wird eine bestmögliche visuelle Approximation des Originals angestrebt. Die verschiedenen Halftoning-Algorithmen unterscheiden sich konzeptionell erst in der Ausformung des zweiten Schrittes.

6.4.1 Dot-by-Dot-Verfahren

Der einfachste Ansatz besteht offenbar in der direkten Rundung der Werte $I(x,y)$ auf 0 oder 1, siehe Tafel 6.9. Das Resultat in Abbildung 6.1 ist jedoch wenig überzeugend. Da die Bildpunkte einer Rasterzelle auf Grund der Skalierung aus dem Originalbild mehr oder weniger den gleichen Grauwert haben, werden sie im Allgemeinen einheitlich auf 0 oder 1 gerundet und der Graustufeneindruck geht verloren.

Um das Resultat zu verbessern, wäre es offenbar günstig, die einheitliche Struktur der Werte $I(x,y)$ zu variieren, bevor die Rundung durchgeführt wird. Ein technisch einfacher Weg dazu ist die Addition einer Zufallszahl zu $I(x,y)$. Algorithmisch führt dies zur Ersetzung der Abfrage

$$I(x,y) < 0.5$$

aus unserem Grundalgorithmus in Tafel 6.9 durch

$$I(x,y) < \text{random}$$

wobei random für einen uniformen Zufallszahlengenerator steht, der reelle Zahlen zwischen 0 und 1 erzeugt. Dieses Vorgehen macht den Ausgabepixel $O(x,y)$ in der Sprache der Wahrscheinlichkeitstheorie zu einer Indikatorvariablen mit Erwartungswert

$$\mathbf{E}(O(x,y)) = I(x,y), \tag{6.1}$$

d.h. der durchschnittliche Ausgabewert eines Bildpunktes ist mit seinem Eingabewert identisch. Die entsprechende Rasterzelle hat also nun im Mittel den richtigen Grauwert, siehe Abbildung 6.2.

Die Addition von Zufallszahlen zu Pixelwerten eines Bildes wurde in den 60er Jahren für TV-Anwendungen populär. Das *Einkodieren von Rauschen (Noise Encoding)* erlaubte es in den frühen TV-Sendungen die Anzahl der übermittelten Helligkeitsstufen auf 8–16 zu reduzieren, siehe [8]. Der Erfolg des Noise encoding im TV-Kontext führte einerseits zu einer Übernahme dieser Technik in andere Bereiche, andererseits aber auch zu einem Interesse an dem systematischen Design des benutzten *Rauschens,* um spezielle Eigenschaften sicherzustellen.

Im Halftoning zeigt *Noise Encoding* gemäss (6.1) eine gewisse Grobgranularität, die als Störung wahrgenommen wird. Um diesen Effekt zu verringern, sollte das *Rauschen* feiner strukturiert sein. Mathematisch lässt sich das gewünschte Verhalten anhand des Fourier-Spektrums der verwendeten Zufallszahlen ausdrücken und zwar sollte das Spektrum nur hohe Frequenzen enthalten, sogenannten *Blue noise*, siehe **R. Ulichney** [11]. Dabei steht «hoch» für eine Frequenz, deren Wellenlänge kleiner als das räumliche Auflösungsvermögen des Auges ist. Praktisch bedeutet dies, dass die Zufallszahlen zwar innerhalb einer Rasterzelle variieren sollten, aber nicht von Rasterzelle zu Rasterzelle. Dies lässt sich implementieren,

- indem die Zufallszahlen nur einmal generiert,
- in einer $r \times r$-Matrx T, der *Dithermatrix*, gespeichert und
- in jeder Rasterzelle in der gleichen Art und Weise wiederverwendet werden.

Kapitel 6. Halftoning

Abbildung 6.2
Noise Encoding

Abbildung 6.3
Random Dither

6.4. Rasteralgorithmen

Abbildung 6.4
Spiral Dot

Abbildung 6.5
Classical Dot

Dies modifiziert die Rundung in Zeile 2 aus Tafel 6.9 weiter zu[3]:

```
if I(x,y) < T[x%r][y%r]
```

Für Abbildung 6.3 wurde $r = 4$ und die foldende Dithermatrix verwendet:

$$\frac{1}{16} \times \begin{array}{|c|c|c|c|} \hline 9 & 1 & 6 & 2 \\ \hline 3 & 13 & 0 & 4 \\ \hline 8 & 11 & 15 & 5 \\ \hline 4 & 12 & 7 & 8 \\ \hline \end{array}$$

Tafel 6.10: Dither-Verfahren

- **Noise Encoding:** `if I[x][y] < «random»`
- **Random Dither**
  - spezielle Implementierung von «random» $\in [0, 1]$
  - periodische Wiederholung der gleichen Zufallszahlen
    * sowohl in x als auch y Richtung
    * benutzte Zufallszahlen in $r \times r$ - Dithermatrix T
    * **Vorteil:** hochfrequentes Rauschen (**blue noise**)

  `If I[x][y] < T[x%r][y%r]`

- **Ordered Dither**
  - systematische Wahl der Dithermatrix T für spezielle Ziele
  - Konzentration der höheren Zahlen im Zentrum von T
    * simuliert **Amplitudenmodulation**

spriral dot

10	9	8	7
11	16	15	6
12	13	14	5
1	2	3	4

classical dot

4	8	10	1
11	15	14	5
7	16	13	9
3	12	6	2

1	9	3	11
13	5	15	7
4	12	2	10
16	8	14	6

5	7	8	6
13	15	16	14
9	11	12	10
1	3	4	2

bayer dot

line screen

Anstatt die Einträge der Dithermatrix T zufällig zu generieren, spricht funktional nichts dagegen sie auch nach anderen Kriterien zu bestimmen. In der Tat beschäftigten sich viele Publikationen mit der systematischen Konstruktion von Dithermatrizen. Die Gruppe dieser Verfahren, bekannt als *Ordered Dither*, zerfällt weiter in *Clustered Dot*- und *Dispered Dot-Ansätze*. Die Clustered Dot-Konzepte sind mit der Amplitudenmodulation korreliert und können als digitale Simulation der traditionellen photomecha-

---

[3]`x%r` steht für "x modulo r", dem Divisionsrest der ganzzahligen Division `x/r`

nischen AM-Rasterung verstanden werden.[4] Sie konzentrieren die Dots in der Mitte der Rasterzelle, indem beispielsweise die nach Grösse sortierten Einträge spiralförmig um die Mitte der Dithermatrix platziert werden, siehe Abbildung 6.4 und 6.5. Im Gegensatz dazu verteilen Dispered Dot-Verfahren die Bildpunkte nach speziellen Kriterien über die gesamte Rasterzelle. Typisch ist der Ansatz von **B. Bayer** [1], siehe Abbildung 6.6, der eine minimale Sichtbarkeit des Rastergitters anstrebt.

6.4.2 Error Diffusion

Die bisher vorgestellten *Dot-by-Dot*-Konzepte ignorieren bei der Entscheidung über das Auf- oder Abrunden des Bildpunktes $I(x, y)$ die vorangegangenen Entscheidungen, insbesondere die dabei gemachten Fehler. Mit *Error Diffusion* bezeichnet man eine Klasse von Rasterverfahren, die gezielt versucht, die Quantisierungsfehler von Nachbarpixeln in die Rundungsentscheidung für $I(x, y)$ mit einzubeziehen. Error Diffusion wird besonders bei frequenzmodulierter Rasterung verwendet. Das Grundkonzept geht auf **R. Floyd** und **L. Steinberg** [7] aus dem Jahre 1976 zurück.[5]

Tafel 6.11: Error Diffusion

(1) **for** $y = 0, 1, \ldots$ **do**
(2)   **for** $x = 0, 1, \ldots$ **do**
(3)   **if** $I[x][y] < 0.5$
(4)   **then** $O[x][y] \leftarrow 0$;
(5)   **else** $O[x][y] \leftarrow 1$;
(6)   **fi;**
(7) $e \leftarrow I[x][y] - O[x][y]$;
(8) $I[x+1][y] \leftarrow I[x+1][y] + e\,\alpha$;
(9) $I[x-1][y+1] \leftarrow I[x-1][y+1] + e\,\beta$;
(10) $I[x][y+1] \leftarrow I[x][y+1] + e\,\gamma$;
(11) $I[x+1][y+1] \leftarrow I[x+1][y+1] + e\,\delta$;
(12)   **od;**
(13) **od;**

- Übertrag von Quantisierungsfehler auf Nachbarpixel
  - führt zur «*zufälligen*» Verteilung der Druckpunkte
- Grundkonzept **Floyd-Steinberg**
  - Einpasslauf durch die Pixel
  - Bearbeitung: links → rechts, oben → unten
  - Propagation des (x, y)-Quantisierungsfehlers auf
    * $(x+1, y)$, $(x-1, y+1)$, $(x, y+1)$ und $(x+1, y+1)$
    im Verhältnis $\frac{7}{16}, \frac{3}{16}, \frac{5}{16}, \frac{1}{16}$
  * unempfindlich gegenüber Moiré-Effekten
  * bessere Qualität bei gleicher Dot-Auflösung

---

[4]Es sei hier noch einmal darauf hingewiesen, dass die Rasterzellen bei von $0°$ verschiedenen Rasterwinkeln keine einfache quadratische Form mehr besitzen. Die hier präsentierten algorithmischen Skizzen müssen dann entsprechend an die konkreten Zellenformen angepasst werden.
[5]Man beachte jedoch auch die Arbeit von **M. Schroeder** [9], die bereits ähnliche Vorschäge enthielt.

Kapitel 6. Halftoning

Abbildung 6.6
Bayer Dot

Abbildung 6.7
Line Screen

6.4. Rasteralgorithmen

Abbildung 6.8
Floyd-Steinberg

Abbildung 6.9
entlang einer
Hilbert-Kurve

Die Bildpunkte des skalierten Bildes werden in einem Einpass-Verfahren quantisiert, wobei die Pixel zeilenweise von oben nach unten bzw. innerhalb einer Zeile von links nach rechts abgearbeitet werden.

Durch die Rundung eines Pixels entsteht im Allgemeinen ein Fehler. Anstatt wie bei der Einkodierung von Rauschen darauf zu vertrauen, dass sich die Quantisierungsfehler in der Nachbarschaft eines Pixels zufällig ausgleichen, macht Error Diffusion diesen lokalen Ausgleich zum Designprinzip.

Tafel 6.12: komplexere Algorithmen

- Erweiterungen des Error Diffusion-Ansatzes
    - kombinierbar mit Filteralgorithmen
        * insbesondere Kantenschärfung (in- oder extern)
    - **Hilbert-Kurve** (rechts) als Bearbeitungsreihenfolge
    - Einbezug einer grösseren Nachbarschaft
- **allgemeiner Kontext:** Quantisierungsalgorithmen
    - Reduktion auf Optimierungsprobleme (Knappsack)
        * iterative Suchverfahren (Direct Binary Search)
    - Modellbasierte Verfahren zur Berücksichtigung
        * von Geräteeigenschaften
        * des menschlichen Sehprozesses

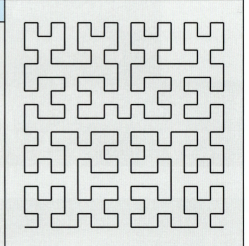

Wird ein Dot durch die Rundung zu dunkel, dann werden die Sollwerte der noch nicht bearbeiteten Nachbarpixel entsprechend aufgehellt. Dieses Vorgehen wird als Fehlerpropagation bezeichnet. Der Algorithmus von **Floyd** und **Steinberg** verteilt den Rundungsfehler im Allgemeinen an 4 noch nicht bearbeitete Nachbarn, jedoch mit einer empirisch gewonnenen ungleichen Gewichtung.

Eine explizite Berücksichtigung der Rasterzellenstruktur findet nicht statt. Die zu druckenden Dots werden mehr oder weniger zufällig in der Rasterzelle verteilt, was die Begründung für die Unempfindlichkeit gegenüber Moiré-Effekten liefert.

Obwohl der Algorithmus, siehe Tafel 6.11, relativ einfach ist, erzeugt er visuell ansprechende Resultate, siehe Abbildung 6.8. Nicht zuletzt wird gegenüber AM-Verfahren eine wesentliche Verbesserung der Detailschärfe erreicht.

Ausgehend von diesem Grundkonzept wurden insbesondere in den 90er Jahren viele Verbesserungen vorgeschlagen, eine empfehlenswerte Übersicht bietet **Henry Kang** [4]. Ein Nachteil des **Floyd-Steinberg**-Algorithmuses ist das Auftreten von visuellen Artefakten. Solche Probleme können durch eine verfeinerte Fehlerpropagation, z.B. durch Einbezug einer grösseren Nachbarschaft, und/oder eine geänderte Bearbeitungsreihenfolge gemindert werden, siehe Abbildung 6.9, wo eine Hilbert-Kurve als Bearbeitungsreihenfolge benutzt wurde. Eine explizite Randomisierung der Rundungsschwelle verbessert das Resultat speziell in flächigen Bildteilen. Error Diffusion kann zudem gut mit weiteren Konzepten der Bildverarbeitung, z.B. Kantenschärfung kombiniert werden, sowohl innerhalb als auch ausserhalb des eigentlichen Algorithmus.

6.4.3 Intensitätsmodulation

Bei einigen modernen Ausgabegeräten ist es möglich durch Variation der Farbschichtdicke eines Druckpunktes eine mehr oder weniger umfangreiche Helligkeitsmodulation zu erreichen. Hochqualitative Thermosublimationsdrucker können 8-Bit-RGB-Daten vollständig durch Helligkeitsmodulation realisieren. Im Tiefdruck resultiert durch Variation der Näpfchentiefe eine bedingte Intensitätsmodulation. Da der Tiefdruck indessen eine hochspezialisierte Technik für Grösstauflagen darstellt, ist diese Besonderheit eher für Spezialisten interessant. Eine grosse Bedeutung hat die Intensitätsmodulation im Non-Impact-Druck, speziell bei Inkjets, teilweise bei Laserdruckern. Hier werden typischerweise 4 bis 10 Helligkeitsstufen realisiert. Algorithmisch führt die Quantisierung auf ℓ anstelle von 2 Ausgabewerten zu keiner konzeptionell neuen Problemstellung. Sowohl AM- als auch FM-Verfahren sind leicht entsprechend modifizierbar, siehe **Kang** [4, Kap. 18].

Tafel 6.13: Intensitätsmodulation im Druck

- Helligkeitsdarstellung durch Variation d. Farbschichtdicke
    - Farbschicht wirkt als halbtransparenter Filter
    - erlaubt z.B. 4 Helligkeitsstufen bei Laserdrucker
- typisch für fotografische Drucker
    - Pictrographic: 8-Bit-RGB-Drucker
- teilweise im Tiefdruck realisierbar (Näpfchentiefe)
- zunehmende Bedeutung im Non-Impact-Druck
    - speziell Ink-Jet
    - teilweise Laserdruck
- **algorithmisch:** Quantisierung auf mehrere Zielwerte
    - grundsätzlich sind AM und FM adaptierbar

6.5 Bemerkungen

Da es sich beim Halftoning im Kern um ein Quantisierungsproblem handelt, gibt es keine prinzipiellen Grenzen für die Adaption allgemeiner Quantisierungskonzepte. Entsprechend reichhaltig präsentiert sich die Literatur zum Thema. Algorithmisch besonders interessant sind Ansätze, die als kombinatorische Optimierungsprobleme formuliert sind. Die Verwandschaft zu dem bekannten NP-vollständigen Knappsack-Problem, siehe **Sasan Goran** [3], zeigt, dass eine «beste» Lösung nicht erwartet werden kann. Andererseits ist es beeindruckend, was anspruchsvolle Halftoning-Algorithmen [3, 6] vermögen. Der Nachteil dieser komplexen Strategien ist eine wesentlich höhere Laufzeit gegenüber den Standardalgorithmen.

Seit dem Entstehen des Desktop-Publishing in den 80er Jahren war die visuelle Qualität das zentrale Ziel bei der Entwicklung neuer Halftoning-Algorithmen, speziell für Inkjets und Laserdrucker. Insbesondere der Erfolg digitaler Fotodrucker ist eng mit optimierten Halftoning-Algorithmen verbunden. Die Dot-Auflösung der üblichen Ausgabegeräte hat sich aber in den letzten Jahren stark verbessert. Die Relevanz für weitere visuelle Verbesserungen der Algorithmen ist deshalb im Schwinden begriffen. Besonders deutlich wird dies im Offsetdruck, wo zum einen seit Jahrzehnten hohe dpi-Zahlen den Stand der Technik markieren und zum anderen die allgemein erwartete generelle Ablösung der AM- durch FM-Rasterung doch überraschend langsam erfolgt.

Aus Autorensicht besteht trotzdem ein elementares Interesse an dem benutzten Halftoning-Algorithmus. Zunächst geht es um die Kontrolle und Organisation des Workflows. Sowohl die Gerätekalibration als auch das Color Management beziehen sich immer auf einen spezifischen Halftoning-Algorithmus. Dessen Auswahl und Design hat also einen entscheidenden Einfluss auf die Qualität des Resultats.

Zum Zweiten sind die Default-Einstellungen mancher Ausgabegeräte nicht auf ein visuell optimales Resultat ausgelegt. So benutzen viele Laserdrucker als Standard ein Linienraster, was zwar dem technischen Produktionsvorgang entgegen kommt, visuell aber suboptimal sein kann.

6.6 Literaturverzeichnis

[1] B. Bayer. An Optimum Method for Two-Level Rendition of Continuous-Tone Pictures. In *IEEE International Conference on Communications*, pages 26.11–26.15, 1973.

[2] G. Meisenbach. Deutsches Patent DRP 22 244, 1882.

[3] S. Gooran. *High Quality Frequency Modulated Halftoning*. PhD thesis, Linköpings Universitet, Norrköping, Sweden, 2001. Diss. No. 668.

[4] H. Kang. *Digital Color Halftoning*. SPIE Optical Engineering Press, Bellingham, Washington USA, 1999.

[5] L. Levy and M. Levy. Screen for Photomechanical Printing. U.S. Patent 492333, 1893.

[6] M. Analoui and J. Allebach. Model-based Halftoning Using Direct Binary Search. In *Proc. SPIE Vol. 1666*, pages 109–121, 1992.

[7] R. Floyd and L. Steinberg. An Adaptive Algorithm for spatial Grey Scale. In *Proc. Soc. Info. Display*, page 75f., 1976.

[8] R. Roberts. Picture Coding Using Pseudo-Random Noise. *IRE Trans. Inf. Theory*, IT-8:145–154, 1962.

[9] M. Schroeder. Images from computer. *IEEE Spectrum*, 6:66–78, 1969.

[10] W. Talbot. Improvements in the Art of Engraving. British Patent Specification No. 565, 1852.

[11] R. Ulichney. *Digital Halftoning*. MIT Press, Cambridge, Massachusetts, 1987.

Kapitel 6. Halftoning

Kapitel 7

Gamut Mapping

Die Gesamtheit der von einem Ausgabegerät reproduzierbaren Farben wird *Gamut* genannt. Verschiedene Ausgabegeräte bzw. Prozesse wie der Zeitungsdruck besitzen im Allgemeinen verschiedene Gamuts, siehe die Abbildungen 7.1 bis 7.8. Normalerweise ist der Gamut des Ausgabegerätes der entscheidende Engpass in einem Reproduktionsprozess, weil nicht alle spezifizierten Farben eines Bildes im vorgesehenen Ausgabemedium dargestellt werden können. Die folgende Doppelseite zeigt ein sRGB-Bild (links-oben) im Photogamut (links-unten), im ISO-Offset-Gamut (rechts-oben) und im Ifra-Zeitungsgamut (rechts-unten), wobei die jeweils nicht im Gamut enthaltenen Farben frei gelassen wurden. Auf Grund dieser Problematik ist im Allgemeinen eine Anpassung der Farbspezifikation eines Bildes an den Zielgamut, genannt *Gamut Mapping* (GM), unvermeidbar.

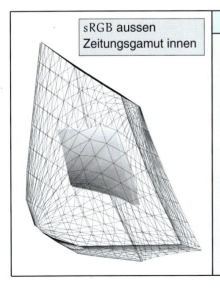

sRGB aussen
Zeitungsgamut innen

Tafel 7.1: Farbwiedergabe

- beschränkt durch Produktionstechnik
- zentral limitierender Faktor: **Geräte-Gamuts**
  - **Gamut:** Gesamtheit der produzierbaren Gerätefarben
- zwingend erforderlich: **Gamut Mapping**
  - Adaption einer Farbspezifikation an Geräte-Gamut
  - normalerweise verdeckt implementiert (embedded software)
    * im RIP: «*Druckbild ≠ Monitorbild*»
    * mit Farbseparierung kombiniert
    * integriert im Color Management
  - aktuell: **Standardisierung des Gamut Mappings**
    * geräte- und medienübergreifend

Das Gamut Mapping ist üblicherweise als embedded Software in der Produktionskette implementiert und wird dem nicht sensibili-

Kapitel 7. Gamut Mapping

Abb. 7.1: separiertes Original (Mapping: ISO Coated)

Abb. 7.2: durch Inkjets reproduzierbar (ohne Mapping)

Abb. 7.3: im Offsetdruck reproduzierbar (ohne Mapping)

Abb. 7.4: im Zeitungsdruck reproduzierbar (ohne Mapping)

Kapitel 7. Gamut Mapping

Abb. 7.5: spepariertes Original (Mapping: ISO Coated)

Abb. 7.6: durch Inkjets reproduzierbar (ohne Mapping)

Abb. 7.7: im Offsetdruck reproduzierbar (ohne Mapping)

Abb. 7.8: im Zeitungsdruck reproduzierbar (ohne Mapping)

Kapitel 7. Gamut Mapping

sierten Benutzer vielleicht lediglich als Diskrepanz zwischen Monitordarstellung und Druckbild gewahr. Es kann in verschiedenen Teilen des Workflows platziert sein. Als integraler Bestandteil eines Color Management Systems oder eines RIPs[1] übernimmt das Gamut Mapping implizit die Aufgabe der klassischen Farbseparation. Auf Grund der Bedeutung für die Reproduktionstechnik ist die Suche nach einem universell einsetzbaren GM-Algorithmus, geräte- und medienübergreifend, ein äusserst aktuelles Forschungsthema.[2]

7.1 Traditionelle Designprinzipien

Die algorithmischen Grundprinzipien des Gamut Mappings sind im Erfahrungswissen der graphischen Industrie verwurzelt. Entsprechend den Möglichkeiten einer noch nicht digitalisierten Reproduktionstechnik ging man mehr oder weniger von einer unabhängigen Anpassung der Komponenten Farbton, Helligkeit und Sättigung aus. Die Erfahrungen der Medienbranche in den letzten Jahrzehnten sind geprägt von dem Umgang mit grossen Bilddatenmengen bei begrenzten Rechnerressourcen. Den daraus resultierenden Effizienzanforderungen entsprechend sind die klassischen Lösungen algorithmisch eher einfach und minimalistisch ausgerichtet. Darüber hinaus drücken sie ein empirisch orientiertes Problemverständnis aus.

Tafel 7.2: Traditionelle Designprinzipien

- aus dem Erfahrungswissen der graphischen Industrie
- typisch: **elementare Ansätze**
    - mit mehr oder weniger **unabhängiger** Behandlung
    - von **Farbton**, **Helligkeit** und **Sättigung**
- Abbildung **Farbraum** → **Gamut** rein farbmetrisch
    - von Farbvalenz zu Farbvalenz
- **hohe Effizienzanforderung** durch grosse Bilddaten
    - einfache Algorithmik, teils hardwareoptimiert
    - noch in den 90er Jahren zentraler Produktionsfaktor

7.1.1 Farbton

Grundsätzlich sollte der Farbton (Hue) durch das Gamut Mapping unverändert bleiben. Dass diese Absicht nicht ganz trivial ist, hängt mit den Konstruktionseigenschaften der meistgenutzten

---
[1] raster image processor, ein Prozessor oder eine entsprechende Softwaresimulation, die eine Bildbeschreibung in Form einer Layoutsprache wie Postscript oder PDF in Pixeldaten übersetzt
[2] als allgemeine Einführung zum Thema eignet sich [10, Kap. 10]

7.1. Traditionelle Designprinzipien

gleichabständigen Farbräume zusammen, insbesondere mit CIE-LAB, dem bevorzugten Arbeitsraum für die durchzuführenden geometrischen Operationen. Da in CIELAB die Koordinaten a^* und b^* von L^* abhängen, stellt eine farbtonkonstante Gerade aus dem Normvalenzsystem in CIELAB eine gekrümmte Kurve dar, siehe Tafel 7.3. Manche der fortgeschrittenen Algorithmen, z.B. *CARISMA* [1], benutzen deshalb eine *Hue-Shift* genannte explizite Farbtonkorrektur. Das Problem sollte jedoch durch Wahl des richtigen Arbeitsraums vermieden werden können. Aussichtsreiche Kandidaten hierfür sind etwa der DIN-Farbraum oder verbesserte CIELAB-Räume, siehe [2].

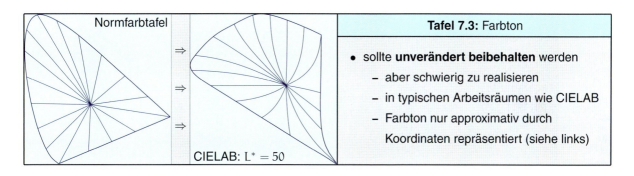

Tafel 7.3: Farbton

- sollte **unverändert beibehalten** werden
  - aber schwierig zu realisieren
  - in typischen Arbeitsräumen wie CIELAB
  - Farbton nur approximativ durch Koordinaten repräsentiert (siehe links)

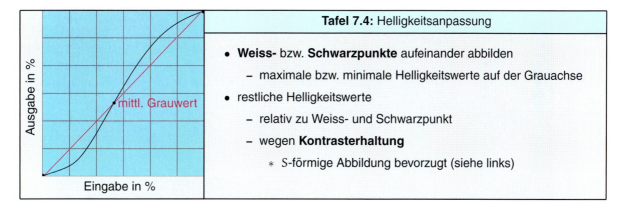

Tafel 7.4: Helligkeitsanpassung

- **Weiss-** bzw. **Schwarzpunkte** aufeinander abbilden
  - maximale bzw. minimale Helligkeitswerte auf der Grauachse
- restliche Helligkeitswerte
  - relativ zu Weiss- und Schwarzpunkt
  - wegen **Kontrasterhaltung**
    * S-förmige Abbildung bevorzugt (siehe links)

7.1.2 Helligkeit

Im Normalfall ist das Helligkeitsintervall des Zielgamuts eine echte Teilmenge des Originalgamuts. Der erste Schritt besteht deshalb in einer Abbildung der Intervallgrenzen, d.h. der Weiss- bzw. Schwarzpunkte aufeinander. Die Anpassung der restlichen Helligkeitswerte

Kapitel 7. Gamut Mapping

Helligkeit

Abb. 7.9: Original

Abb. 7.10: linear auf 50 % komprimiert

7.1. Traditionelle Designprinzipien

Abb. 7.11: schwach nichtlinear komprimiert

Abb. 7.12: stärker nichtlinear komprimiert

Helligkeit

Kapitel 7. Gamut Mapping

Helligkeit

Abb. 7.13: Original

Abb. 7.14: linear auf 50 % komprimiert

7.1. Traditionelle Designprinzipien

Abb. 7.15: schwach nichtlinear komprimiert

Abb. 7.16: stärker nichtlinear komprimiert

Helligkeit

Kapitel 7. Gamut Mapping

Abb. 7.17: Original

Helligkeit

Abb. 7.18: linear auf 50 % komprimiert

7.1. Traditionelle Designprinzipien

Abb. 7.19: schwach nichtlinear komprimiert

Abb. 7.20: stärker nichtlinear komprimiert

Helligkeit

Kapitel 7. Gamut Mapping

Sättigung

Abb. 7.21: Original

Abb. 7.22: linear auf 40 % komprimiert

7.1. Traditionelle Designprinzipien

Abb. 7.23: schwach nichtlinear komprimiert

Abb. 7.24: stärker nichtlinear komprimiert

Sättigung

Kapitel 7. Gamut Mapping

Abb. 7.25: Original

Abb. 7.26: linear auf 40% komprimiert

Sättigung

7.1. Traditionelle Designprinzipien

Abb. 7.27: schwach nichtlinear komprimiert

Abb. 7.28: stärker nichtlinear komprimiert

Sättigung

Kapitel 7. Gamut Mapping

Abb. 7.29: Original

Abb. 7.30: linear auf 60 % komprimiert

Sättigung

7.1. Traditionelle Designprinzipien

Abb. 7.31: schwach nichtlinear komprimiert

Abb. 7.32: stärker nichtlinear komprimiert

Sättigung

Kapitel 7. Gamut Mapping

Original (Ski-TC8-03)

SGCK-Algorithmus

HP-MinDist-Algorithmus

SGDA-Algorithmus

Abb. 7.33: Mapping: ISO Coated nach Ifra-Zeitung

7.1. Traditionelle Designprinzipien

Original　　　　　　　　　　　　SGCK-Algorithmus

HP-MinDist-Algorithmus　　　　　SGDA-Algorithmus

Abb. 7.34: Mapping: ISO Coated nach Ifra-Zeitung

erfolgt relativ zu denen der Weiss- bzw. Schwarzpunkte. Die mathematische einfachste Lösung ist eine lineare Abbildung der Helligkeitsintervalle aufeinander, d.h. dass ein Helligkeitswert, der im Originalgamut 37% der Helligkeitsskala darstellt, auf einen Wert abgebildet wird, der 37% der Hellikeitsskala des Zielgamuts repräsentiert. Die Erfahrung der Reproduktionsfachleute zeigt jedoch, dass eine S-förmige Kurve[3], siehe Tafel 7.4, zu empfindungsmässig wesentlich besseren Ergebnissen führt, was in den Abbildungen 7.9 bis 7.20 illustriert wird. Der Grund dafür liegt darin, dass diese Kurve für wesentlich mehr Bildpunkte den ursprünglichen Helligkeitskontrast beibehält. Der Scheitelpunkt der S-Kurve sollte dabei der mittleren Bildhelligkeit entsprechen.

Tafel 7.5: Sättigung

- clipping zu grosser Sättigungswerte auf maximal mögliche
  - führt zu maximaler globaler Kontrasterhaltung
  - aber zu lokalen Kontrastverlusten
    * besonders in den gesättigten Farben
    * wo sie auffällig sind
- populäre Strategie
  - **maximale Werte**: clippen
  - **kleinere Sättigungswerte**: beibehalten
  - **grössere Zwischenwerte**: splineförmig interpolieren

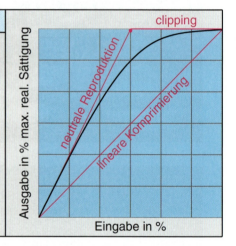

7.1.3 Sättigung

Auch bei der Sättigung verfolgt man bei der Komprimierung das Ziel einer möglichst hohen Kontrasterhaltung. Hier muss jedoch zwischen globaler und lokaler Kontrasterhaltung unterschieden werden. Der globale Farbkontrast, die mittlere Buntheit des Bildes, wird durch einfaches Clipping maximal erhalten, d.h. zu grosse Sättigungswerte werden einfach abgeschnitten. Dies führt jedoch zu einem Konflikt. Durch das Clipping werden in den gesättigten Farben viele ähnliche Farbwerte auf den gleichen Wert gerundet. Dies kann zu Detailverlusten oder zu sichtbaren Bildstörungen führen. siehe die Abbildungen 7.40 bis 7.43. Da ähnliche Farbwerte typischerweise lokal konzentriert in einem Bild auftreten und gesättigte

---

[3]im englischen Sprachraum *sigmoidale Kurve* genannt

Farben oftmals mit dem zentralen Bildgegenstand korreliert sind, werden die durch das Clipping verursachten visuellen Störungen zudem besonders gut wahrgenommen. Der populäre Lösungsansatz besteht in dem Kompromiss einer nichtlinearen Sättigungskomprimierung. Kleine Sättigungswerte bleiben mehr oder weniger unverändert, wohingegen grössere Werte zur maximal realisierbaren Sättigung hin splineförmig interpoliert werden, siehe Tafel 7.5. Visuelle Beispiele sind in den Abbildungen 7.21 bis 7.32 auf den Seiten 180 – 185 zu sehen.

7.2 State-of-the-Art

Farbdaten werden im heutigen Publishing-Workflow routinemässig über *Color Management Systeme* (CMS) spezifiziert, bearbeitet, transformiert und ausgegeben, worauf wir im Detail in Kapitel 8 eingehen werden. Es handelt sich um einen offenen Softwarestandard, festgelegt durch die Interessengemeinschaft *International Color Consortium* (ICC).[4] Der ICC-Standard definiert das Datenformat[5] in dem ein Gerätegamut charakterisiert wird. Ferner ist die Schnittstelle bestimmt, in welcher Form eine auf diesen Daten basierende Farbtransformation von bzw. zu diesem Gerät angesprochen werden kann. Die Funktionalität der implementierten Farbtransformation, d.h. das Gamut Mapping, ist jedoch dem Softwarehersteller überlassen.

Auf Grund dieser Sachlage verwundert es nicht, dass verschiedene Color Mangement Systeme auch bei gleichen Eingabedaten, teilweise sehr ungleiche Resultate zeigen. Dies ist für einen Softwarestandard nicht sehr befriedigend, insbesondere da das ICC-Konsortium an einer ISO-Standardisierung ihrer Spezifikationen interessiert ist. Der offensichtliche Königsweg aus dieser Problematik wäre die zusätzliche Standardisierung des Gamut Mappings,

Tafel 7.6: State-of-the-Art

- **Gamut Mapping (GM) als Software**
    - integraler Bestandteil des Color Management
        * Implementierung ist herstellerspezifisch
    - enthält implizit **Gamut-Bestimmung**
        * z.B. Drucker: ISO-Testchart mit ≈ 1000 Testfeldern
- gesucht: **universeller Algorithmus**
    - geräte- und medienunabhängig
    - CIE-Technical Report 156-2004: 2 Referenzalgorithmen
      download: www.colour.org/tc8-03/pgma.html

---

[4] siehe www.color.org
[5] genannt **ICC-Profile**

woraus sich unmittelbar die Frage ergibt: Existiert eine universelle Lösung des Gamut Mappings, die geräte- und medienneutral eingesetzt werden kann? Zur Untersuchung dieser Frage haben ISO und CIE die gemeinsame Arbeitsgruppe TC 8-03 eingerichtet. In ihrem Technical Report 156: 2004 unterbreitet sie Vorschläge zum Vergleich von Gamut Mapping-Algorithmen, welche die Grundlage der aktuellen internationalen Diskussion zum Thema darstellen. Bestandteil dieser Empfehlungen sind auch zwei Referenzalgorithmen,[6] im Folgenden HP-MinDist und SGCK genannt, die zwei weitverbreite Ansätze repräsentieren, sowie das in Abbildung 7.33 zu sehende Testbild.

7.2.1 Clipping-Verfahren

Die einfachste Lösung des Gamut Mapping ist das sogenannte *Clipping*. Farben ausserhalb des Zielgamuts Z werden auf seine Oberfäche abgebildet, wohingegen Farben innerhalb des Zielgamuts unverändert bleiben. Die beiden Hauptvarianten 3D-MinDist und HP-MinDist unterscheiden sich durch die Behandlung des Farbtons. In der ersten geht man nicht auf den Farbton ein, sondern sucht dreidimensional nach dem nächsten Oberflächenpunkt von Z. In der zweiten bleibt der Farbton unverändert, d.h. die Suche nach dem nächsten Oberfächenpunkt wird auf die Ebene begrenzt, die durch den gegebenen Farbtonwinkel aufgespannt wird. Dieses Verfahren wird in dem CIE-Referenzalgorithmus HP-MinDist benutzt.

Clipping ist ein häufig verwendetes Verfahren, insbesondere auch als Subroutine in anspruchsvolleren Lösungen. Es hat die in Abschnitt 7.1.3 angedeuteten Nachteile, ist aber auf Grund der einfachen Algorithmik effizient implementierbar. Beispiele zum HP-MinDist findet man in den Abbildungen 7.40, 7.44, 7.33 und 7.34.

Tafel 7.7: Clipping

- einfachste, aber populäre Lösung
- Farben ausserhalb des Zielgamuts Z
  - werden auf die Oberfläche von Z abgebildet
- in-gamut-colors bleiben unverändert
- zwei Hauptvarianten
  - 3-D-minimum-distance-clipping (**3D-MinDist**)
    * zum nächsten Oberflächenpunkt von Z
  - hue-preserving-minimum-distance-clipping
    * **HP-MinDist** (CIE-Referenzalgorithmus)
    * wie oben, aber Beibehaltung d. Farbtons

---

[6]download: www.colour.org/tc8-03/pgma.html

7.2.2 Grundschema komplexerer Algorithmen

Anspruchsvollere Konzepte versuchen ein unstetiges Verhalten an der Oberfläche des Zielgamuts Z zu vermeiden, aber auch den oben vorgestellten Prinzipien des Gamut-Mappings besser gerecht zu werden. Das generelle Vorgehen ist dabei wie folgt:

1. Wähle im Originalgamut O wie im Zielgamut Z ein Zentrum (Fokus) C_o bzw. C_z.

2. Zerlege O und Z in Kurven $\widetilde{C_o A}$ und $\widetilde{C_z B}$, die von einem Randpunkt $A \in O$ bzw. einem Randpunkt $B \in Z$ zum jeweiligen Fokus verlaufen.

3. Bilde den Randpunkt $A \in O$ auf den Randpunkt $F(A) = B, B \in Z$ ab.

4. Bilde einen Punkt aus $\widetilde{C_o A}$ gemäss seiner relativen Lage entlang der Kurve auf die entsprechende relative Position entlang der Kurve $\widetilde{C_z B}$ ab.

Durch die Wahl der Abb. $F(A) = B$ bzw. die Form der Kurven $\widetilde{C_o A}$ bzw. $\widetilde{C_z B}$ lassen sich verschiedene Algorithmen realisieren.

Der zweite CIE-Referenzalgorithmus SGCK folgt dem vorgängigen Schema. Er ist eine Kombination von **Morovic**'s GCUSP-Algorithmus [6] und einer sigmoidalen Helligkeitskompression nach **Braun** und **Fairchild** [3]. Der Farbton soll unverändert bleiben, was durch die Wahl der farbtonkorrigierten CIELAB-Variante nach **Ebner** und **Fairchild** [2] angestrebt wird. Beispiele zum SGCK-Ansatz findet man in den Abbildungen 7.42, 7.46, 7.33 bzw. 7.34.

Tafel 7.8: komplexere Algorithmen

- Einbezug auch der in-gamut-colors
- häufig benutztes **Grundschema**
  - wähle im Originalgamut O wie im Zielgamut Z
    * ein Zentrum C_o bzw. C_z
  - zerlege die Gamuts O und Z in Kurven $\widetilde{C_o A}$ und $\widetilde{C_z B}$
    * für alle Randpunkte $A \in O, B \in Z$
  - bilde jeden Randpunkt $A \in O$
    * auf einen Randpunkt $F(A) \stackrel{def}{=} B \in Z$ ab
  - bilde jeden Punkt aus $\widetilde{C_o A}$
    * gemäss e. festen Regel (z.B. lineares Stauchen)
      · auf einen Punkt aus $\widetilde{C_z B}$ ab

Kapitel 7. Gamut Mapping

Abbildung 7.35
Originalbild
RGB-Eingabe

Abbildung 7.36
3D-MinDist-
Algorithmus

Abbildung 7.37
GCUSP-Algorithmus

geometrische Inkonsistenzen

7.2. State-of-the-Art

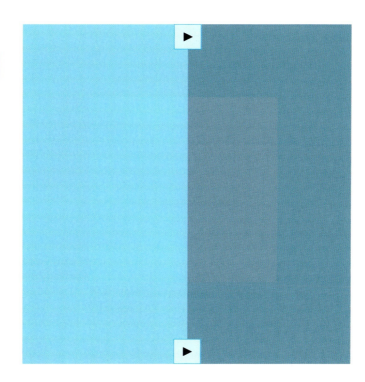

Abbildung 7.38

$\Delta E < 1 \;\rightarrow\; \Delta E = 12$

Abbildung 7.39

$\Delta E > 20 \;\rightarrow\; \Delta E = 0$

Kontrastprobleme durch clipping

Kapitel 7. Gamut Mapping

Abbildung 7.40
MinDist-Mapping
Ifra-Zeitung

Abbildung 7.41
MinDist
kontrastoptimiert

7.2. State-of-the-Art

Abbildung 7.42
SGCK-Mapping
Ifra-Zeitung

Abbildung 7.43
SGCK
kontrastoptimiert

Kapitel 7. Gamut Mapping

Abb. 7.44: MistDist-Mapping (Ifra-Zeitung)

Abb. 7.45: MinDist kontrastoptimiert

7.2. State-of-the-Art

Abb. 7.46: SGCK-Mapping (Ifra-Zeitung)

Abb. 7.47: SGCK kontrastoptimiert

7.3 Forschungstendenzen

Das traditionelle Gamut Mapping bildet Farbräume auf einander ab, z.B. sRGB auf CMYK. Dies hat den Vorteil, dass jedes sRGB-Bild in der gleichen Art und Weise bearbeitet werden kann. Wie bereits erwähnt, orientiert sich die aktuelle Algorithmik an den empirischen Erfahrungen der Reproscanner. Im Allgemeinen beobachten wir minimalistische Ansätze, welche die beschränkten Rechnerkapazitäten vergangener Tage widerspiegeln.

Besonders hervorzuheben sind implizite Annahmen über die Gestalt des Zielgamuts, auf denen das geometrische Vorgehen beruht. Typischerweise werden Gamuts als eine Art Diskus in CIELAB verstanden, wobei die Hauptachse mit der L^*-Achse identifiziert wird. Der Diskusrand, als *Cusp* bezeichnet, bildet dann näherungsweise einen Kreis in der a-b-Ebene für $L^* = 50$. Treffen diese impliziten Annahmen für eine konkrete Probleminstanz nicht oder nur teilweise zu, so führt dies zu einem geometrisch unstetigen Abbildungsverhalten, z.B. zu visuellen Artefakten, Abrissen in Farbverläufen (Abbildung 7.35 bis 7.37) oder zu einer Verfehlung des Zielraums. Der erste Schritt zu besseren Lösungen sollte deshalb in einer systematischen Überprüfung der geometrischen Konsistenz bestehen, siehe etwa **Zolliker** und **Simon** [8], wo auch ein entsprechend konstruierter Algorithmus (SGDA) beschrieben wird.

Tafel 7.9: Forschungstendenzen

- **traditionelle Ansätze**
  - Abbildung von Farbräumen (z.B. sRGB → CMYK)
    * geprägt von empirischem Erfahrungswissen
    * beschränkte Performance ⇒ Minimalalgorithmik
    * implizite Annahmen über Gestalt des Zielgamuts
- **aktuelle Probleme**
  - Zielgamut wird nicht sicher erreicht
  - geometrisch unstetige Abbildungen, z.B. Abrisse
  - schlechte Ausschöpfung des Zielgamuts
  - Kontrastverluste zwischen Nachbarpixel
  - Sonderbehandlung spezieller Farben, z.B. Hauttöne

Da das klassische Gamut-Mapping Farbräume aufeinander abbildet ohne Bezug auf das konkret zu bearbeitende Bild, kann die Abbildungsfunktion im Einzelfall sehr ungeschickt sein. Speziell wenn der Bildgamut der Eingabe klein im Verhältnis zum enthaltenden Farbraum, z.B. sRGB, ist, wird auch der genutzte Anteil des Zielgamuts klein sein, d.h. das Bild wird unnötig stark komprimiert.

Die Berechnung einer individuellen optimierten Abbildung für einen Bildgamut ist jedoch eine algorithmische Herausforderung, die erst seit kurzem wissenschaftlich untersucht wird, siehe **Eva Schuberth** [4]. Zunächst ist unklar, was man unter einem Bildgamut verstehen will, denn die Farbvalenzen der Bildpixel formen eine Punktwolke, die im Allgemeinen eine wesentlich komplexere Struktur als ein Farbraum aufweist. Die Konstruktion eines massgeschneiderten Gamut Mappings unter Berücksichtigung geometrischer Konsistenzbedingungen führt dann zu einem komplexen Optimierungsproblem, siehe [5].

Speziell bei kleinen Gamuts wie im Zeitungsdruck stösst eine rein farbmetrische Lösung schnell an ihre Grenzen. Ein solcher Ansatz ignoriert nämlich die Beziehungen eines Pixels zu seinen Nachbarn, indem alle Pixel derselben Farbvalenz gleich behandelt werden. Dadurch wird speziell der *lokale Kontrast*, die Farbdifferenzen zwischen Nachbarpixeln, stark reduziert. Dies ist visuell besonders auffällig, wie wir in Abschnitt 2.3.6 gesehen haben.

Es verwundert denn auch nicht, dass im Zeitungsdruck häufig Bilder zu sehen sind, deren lokaler Kontrast offenbar nachträglich mittels Bildverarbeitungstechniken wieder erhöht wurde. Sinnvoller ist indessen die Integration dieses Schrittes in das Gamut Mapping selbst, siehe etwa **Zolliker** [7]. In den Abbildungen 7.40 bis 7.43 ist die Problematik an zwei Beispielen illustriert.

Schliesslich sei darauf hingewiesen, dass der Gesamtkomplex Gamut Mapping auch Teilaspekte enthält, die sich bis heute einer allgemeinen algorithmischen Lösung entziehen. Ein bekanntes Beispiel diesbezüglich ist der Umgang mit speziellen Farbvalenzen wie «*Hauttönen*», «*blauer Himmel*» oder «*Schokolade*».

Tafel 7.10: Bemerkungen

- korrekte Farbwiedergabe prinzipiell kaum möglich
- universeller Algorithmus unwahrscheinlich
- heutige Lösungen für kleine Gamuts unzureichend
    - speziell im Zeitungsgamut
- Gamut Mapping wird Informatikthema, mehr ...
    - Computational Geometry
        * Polyedergeometrie, Punktwolken
    - Bildverarbeitung
    - komplexere Algorithmen
    - Korrektheitsanalyse anstatt ISO-Testbilder

Die Farberinnerung des Menschen ist sehr stark an die jeweilige Motive gekoppelt. Stellt die Farbvalenz *Blau* die Farbe des Himmels dar, dann ist die Akzeptanz von Veränderungen wesentlich kleiner, als dasselbe *Blau* als Autofarbe. Dieser Effekt ist bei Schokolade so ausgeprägt, dass sie bei Werbeaufnahmen üblicherweise ein Make-up erhält. Ein Gamut Mapping, das selbstständig zwischen veränderbaren Farben und unveränderbaren Farben zu unterscheiden vermag, fällt aber offenbar in den Bereich der Künstlichen Intelligenz.

7.4 Schlussbemerkungen

Gemäss den heute verfügbaren Reproduktionstechniken ist eine korrekte Farbwiedergabe im Allgemeinen nicht möglich. Eine universelle, geräte- und medienunabhängige Lösung des Gamut Mapping ist zwar höchst wünschenswert, aber zumindest für die nähere Zukunft nicht zu erwarten. Die etablierten farbmetrischen Ansätze zeigen speziell bei kleinen Gamuts Schwächen. Das Gamut Mapping wird gegenwärtig von der Informatik als Forschungsthema entdeckt, sowohl in der Computer Graphics als auch in der Computational Geometry. Das zusätzliche Know-how aus der Bildverarbeitung, der Polyedergeometrie und den effizienten Algorithmen verändert dabei das traditionelle Problemverständnis.

7.5 Literaturverzeichnis

[1] A. Johnson. CARISMA — Report WP2-19 Colour Gamut Compression. In *Colour Appearance Research for Interactive System Management and Applications*, www.derby.ac.uk, 1992.

[2] F. Ebner and M. Fairchild. Development and Testing of a Color Space (IPT) with Improved Hue Uniformity. In *Proceedings of 6th IS&T/SID Color Imaging Conference*, pages 8–13, Scottsdale AZ, 1998.

[3] G. Braun and M. Fairchild. Image lightness rescaling using sigmoidal contrast enhancement functions. *Journal of Electronic Imaging*, 8:380–393, 1999.

[4] J. Giesen, E. Schuberth, K. Simon, and P. Zolliker. Toward image-dependent gamut mapping: fast and accurate gamut boundary determination. In *Electronic Imaging 2005*, volume 5667, pages 201–210, San Jose, 2005. SPIE/IS&T.

[5] J. Giesen, E. Schuberth, K. Simon, and P. Zolliker. A framework for image-dependent gamut mapping. In *Electronic Imaging 2006*, San Jose, 2006. SPIE/IS&T.

[6] J. Morovic. *To Develop a Universal Gamut Mapping Algorithm*. PhD thesis, University of Derby, 1998.

[7] P. Zolliker and K. Simon. Adding Local Contast to Global Gamut Mapping Algorithms. In *3rd European Conference on Colour in Gaphics, Imaging and Vision (CGIV'06)*, Leeds, 2006.

[8] P. Zolliker and K. Simon. On the Continuity of Gamut Mapping Algorithms. *Journal of Electronic Imaging*, 1, 2006.

[9] G. Sharma. *Digital Color Imaging*. CRC Press, Boca Raton, 2003.

Kapitel 7. Gamut Mapping

Kapitel 8

Color Management Systeme

Mit der Digitalisierung der Arbeitsabläufe in der Medienbranche wurde der Datenaustausch zu einem zentralen Anliegen. Dies zeigte sich insbesondere bei Farbdaten, die im Allgemeinen gerätespezifisch interpretiert werden. Als universelle Transformationsschnittstelle für gerätespezifische Farbdaten wurde von der Interessensgemeinschaft *International Color Consortium* (ICC) ein offener Softwarestandard mit der Bezeichnung *Color Management System* (CMS) vereinbart. Dieser Standard wird heute weitgehend unterstützt. Andererseits machte die allgemeine Anwendung des CMS aber auch konzeptionelle Schwächen und Zielkonflikte klar, denen man in der Entstehungszeit nur eine geringe Bedeutung zugestand bzw. die damals in der heutigen Form noch nicht existierten.

Von der fotomechanischen Farbseparierung mit Filtern bis zu speziellen Reproscannern waren die traditionellen Farbverarbeitungsprozesse der grafischen Industrie geschlossene CMYK-Arbeitsabläufe. Die Operateure dieser Prozesse konnten auf Grund ihrer Erfahrung Kundenwünsche und Qualitätsanforderungen zufrieden stellen. Dabei konzentrierten sie sich auf das visuelle Endprodukt. Typisch für diese Arbeitsweise ist, dass keine Farbraumtransformationen vorkommen.

Tafel 8.1: Color Management Systeme (CMS)

- heute: Workflow mit offenem Datenaustausch
- **Problem**: gerätespezifische Dateninterpretation
    - speziell: RGB-Daten im Druck
- **Lösung:** CMS als offener Softwarestandard zur …
    - Definition gerätespezifischer Farbtransformationen
    - heute weitgehend etabliert
    - festgelegt durch *International Color Consortium* (ICC)
        * **Microsoft, Apple, Adobe, Sun, Fogra,** …
    - benutzt intensiv **Farbmesstechnik**
    - aber auch: konzeptionelle Schwächen + Zielkonflikte

Als Ende der 80er Jahre des letzten Jahrhunderts der PC, das Desktop Publishing, RGB-Flachbett Scanner, Digitalkameras und insbesondere Bildverarbeitungsprogramme wie Photoshop in der Medienbranche Einzug hielten, veränderten sich die Arbeitsabläufe hin zu einer RGB-Dominanz. Da CMYK als Eingabe für den Druckprozess nach wie vor benötigt wurde, entwickelten Firmen wie **Kodak**, **Apple**, **EFI** oder **Adobe** Softwarekomponenten für Farbraumtransformationen, speziell von RGB nach CMYK. Um einem Systemkampf vorzubeugen, schlossen sich dann 1993 **Adobe**, **Agfa-Gevaert**, **Apple**, **Kodak**, **Microsoft**, **Silicon Graphics**, **Sun Microsystems** und **Taligent** unter Leitung der **Fogra** zum *International Color Consortium* zusammen. Diese Interessengemeinschaft entwickelte, ausgehend von dem ColorSync-Format (**Apple**) das Konzept der ICC-Profile, auf dem das Color Management beruht. Hinweise zur ICC und speziell zur aktuellen Spezifikation 4 des Standards findet man unter:

`www.color.org`

Heutige CMS haben eine gewisse Reife erreicht und werden omnipräsent in Publishing-Tools einbezogen. Sie sind routinemässig in Betriebssystemen vorhanden. Im Besonderen wurde in den letzten Jahren die Messtechnik sowie die Profilerstellung vereinfacht. Professionelle Messsysteme wie das Eye-One Match von **Gretag Macbeth**, siehe Seite 226, sind jedoch nach wie vor teurer als ein handelsüblicher PC.

Tafel 8.2: gerätespezifische Farbdaten	Version	Spezifikation	Datum
	2.0.0	Version 3.0	Juni 1994
• Kameras, Monitore, Beamer, Drucker, …	2.0.0	Version 3.1	Mai 1995
– **empririsches Farbverhalten**	2.0.2	Version 3.2	November 1995
	2.2.0	Version 3.3	November 1996
– Ist- u. Sollwerte: teils grosse Abweichungen	2.2.0	Version 3.4	August 1997
– allgemein nicht langzeitstabil	2.4.0	ICC.1:1998-09	September 1998
• Einbettung in ein Computersystem verlangt …	2.4.0	ICC.1A:1999-04	April 1999
– **Konvertierung** von und zu Gerätefarben	2.4.0	ICC.1:2001-04	April 2001
• **ICC-Profil**: Datenfile zur …	4.0.0	ICC.1:2001-12	Dezember 2001
	4.1.0	ICC.1:2003-09	September 2003
– Beschreibung der Gerätecharakteristiken	4.2.0	ICC.1:2004-04	April 2004
– Festlegung der Farbdatentransformation	4.2.0.0	ICC.1:2004-10	Oktober 2004
	4.2.0.0	ISO 15076	Mai 2005

Dagegen wird die technische Funktionalität des CMS teilweise irreführend kommuniziert. So wird dem Kunden beispielsweise eine «*farbmetrische Korrektheit*» suggeriert, die sich funktional aber lediglich auf die Erfassung des Geräteverhaltens bezieht. Die daraus abgeleitete Farbraumtransformation ist indessen im Allgemeinen ein Gamut Mapping, das konzeptionell allenfalls partiell als «farbmetrisch korrekte» Farbwiedergabe verstanden werden kann.

Ebenfalls kritisch zu sehen sind die angenommenen Benutzerbedürfnisse. Speziell die unterstellte Bequemlichkeit äussert sich als Black-Box-Design, so dass es für den Anwender oftmals unklar bleibt, wie, wann, wo bzw. warum seine Farbtransformation zustande kommt. Der damit verbundene Kontrollverlust führt nicht selten zu Fehlanwendungen. So ist der zunehmend in Magazinen zu beobachtende Buntaufbau von Schwarzweissbildern vermutlich weniger auf eine künstlerische Absicht zurückzuführen, als auf nicht gänzlich verstandene Konventionen im Umgang mit eingebetteten Profilen.

8.1 Gerätespezifische Farbtransformationen

Im bisherigen Verlauf der Ausführungen sind wir auf die Besonderheiten von konkreten Farbgeräten wie Digitalkameras, Monitoren oder Drucker nicht eingegangen. Dies entspricht unserem Grundverständnis von Farbspezifikationen als geräteunabhängigen Daten. Dessen ungeachtet haben Farbdaten den Zweck gesehen zu werden. Die abstrakten Farbdaten müssen also durch einen Bildschirm oder Drucker sichtbar gemacht werden, oder umgekehrt, eine Kamera erzeugt ein Abbild der sichtbaren Welt in Form von abstrakten Daten. Die mathematischen Grundlagen dazu wurden in der Farbmetrik bereitgestellt. Einzig die technische Umsetzung ist offen.

Die Probleme werden in der Dateninterpretation konkret. Der unangenehmste Fall ist die ausschliessliche Benutzung von gerätespezifischen RGB- oder CMYK-Daten. Aber auch wenn farbmetrisch definierte Standards wie sRGB unterstützt werden, ist deren Handhabung in der Regel ungenau. So liefern Eingabegeräte wie Scanner oder Digitalkameras im Allgemeinen RGB-Bilder, wobei RGB überwiegend sRGB meint, aber auch viele Varianten üblich sind. Monitore verstehen ebenfalls RGB-Daten, in der Standardklasse normalerweise sRGB, was im High-End-Bereich aber nicht mehr selbstverständlich ist. Obwohl auch spezielle RGB-Drucker existieren, haben Drucker mehrheitlich eine CMYK-Eingabe, wobei in beiden Fällen die gerätespezifische Dateninterpretation der Normalfall ist.

Der zentrale Schritt zu einem CMS besteht deshalb in der Erfassung der farbmetrischen Differenz zwischen einer spezifizierten Eingabe und der resultierenden Ausgabe. Von zentraler Bedeutung ist, dass das Ergebnis dieser Ist-Soll-Vergleiche in geräteneutralen Farbdaten, d.h. in xyz oder CIELAB, festgehalten wird. Die teils grossen Abweichungen im Ist-Soll-Vergleich heutiger Farbgeräte lassen sich meist nur empirisch beschreiben.

Die Gründe für die Differenzen sind vielfältig. Sie reichen von Benutzerpräferenzen, z.B. Papierart, Tinten usw., über allzu grossen Kostendruck im Low-End-Bereich, bis hin zu einem ungenügenden wissenschaftlichen Verständnis gewisser Technologieaspekte. Auf Grund der mangelnden Systematik des Ist-Soll-Verhaltens stellen Interpolationstabellen, im Fachjargon als *Lookup Tables* (LUT) bezeichnet, das zentrale Werkzeug des ICC-Color Management dar.

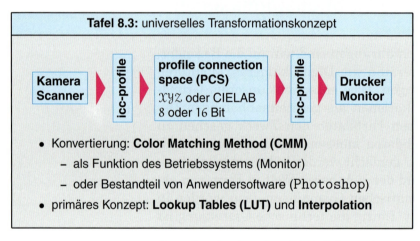

Tafel 8.3: universelles Transformationskonzept

- Konvertierung: **Color Matching Method (CMM)**
  - als Funktion des Betriebssystems (Monitor)
  - oder Bestandteil von Anwendersoftware (Photoshop)
- primäres Konzept: **Lookup Tables (LUT)** und **Interpolation**

Sobald das konkrete Ist-Soll-Verhalten festgestellt und in einem *ICC-Profil*, einem gerätespezifischen Datenfile, dokumentiert ist, kann durch mathematische Anpassung der Ist-Werte eine gewünschte Farbvalenz korrekt erzeugt und im gerätespezifischen Datenformat dargestellt werden. Diese Ist-Soll-Korrektur ist der Grundgedanke des ICC-Color Managements. Auf die Schwächen und Stärken des Ansatzes werden wir im Allgemeinen in den einschlägigen Abschnitten im Detail eingehen.

Doch bereits hier sei auf einen grundsätzlichen Aspekt des Konzeptes hingewiesen. Bei einem Ausgabegerät können mit der Kenntnis des Ist-Soll-Verhaltens die in-gamut-Farben korrekt wiedergegeben werden, was z.B. die Bedürfnisse des Proofs abdeckt, siehe Kapitel 10. Problematisch ist jedoch der Umgang mit out-of-gamut-Farben. Hier zeigt sich, dass der Ist-Soll-Ansatz nur einen Teilbeitrag zur Bildreproduktion leistet, oder mathematisch ausgedrückt, zwar notwendig aber nicht hinreichend ist. Weil der Anwender sicherlich keine weissen Flecken in seinen Bildern erzeugen möchte, müssen für out-of-gamut-Farben innerhalb des Gamuts Ersatzdarstellungen gefunden werden. Da ein Bild aber als Einheit wahrgenommen wird, haben die Ersatzdarstellungen Rückwirkungen auf das Aussehen des Gesamtbildes, so dass es im Allgemeinen nicht mehr sinnvoll ist, eine Farbvalenz *korrekt* wiederzugeben, sondern entsprechend adaptiert. Die ICC-Spezifikation macht keine Aussagen zu out-of-gamut-Farben. Folglich ist jede vollständige Lösung eine proprietäre Entscheidung des Anbieters.

Als Software begreift sich das Color Management als digitale Fortsetzung traditioneller Publishing-Workflows. Dies äussert sich darin, dass die Ist-Soll-Korrektur nicht als solche verstanden wird, sondern als eine Konvertierung von bzw. zu einem gerätespezifischen Farbraum. Das Konvertierungsprogramm, die *Color Matching Method* (CMM), ist als Betriebssystemroutine implementiert, auf die bei Bedarf von Applikationen wie Photoshop zugegriffen werden kann. Fasst man nun zwei solcher Konvertierungen zusammen, etwa von einer Digitalkamera zu XYZ und von XYZ zu einem Drucker, so fungiert XYZ als Transferraum, in CMS-Notation *Profil Connection Space* (PCS) genannt. Ausser XYZ kann für den PCS auch CIE-LAB realisiert sein, wobei eine 8– oder 16-Bit-Kodierungsauflösung wählbar ist. Das Color Management begreift sich folglich als ein universelles Transformationskonzept zwischen gerätespezifischen Farbräumen.

8.2 ICC-Profile

Sehen wir uns nun das Konzept der ICC-Profile genauer an. Der Dateiaufbau genügt dem allgemeinen Schema: Spezifikation des Verwendungszwecks mit zugehörigem Datenteil im Anschluss. Als ergänzende Literatur sei auf **Edward J. Giorgianni et al.** [6] bzw. **Abhay Sharma** [10, Kapitel 4] verwiesen.

8.2.1 Wiedergabeziele

Da Gerätegamuts technisch beschränkt sind, enthalten sie nicht alle Farben eines CIE-Farbraumes. Jede Transformation in einen Gerätegamut ist deshalb eine implizite Farbraumkompression mit einer mehr oder weniger willkürlichen Realisierung. Die ICC sieht

Kapitel 8. Color Management Systeme

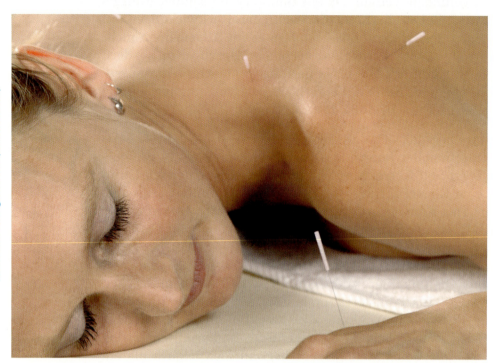

Abb. 8.1: Originalbild (ISO coated)

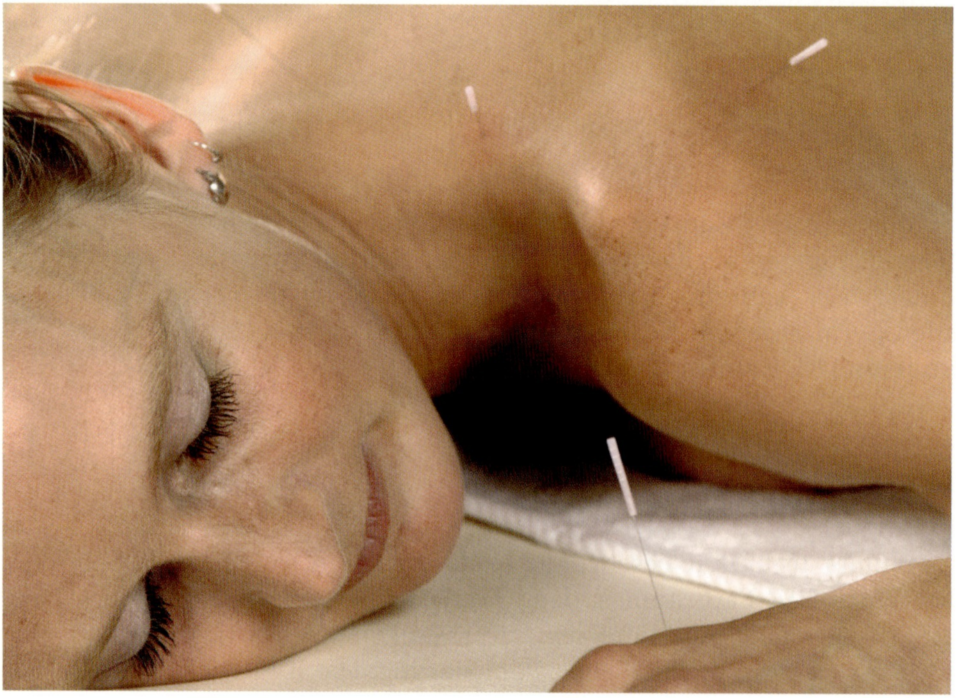

Abb. 8.2: ISO coated → ISO, sättiungsoptimiert

8.2. ICC-Profile

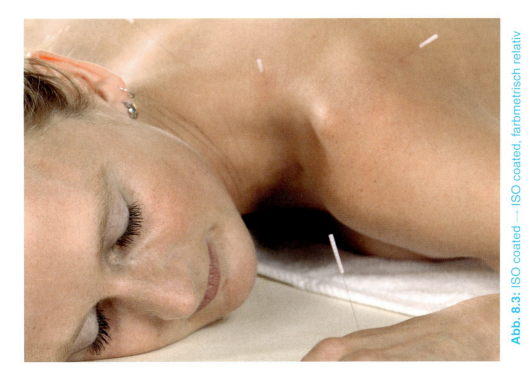

Abb. 8.3: ISO coated → ISO coated, farbmetrisch relativ

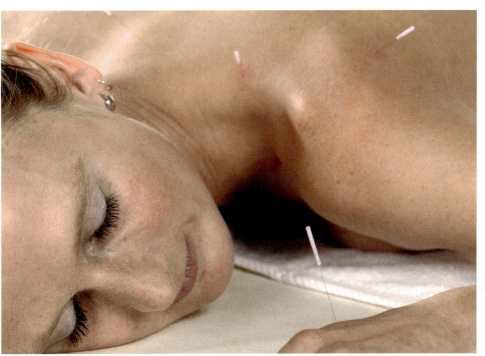

Abb. 8.4: ISO coated → ISO coated, empfindungsgemäss

Kapitel 8. Color Management Systeme

Abb. 8.5: Originalbild, als RGB-Eingabe ohne CMS

Abb. 8.6: nach ISO coated, sättigungsoptimiert

8.2. ICC-Profile

Abb. 8.7: nach ISO coated, farbmetrisch relativ

Abb. 8.8: nach ISO coated, empfindungsgemäss

Kapitel 8. Color Management Systeme

Abb. 8.9: Originalbild, als RGB-Eingabe ohne CMS

Abb. 8.11: nach ISO coated, farbmetrisch relativ

Abb. 8.10: nach ISO coated, sättiungsoptimiert

Abb. 8.12: nach ISO coated, empfindungsgemäss

8.2. ICC-Profile

Abb. 8.13: Originalbild, als RGB-Eingabe ohne CMS

Abb. 8.15: nach ISO coated, farbmetrisch relativ

Abb. 8.14: nach ISO coated, sättigungsoptimiert

Abb. 8.16: nach ISO coated, empfindungsgemäss

Kapitel 8. Color Management Systeme

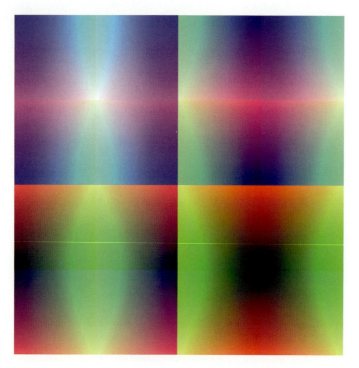

Abbildung 8.17
empfindungsgemäss

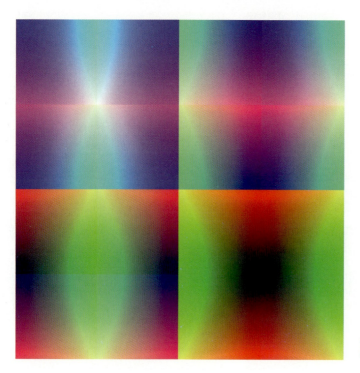

Abbildung 8.18
sättiungsoptimiert

8.2. ICC-Profile

Abbildung 8.19
farbmetrisch relativ

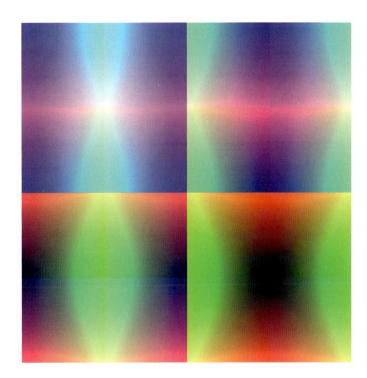

Abbildung 8.20
als RGB-Eingabe
ohne CMS

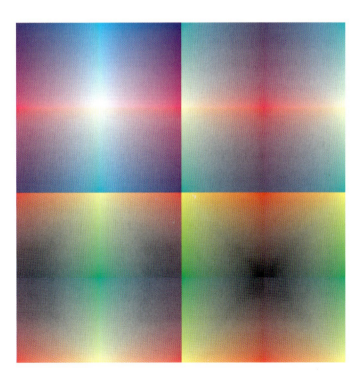

Kapitel 8. Color Management Systeme

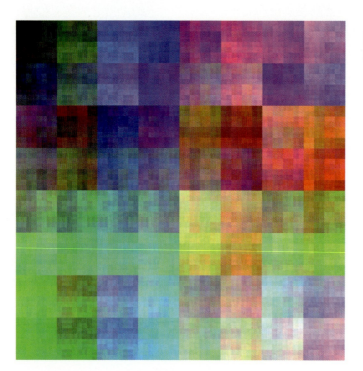

Abbildung 8.21
empfindungsgemäss

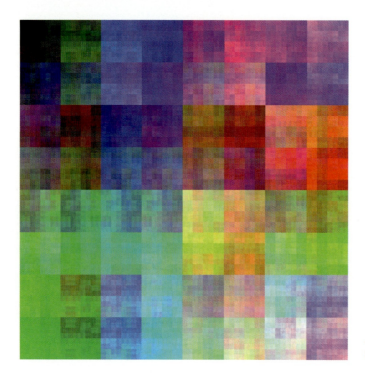

Abbildung 8.22
sättiungsoptimiert

8.2. ICC-Profile

Abbildung 8.23
farbmetrisch relativ

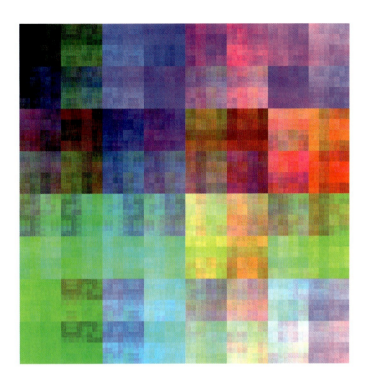

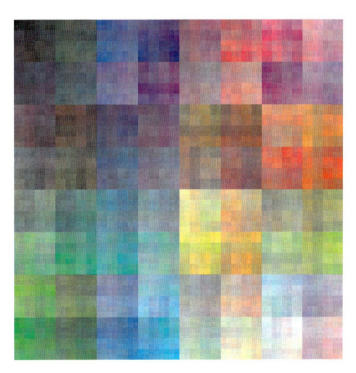

Abbildung 8.24
als RGB-Eingabe
ohne CMS

in Folge dessen vier verschiedene Transformationsarten vor, die sich an typischen Anwendersituationen orientieren. Die Auswahl erfolgt über *Rendering Intents*, im Deutschen vielleicht als *Wiedergabeziele* zu bezeichnen. Eine Default-Auswahl wird bei der Profilerstellung im File-Header abgelegt. Im Normalfall wird das Wiedergabeziel jedoch von der aufrufenden Applikation interaktiv nachgefragt. Ursprünglich nur für Ausgabeprofile vorgesehen, sind Wiedergabeziele ab der aktuellen Version 4 nun für alle Profilarten zulässig.

Tafel 8.4: Wiedergabeziele

- Farbtransformation parametrisierbar
  - Parameter: **Rendering Intents**
  - ursprünglich für Druckerprofile
    * ab Version 4 für alle Profile zulässig
  - explizite Speicherung im Profil (Default)
  - separate Realisierung jedes Intents
- **farbmetrisch absolut:** identische Reproduktion
  - Clipping falls Zielgamut verfehlt wird
  - Hauptanwendung: **Proofing** (Prüfdruck)
  - aber auch bei Spezialfarben (corporate identity)
- **farbmetrisch relativ:**
  - Identifizierung der Weisspunkte (Zentrierung)
  - ansonsten wie *farbmetrisch absolut*
    * clipping von out-of-gamut-Farben
- **empfindungsgemässe Wiedergabe (perceptual)**
  - Normalvariante, enthält Gamut Mapping
  - Implementierung herstellerabhängig
- **sättigungsoptimierte Wiedergabe**
  - für Businessgraphiken oder Ähnliches
    * oft nur Primär- und Sekundärfarben
    * Ziel: keine neuen Farbkomponenten
  - Implementierung herstellerabhängig

Standardmässig sind für die verschiedenen Rendering Intents separate Datenhaltungen und Realisierungen vorgesehen. Das *farbmetrisch absolute* Wiedergabeziel bildet eine Farbvalenz auf sich selbst ab, wann immer das möglich ist. Out-of-gamut-Farben werden auf die Gamutoberflächen geclippt. Dieses Wiedergabeziel hat keinen eigenen Datenteil sondern wird rechnerisch aus dem Intent *farbmetrisch relativ* abgeleitet. Die Hauptanwendungen sind Prüfzwecke oder die exakte Realisierung von Sonderfarben, z.B. im Zusammenhang mit Corporate Identity.

Der zweite Rendering Intent wird als *farbmetrisch relativ* bezeichnet. Im Gegensatz zur absoluten Wiedergabe werden hier vor der eigentlichen Transformation die Weisspunkte von Original- und Zielgamut miteinander identifiziert, d.h. die CIELAB-Koordinaten des Zielgamuts werden auf dessen Weisspunkt zentriert.[1] Als Effekt dieser Massnahme werden die sRGB-Weisspunktkoordinaten (255, 255, 255) als unbedrucktes Papier realisiert.

Die Normalvariante der Ausgabe ist die *empfindungsgemässe* Wiedergabe, im Englischen *perceptual* genannt. Hier wird im eigentlichen Sinne ein Gamut Mapping realisiert, vorausgesetzt, es handelt sich um ein Druckerprofil. Bei Scanner- oder Monitorprofilen

---

[1] zur Problematik dieser **Wrong-van-Kries**-Transformation siehe Kapitel 5

ist auch in der aktuellen Spezifikation 4 grundsätzlich kein explizites Gamut Mapping vorgesehen, das über das Runden von zu grossen oder kleinen Zahlen hinausgeht.² Für eine Druckausgabe kann man bei diesem Rendering Intent die visuell ansprechendste Lösung erwarten. Die Implementierung ist jedoch dem Profilhersteller überlassen, so dass verschiedene Profile im sonst gleichen Fall durchaus zu verschiedenen Resultaten führen können.

Ähnliches lässt sich auch für das letzte Wiedergabeziel, die *sättigungsoptimierte* Wiedergabe sagen. Auch sie ist herstellerspezifisch implementiert. Ihr vorgesehenes Einsatzgebiet ist die bunte Welt der Businessgraphiken. Ausser an einer Erhaltung der Sättigung ist man hier auch an einer Erhaltung des Farbaufbaus interessiert. Viele der verwendeten Farben sind nämlich die CMYK-Primär oder Sekundärfarben. Die Farbtransformation sollte in einem solchen Fall keine zusätzlichen Farbkomponenten einführen.

Beispiele zu den verschiedenen Renderings Intents findet man in den Abbildung 8.1 bis 8.24. Sie wurden im `Photoshop` mit dem Fogra-Standardprofil erzeugt.

Kennung	Kategorie	Beschreibung
scnr	input device	Scanner, Digitalkameras
mntr	Display	CRTs, LCDs, Projektoren
prtr	Output	Drucker
link	Device Link	für Gerät-Gerät-Transformationen
spac	Colour Space	sRGB, xyz, CIELAB
abst	Abstract	zur expliziten Farbkorrektur
nmcl	Named Colour	Spezifikation durch Namen, Pantone

Abbildung 8.25
Profilklassen

8.2.2 Profilklassen

Das ICC unterscheidet die in Tabelle 8.25 zusammengestellten Profilklassen. Die bereits angesprochenen Eingabe-, Display- und Ausgabeprofile sind im Profile-Header wie in Tafel 8.6 an den Kennungen **senr**, **mntr** bzw. **prtr** zu unterscheiden. Eine der zentralen Anwendungen des Color Managements ist der Proof, siehe Kapitel 10,

---

²was aber durchaus kontrovers diskutiert wird

mit der typischen Transformation:

$$CMYK_1 \rightarrow PCS \rightarrow CMYK_2$$

Zur Optimierung solcher Anwendungen ist die *Device-Link*-Klasse (**link**) vorgesehen. Farbraumprofile (**spac**) als *embedded profils* unterstützen die eindeutige Interpretationen von Bilddaten. *Abstrakte Profile* (**abst**) eröffnen Experten den Weg für eine explizite Farbkorrektur. Das *Named-Colour*-Profil (**nmel**) stellt für durch Namen definierte Farben, z.B. die **Pantonefarben**, die entsprechenden CIE-Farbvalenzen bereit.

Tag	Bezeichnung	Beschreibung
desc	profil description tag	Versionsnummer des Profils
wtpt	media white point tag	xyz-Koordinaten des Weisspunktes
cprt	copyright tag	Copyright-Rechte
chad	chromatic adaptation tag	Konvertierung nach D_{50}
A2B0	AtoB0 tag	Gerät-nach-PCS-LUT, perceptual intent
A2B1	AtoB1 tag	Gerät-nach-PCS-LUT, relative colorimetric intent
A2B2	AtoB2 tag	Gerät-nach-PCS-LUT, saturation intent
B2A0	BtoA0 tag	PCS-nach-Gerät-LUT, perceptual intent
B2A1	BtoA1 tag	PCS-nach-Gerät-LUT, relative colorimetric intent
B2A2	BtoA2 tag	PCS-nach-Gerät-LUT, saturation intent
gamt	gamut tag	out-of-gamut-Farben (approximativ)

Abbildung 8.26
minimaler Inhalt eines Druckerprofils

8.2.3 Profilstruktur

Die Struktur eines ICC-Profils ist in den Spezifikationen des International Color Consortiums festgelegt. Aktuell gilt die Version 4, siehe www.color.org, die inzwischen auch als ISO-Standard (ISO 15076: 2004) übernommen wurde, siehe [3].

Der Inhalt eines Profils kann mit *Profile Inspectors* eingesehen werden, zum Korrigieren benötigt man spezielle Editoren, die üblicherweise Teil einer Profilerstellungssoftware, wie der Eye-One Match von **Gretag Macbeth**, sind. Aber man findet im Web auch freie Varianten, z.B. auf der erwähnten Homepage der ICC.

Grundsätzlich ist das Profil in einen *Header* und einen *Tag*-Teil eingeteilt. Der Header ist ein Block von 128 Byte, der gänzlich festgelegt ist. Hier findet man Angaben zum Erzeuger des Profils, der gewünschten CMM, der Profilklasse, dem PCS, dem Farbraum, dem Default-Rendering-Intent, der Filegrösse, usw. Man beachte, dass die Angaben in einer speziellen, durch das ICC festgelegten Kodierung, vorliegen, so dass für eine allgemein verständliche Interpretation wie in Tafel 8.6 die Hilfe eines Profile Inspector benötigt wird.

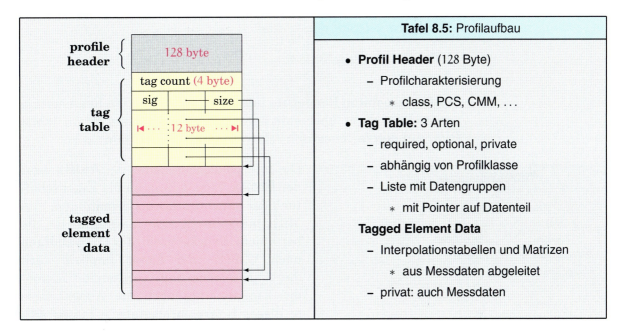

Tafel 8.5: Profilaufbau

- **Profil Header** (128 Byte)
  - Profilcharakterisierung
    * class, PCS, CMM, …
- **Tag Table:** 3 Arten
  - required, optional, private
  - abhängig von Profilklasse
  - Liste mit Datengruppen
    * mit Pointer auf Datenteil
- **Tagged Element Data**
  - Interpolationstabellen und Matrizen
    * aus Messdaten abgeleitet
  - privat: auch Messdaten

Im Gegensatz zum Header ist der Tag-Aufbau teilweise variabel. Das Tag-Konzept wurde aus den TIFF-Dateien, dem *Tagged Image File Format*, siehe [1], übernommen. Es ist auf Erweiterbarkeit ausgerichtet. Die Tags stellen eine Art von Fileattributen dar, die jeweils in der *Tag Table* durch eine *Kennung*, einen *Pointer auf den Datenteil* und die *Grössenangabe des Datenteils* beschrieben werden, zusammen 12 Byte lang. Abhängig von der Profilklasse sieht die ICC-Spezifikation *notwendige (required)*, *optionale (optional)* und *private (private)* Tags vor. Die Profil-Tags können also von Hersteller zu Hersteller differieren, die einzelnen Tags sind jedoch bei der ICC registriert.

Im *Datenteil (Tagged Element Data)* enthalten die Tags vor allem Matrizen und Interpolationstabellen, auf denen die Farbtransformationen primär beruhen. Diese Tabellen stellen nicht die Messwerte dar, sondern sind aus diesen abgeleitet. Die Messwerte selbst sind aber häufig als Zusatzinformation vorhanden (**targ**-Tag). Die für das Color Management zentralen Spezifikationen findet man in den **AtoBx**- bzw. den **BtoAx**-Tags. Dabei steht **AtoB** für eine Transformation von einem Eingabemedium zum PCS bzw. **BtoA** für die Richtung PCS zu einem Ausgaberaum. Das **x** spezifiziert den Rendering Intent und zwar steht

0 für *perceptual*,

1 für *farbmetrisch relativ* und

2 für *sättigungsoptimiert*.

Für den absoluten Rendering Intent ist keine separate Realisierung vorgesehen, da er über eine Zentrierung mittels des *Media White Point* auf den farbmetrisch relativen Fall zurückgeführt wird.

Tafel 8.6: Profile Header

Size:	3144 byte
CMM ID:	Lino
Version:	0x2100000
Device Class:	display
Color Space:	RGB
PCS:	XYZ
Date:	1998/2/9, 6:49:0
Magic:	acsp
Platform:	Microsoft
Flags:	not embedded, independently
Manufacture:	IEC
Model:	0x73524742 / sRGB
Attribute:	reflective, glossy, positive, color
Intent:	Perceptual
Illuminant:	X=0.96420, Y=1.00000, Z=0.82491
Creator:	HP
Profile ID:	0000 0000 0000 0000

Die Interpolationstabellen der **AtoBx**- bzw. der **BtoAx**-Tags definieren die Eigenschaften der Farbraumtransformationen. Im Mittelpunkt steht eine $n \times m$-Tabelle, die bei einem Druckerprofil die Umwandlung nach CMYK und damit implizit auch die Farbseparierung vornimmt. Sowohl die Eingabe- als auch die Ausgabewerte dieser Interpolationstabelle lassen sich durch zusätzliche eindimensionale Interpolationstabellen (*Tonwertreproduktionskurven*, **TRC**) modifizieren.

Eine Liste mit einigen häufig benutzten Tags ist in Tabelle 8.26 zusammengestellt. Auf einige wollen wir genauer eingehen. Der Weisspunkt des Mediums wird im *Media White Point Tag* angegeben. Davon zu unterscheiden ist der Weisspunkt des PCS, der *Reference White Point*. Obwohl dieser gemäss Spezifikationen als D_{50},

$$D_{50} = (0.9642, 1.0000, 0.8249) \quad \text{in } XYZ,$$

definiert ist, wird er explizit im Header vermerkt. Dies geschieht aus Kompatibilitätsgründen zu zukünftigen Spezifikationen, wo ein Abrücken von D_{50} nicht ausgeschlossen ist. Ist der Medium- vom

PCS-Weisspunkt verschieden, so muss zwingend das *Chromatic Adapation Tag* spezifiziert sein, das eine entsprechende Anpassung enthält. Man beachte jedoch, dass es sich dabei immer um eine Approximation handelt, da eine exakte Anpassung aus prinzipiellen Gründen unmöglich ist.

Bei Druckprofilen werden die Primärfarben durch das *Colorant Table Tag* und ihre Anwendungsreihenfolge im *Colorant Order Tag* festgelegt. Als letzter Schritt zu oder erster Schritt vom PCS kann auch noch eine Matrixmultiplikation eingefügt werden. Zu beachten ist, dass die einzelnen Transformationsschritte optional sind, d.h. der Profilhersteller muss nicht alle Möglichkeiten implementieren, wovon im Normalfall auch Gebrauch gemacht wird.

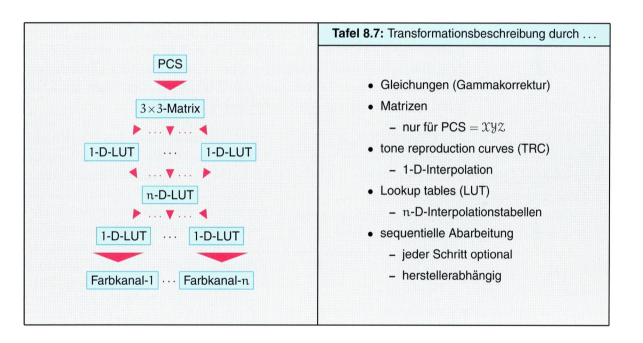

Tafel 8.7: Transformationsbeschreibung durch ...

Prinzipiell sind **LUT**-Tags auf alle Profilarten anwendbar. Für Monitorprofile existiert jedoch zusätzlich noch eine vereinfachte Variante der Transformationsbeschreibung. Sie besteht aus der klassischen Matrixtransformation mit anschliessender Gammakorrektur. Ein nicht vorhandener Gammawert γ wird dabei als $\gamma = 1$ interpretiert, definiert also die identische Abbildung:

$$f(x) = x^\gamma = x^1 = x$$

Werden mehrere Werte angegeben, dann werden diese als Stützpunkte von f(x) verstanden und f(x) wird durch ihre Interpolation bestimmt.

8.3 Color Matching Method

Das Kürzel CMM wird nicht nur als *Color Matching Method* interpretiert, sondern auch als *Color Management Method* oder als *Color Management Module*. Gemeint ist jedoch immer die Software-Komponente, welche die in einem ICC-Profil spezifizierte Farbtransformation durchführt. Die bekanntesten CMMs sind die `Image Color Management ICM` (**Windows**) und `ColorSync` (**Apple**). Beide sind Bestandteil des jeweiligen Betriebssystems, was auch als Normalfall für eine CMM gelten kann. Der Aufruf erfolgt entweder aus dem Betriebssystem selbst oder über eine Anwendersoftware wie `Photoshop`, wobei die Richtung der Transformation über die Belegung der Aufrufparameter festgelegt wird.

Im Allgemeinen ist das Funktionskonzept der CMM ist die Interpolation. Da die ICC-Spezifikation keine Angaben zu konkret zu implementierenden Interpolationsverfahren enthält, unterscheiden sich die verschiedenen Implementierungen bezüglich Effizienz, Konsistenz und Qualität doch signifikant. Eine kritische Hinterfragung der CMM-Funktionalität ist deshalb aus Benutzersicht durchaus angemessen, siehe [5].

Als Ergänzung der Interpolationsverfahren empfiehlt die ICC zur Realisation einer chromatischen Adaptation, falls notwendig, die *lineare Bradford-Transformation*, bekannt aus CIECAM97, siehe [8], die sich durch eine 3×3-Matrix ausdrücken lässt.

Tafel 8.8: Color Matching Method (CMM)

- Konvertierungsfunktion von und zum PCS
- Aufruf durch Betriebssystem oder Anwendung
  - Source und Zielspezifikation über Aufrufparameter
- allgemeines Konzept: **Interpolation von LUTs**
  - seltener Anwendung von Formeln (Monitorgamma)
  - effizient, universal, aber ungenau
- **Annahme:** Lichtquelle D_{50}, falls nicht erfüllt ...
  - Approximation einer chromatischen Adaptation
    * z.B. lineare Bradford-Transformation (Monitor)
- **populäre CMMs**: Apple (ColorSync), Windows (ICM)
  - teilweise inkompatible Implementierungen:
    * z.B. *Flags Field* häufig ignoriert

Schliesslich ist darauf hinzuweisen, dass nicht alle CMM untereinander kompatibel sind bzw. dass es durchaus verschiedene oder unvollständige Implementierungen gibt, z.B. wird das *Flags Field*[3] häufig ignoriert.

8.4 Profilerstellung

Ein zentrales Charakteristikum moderner Farbgeräte ist ihre Abhängigkeit von stark variablen Systemparametern. Relevante interne Faktoren sind bei Monitoren oder Projektoren z.B. das Alter, bei Messgeräten oder Drucker etwa die Betriebstemperatur. Externe Einflussgrössen am Bildschirm oder in der Abmusterung sind beispielsweise das Umgebungslicht oder im Druckbereich die Luftfeuchtigkeit. Dazu kommen willkürliche Entscheidungen der Systembenutzer wie die Papierauswahl oder die eingesetzte Inkjet-Tinte. Der für uns hier signifikante Aspekt ist, dass nur ein Teil dieser Einflussfaktoren durch das Gerät selbst kontrolliert werden kann. Dieser Umstand liefert einerseits die Motivation für den CMS-Ansatz bzw. definiert andererseits dessen Voraussetzungen und Möglichkeiten.

Tafel 8.9: Proofilerstellung allgemein

- Farbwiedergabe bei **stark variablen Systemparametern**
  - externe Einfüsse: Luftfeuchtigkeit, Temperatur, ...
  - willkürlich: Druckfarben, Tinten, Papiersorte, ...
  - Gerätezustand: Alterung, Betriebswärme
- nur teilweise durch das Gerät kontrollierbar
  - externe Kontrolle naheliegend (CMS)
- **Ziel**: farbmetrisch korrekte Gerätenutzung
  - keine Beeinflussung des physikalischen Verhaltens
- **Voraussetzung**: stabiler Gerätezustand (**Kalibration**)
- **tech. Vorgehen**: Gerätevermessung + Profilerzeugung
  - teuer, aufwendig, nicht trivial
- Vereinfachung durch **Prozess-** und **Standardprofile**
  - Hersteller, Forschung, Standardisierungskomitees

So ist das Ziel des CMS ausschliesslich die farbmetrisch korrekte Interpretation des Geräteverhaltens, um damit die Gerätenutzung berechenbarer zu machen. Der CMS-Ansatz versucht aber keinesfalls die Systemparameter zu kontrollieren oder gar zu manipulieren, was irritieren mag, da doch offenbar die mangelnde Systemkontrolle das Problem ist. Das Einzige, was das CMS bezüglich der Veränderlichkeit der Systemparameter tut, ist anzunehmen bzw. vorauszusetzen, dass keine Veränderungen stattfinden, *d.h. ein CMS bezieht sich immer nur auf einen einzigen fixierten Systemzustand.*

---

[3]`ColorSync` benutzt dieses Flag zur Festlegung der CMM-Arbeitsqualität: normal (0), draft (1) und best (2).

Kapitel 8. Color Management Systeme

Abbildung 8.27
Farbmesssytem
EyeOne (Gretag Macbeth)

Abbildung 8.28
Scantisch

8.4. Profilerstellung

Abbildung 8.29
Einzelmessung

Abbildung 8.30
mit Color Checker

Wird z.B. die Papiersorte im Drucker gewechselt, braucht es ein neues Profil. Gleiches gilt für den Wechsel von Tinten, ein neues Halftoningverfahren usw. Die Voraussetzung eines *fixierter Systemzustandes* wird in der Medienbranche mit dem Wort

> Kalibration

verbunden, was implizit ausdrückt, dass der fixierte Gerätezustand

- sowohl *gekennzeichnet*
- als auch *wiederherstellbar* sein muss.

In diesem Sinne setzen CMS-Konzepte kalibrierte Farbgeräte voraus.

Das technische Vorgehen zur Profilerzeugung unterscheidet sich für die verschiedenen Gerätearten. Im Detail werden wir darauf in den folgenden Abschnitten eingehen. Prinzipiell besteht jede Profilerstellung aus einer Gerätevermessung und einer nachfolgenden Profilgenerierung. Der Vorgang ist heute routinemässig durchführbar. Das Messequipment ist relativ ausgereift, wenn auch hochwertige Geräte immer noch recht teuer sind. Es gibt nur wenige Anbieter von entsprechender Farbmesstechnik, bei den Profilgeneratoren ist die Auswahl grösser.

Anstatt ein Profil selbst zu erstellen, kann man Profile für viele Gelegenheiten auch im Web finden, speziell auf den Homepages von Drucker- und Tintenproduzenten. Zudem findet man viele *Prozess-* und *Standardprofile*, z.B. für den Offsetdruck nach ISO 12642 [2]. Diese kommen oftmals aus Forschungs- und/oder Standardisierungsinstituten und haben häufig eine sehr gute Qualität.

Die verfügbaren Profile werden in einem speziellen Systemordner verwaltet, etwa

$$\texttt{windows>system32>spool>drivers>color} \quad (8.1)$$

unter **Windows** oder bei **Apple**:

$$\texttt{system>library>colorsync>profile} \quad (8.2)$$

Um z.B. ein solches Monitorprofil zugreifbar zu machen, muss man nach dem Drücken der rechten Mousetaste unter

> Eigenschaften>Einstellungen>Erweitert>Farbverwaltung

noch die entsprechende Systemeinstellungen vornehmen.

Zusätzlich existiert die Möglichkeit ein Profil als Zusatzinformation in einer Bilddatei zu speichern. Man spricht dann von einem:

> Embedded Profile

Solche eingebetteten Profile sind einfach eine andere Art der Profilspeicherung. Sie dienen dazu die Anwendung von ICC-Profilen zu automatisieren, speziell im Batch-Betrieb. Dazu wird beim Lesen der Bilddatei routinemässig das eingebettete Profil benutzt, um die Farbdaten in den PCS zu transferieren. Dieses Vorgehen mag in vielen Fällen die Handhabung von ICC-Profilen vereinfachen. Enthält die Bilddatei jedoch CMYK-Daten, die zum Druck aufbereitet sind, dann führt ein eingebettetes Profil zu einer ungewollten Rücktransformation der Daten.

Eine aus Benutzersicht geschriebene Abhandlung des Themas Profilgenerierung findet man in **Abhay Sharma** [9].

8.4.1 Scanner- und Kameraprofile

Zur Ermittlung eines Eingabeprofils erfasst man ein physikalisch vorhandenes Muster, genannt *Testchart*, mit dem jeweiligen Gerät. Die Ausgabe ist in der Regel ein sRGB-Bild. Die eigentliche Profilgenerierung übernimmt ein Softwaretool, das zusätzlich zu der erzeugten Ausgabedatei ein zu dem benutzten Testchart gehörendes Referenzdatenfile (Soll-Daten), als Eingabe erhält. Die Software führt zunächst eine Bildanalyse durch, um die einzelnen Patches im sRGB-Bild zu identifizieren. Die erfolgreiche Erkennung der Testfelder erlaubt dann die Ermittlung der entsprechenden Farbwerte, unseren Ist-Daten. Damit ist der Ist-Soll-Vergleich vollständig und die beabsichtigte Korrektur kann in Form von Interpolationstabellen im ICC-Profile abgelegt werden.

Dieses Vorgehen verlangt, dass das Testchart der involvierten Bildanalyse bekannt ist. Typischerweise ist das Testchart ein Teil des jeweiligen Messsystems oder ist ein internationaler Standard wie das IT 8.7/1 oder IT 8.7/2. Eingabetestcharts enthalten etwa 200-300 Patches, die auf eine möglichst gute Erfassung der Körperfarben ausgerichtet sind.

Kapitel 8. Color Management Systeme

Scannerprofile erreichen im Allgemeinen eine gute Qualität, mittlere Fehlerraten kleiner als 2 ΔE sind durchaus üblich. Dies liegt daran, dass Scanner aus Sicht der Farbmetrik geschlossene Systeme sind, was die Kalibration der Geräte sehr erleichtert. Die verwendete Lichtquelle ist bekannt, es existiert ein interner Weissabgleich. Das Einzige, was der Benutzer zur Kalibration beitragen muss, ist das Ausschalten der «*Intelligenz*» des Scanners, d.h. der Scanner darf keine Bildverbesserung der Ausgabe vornehmen. Color Management Systems verarbeiten nun einmal RAW-Daten. Dies gilt auch für die Anwendung des erstellten Profils.

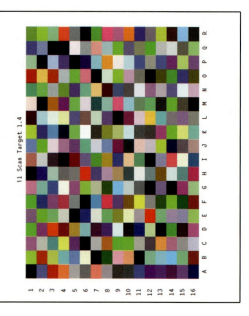

Tafel 8.10: Scannerprofile

- **Konzept**: Ist-Soll-Vergleich mit bekanntem Testchart
  - zwischen 200-300 Patches (Testfelder)
  - möglichst gute Erfassung der Körperfarben
- **Profilerzeugung**: spezialisierte Software
  - scannen des physikalischen Testcharts (rechts)
  - Analyse des erzeugten RGB-Bildes
  - **Ist-Daten** durch Identifizierung der Patches
- **Kalibration**: interner Weissabgleich
  - abschalten der Scanner-Intelligenz
  - CMS nur auf RAW-Daten anwendbar
- **Profil-Anwendung**: explizit, embedded oder integriert
- allgemein gute Qualität, da geschlossenes System
  - 2 ΔE mittlerer Fehler erreichbar (bis 5 akzeptabel)

Wenn es nicht möglich ist, die Datenkorrektur gemäss ICC-Profil unmittelbar nach der Datenerfassung in die Treibersoftware des Scanners zu integrieren, dann muss das Profil extern, z.B. in Photoshop, angewendet werden. Bildverbesserungen sollten bis zu dieser Datenkorrektur unterbleiben.

Obwohl die Datenerfassung bei Digitalkameras ganz ähnlich wie bei Scanner aussieht, ist das CMS bei Kameras noch in einem Entwicklungszustand. Dafür gibt es mehrere offensichtliche Gründe. Zunächst waren Digitalkameras 1993 bei der Etablierung des ICC-Standards noch kein marktrelevanter Faktor. Dann ist die farbmetrische Korrektheit der Ausgabe für die Kamerahersteller kein primäres Entwicklungsziel. Um ihren Kunden, die überwiegend im Amateurbereich zu finden sind, *schöne* Bilder zu liefern, bauen sie möglichst viel «*Intelligenz*» in die Kameras ein, was der CMS-Philosophie widerspricht. Schliesslich ist es im professionellen Bereich zwar durchaus üblich mit RAW-Daten zu arbeiten, aber im Rahmen der üblichen Bildnachbearbeitung ist die Farbkorrektur, neben den roten Augen, der Kontrastverstärkung, der Gegenlichtkorrektur usw. nur ein Ziel unter vielen. Die Farbmanipulationsmöglichkeiten von RAW-Konvertierungstools stellen darüber hinaus eine Alternative zum CMS-Ansatz dar.

Tafel 8.11: Scannermesswerte: soll (links) – ist (rechts)

```
LGOROWLENGTH    16
Measurement_mode "patch"
CREATED "4/6/2006"  # Time: 17:01
KEYWORD "SampleID"
KEYWORD "SAMPLE_NAME"
NUMBER_OF_FIELDS 5
BEGIN_DATA_FORMAT
SampleID SAMPLE_NAME RGB_R RGB_G RGB_B
END_DATA_FORMAT
NUMBER_OF_SETS  288
BEGIN_DATA
1       A1      10.31   8.10    9.87
2       A2      26.90   61.68   156.59
3       A3      115.69  13.02   19.58
4       A4      186.80  67.88   16.70
5       A5      142.76  133.44  130.74
6       A6      82.39   75.16   72.77
...     ...     ...
283     R11     17.32   15.29   101.70
284     R12     91.87   74.98   87.50
285     R13     162.40  131.43  0.00
286     R14     56.85   21.84   7.74
287     R15     67.74   139.24  195.56
288     R16     37.58   32.53   26.87
END_DATA
```

```
LGOROWLENGTH 16
Measurement_mode "patch"
CREATED "4/6/2006"  # Time: 17:01
INSTRUMENTATION "Eye-One iO"
MEASUREMENT_SOURCE "Illumination=D50  ObserverAngle=2°
                    WhiteBase=Absolute  Filter=No"
KEYWORD "SampleID"
KEYWORD "SAMPLE_NAME"
NUMBER_OF_FIELDS 8
BEGIN_DATA_FORMAT
SampleID SAMPLE_NAME XYZ_X XYZ_Y XYZ_Z LAB_L LAB_A LAB_B
END_DATA_FORMAT
NUMBER_OF_SETS  288
BEGIN_DATA
1     A1    0.49   0.50   0.50   4.56   -0.04   -1.61
2     A2    7.91   7.93   27.68  33.83  2.49    -53.06
3     A3    12.14  6.10   1.75   29.67  53.72   23.41
4     A4    30.56  20.68  2.93   52.60  45.23   52.51
5     A5    31.97  32.84  27.54  64.03  1.10    -0.77
6     A6    12.28  12.73  10.46  42.35  0.06    0.13
...   ...   ...
285   R13   36.10  34.00  1.81   64.96  11.39   83.56
286   R14   4.77   3.43   0.69   21.68  21.15   24.39
287   R15   23.39  30.66  48.44  62.22  -25.33  -32.62
288   R16   3.42   3.57   2.18   22.21  -0.44   6.28
END_DATA
```

Das eigentliche Problem für den CMS-Ansatz bei Digitalkameras ist aber die Kalibrierung. Der zentrale Parameter, die Lichtquelle, ist im Gegensatz zur Scannersituation weitgehend unbekannt und wechselt von Szene zu Szene. ICC-Kameraprofile liefern auf Grund dieser ungelösten Kalibrationsproblematik immer nur approximative Resultate und können nicht von Szene zu Szene übertragen werden.

Man kann zwar trotzdem versuchen die Farberfassung zu verbessern, indem man in jeder aufzunehmenden Szene vorgängig ein

Testchart aufnimmt und auswertet, d.h. für jedes individuelles Bild ein eigenes Profil generiert.[4] Da die Profilgenerierung für eine Digitalkamera ganz analog zu einem Scanner erfolgt, werden die Korrekturwerte aus den Abbildungen der Patches auf alle entsprechenden Farbvalenzen übertragen. Da aber diese farbmetrischen Korrekturen eigentlich nur für diejenigen Pixel exakt gelten, die den Patch darstellen, ist die Übertragung der Korrektur auf andere Pixel bestenfalls im Mittel gerechtfertigt und kann im konkreten Einzelfall stark abweichen.[5] Ein einfaches Beispiel für diese Problematik ist das Einbringen eines Spiegels in das Szenarium, wodurch die Lichtverhältnisse lokal beschränkt geändert werden können.

Tafel 8.12: Digitalkameras

- analog zu Scanner, aber keine Umgebungskontrolle
  - "work in progress" (keine ursprüngliche CMS-Komponente)
  - farbliche Genauigkeit kein primäres Entwicklungsziel
- **Testcharts**: physikalische Muster mit Referenzdaten
  - populär: Gretag Macbeth Color Checker, 24 Patches oder Color Checker DC, 237 Patches
- **Kalibration**: schwierig bis unmöglich
  - "Lichtquelle" unbekannt (Relativmessung sinnvoll?)
  - best possible: Target in Fotoszene platzieren
- **Anwendung**: nur auf RAW-Daten sinnvoll
- prof. Nachbearbeitung üblich: CMS nur ein Problem unter vielen
  - allgemeine Bildverbesserung: rote Augen, Gegenlicht, ...
  - RAW-Konvertierungstools als CMS-Alternative

8.4.2 Monitorprofile

Monitorprofile sind aus Benutzersicht am einfachsten zu erstellen. Im Wesentlichen ist das Messgerät an einer Schlaufe hängend auf dem Bildschirm in Position zu bringen, siehe Tafel 8.13, und die Profilsoftware zu starten. Nach einigen Nachfragen ermittelt die Soft-

---

[4]Das genaue Vorgehen ist etwa in **Tim Grey** [7, Kapitel 5] beschrieben. Ferner sei auf **Andreas Kraushaar** [4] hingewiesen.
[5]Man beachte, dass auf Grund der rekursiven Lichtstreuung in einem dreidimensionalen Szenarium das ein- bzw. ausfallende Licht eine individuelle Funktion des Ortes ist, siehe Kapitel 3.4.

ware selbständig den benötigten Ist-Soll-Vergleich. Das Messresultat wird wie in Tafel 8.15 präsentiert. Speziell werden der Weisspunkt, die Primärvalenzen und die Gammakurven für Rot, Grün und Blau ermittelt. Die vorgängige Monitorkalibration kann separat stattfinden oder in die interaktive Nachfrageprozedur integriert sein. Dabei wird die Helligkeit von *Schwarz (Brightness)* und die Helligkeit von *Weiss (Contrast)* neu gesetzt.

Tafel 8.13: Monitorprofil

- **interaktive Prozedur** zur Erfassung der Geräteparameter
  - "Brightness" und "Contrast" (bzw. deren Kalibaration)
  - Weisspunkt und Primärvalenzen (Rot, Grün und Blau)
  - Gammakurven für Grau, Rot, Grün und Blau
- **Farbmessung** als interaktive Prozedur
  - Messkopf direkt auf dem Bildschirm (Streulicht)
- **Farbtransformation**
  - Trend: Verwendung von Interpolationstabellen
  - kein eigentliches Gamut Mapping (Clipping bei Bedarf)
- **Anwendung** geprägt durch Prüfcharakter (Softproof)
- Monitoralterung: regelmässiger Update nötig

Während der Messprozedur ist es ratsam auf einen betriebswarmen Monitor zu achten. Um Streulichteinfall auszuschliessen, sollte der Messkopf wie in Tafel 8.13 unmittelbar auf dem Bildschirm angebracht sein. Die gemessenen Gammakurven werden im Profil zunehmend mit Interpolationstabellen dargestellt. Zu berücksichtigen ist ferner, dass für Monitorprofile nur ein triviales Gamut Mapping durchgeführt wird. Nicht darstellbare Farbvalenzen werden auf Minimal- bzw. Maximalwerte gerundet.

Der Monitor hat im CMS den Charakter eines Prüfgerätes, worauf wir im Kapitel 10 genauer eingehen werden. Die Monitordarstellung sollte deshalb besonders korrekt sein. Diesbezüglich ist zu berücksichtigen, dass das CMS die Viewing Conditions des Arbeitsplatzes nur rudimentär berücksichtigt. Um das Resultat der Monitorkalibrierung nicht zu gefährden, sollte das einfallende Streulicht möglichst reduziert und dominante Farben im Monitorumfeld vermieden werden.

Ein weiteres Problem ist der Einbezug zusätzlicher Hardware. In erster Linie ist hier die Graphikkarte des Computers zu nennen.

Die auf dem Bildschirm darzustellenden Pixel werden in der Graphikkarte gespeichert, die dann die eigentliche Ansteuerung des Monitors, digital oder analog, vornimmt. Graphikkarten verfügen über grosse interne Rechenkapazitäten und, was für uns sehr relevant ist, sie besitzen auch eine eigene *Color Lookup Table* (**CLUT**) zur Korrektur von Eingabewerten. Damit ist die Graphikkarte dazu prädestiniert, die Aufgabe der CMM für Monitorprofile zu übernehmen. Obwohl dieser Einbezug der Graphikkarte der reinen Lehre des CMS widerspricht, hat er doch den Vorteil grosser Effizienz und Natürlichkeit. Man beachte, dass insbesondere die Monitorkalibration durch Schreiben der Graphikkarte realisiert wird.

Tafel 8.14: Probleme der Monitorkalibrierung

- **Viewing Conditions:** nur rudimentär berücksichtigt
  - neutrales Umgebungslicht (roter Schreibtisch?)
- **Graphikkarte:** enthält eigene *Color Lookup Table* (**CLUT**)
  - nicht einbezogen ins CMS, aber in die Kalibration
  - nur teilweise in einer Mac OS X-Erweiterung (vcgt-Tag)
  - keine exklusive Kontrolle der **CLUT** durch CMS möglich
- **neue Monitortechnologien** im Entstehen
  - zusätzliche direkte Farbmanipulation im Monitor
  - grössere Farbräume benötigen Gamut Mapping

Tafel 8.15: Monitor-Messwerte: soll (links) – ist (rechts)

```
LGOROWLENGTH    9
CREATED  "7/4/2006"   # Time: 14:27
KEYWORD  "SampleID"
KEYWORD  "SAMPLE_NAME"
NUMBER_OF_FIELDS 5
BEGIN_DATA_FORMAT
SampleID SAMPLE_NAME RGB_R RGB_G RGB_B
END_DATA_FORMAT
NUMBER_OF_SETS 99
BEGIN_DAT A
1    A1    0.00     0.00     0.00
2    A2    0.00     0.00     85.00
3    A3    0.00     0.00     170.00
4    A4    0.00     0.00     255.00
5    A5    0.00     85.00    0.00
6    A6    0.00     85.00    85.00
...  ...   ...      ...
93   K3    225.00   0.00     225.00
94   K4    225.00   225.00   0.00
95   K5    20.00    20.00    20.00
96   K6    51.00    51.00    51.00
97   K7    128.00   128.00   128.00
98   K8    204.00   204.00   204.00
99   K9    225.00   225.00   225.00
END_DATA
```

```
LGOROWLENGTH 9
CREATED  "7/4/2006"   # Time: 14:27
INSTRUMENTATION "eye-one"
MEASUREMENT_SOURCE "Illumination=Emission Filter=No"
KEYWORD  "SampleID"
KEYWORD  "SAMPLE_NAME"
NUMBER_OF_FIELDS 8
BEGIN_DATA_FORMAT
SampleID SAMPLE_NAME XYZ_X XYZ_Y XYZ_Z LAB_L LAB_A LAB_B
END_DATA_FORMAT
NUMBER_OF_SETS  99
BEGIN_DATA
1    A1    0.40    0.36    0.71    3.27    2.17    -7.78
2    A2    3.34    1.47    17.32   12.44   40.38   -69.84
3    A3    14.97   6.23    80.37   29.98   70.54   -119.00
4    A4    35.60   14.73   193.20  45.26   94.65   -159.98
5    A5    6.62    12.96   2.53    42.71   -48.35  38.61
6    A6    10.14   14.93   20.04   45.54   -29.22  -18.70
...  ...   ...     ...
94   K4    132.16  155.05  21.65   118.26  -23.30  103.43
95   K5    1.29    1.29    1.87    11.19   1.44    -9.69
96   K6    6.39    6.69    7.78    31.09   -0.64   -9.84
97   K7    45.43   47.66   50.56   74.61   -1.49   -13.67
98   K8    127.55  132.60  140.05  111.44  -0.43   -18.87
99   K9    159.65  166.22  174.20  121.41  -0.76   -19.68
END_DATA
```

8.4. Profilerstellung

Apple hat demgemäss ein privates Tag, genannt *Video Card Gamma Tag* (**vcgt**), eingeführt, das **CLUT**-Korrekturen enthält. Bei jedem Aufruf eines Monitorprofils übergibt `ColorSync` diese Daten an die Graphikkarte. Dieses Vorprechen hat grosse Kontroversen ausgelöst, aber zum einen gibt die zunehmende Verbreitung des **vcgt**-Tags **Apple** Recht, und zum zweiten wurde dadurch die Bedeutung der Graphikkarte für das CMS illustriert.

Ohne den systematischen und kontrollierten Einbezug der Graphikkarte ist ein Bildschirm prinzipiell nicht kalibriert und eine farbkorrekte Monitordarstellung basiert auf dem Vertrauen, dass keine sonstige Softwareroutine die Graphikkarte in einem für das CMS ungünstigen Sinne verändert.

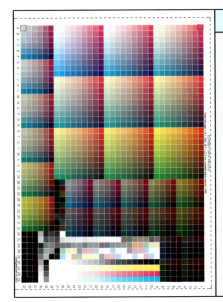

Tafel 8.16: Ausgabeprofil

- **Erstellung:** Drucken u. Vermessen eines bekannten Testcharts
  - sollte minimal etwa 1000 Testfelder haben (928, IT 8/7.3)
  - Grösse der Ergebnistabellen wählbar
  - meist auch Invertierung realisiert (z.B. fürs Proofing)
- **Gamut Mapping:** implizit in **AtoBx**-Interpolationstabellen
  - wählbar über Rendering Intents
- Farbtransformation nach CMYK berücksichtigt implizit
  - **Farbseparierung** und **Dot Gain**-Korrektur
  - **Under Color Removal** und **Black Generation**
    * wählbar in der Profilgenerierung
- **Anwendung:** Desktop Printer ≠ Druckmaschine
  - Drucken: instabile Systemparameter ("viel Handarbeit")
  - anstatt direkter Maschinenprofile: gemittelte **Prozessprofile**

8.4.3 Druckerprofile

Die Profilerstellung für einen Bürodrucker beginnt mit dem Ausdruck eines Testcharts, typischerweise gegeben als CMYK-TIFF-File.[6] Der Ausdruck wird mit einem Farbmesssystem vermessen. Die Resultate werden in einem Datenfile abgelegt, das zusammen mit den Referenzdaten des Testcharts die Eingabe der Generierungssoftware bildet.

---

[6] das Vorgehen bei RGB-Druckern ist ganz analog

Bei der Auswahl des Testcharts ist darauf zu achten, dass es mit dem Messsystem kompatibel ist. Grundsätzlich sollte es minimal etwa 1000 Patches aufweisen. Der Klassiker unter den Druckercharts ist das IT 8.7/3 aus Tafel 5.3 auf Seite 138 mit 928 Testfeldern. Häufig verwendet wird aber auch das ECI2002-Chart. Darüber hinaus kommen Testcharts zum Einsatz, die Teile des Messsystems sind, wie das i1-CMYK-Target-1.1 aus dem Eye-One. Mit seinen 323 Patches ist es weniger auf eine gute Evaluation des Druckfarbraumes ausgerichtet als auf einen möglichst einfachen Messvorgang.

Die Kalibration bei Officedruckern beschränkt sich im Normalfall auf die Verwendung der gleichen Papiersorten bzw. Druckfarben. Zudem sollte man auch hier auf einen betriebswarmen Zustand achten. Der Ausdruck des Testcharts sollte ohne «*Intelligenz*» des Druckertreibers vorgenommen werden, ganz analog zur Scannerprofilierung.

Die Generierung eines Druckerprofils ist nun im Vergleich zu anderen Profilen eine aufwändige Angelegenheit. Dies ist schon äusserlich an der Filegrösse zu erkennen. Zunächst kann man die Feinheit der zu berechnenden Interpolationstabelle wählen, was die Qualität des Profils stark beeinflusst.

Einfluss auf die Art des zu realisierenden Gamut Mappings wird dem Benutzer jedoch nicht eingeräumt. Es werden lediglich die verschiedenen Rendering Intents in den **BtoAx**-Tabellen implementiert. Ausgabeprofile enthalten normalerweise die entgegengesetzte Transformationsrichtung. Die **AtoBx**-Tabellen werden fürs Proofen, siehe Kapitel 10, benötigt, wo gerade CMYK-Files als Eingabefiles vorkommen.

In den Transformationen

$$\boxed{\text{PCS} \to \text{CMYK}}$$

ist implizit auch die Farbseparierung und die Dot-Gain-Korrektur enthalten. Das diesbezügliche Verhalten der erzeugten Transformationen lässt sich in der Profilgenerierung beeinflussen. Sowohl maximal zulässige Flächenbedeckungen als auch die Schwarzdefinition können explizit festgelegt werden. Die Anwendung von Druckerprofilen erfolgt ähnlich wie bei Scannern. Hauptsächlich werden Druckerprofile zur expliziten Farbkonvertierung nach CMYK in Programmen wie Photoshop benutzt. Man beachte jedoch, dass von Proofsituationen einmal abgesehen, es nicht sinnvoll ist, ein Druckerprofil einem auszudruckenden CMYK-File *embedded* anzuhängen, auch wenn Photoshop dies automatisch tut. Durch das *embedded profile* wird das File in der Dateninterpretation nicht mehr als Ausgabefile behandelt.

Zu berücksichtigen ist ferner, dass die meisten der im professionellen Alltag eingesetzten Druckerprofile nicht auf die vorgängig beschriebene Art und Weise erzeugt wurden. Die Handhabung der Standard- oder Prozessprofile ist völlig identisch mit derjenigen bei Officedruckern. Dagegen ist ihr Zustandekommen und das mit ihrer Anwendung verbundene Verständnis ein anderes.

Tafel 8.17: Drucker-messwerte: soll (links) – ist (rechts)

```
LGOROWLENGTH 17
CREATED "8/31/2006"   # Time: 08:59
KEYWORD "SampleID"
KEYWORD "SAMPLE_NAME"
NUMBER_OF_FIELDS 6
BEGIN_DATA_FORMAT
SampleID SAMPLE_NAME CMYK_C CMYK_M ...
END_DATA_FORMAT
NUMBER_OF_SETS   323
BEGIN_DATA
  1    A1    49.41   74.51  100.00    0.00
  2    A2   100.00  100.00   66.67   49.41
  3    A3    66.67  100.00   32.94   24.71
  4    A4    66.67  100.00    0.00   49.41
  5    A5   100.00   74.51   49.41    0.00
  6    A6    74.51  100.00  100.00    0.00
 ...   ...   ...
317    S11  100.00   49.41   49.41    0.00
318    S12  100.00   24.71   49.41    0.00
319    S13   32.94  100.00   66.67   49.41
320    S14   49.41   74.51   49.41    0.00
321    S15  100.00   24.71   24.71    0.00
322    S16   66.67   66.67    0.00   49.41
323    S17   32.94  100.00   32.94   49.41
END_DATA
```

```
LGOROWLENGTH 17
CREATED "8/31/2006"   # Time: 08:59
INSTRUMENTATION "Eye-One iO"
MEASUREMENT_SOURCE "Illumination=D50  ObserverAngle=2°
                    WhiteBase=Absolute  Filter=No"
KEYWORD "SampleID"
KEYWORD "SAMPLE_NAME"
NUMBER_OF_FIELDS 8
BEGIN_DATA_FORMAT
SampleID SAMPLE_NAME XYZ_X XYZ_Y XYZ_Z LAB_L LAB_A LAB_B
END_DATA_FORMAT
NUMBER_OF_SETS   323
BEGIN_DATA
  1    A1    14.79  13.18   2.37  43.04  13.18   40.52
  2    A2     2.75   2.51   3.83  17.97   6.36  -13.32
  3    A3     7.51   5.20   9.86  27.30  26.85  -23.86
  4    A4     2.91   1.82   3.52  14.54  24.10  -17.25
  5    A5     5.56   6.92  15.65  31.62 -12.12  -32.83
  6    A6     6.62   4.50   1.24  25.27  26.89   21.79
 ...   ...   ...
319    S13    6.32   4.34   3.41  24.76  25.89    1.14
320    S14   18.80  16.18  18.11  47.21  17.50  -11.67
321    S15   10.97  16.23  36.52  47.28 -30.51  -43.33
322    S16    4.97   4.63   8.45  25.64   6.64  -21.78
323    S17    7.02   4.62   5.73  25.63  29.36  -10.42
END_DATA
```

In der Druckindustrie ist es nur sehr selten möglich, einem Kunden ein ICC-Profil derjenigen Druckmaschine zu überlassen, auf dem sein Druckauftrag abgewickelt werden wird. Dies ergibt sich einerseits aus der Organisationsform von Druckereien, wo die kurzfristige Disponierbarkeit der Aufträge für die Betriebseffizienz unverzichtbar ist.

Andererseits sind Druckmaschinen bis heute nicht farbmetrisch regelbar, es braucht nach wie vor viel Handarbeit und Erfahrung um ein gutes Resultat zu erreichen. Auf Grund dessen erfüllen individuelle Druckmaschinen die Voraussetzung des CMS nach stabilen Systemparametern nicht. Um die Druckindustrie trotzdem in den CMS-Ansatz zu integrieren, haben Forschungsinstitute der grafischen Industrie wie die **Fogra** oder Interessengemeinschaften wie die ECI Standardprofile erstellt, die für typische Rahmenbedingungen eines Druckverfahrens, z.B. den Offsetdruck, das durchschnittliche Verhalten einer Druckmaschine ausdrücken. Diese Profile haben üblicherweise eine hohe Qualität und sind oftmals Bestandteil von ISO-Standards. Die mit ihrem Gebrauch verbundenen Erwartungen sind jedoch nicht ganz die gleichen wie bei einem Bürodrucker. Wir werden auf diesen Aspekt im Kapitel 10 zurückkommen.

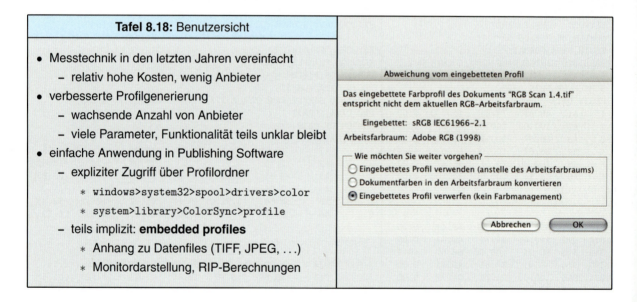

Tafel 8.18: Benutzersicht

- Messtechnik in den letzten Jahren vereinfacht
  - relativ hohe Kosten, wenig Anbieter
- verbesserte Profilgenerierung
  - wachsende Anzahl von Anbieter
  - viele Parameter, Funktionalität teils unklar bleibt
- einfache Anwendung in Publishing Software
  - expliziter Zugriff über Profilordner
    * windows>system32>spool>drivers>color
    * system>library>ColorSync>profile
  - teils implizit: **embedded profiles**
    * Anhang zu Datenfiles (TIFF, JPEG, …)
    * Monitordarstellung, RIP-Berechnungen

8.5 Benutzersicht

Die Handhabung von CMS-Systemen hat sich in den letzten Jahren stark vereinfacht. Das Ausmessen von Testcharts ist keine Angelegenheit von Stunden mehr, sondern kann in Minuten erledigt werden. Die Profilgenerierung ist einfacher und komfortabler geworden. ICC-Profile werden praktisch von allen bekannten Softwaretools im Publishing-Bereich unterstützt.

Beim Öffnen von Bildmaterial wird man routinemässig gefragt, ob ein eingebettetes Profil beizubehalten bzw. welches andere Profil darauf anzuwenden sei. Trotzdem ist der praktische Umgang mit dem Color Management nicht unkritisch. Ob eine Datentransformation sinnvoll ist, kann in einem komplexen Workflow schwierig zu beantworten sein. Eine mehrfache oder falsche Profilanwendung ist ebenso ein Fehler wie eine versäumte Profilanwendung. Ein typisches Beispiel hierfür sind unbeabsichtigte Farbtransformationen in Folge von vergessenen oder nicht bemerkten embedded Profiles. Obwohl eingebettete Profile zur Farbraumkennzeichnung durchaus sinnvoll sein können, stellen sie bezüglich ungewollter Mehrfachanwendungen auf Grund der damit verknüpften Automatismen eine permanente Gefahr dar.

Die extensive Verwendung von ICC-Profilen lenkt eher von den zu Grunde liegenden Zielsetzungen des Workflows bzw. den damit verbundenen Organisationsfragen ab. Weitere Schwierigkeiten in der Anwendungspraxis resultieren aus nicht konsistenten Implementierungen, nicht spezifizierter Funktionalität (Rendering Intents) und proprietären Erweiterungen.

8.6 Technische Probleme

Der ICC-Standard ist Anfang der 90er Jahre entwickelt worden. Trotz einigen Modifikationen entspricht die aktuelle Version 4 dem Konzept von 1993. Obwohl die Spezifikation 4.2 im Mai 2005 in die ISO-Norm 15076 übernommen wurde oder gerade deswegen, stellt sich auf Grund der doch recht rasanten Entwicklung der Publishing-Technik die Frage, ob das ICC-CMS noch zeitgemäss ist.

Die Aktualität dieser Frage zeigt sich beispielsweise in der Diskussion um *Smart-CMMs*, welche das ICC-Konzept praktisch in Frage stellt, oder in dem wachsenden Interesse an Device-Link-Profiles, die zwar die ICC-Schnittstellen beibehalten, die zentrale Funktionalität aber umgehen. Vor diesem Hintergrund sollen in diesem Abschnitt einige relevante Aspekte des PCS vertieft werden.

Sehen wir zunächst das Farbtransformationskonzept

INPUT → PCS → OUTPUT

noch einmal an. Der ICC-Ansatz betont die Universalität des Ansatzes, d.h. prinzipiell kann jede beliebige Farbvalenz auf jede beliebige andere Farbvalenz abgebildet werden. Die Geräteabhängigkeit der Eingabe- bzw. Ausgabedaten wird als das Problem verstanden, das es auszumerzen gilt. Das Ziel ist die farbmetrisch korrekte Farbwiedergabe. Dies entspricht einer Prüfsituation.

Der Publishing-Alltag ist aber nicht von einer universellen Prüfsituation geprägt, sondern von einer konkreten Produktionssituation. Die Eingabe besteht aus einer RGB-Variation, vielleicht sRGB oder seltener ECI-RGB, und der Zielraum ist CMYK, im professionellen Bereich der Offset- oder Zeitungsdruck. Der RGB-Raum ist im Mittel grösser als der Zielraum. Das Problem ist eine gut aussehende Reproduktion, d.h. es geht um das Gamut Mapping und nicht um die korrekte Wiedergabe des Durchschnitts aus Quell- und Zielfarbraumes. Das Problem ist umso schwieriger, je grösser die Farbraumdifferenzen sind. Das PCS-Konzept ersetzt das ursprüngliche

$$RGB \rightarrow CMYK$$

Problem durch zwei neue

$$RGB \rightarrow XYZ \quad \text{und} \quad XYZ \rightarrow CMYK.$$

Das erste ist aus Sicht des Gamut Mappings unkritisch, da RGB in XYZ enthalten ist. Das zweite ist jedoch der denkbar schlechteste Fall. Entsprechend bescheiden fällt oftmals das Gamut Mapping aus.

Die Problematik ist seit längerem bekannt. Eine Lösung innerhalb des PCS-Konzeptes ohne gewichtige Eingriffe ist kaum vorstellbar. Zum Zeitpunkt der Profilgenerierung kann keine mögliche Anwendung ausgeschlossen werden und somit ist der grösste mögliche Farbraum anzunehmen. Eine spätere Erkenntnis, dass auch ein kleinerer Farbraum genügt hätte, kann nicht mehr berücksichtigt werden, da dann das Profil und damit die Transformation bereits festgelegt ist. Denkbare Lösungsansätze sind direkte RGB→CMYK-Transformationen (Device-Link-Profiles) oder die Reduktion des PCS, wobei der erste als eine Rückkehr zu geräteabhängigen Farbtransformationen zu verstehen ist und der zweite eine Abkehr von der Universalität des PCS bedeutet.

Viele Anwender benutzen das CMS deshalb ausschliesslich zum Prüfen (Proof) und realisieren das Gamut Mapping extern. Ein

8.6. Technische Probleme

ICC-konformer Umgang mit dem Problem sind Device-Link-Profils. Auch sie vermeiden oder erweitern das PCS-Konzept, sind aber im Workflow wie ein Profil benutzbar. Innerhalb der Community diskutiert man die Erweiterung der CMM-Funktionalität, so genannte *Smart-CMMs*, aber diesbezüglich bleibt abzuwarten, wie sich ein solches Vorhaben mit der Idee der universellen Farbraumtransformation vereinbaren lässt.

Ein weiterer heftig diskutierter Punkt ist der Widerspruch zwischen D_{65} und D_{50}. Die Lichtart D_{65} ist in der Monitorhardware begründet, D_{50} in den Reproduktionsbedingungen des Drucks bzw. in deren Messtechnik. Klar ist, dass die Präsenz von beiden im ICC-CMS ärgerlich ist. Die vorgesehene chromatische Adaption macht jedoch nur Sinn, wenn man das CMS als Prüfsystem versteht. Wenn man dagegen die Farbreproduktion in den Vordergrund stellt, ist diese Anpassung der RGB-Daten eine überflüssige Zwischenstufe, denn schlussendlich geht es um eine Adaption an das Papierweiss. Also wäre es vernünftig, die CMS-internen Berechnungen auch mit D_{65} durchführen zu können.

Dass die Anzahl der Testfelder in den High-End-Charts im Laufe der Zeit permanent auf heute etwa 1600 erhöht wurden, illustriert ein weiteres Problem, nämlich die Anzahl der Messwerte, mit denen das Geräteverhalten abgetastet wird. Im Durchschnitt liegen die Messwerte etwa 10–20 ΔE auseinander, d.h. die Abtastung ist recht grob. Die erreichbare Genauigkeit von ICC-CMS ist denn auch eine permanent diskutierte Frage. Einen aktuellen Diskussionsbeitrag findet man in **Andreas Kraushaar** [5]. Andererseits wächst mit der Anzahl der Messfelder natürlich der Aufwand für die Erzeugung des Profils und die Effizienz der Anwendung sinkt. Es ist sicher kein Zufall, dass die Default-Charts des Eye-One-Systems nur etwa 200 – 300 Patches betragen. Die Qualitätsansprüche müssen bei dieser Wahl natürlich entsprechend reduziert werden.

Tafel 8.19: technische Probleme

- **Zielkonflikt**: Universalität ↯ Funktionalität
  - PCS-Ansatz verhindert gutes Gamut Mapping
    * in Diskussion: *smart CMMs, DeviceLink-Profils*
- Anzahl der **Messpunkte ausreichend?**
  - mittlerer Abstand über 10 ΔE
- **CMS technisch überholt?**
  - Interpolation für geometrische Operationen ungeeignet
    * Messdaten an CMM anstatt Profile?
  - fortgeschrittenes Gamut Mapping unmöglich?
- **geringe Systemkontrolle** bei Monitoren, Druckertreiber, ...
  - nur bedingt mit FM-Raster kompatibel
  - prinzipielle Probleme bei Digitalkameras

Durch den aktuellen Trend zur spektralen Bildreproduktion werden für das ICC-Color Management die Grenzen des Machbaren in Frage gestellt. In der Forschung sind 6 oder mehr Kamerakanäle bereits üblich. Die Farbmessung verwendete schon immer spektrale Daten, weil die Farbmetrik darauf aufbaut. Heute werden Farbdaten tendenziell auch spektral verwaltet und weiterverarbeitet. Im Druck werden gleichfalls mehr und mehr Farbkanäle eingesetzt, so sind 7 Farben im Offsetdruck oder 15 Tinten bei Inkjets zwar nicht alltäglich aber auch nicht ungewöhnlich. Der Aufwand zur Verwaltung der **LUTs** wächst im CMS aber stark nichtlinear mit der Anzahl der Farbkanäle. Es ist deshalb fraglich, ob das CMS bei einer Erweiterung auf 6, 7 oder mehr Farbkanäle noch praktikabel bleibt.

Unser nächstes Thema ist die *Interpolation*, dem Standardtool bei der Ausführung von ICC-Profilen. Zunächst existiert hier das Problem, dass die Wahl der Interpolationsmethode nicht spezifiziert wurde. Dies kann dazu führen, dass Stützstellen, die in der Profilgenerierung erzeugt werden, nicht mit dem von der CMM verwendeten Interpolationsalgorithmus harmonieren und somit verschiedene CMMs mit dem gleichen Profil durchaus zu verschiedenen Resultaten kommen können. Zudem findet man auch beim Thema Interpolation den Widerspruch Prüfung oder Produktion. Zur Definition der Abbildung zwischen verschiedenen Farbräumen ist Interpolation grundsätzlich gut geeignet. Ist man jedoch vor allem an Gamut Mapping interessiert, dann steht die Geometrie dreidimensionaler Polyeder, mit Operationen wie "$x \in \triangle(A, B, C)$?" im Vordergrund und die Interpolation als alleiniges GM-Konzept ist überlastet.

Fortgeschrittene Konzepte versuchen für jedes Eingabebild, d.h. für eine individuelle Menge von zusammengehörenden Farbvalenzen, eine optimale Abbildungsfunktion in den Zielraum zu konstruieren. Aus Sicht des ICC-Ansatzes bedeutet dies, dass für jedes Bild ein individuelles Profil erzeugt wird. Für ein solches Verfahren benötigt man eine geometrische Beschreibung des Zielgamuts, etwa in Form einer Delaunay-Triangulation der Messfelder. Es ist jedoch gegenwärtig nicht absehbar, ob sich das ICC-CMS einmal in diese Richtung weiterentwickeln wird.

Im Zusammenhang mit Monitorprofilen haben wir bereits darauf hingewiesen, dass die Graphikkarte nicht ins ICC-CMS einbezogen ist. Damit ist konzeptionell die Kalibrationsfähigkeit eines Bildschirms in Frage gestellt. Man kann die Kontrolle durch ein lineares **vcgt**-Tag wiederherstellen. Aber warum sollte man seinen PC künstlich seiner teuer bezahlten Möglichkeiten berauben? Im Gegenteil, das technische Potential der Graphikkarte sollte, wenn immer möglich, genutzt werden. Auch wenn dies bedeutet, dass Monitore aus dem allgemeinen CMS-Ansatz herausfallen. Dies gilt umso mehr für Monitore mit integrierten Korrekturfunktionen.

Auch der Einbezug von Digitalkameras ins CMS ist weder üblich noch naheliegend. Wie bei der diesbezüglichen Profilgenerierung ausgeführt wurde, ist auf Grund der komplex-rekursiven Struktur des Umgebungslichtes bei einer Kameraaufnahme der Weisspunkt eine individuelle Funktion eines jeden Pixels. Der Versuch, eine von der Pixelstruktur unabhängige Korrektur der Farbvalenzen zu finden, ist folglich fragwürdig. Die zunehmend populärer werdenden expliziten RAW-Konvertierungen sind bezüglich Kameras als ernsthafte Alternativen zum CMS anzusehen. Völlig unabhängig von der Interpretation der Gerätedaten ist es in der Fine Art Fotografie üblich, Bilder individuell nachzubearbeiten, Farbkorrekturen eingeschlossen.

8.7 Bewertung

Die Handhabung des ICC-CMS ist relativ einfach, sowohl in der Anwendung als auch in der Farbmessung und Profilgenerierung. Auf Grund des Black-Box-Designs muss man nicht wirklich wissen, was man tut, wenn man ein Color Management nach ICC-Standard betreibt. Die in einer

> Konvertierung nach CMYK

implizit vorgenommene Farbseparierung entspricht durchaus den Traditionen der Druckvorstufe. Der Unterschied in der Datenaufbereitung zwischen RGB- und CMYK-Drucker reduziert sich auf das Anklicken verschiedener Profile in `Photoshop` oder `Acrobat`.

Ursprünglich auf die Druckvorstufe ausgerichtet, dringt CMS heute in alle Bereiche vor, die in Folge der Digitalisierung des Publizierens mehr und mehr die Aufgaben der Druckvorstufe übernehmen.[7] Dies sind in erster Linie Werbeagenturen, Designer, Autoren und Fotografen. Mit dieser Ausweitung des Zielpublikums hat CMS den Charakter eines Hypes angenommen, in dem bisher untergegangen ist, dass die neuen Zielgruppen sehr wohl auch neue und teilweise

---

[7] Diesen Aspekt werden wir in Kapitel 9 genauer untersuchen.

auch abweichende Zielsetzungen und Bedürfnisse in die Problematik einbringen. Zunächst haben wir den Zielkonflikt zwischen einem RGB- und CMYK-orientierten Workflows.

CMYK steht hier für ein klassisches Druckerzeugnis wie ein Buch. Die Produktionsbedingungen sind mehr oder weniger bekannt, die Farbdaten werden von Reprospezialisten der Druckvorstufe am Anfang der Bearbeitungskette in den druckereigenen CMYK-Standard überführt.

Dagegen sind die Ausgabegeräte in einem medienneutralen RGB-Workflow grundsätzlich unbekannt. Ob der von einer Werbeagentur erstellte Prospekt auf CD gebrannt, im Internet abgerufen, auf einem Laserprinter oder im Offset gedruckt wird, bleibt offen. Ein auf ein spezielles Medium ausgerichtetes Datenformat ist unerwünscht und sollte vermieden werden.

Der Zeitpunkt für Farbtransformationen in einem solchen Szenario ist offen und nicht immer leicht verständlich, da er von verschiedenen Bedingungen abhängig ist. In der Datenbanksprache handelt es sich um eine *Transaktion*. Kennzeichen einer Transaktion ist die automatische Überprüfung der zugehörigen Bedingungen durch das jeweilige Datenbanksystem bevor die Transaktion ausgeführt wird. Ein CMS stellt demgemäss zwar eine Transaktion, sprich die Farbtransformation, zur Verfügung, überlässt die entsprechende Transaktionskontrolle aber dem Anwender. Sobald das Szenario eine gewisse Komplexität übersteigt, sind Menschen mit der Transaktionskontrolle allerdings leicht überfordert, zumal typische Anwendungsprogramme wie Photoshop zwar viele Aktionsmöglichkeiten aber wenig Zielorientierung bieten. Besonders verwirrend ist in diesem Zusammenhang der Umgang mit embedded Profiles bzw. deren automatische

Tafel 8.20: Bewertung

- CMS hat teilweise den Charakter eines **Hypes**
  - bietet Möglichkeiten aber keine Zielorientierung
  - ausufernde Konvertierungen (z.B. Photoshop)
- **Zielkonflikt**: RGB ⚡ Funktionalität
  - Transaktion ohne Transaktionskontrolle
    * Fehlerverantwortung an User delegiert
- **Zielkonflikt**: Proof ⚡ Produktion
  - korrekte Farben gegen schöne Bilder
  - Weckung falscher Erwartungen
- **Kultivierung von Schwächen** …
  … anstatt **Qualitätsverbesserung**
  - Problemlösung bleibt dem Kunden überlassen
- Geräteadaption ist prinzipiell Herstellerpflicht
  - nicht nur kurieren der Symptome
- **Farbspezifikation**
  - Lab-TIFF-Files besser als embedded Profiles
- **Handhabung**: Black-Box-Design
  - Messung + Profilerstellung operativ ausgereift
  - implizite Separierung entspricht Drucktradition
  - nicht relevant: RGB- oder CMYK-Drucker
- **Qualität** schwer beurteilbar: Glätte, Abrisse, …
  - praktisch kann man vieles falsch machen
- **es geht auch ohne** CMS (siehe TV)
  - ideale RGB-CMYK-Transformation oftmals ok

Bearbeitungskonventionen in Teilen der Publishing-Software, speziell der **Adobe**-Welt.

Das ursprüngliche Anwendungsverständnis des CMS, geprägt von der klassischen Druckvorstufe, führt in einem komplexen, medienneutralen und zunehmend datenbankorientierten Umfeld zu Problemen. Eine Ergänzung des CMS um eine Datenbankschnittstelle wäre deshalb sicher hilfreich.

Durch die Veränderung des Zielpublikums von Repro zu Design hat sich auch der schon mehrfach angesprochene Zielkonflikt zwischen korrekter und guter Farbwiedergabe ergeben. Vielfach wird der Eindruck vermittelt, dass eine korrekte Farbbildproduktion möglich sei, was aus prinzipiellen Gründen eigentlich nur beim Proofen möglich und sinnvoll ist. Die Design-Kunden des CMS sind sogar mehr oder weniger ausschliesslich an einem guten Gamut Mapping interessiert. Das ICC-CMS sollte diese Verschiebung der Interessenschwerpunkte nicht länger ignorieren.

Der vielleicht irritierenste Kritikpunkt am ICC-Ansatz ist vielleicht die zu Grunde liegende Produktphilosophie. Die Ausgangslage besteht darin, dass viele Farbgeräte Probleme mit der Verarbeitung von unabhängigen Farbspezifikationen haben. Damit wären sie grundsätzlich für eine medienneutrale Publishing-Welt ungeeignet. Die ICC-Produktphilosophie erklärt nun dem Kunden, dass ein Zusatzaufwand in Form einer Profilerstellung notwendig ist, damit das erworbene Gerät auch korrekt funktioniert. Aus Kundensicht ist aber schwer nachvollziehbar, dass die Beseitigung der Gerätemängel ihm überlassen bleibt.

Erschwerend kommt hinzu, dass ICC-CMS keine Lösung der Probleme offeriert, sondern lediglich einen Weg aufzeigt, wie man sich mit den Problemen arrangiert. Der Erfolg des ICC-CMS lässt indessen befürchten, dass die Qualitätsverbesserung über dem Kurieren der Symptome vergessen wird.

Die Qualität von ICC-Profilen ist nicht einfach einzuschätzen. Viele professionelle Hinweise dazu findet man in dem schon erwähnten Artikel von **Andreas Kraushaar** [5] oder auf der Homepage der ECI, siehe:

`www.eci.org`

Schliesslich sei darauf hingewiesen, dass der CMS-Ansatz keinesfalls eine technische Notwendigkeit ist, wie beispielsweise die

Farbwiedergabe im Fernsehen zeigt. Auch die in Abschnitt 3.5.3 vorgestellte d2d-Transformation zeigt oftmals akzeptable Resultate. Nicht umsonst ist sie in `PostScript` und `PDF` die Default-Einstellung.

8.8 Literaturverzeichnis

[1] Norm ISO 12639. *Datenaustausch in der Vorstufe TIFF/IT*. Beuth-Verlag, Berlin, 2004.

[2] Norm ISO 12642. *Drucktechnik — Datenaustausch in der Druckvorstufe — Datensatz zur Charakterisierung des Vierfarbdrucks*. Beuth-Verlag, Berlin, 2005.

[3] Norm ISO 15076. *Bildtechnik — ICC-Farbmanagement — Softwarearchitektur, Profilformat und Datenstruktur*. Beuth-Verlag, Berlin, 2004.

[4] A. Kraushaar. Technische Bedingungen für farbrichtige Digitalfotografie. *Fogra-Forschungsbericht*, 2004.

[5] A. Kraushaar, F. Dolezalek, M. Pöller, and T. Hecht. Qualitätsbeurteilung bei Farbmanagement-Profilen. *Fogra-Forschungsbericht*, 2005.

[6] E. Giorgianni and T. Madden. *Digital Color Management*. Addison-Wesley, 1998.

[7] T. Grey. *Farbmanagement für Fotografen*. dpunkt, Heidelberg, 2005.

[8] M. Luo and R. Hunt. The structure of CIE 1997 color appearance model (CIECAM97). *Color Res. Appl. 23, 138–146, 1998*, 23:138–146, 1998.

[9] A. Sharma. *Understanding Color Management*. Thomson, New York, 2004.

[10] G. Sharma. *Digital Color Imaging*. CRC Press, Boca Raton, 2003.

Kapitel

Drucken: Gestern, Heute, Morgen

In dem vorangegangenen Kapitel haben wir des Öfteren auf die Notwendigkeiten des Publishing-Workflows verwiesen. Da bis heute — trotz harter Konkurrenz — der Druck das dominante Medium ist, beschäftigen wir uns hier mit den typischen Techniken und Arbeitsabläufen zur Erstellung eines Druckerzeugnisses. Die Kenntnis der Verfahren und ihrer Hintergründe unterstützt einerseits die Orientierung im Publishing-Alltag und ist andererseits hilfreich bei der Bewertung aktueller Tendenzen wie dem *Cross Media Publishing*.

Tafel 9.1: Druckindustrie heute

- Medienmarkt im Umbruch (**Cross Media Publishing**)
    - Druck bis anhin dominant im Medienmarkt (ca. 70 %)
    - Druckerzeugnisse sind prototypisch fürs Publizieren
- **Druckvorstufe**: Produktionskette bis zur Druckformerstellung
    - strukturell an den **digitalen Fotosatz** (ab 1970) angepasst
        * Reprofilme, Montage, fotomechanische Kopierverfahren
    - neuinterpretiert durch **Desktop Publishing** (ab ca. 1990)
        * Layoutsprachen, CtP, elekt. Datenaustausch
    - heutige Strukturen und aktuelle Veränderungen ...
        * haben oftmals **historische Gründe** oder ...
        * sind begründet in der Funktion als **Massenmedium**

Die auf der rechten Seite von Tafel 9.2 illustrierte Gliederung einer Druckproduktion ist typisch für den digitalen Fotosatz, wie er sich seit 1970 etabliert hat. Die Eingaben bestehen aus unformatiertem Text, Bildern und Grafiken. Bilder oder fotografierte Grafiken wurden durch die «Repro» — auch «Litho» genannt — in Form von gerasterten Filmen zur Verfügung gestellt. Dabei leitet sich die Abkürzung «Repro» aus der *fotomechanischen Reproduktionstechnik* ab, bzw. «Litho» aus der *Lithographie*, dem ersten erfolgreichen

Druckverfahren zur Bildreproduktion mit Halbtönen. Der Text und Teile der Grafik wurden im *Satz* formatiert und gleichfalls als gerasterte Filme weitergereicht.

Die *Seitenmontage* fügte dann die einzelnen Filmteile gemäss Kundenauftrag zu einer Seite zusammen. Eine typische Seitengrösse wie A4 ist wesentlich kleiner als ein üblicher Druckbogen. Der nächste Schritt bestand deshalb in der Zusammenfassung von Seitenlayouts zu einem Druckbogen, der *Bogenmontage*. In sie flossen druckereispezifische Aspekte wie die vorgesehene *Weiterverarbeitung* ein. Der in der Bogenmontage erstellte Film diente dann als *Kopiervorlage* für die Erzeugung der *Druckplatte*. Der Fortdruck mit anschliessender Weiterverarbeitung schliesst die Produktionskette ab. Die Tätigkeiten bis einschliesslich der Druckformerstellung sind als *Druckvorstufe* bekannt. Sie wurden traditionell durch Fachpersonal in eigenständigen Abteilungen oder selbstständigen Unternehmen wahrgenommen.

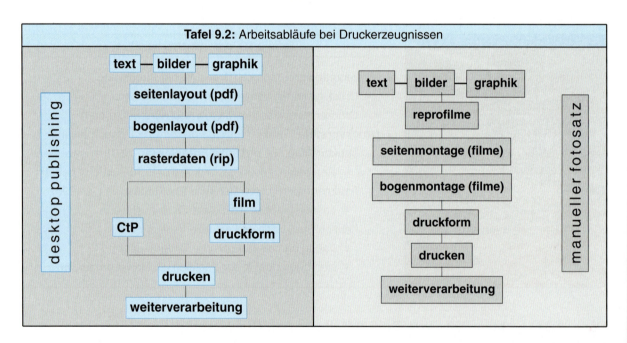

Tafel 9.2: Arbeitsabläufe bei Druckerzeugnissen

Die Veränderungen, die das *Desktop Publishing* in den 90er Jahren auslöste, siehe Tafel 9.2 (links), bewirkten zwar keine grundsätzliche Änderungen in der Struktur der Arbeitsabläufe, jedoch wurden die Zwischenresultate der Produktionskette nun in Form von digitalen Daten anstatt von Reprofilmen verwaltet. Dadurch wurde der Einsatz von Filmen immer näher an die

Druckformerstellung verschoben und entfällt heute zunehmend gänzlich. Organisatorisch hat das die Konsequenz, dass ehemals typische Druckvorstufentätigkeiten wie z.B. die Layoutgestaltung heute überwiegend durch externe Personengruppen wie Werbeagenturen oder Autoren wahrgenommen werden.

Für die Beschreibung der technischen Prozesse im Rest des Kapitels wurde ein historischer Zugang gewählt. Dies ist naheliegend, da gewisse Strukturen wie die Unterscheidung zwischen Text- und Bildreproduktion nicht nur technisch bedingt sind, sondern auch unterschiedliche Entwicklungsgeschichten aufweisen. Des Weiteren lassen sich die aktuellen Veränderungen des Publizierens nur anhand der historischen Gründe der gegenwärtigen Situation korrekt beurteilen. So ist das oben angesprochene Vordringen des Designs in den Produktionsprozess des Druckens lediglich eine Rückkehr zu vorindustriellen Verhältnissen. Erst die Industrialisierung des Druckens führte zu einer Abtrennung der Gestaltung.

Tafel 9.3: Entstehung der «*Schwarzen Kunst*»

- **Buchdruck mit beweglichen Metalllettern**
  - Farbe haftet an erhöhten Stellen der Druckform
  - Bildübertragung durch Anpressen des Bedruckstoffes
    * durch ein Gegendruckelement (Tiegel, Rollen)
- **Prinzip** von **Johannes Gutenberg** (etwa 1440)
  - **Systemkonzept**: Optimierung bekannter Einzeltechniken
    * Druckschriftensystem (Typographie, 290 Letter / Font)
    * Buchstabenguss (Blei + Antimon + Zink, Handguss)
    * Montagesystem der Druckform (Handsatz)
    * Tiegelpresse (Fläche-Fläche)
    * Druckerschwärze aus Wachs, Seife und Kienruss
    * mehrere Hundert Seiten pro Tag

Quelle: Gutenberg Museum, Mainz

9.1 Entstehen der Schwarzen Kunst

Unter *Drucken* versteht man die Erzeugung eines Bildes durch Anpressen eines Bedruckstoffes (Papier) an eine eingefärbte Druckform. Das Konzept ist recht einleuchtend wie man sich anhand eines Stempels verdeutlichen kann. Obwohl **Johannes Gutenberg**,[1]

---
[1] siehe Abbildung 9.1

(1400 ± 5 – 1468) nicht der Erste war, der mit Metalllettern druckte,[2] gilt er zumindest den Europäern als der Erfinder des *Buchdrucks mit beweglichen Metalllettern*. Diese Anerkennung basiert auf **Gutenbergs** Nachweis, dass das von ihm um 1440 erschaffene Drucksystem, die «*nova forma scribendi*», den damals in Blüte stehenden Handschriften ästhetisch gleichwertig und in der Effizienz überlegen war, d.h. er war derjenige, der dem Buchdruck den technologischen Durchbruch brachte.

Quelle: Gutenberg Museum, Mainz

Abbildung 9.1
Gutenberg

Gutenberg optimierte für sein Druckkonzept verschiedene bekannte Techniken und fügte sie zu einer neuen Einheit zusammen, die für Jahrhunderte die vorherrschende Drucktechnik bleiben sollte. Sein zentraler Verdienst ist das Montagesystem für die Druckform, die aus einzelnen gegossenen Metallteilen, genannt *Lettern* oder *Drucktypen*, zusammengesetzt wurde. Die Lettern wurden aus einer Mischung aus Blei, Antimon und Zink mit Hilfe eines speziellen Handgussgerätes angefertigt. Die leichte Produzierbarkeit der Lettern war eine entscheidende Voraussetzung für **Gutenbergs** Erfolg. Die funktionsgerechte Druckpresse, rechts in Abbildung 9.2, war wohl eine umgebaute Weinpresse. In heutigen Bezeichnungen ist es eine *Tiegelpresse*. Sowohl die *Druckform* als auch das *Gegendruckelement* sind flach. Auch dieses Konzept blieb jahrhundertelang unverändert. **Gutenbergs** Druckerschwärze bestand aus Wachs, Seife und Kienruss.

---

[2]in Korea wurde diese Technik schon etwa 100 Jahre früher eingesetzt

9.1. Entstehen der Schwarzen Kunst

Ein Blick auf **Gutenbergs** Meisterwerk, die 42zeilige Bibel (Abbildung 9.1) bzw. des Johannes Evangeliums (Tafel 9.3) offenbart jedoch noch weitere nichttechnische Aspekte, die in der heutigen industrialisierten Medienwelt leicht übersehen werden. **Gutenberg** verstand sein Schaffen als Kunst, noch heute spricht man von der

Schwarzen Kunst.

Er wollte nicht einfach einen Text produzieren, sondern er versuchte die Kalligrafie technisch nachzuahmen indem er pro Schriftart etwa 290 einzelne Lettern anfertigte, d.h. jeder Buchstabe war in mehr als 10 verschiedenen Formen verfügbar. Das Resultat ist auch heute noch bemerkenswert. Bis anhin gilt die 42zeilige Bibel als eine Meisterleistung der Typographie. Der damit verbundene Aufwand war seinerzeit selbstverständlich, denn Bücher waren Luxusobjekte, die nur dann konkurrenzfähig waren, wenn sie die ästhetischen Erwartungen erfüllten oder übertrafen. So erklären sich auch die farbigen Initialen und Verzierungen, die nachträglich von Illuminatoren bzw. Rubrikatoren hinzugefügt wurden.

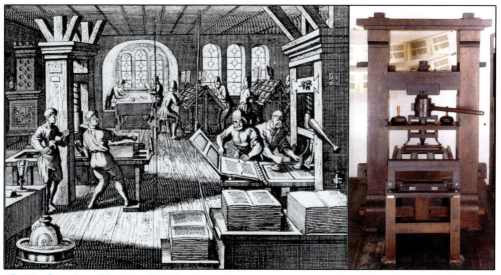

Quelle: Gutenberg Museum, Mainz

Abbildung 9.2
Gutenberg Presse und frühe Druckerei

Die bereits vor **Gutenberg** praktizierte Trennung in Textsatz und Bildreproduktion ist bis heute in den Arbeitsabläufen der grafischen Industrie verankert. Der künstlerische Anspruch des Druckgewerbes hat erst in der Industrialisierung der Drucktechnik gelitten und erlebt erst heute durch die zunehmende Bedeutung des Kommunikationsdesigns im Produktionsprozess ein spätes Comeback.

9.2 Industrialisierung des Druckens

Gutenbergs Druckkonzept blieb für etwa 350 Jahre mehr oder weniger unverändert. Erst die um 1800 spürbar werdende Industrialisierung führte zu einem anderen Druckverständnis. Zunächst war der Druck nur in Form von graduellen technischen Innovationen an diesem Prozess beteiligt. Typisch ist etwa die **Columbia**-Presse von 1817, die mit ihrer gusseisernen Konstruktion mit Kniehebelmechanik höhere Druckkräfte übertragen konnte, siehe Tafel 9.4. Mit der zunehmenden Etablierung der Industriegesellschaft als Zivilisationsform wurde er jedoch mehr und mehr durch seine gesellschaftliche Funktion geprägt. Offensichtliche Beispiele für die wechselseitige Abhängigkeit von Industriegesellschaft und Druck sind das Entstehen der Massenpresse, der Werbung und des Verpackungsdrucks. Die Signifikanz dieser Verbindung kann man an der ökonomischen Bedeutung der Druckindustrie ablesen. In westlich orientierten Gesellschaften beträgt der Beitrag des Drucks zum Bruttosozialprodukt etwa 6 – 7%.

Tafel 9.4: Columbia Presse, 1817

Quelle: Gutenberg Museum, Mainz

9.2.1 Papiererzeugung

Eine Voraussetzung der Industrialisierung des Drucks war eine verbesserte Papierproduktion. Unter Papier versteht man dünne Schichten aus verfilzten Pflanzenfasern, insbesondere als Schreibunterlage oder Bedruckstoff. Die von Natur aus relativ raue Oberfläche wird heutzutage im professionellen Bereich oftmals mit Kreide oder Kaolin beschichtet. Diese *gestrichenen Papiere* sind dann sehr glatt und weiss.

Die Erfindung des Papiers erfolgte vor etwa 2000 Jahren in China. Dem kaiserlichen Hofbeamten **Tsai Lun** wird insbesondere für 105 n.Chr. die Erfindung des Schöpfsiebes zugerechnet. Um 600 n.Chr. gelangte die Kenntnis der Papierherstellung dann nach Arabien und Japan, Europa folgte im 12. Jahrhundert. Die erste deutsche

Papiermühle mit handwerklicher Produktion war die **Gleismühle**, die 1390 in Nürnberg errichtet wurde.

Die Industrialisierung der Papierherstellung begann mit der *Langsiebpapiermaschine* des französischen Mechanikers **Nicolas Louis Robert** (1761 – 1828) im Jahre 1799. Auf ihrem rotierenden Drahtsieb konnten Papierlängen bis zu einer Länge von 15 m erreicht werden. Ein Problem war jedoch das Grundmaterial. In historischen Zeiten verwendete man Bast, Baumrinde, Hanf, Stroh und vor allem Lumpen, auch *Hadern* genannt. Der Bedarf an hochwertigem Papier wuchs jedoch schnell, in Deutschland von 1840 bis 1850 von 20'000 auf 50'000 Tonnen pro Jahr, für die man etwa 1 Million Zentner Lumpen benötigte. In Folge dessen wurden Lumpen zu einem Rohstoff, um den international konkurriert wurde. Vor diesem Hintergrund ist es selbstverständlich, dass sich die Aufmerksamkeit der Papierproduzenten dem mengenmässig bedeutendsten Naturprodukt zuwandte, dem Holz.

Quelle: Voith AG, Heidenheim

Abbildung 9.3
handwerkliche Papierherstellung

Holz ist zur Papierherstellung nicht ohne weiteres verwendbar, sondern muss mechanisch und/oder chemisch aufbereitet werden. Ein naheliegendes Konzept war der *Holzschliff*, die mechanische Zerreibung von Holz zu einem Faserbrei. Ein funktionstüchtiges Konzept stellte 1844 der Sachse **Friedrich Gottlob Keller** (1816 – 1895) vor. Der Holzschliff konnte einen Teil der eingesetzten Lumpen substituieren, speziell bei anspruchslosen Papiersorten wie Pappe. Den industriellen Durchbruch erlebte das Konzept allerdings erst auf der Weltausstellung 1867, als das Heidenheimer Unternehmen **J. M. Voith** leistungsfähige Schleifmaschinen präsentierte.

Holz besteht zu einem relativen hohen Anteil aus dem Faserkitt *Lignin*, einem phenolischem Makromolekül, das im eigentlichen Sinne für die *Verholzung* von Pflanzenzellen verantwortlich ist. Da man in der Papierherstellung an dem reinen Fasermaterial interessiert ist, war es nahe liegend, das Lignin auf chemischem Wege zu entfernen. Der resultierende Zellstoff hat gegenüber Holzschliff einen höheren Anteil von Fasern, die zudem länger und geschmeidiger sind sowie einen höheren Weissgrad besitzen.

Quelle: Voith AG, Heidenheim

Abbildung 9.4
industrielle Papierherstellung

Die Engländer **Charles Watt** und **Hugh Burgess** erhielten 1853 ein Patent auf die Erzeugung von Natronzellstoff (*Sulfatzellstoff*). Dabei werden Holzschnitzel mehrere Stunden in Natronlauge gekocht. Etwa 85% des heute weltweit erzeugten Zellstoffes ist Natronzellstoff. Der restliche Anteil ist Sulfitzellstoff, der als qualitativ höherwertig gilt. Bei seiner Herstellung wird das Natron durch Säure ersetzt. Dieses Verfahren wurde um 1865 unabhängig in Schweden, Deutschland (**Alexander** und **Richard Mitscherlich**) und den USA (**Benjamin Chew Tilghman**) entwickelt. Trotz der mit der Zellstoffgewinnung verbundenen Umweltbelastung wuchs die Papiererzeugung schnell zu einem bedeutenden Wirtschaftszweig heran. So betrug um 1900 die deutsche Papierproduktion bereits 674'000 Tonnen, bei stark steigender Tendenz.

9.2.2 Weiterentwicklung der Druckmaschinen

Aus heutiger Sicht ordnet man dem 19. Jahrhundert vor allem die Entwicklung der dampfbetriebenen Rotationsdruckmaschinen zu, welche eng mit den Bedürfnissen des Zeitungswesens verbunden sind. Im Buch- oder Akzidenzdruck hat die klassische Tiegelpresse, Fundament und Gegendruckelement (Tiegel) sind Planflächen, jedoch bis weit ins 20. Jahrhundert ihre Vormachtstellung behaupten können. Das Konzept wurde dabei zwar gewahrt, aber an die industriellen Anforderungen angepasst. Die Industrialisierung brachte zunächst einmal eine höhere Verfügbarkeit von Stahl, die seit etwa 1800 einen sichtbaren Einfluss auf die Konstruktion handbetriebener Tiegelpressen ausübte. Mitte des 19. Jahrhunderts wurden diese Handdruckpressen in den USA zu automatischen Druckmaschinen weiterentwickelt. Den Systemen **Gordon**, **Liberty**, **Boston**, und **Gally** war gemeinsam, dass das Fundament und Tiegel vertikal angeordnet waren. Funktionell zeichneten sie sich durch eine höhere Druckleistung, eine kompaktere Bauart sowie einer integrierten Farbzuführung aus, welche aus dem Schnellpressendruck übernommen wurde.

Quelle: Heidelberger Druckmaschinen AG

Abbildung 9.5
Heidelberger Tiegel

Der letzte entscheidende Durchbruch, der automatische Papierbogenanleger, gelang 1913 dem Kölner Buchdrucker **Gilke**, der das Patent für seinen Propellergreifer umgehend der heutigen **Heidelberger Druckmaschinen AG** überliess. Nicht zuletzt diese Neuerung machte den *Original Heidelberger Tiegel*, der zwischen 1914 und 1984 160'000 mal produziert wurde, zur erfolgreichsten Buchdruckmaschine der Welt.

Die heute vorherrschende Drucktechnik ist der Rollenoffset. Das Attribut *Rollen* steht dabei für das Druckprinzip mit Zylindern als Fundament und Gegendruckelement. Die Anfänge dieser Technik gehen zurück auf **Friedrich Koenig** (1774 – 1833), der 1811/12 eine dampfbetriebene Druckmaschine nach dem Fläche-Zylinder-Prinzip entwickelte. Der Zylinder diente als Gegendruckelement. Da der erste prominente Kunde und Geldgeber, **John Walter**, der Verleger der **Londoner Times**, vor allem Wert auf die Druckgeschwindigkeit legte, wurde das Konzept als *Schnellpresse* bekannt. Ausser einer höheren Druckleistung verfügte die Maschine über eine integrierte Farbzuführung und eine verbesserte Papierzuführung. Mit ihr war es möglich, die **Times** in einigen Stunden zu produzieren. Die von **Friedrich Koenig** im Anschluss gegründete Unternehmung **Koenig & Bauer** im Kloster **Oberzell** bei Würzburg existiert bis heute und gilt als die Wiege des internationalen Druckmaschinenbaus.

Tafel 9.5: Industrialisierung des Druckens

- **Tiegelpressen**: Fläche/Fläche-Prinzip
  - um 1800 Ganzmetallkonstruktionen
  - um 1850 neue Konzepte aus den USA
    * Tiegel und Fundament vertikal
    * integrierte Einfärbung der Druckform (von Schnellpresse)
  - 1914 automatisierte Papierzuführung (**Gilke**)
    * Patentübernahme durch Heidelberg (Heidelberger Tiegel)
- 1811/12 Erfindung **Schnellpresse** (Fläche/Zylinder-Prinzip) durch **Friedrich Koenig** (1774 – 1833), siehe rechts
  - Maschinendruck steigert Effizienz
  - integrierte Farbzuführung
- 1859 **Rotationsdruckmaschine**: Zylinder/Zylinder-Prinzip
  - mit halbrunden Stereotypienplatten
  - 1866 erste Zeitungsrotationsmaschinen

Quelle: Koenig & Bauer AG

Die nächste konsequente Verbesserung des Druckkonzepts war die gänzliche Abkehr von der Flachform, d.h. nicht nur das Gegendruckelement zylinderförmig zu gestalten, sondern auch das Fundament. Die entscheidende Voraussetzung war dazu die Verfügbarkeit von gleichfalls zylinderförmigen Druckformen. Die im Rahmen des Bleisatzes offensichtliche Lösung war die Verwendung von keilförmigen Typen, die zu einer Rundform zusammengesetzt werden. Obwohl dem Engländer **William Nicholson** bereits 1790 ein entsprechendes Patent erteilt worden war,[3] gelang die Verwirklichung der Keil-

---

[3]seine Druckmaschine wurde offenbar nie gebaut

typenrotation erst 1846 durch **Sir Rowland Hill**.[4] In der Folgezeit wurden verschiedene Rotationsdruckmaschinen entwickelt, erwähnt seien **Applegath** (1846, im Auftrag der **Times**), **R. Hoe** (1846) und **Hippolythe Marinoni** (1847, Schön- und Widerdruck in einem Arbeitsgang). Das Problem dieser Maschinen war, dass die keilförmigen Typen zwar die Lösbarkeit des Satzproblemes nachgewiesen hatten, praktisch aber keine überzeugende Lösung waren.

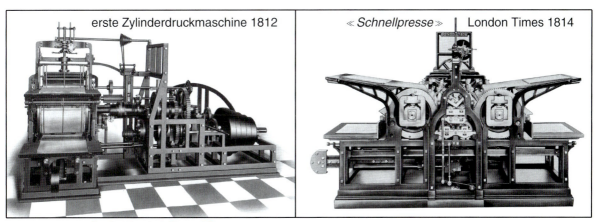

Quelle: Koenig & Bauer AG

Abbildung 9.6
erste Schnellpressen

Die Suche nach effizient herstellbaren runden Druckformen führte zur *Stereotypie*. Mit dem Erfolg des Buchdrucks in den vorangegangenen Jahrhunderten hatte sich auch ein Bedarf an praktikablen Nachdruckverfahren ergeben. Dabei hatte sich zur Abformung von Schrift- und Bildelementen die Gussplattenkopie bewährt. Insbesondere der Edinburgher Goldschmied **William Ged** (1690 – 1747) hatte vorgeschlagen, die gesetzte Druckform in Gips zu drücken und das so gewonnene Negativ mit Blei auszugiessen. Diese Art der Druckplattenerzeugung erhielt später von dem Pariser Schriftgiesser **Firmin Didot**[5] den Namen Stereotypie. Die Gipsstereotypie wurde dann Mitte des 19. Jahrhunderts weiterentwickelt. Das Rundbiegen einer Stereoplatte war eine technisch offensichtliche Lösung für Rotationsdruckmaschinen.

Im Auftrag des **New York Herald** entwickelte **Charles Craske** 1854 halbrunde Stereotypieplatten. Eine darauf abgestimmte Rotationsdruckmaschine wurde 1859 von dem Erfinder **William H.**

---

[4]Sein Patent datiert auf das Jahr 1835, eine entsprechende Maschine wurde aber erst 11 Jahre später fertig gestellt.
[5]der unter Napoleon die Kaiserliche Schriftgiesserei leitete

Bullock vorgestellt. Sein Maschinenkonzept erwies sich in der Folge als wegweisend. Aber auch die **Times** experimentierte seit 1856 mit dieser Technik und beauftragte 1866 **J. Calverley** mit dem Bau einer entsprechenden Zeitungsrotationsmaschine. Dem innovativen Konzept dieser Maschine folgten schnell auch die deutschen Konkurrenten mit Eigenentwicklungen, so **MAN Roland** 1873 und **Koenig & Bauer** 1875. Mit diesen neuen Maschinen waren die technischen Voraussetzungen für die Massenpresse endgültig gegeben.

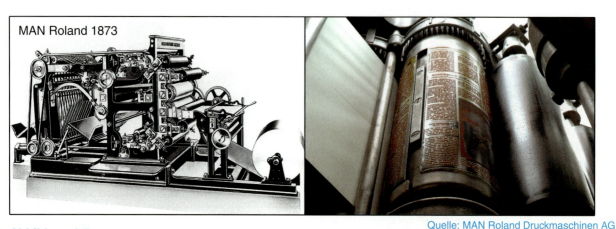

Quelle: MAN Roland Druckmaschinen AG

Abbildung 9.7
Zeitungsrotation
Stereoplatten

9.2.3 Mechanisierung der Schreib- und Satztechnik

Durch die Fortschritte der Druckmaschinen hatte sich ein neuer Engpass in der Druckproduktion herausgebildet, die Satztechnik. Trotz intensiven Bemühungen hatte sich der seit **Gutenbergs** Zeiten im Wesentlichen unveränderte Handsatz der Mechanisierung verweigert. Der Handsatz war eine mühselige Angelegenheit, zunächst mussten die Typen in *Winkelhaken*[6] aufgereiht werden. Es folgten das *Ausschliessen*, das Einfüllen von Trennstreifen (*Spatien*) zum Zwecke des Randausgleiches, und das Einpassen der Zeile in die Druckform. Nach dem Druck mussten die Lettern wieder in die Setzkästen eingeordnet werden. Die Konsequenz der misslungenen Rationalisierung der Satztechnik war ein Beschäftigungsverhältnis von 1 : 6 zwischen Druckern und Schriftsetzern. Insbesondere im Zeitungsbereich wurde die Situation Ende des 19. Jahrhunderts als so dringlich empfunden, dass man mit Wettbewerben und Preisausschreibungen das Interesse der Erfinder auf dieses Problem zu lenken versuchte.

---

[6]siehe Tafel 9.6

Die entscheidende Innovation, die schliesslich zur Mechanisierung der Satztechnik führte, erfolgte jedoch nicht in der Druckbranche, sondern in der Bürokommunikation, nämlich die Entwicklung einer funktionsfähigen Schreibmaschine. Die in der Industrialisierung entstandenen Grossunternehmen waren hierarchisch strukturiert und in viele Teilbereiche gegliedert. Die Kommunikation erfolgte primär schriftlich und wurde in Akten dokumentiert und somit wurde in der Büroorganisation die Entwicklung einer effizienten Schreibmaschine in der zweiten Hälfte des 19. Jahrhunderts dringlich.

Tafel 9.6: Mechanisierung der Schreib- und Satztechnik

- Handsatz nach **Gutenberg** wird zum Engpass der Presse
- 1867 – 72 erste funktionierende Schreibmaschinen
    - **Christopher Latham Sholes** (1819 – 1890) und Partner
    - 1873 Serienreife bei **Remington**, Durchbruch 1880 – 1890
- 1886 **Ottmar Mergenthaler**: **Linotype** (bis 1970)
    - Durchbruch der Mechanisierung des Bleisatzes
    - Tastatureingabe stellt Gussform zusammen
        * Adaption der Schreibmaschine
    - automatischer Guss einer Textzeile
- 1897 **Tolbert Lanson** (1844 – 1913): **Monotype**
    - Tastatureingabe erzeugt Lochstreifen
    - Lochstreifen steuert Typengiessmaschine
    - hohe Qualität und Funktionalität

Das Thema *Schreibmaschine* war allerdings in Erfinderkreisen nicht neu, ganz im Gegenteil, es wurde seit Jahrzehnten intensiv bearbeitet und diskutiert. So regte 1867 ein einschlägiger Artikel im **Scientific American** den amerikanischen Zollangestellten **Christopher Latham Sholes** (1819 – 1890) an, sich mit dem Thema auseinander zu setzen. In den Jahren 1867 – 1872 baute **Sholes** mit einer Gruppe von Gleichgesinnten etwa 25 – 30 Modelle, von denen die letzten durchaus über die Attribute moderner Schreibmaschinen verfügten. **Sholes** und seine Geldgeber benötigten jedoch noch einen potenten Industriepartner, der ihren Prototypen zur Serienreife verhalf und das Marketing übernahm.

Sie fanden ihn in der Waffenfabrik **Remington**, die nach dem Ende des amerikanischen Bürgerkrieges eine Diversifizierungsstrategie verfolgte. **Remington** optimierte das Maschinenkonzept, übernahm die Produktion und im Laufe der 70er Jahre auch den Vertrieb. Auf Grund des hohen Preises von 125 $ und einer noch nicht völlig ausgereiften Technik startete der Absatz eher bescheiden. Der Durchbruch geschah dann in den 80er Jahren. Zwischen 1880 und 1890 stieg der Absatz von 700 auf 65'000 Maschinen pro Jahr, und in den folgenden Jahren explodierte der Markt. Schnell wurde die Schreibmaschine zur Ikone der modernen Büroorganisation mit dem für den Schriftsatz angenehmen Nebeneffekt, dass handgeschriebene Manuskriptvorlagen rasch der Vergangenheit angehörten.

Quelle: Typewriter Museum, Amsterdam

Abbildung 9.8
L. Sholes 1819 – 1890 mit Tochter 1872, **Remington** 1880

Eine Schreibmaschine und eine Schriftsatzmaschine haben eine ähnliche Funktion, und die Fortschritte bei der Schreibmaschine blieben deshalb vom Schriftsatz nicht lange unbemerkt. In den Jahren 1876/77 machten einschlägig Interessierte den jungen deutschen Feinmechaniker **Ottmar Mergenthaler** (1854 – 1899) mit dem Problem des Setzens bekannt, indem sie ihn mit dem Bau einer Schreibmaschinenadaption für Stereotypieanwendungen beauftragten. **Mergenthaler** war als Achtzehnjähriger in die USA immigriert und arbeitete nun in einer Werkstatt, die unter anderem Prototypen anfertigte, die nach amerikanischem Recht für eine Patentanmeldung notwendig waren. 1883 machte er sich in Baltimore selbständig und stellte im Folgejahr einen Prototyp einer neuen revolutionären Setzmaschine vor.

Die Eingabe erfolgte wie bei einer Schreibmaschine über eine Tastatur. Damit stellte man aus einer Menge von Matrizen die Gussform einer Zeile zusammen. Die Zeile selbst wurde dann mit Blei ausgegossen. Noch im selben Jahr wurde die **National Typography Company** gegründet, welche am 3. Juli 1886 bei der **New York Tribune** die erste **Blower-Maschine** in Betrieb nahm. **Mergenthaler** gründete 1886 die **Mergenthaler Printing Co.**, die sich 1890 mit der **National Typography Co.** zur **Mergenthaler Linotype Co.** verband. Mit diversen Verbesserungen, insbesondere der Integration eines fremden Patentes zum automatischen Randausgleich, erreichte **Mergenthalers** Technik 1889 mit der **Linotype Simplex** ihre endgültige Gestalt, die fast ein Jahrhundert mehr oder weniger unverändert bestand. Eine Effizienzsteigerung um den Faktor 5 gegenüber dem Handsatz sicherte der **Linotype** eine explosionsartige Verbreitung. Bemerkenswert ist, dass das rasante Branchenwachstum die Rationalisierungseffekte vollständig kompensierte und die Gesamtzahl der beschäftigten Schriftsetzer sogar noch anstieg. So verzehnfachte sich etwa die Auflage amerikanischer Zeitungen von 3.6 Millionen auf 33 Millionen pro Tag.

Ottmar Mergenthaler (1854 – 99) Linotype Simplex 1889

Quelle: Heidelberger Druckmaschinen AG

Abbildung 9.9 industrieller Bleisatz

Eine von der **Linotype** unabhängige Entwicklung führte zur **Monotype**. Der Name deutet daraufhin, dass hier jeder Letter einzeln gegossen wurde. Die Maschine wurde von dem Juristen und

Erfinder **Tolbert Lanston** (1844 – 1913) in einem langjährigen Verbesserungsprozess entwickelt und seit 1897 in Serie gebaut. Interessant ist die Trennung von Satz und Giessvorgang. Die Ausgabe der Satzmaschine ist ein Lochstreifen, der dann die Steuerung der Giessmaschine übernimmt. Dies erlaubt, unter anderem, Korrekturen am Lochstreifen vorzunehmen oder Teile desselben zu ersetzen. Während die **Linotype** vor allem im Zeitungssatz Verbreitung fand, wurde die **Monotype** bei Zeitschriften und Büchern mit ihrer höheren Funktionalität bzw. Qualität bevorzugt. Die **Monotype** erreichte aber nur etwa 20 % des Absatzes der **Linotype**.

9.3 Druck wird Massenmedium

Eisenbahn und Telegraphie, die beiden spektakulärsten Errungenschaften der ersten Hälfte des 19. Jahrhunderts, schufen neue überregionale Märkte, sowohl für Waren als auch für Informationen, Meinungen oder Politik. Um diese Märkte bedienen zu können, benötigte man neue Arten der Kommunikation, eben eine Massenkommunikation.

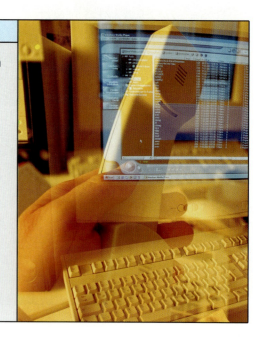

Tafel 9.7: Druck wird Massenmedium

- **überregionale Märkte** erfordern **Massenkommunikation**
- primäre Nachfrage für Druckerzeugnisse
  - Träger von Wissen, Bildung und Unterhaltung
    * allgemeine Schulpflicht, Technische Hochschulen
  - Öffentlichkeit als staatliches Organisationsprinzip
    * Informations- und Meinungsmarkt
      · Presse, Pressezensur, Medienkratie
  - **Werbung** wird grösster Druckmarkt
    * Anzeigen, Kommunikationsdesign, Verpackungen
- **neue Berufsbilder** und **Organisationsformen**
  - Journalisten, Fotografen, Designer
  - Bürokommunikation, Marketing, Vertrieb
  - Tendenz: **Arbeitsteilige Organisation**
- Medienkonzerne nicht auf den Druck beschränkt

Durch die enormen Rationalisierungen der Drucktechnik waren Druckerzeugnisse ausreichend billig geworden, um diese Aufgabe zu erfüllen. Man denke etwa an das Entstehen des Versandhandels per Katalog. Die Druckindustrie wurde zum ersten Massenmedium, wobei Medien als Kommunikationsmittel zur Verbreitung von Wissen durch Zeichen, Bilder, Druck, Film, TV usw. an ein grösseres Publikum verstanden werden. Bezüglich der Tendenzen zum Unternehmenswachstums bzw. zur -organisation unterschieden sich die Druckunternehmen nicht vom restlichen Marktgeschehen, d.h. auch die Druckindustrie wurde bald von Grossunternehmen wie Pressekonzernen und überregionalen Verlagshäusern dominiert. Das Selbstverständnis dieser Druckunternehmungen als Medienkonzerne erlaubte ihnen später die zwanglose Integration anderer Medien wie Film oder TV.

Quelle: ETH Zürich, Pressestelle

Abbildung 9.10
ETH Zürich
gegründet 1855

Die erste offensichtliche Ursache für die wachsende Nachfrage nach Druckerzeugnissen im 19. Jahrhundert war die Funktion des Drucks als Träger von Wissen, Bildung und Kommunikation. Die allgemeine Schulpflicht hatte die Nachfrage nach Literatur erhöht und das Zielpublikum erweitert. Die technische Entwicklung stützte sich auf die Fachkompetenz der Facharbeiter, Techniker und Ingenieure. Technische Universitäten wurden eingerichtet, um die industrielle Nachfrage zu decken.[7] Noch heute sind Lehrbücher ein gewichtiger Teil des Buchmarktes. Dazu kam ein allgemeines Interesse an Politik, Wirtschaft und Gesellschaft, wie es sich beispielsweise in einem Konversationslexikon ausdrückte. Ein solches enthielt das Wissen, das der Bildungsbürger für eine angeregte Salonunterhaltung benötigte.

---

[7] die ETH, siehe Abbildung 9.10 (links,oben), wurde 1855 gegründet

Die *Presse* verdankt ihre Entstehung dem Organisationsprinzip moderner Staaten, nämlich der *Öffentlichkeit*. Die zunehmende Partizipation des Bürgers an der Politik verlangte nach einer permanenten, aktuellen, billigen und umfassenden Information über das politische bzw. gesellschaftliche Geschehen.

Abbildung 9.11
Öffentlichkeit als Staatsprinzip

Quelle: Wikipedia

Abbildung 9.12
Entstehung der Presse

Die Bedeutung des Öffentlichkeitsprinzips sieht man z.B. daran, dass deutsche Gesetze erst durch Veröffentlichung, sprich durch den

Abdruck im Bundesanzeiger, Gültigkeit erlangen. Die gesellschaftliche Relevanz der Presse kann man an den staatlichen Versuchen abzählen, sie zu kontrollieren. Begriffe wie Pressezensur, Propaganda, Medienkratie oder Pressefreiheit beleuchten die gesellschaftliche Funktion der Presse.

Das dritte und wichtigste neue Betätigungsfeld war die *Werbung*. Überregional vertriebene Produkte müssen dem potentiellen Kunden bekannt gemacht werden. So stiegen etwa die Werbeausgaben in den USA zwischen 1867 bis 1916/1917 von 50 Millionen Dollar auf 1.5 Milliarden Dollar. Heute sind mehr als 60 % aller Drucksachen direkt oder indirekt mit Werbung verbunden.

Die Industrialisierung brachte neue Berufsbilder und Organisationsformen hervor, die bis heute erhalten geblieben sind. So erfüllt ein Journalist offenbar die Bedürfnisse der Presse und ein Graphik-Designer diejenigen der Werbung. Bezüglich der Organisationsformen ist besonders die Bürokommunikation zu erwähnen. In gewissem Sinne kann sie als *kleine* Massenkommunikation verstanden werden. Es wundert denn auch nicht, dass die technischen Entwicklungen der Bürokommunikation, wie z.B. die Schreibmaschine, siehe Abschnitt 9.2.3, einen Einfluss auf entsprechende Drucktechniken ausübten. Bemerkenswerterweise erleben wir heutzutage mit dem *Desktop Publishing* eine ganz analoge Entwicklung.

Abbildung 9.13
Werbung als Voraussetzung der Industriegesellschaft

Quelle: Agfa Deutschland, Köln

9.4 Entwicklung der Bildreproduktion

Im vorangegangenen Abschnitt haben wir die Mutation eines Kunsthandwerks zum Massenmedium skizziert. Dabei haben wir uns im Wesentlichen auf die Verbreitung von Schrift konzentriert. Unser eigentliches Thema, die Bildreproduktion, haben wir also bisher ausgeklammert. Dies hat sowohl funktionale als auch historische Gründe.

Tafel 9.8: Holzschnitte

- entstehender **Büchermarkt** im Spätmittelalter
  - Universitäten: Salerno 1050, Bologna 1119, Paris 1150
  - öffentliche Schulen in Städten um 1400
  - Stadtbibliotheken: Nürnberg 1429, Regensburg 1430, Ulm 1439
- Trennung von Text und Bild
  - Zünfte für **Scriptoren** (Schreiber) + **Illuminatoren** (Graphiker)
- Illustrationen für Analphabeten (Massenmarkt)
- **Holzschnitte**: erhabene Druckformen aus Hartholz
  - Produktion von Spielkarten, nach 1377
  - Einzelblattdrucke ab 1418 nachgewiesen
  - neue Kunstform durch Integration in Buchdruck
  - technische Beschränkungen (keine Halbtöne)

Quelle: Bildarchiv Klaus Kramer, Holzschnitt-Spielkarten, 15. bis 17. Jahrhundert

Obwohl Bilddarstellungen bereits seit **Gutenberg** als Holzschnitt oder Kupferstich im Buchdruck präsent waren, nahm die Entwicklung der Schriftreproduktion und die Bildwiedergabe gerade im 19. Jahrhundert doch sehr verschiedene Wege. Die Schriftreproduktionstechnik war primär ein Optimierungsprozess der vorhandenen Technik, ausgerichtet auf das gesellschaftliche Bedürfnis von schnell verfügbarer, billiger Information. Man beachte, dass der Buchdruck bis in die 60er Jahre des 20. Jahrhunderts die vorherrschende Drucktechnik blieb. Dagegen war die Bildreproduktion im 19. Jahrhundert durch die Entdeckung neuer innovativer Techniken geprägt, speziell von der Entwicklung des Steindrucks und der Fotografie.

Ihr Durchbruch zum Massenmedium erfolgte zwischen 1880 – 1890 durch die Integration der fotomechanischen Bildwiedergabe in den Buchdruck, bekannt als Halftoning. Im 20. Jahrhundert richtete sich die Drucktechnik dann zunehmend an der Bildreproduktion aus. Seit etwa 1970 ist der Offsetdruck, hervorgegangen aus dem Steindruck, die dominante Drucktechnik. Parallel dazu erlebte der Fotosatz seinen Aufstieg, mit der Konsequenz, dass eine aus Sicht der Drucktechnik eigenständige Schriftreproduktion entfiel, d.h. gedruckt wurden nur noch Bilder. Auch die Digitalisierung der Drucktechnik hat an diesem Zustand nichts geändert.

9.4.1 Holzschnitte und Kupferstiche

Eine der Veränderungen, die das ausklingende europäische Mittelalter kennzeichneten, war das zunehmende Interesse an Bildung. Dies äusserte sich zunächst in der Gründung von Universitäten (Salerno 1050, Bologna 1119, Paris 1150). Ab etwa 1400 entstanden in den deutschen Städten auch öffentliche Schulen. Das Interesse an Bildung führte zum Entstehen eines Buchmarktes. Aus Bologna sind beispielsweise Gesetze aus dem Jahre 1259 bekannt, die sich auf das Verleihen und Vervielfältigen von juristischen Handschriften beziehen. Aus juristischen Handbüchern der Städte entwickelten sich dann die Stadtbibliotheken (Nürnberg 1429, Regensburg 1430, Ulm 1439).

Die steigende Nachfrage nach Büchern wurde in Zünften befriedigt, die sich auf die gewerbliche Herstellung von Handschriften spezialisierten. Äusserst aufschlussreich ist die Unterscheidung zwischen *Scriptoren* (Schreibern) und *Illuminatoren* (Graphikern), so beispielsweise in den Gründungsurkunden der **Libraries Gilden** 1454 in Gent und Brügge dokumentiert. Dies zeigt, dass die vorgängig angesprochene Trennung von Schrift und Bildreproduktionstechniken auf mittelalterliche Traditionen zurückgeht, und zur Zeit des aufkeimenden Buchdrucks bereits voll etabliert war. Die Trennung hatte indessen nicht nur produktionstechnische Gründe. Zumindest teilweise hatte man verschiedene Zielgruppen. Die weitaus überwiegende Mehrheit der Bevölkerung bestand nämlich aus Analphabeten. Aber zum Verständnis von Bildern musste man nicht der Schrift kundig sein und das Sprichwort behauptet sowieso: «*Ein Bild sagt mehr als tausend Worte*».

In Folge dessen existierte für Bilddarstellungen ein separater Teilmarkt, zunächst für Einzelbilder, später auch für Bilderbücher (*Blockbücher*). Typisch hierfür waren christliche Motive, wobei Texten allenfalls eine Hilfsfunktion zukam. Genau wie bei der Schriftreproduktion versuchte man auch im Bereich der Illustration die wachsende Nachfrage durch Optimierung der Arbeitstechniken, hin zu einer mechanischen Vervielfältigung, zu befriedigen.

Die erste Technik, die sich im Kontext der gewerblichen Buchproduktion durchsetzen konnte, war der *Holzschnitt*. Hierbei wird eine Druckform aus Hartholz eingefärbt, mit Papier bedeckt und dann mit einem Falzbein abgerieben. Die Druckform ist wie beim Bleisatz erhaben, d.h. die nicht druckenden Teile wurden mit einem Grabstichel ausgehoben. Der Holzschnitt kam als eine offensichtliche Fortführung von Stempeltechniken, die z.B. als Siegel von Beginn an in der Kulturgeschichte der Menschheit vertreten waren, aufgefasst werden.

Buxheimer Christopherus 1423   Totentanz, Schedelsche Weltchronik 1493   Krönung, Biblia Pauperum (Blockbuch)

Quelle: Bildarchiv Klaus Kramer

Abbildung 9.14
Holzschnitte 15. Jahrh.

Der konkrete Anlass, der den Holzschnitt grossflächig populär machte, war wohl die Produktion von Spielkarten, die sich gegen Ende des 14. Jahrhundert explosionsartig ausbreitete.[8] Als frühe Massenartikel verlangten Spielkarten nach einer standardisierten, effizienten Produktionstechnik, die der Holzschnitt liefern konnte. Die dazu benötigten kunsthandwerklichen Fähigkeiten im Bereich

---

[8] 1377 aus dem arabischen Raum nach Italien importiert

des Holzschnitzens waren im spätmittelalterlichen Europa weit verbreitet, z.B. als Modellstecherei für Zuckerwaren. In der Folge erweiterten die Spielkartenproduzenten ihr Angebot mit Heiligenbildern, zunächst im Spielkartenformat, die dann an einschlägigen Wallfahrtsorten vertrieben wurden. Heisst es doch 1395 in Bologna von einem **Federico di Germaniae**: Er stellt «*Cartas fi gurates et picas ad imagines et figurasa sanetorum*» her.[9] Dass dies kein Einzelfall war, belegt etwa die Besteuerung von Holzschnitten zur Produktion von Spielkarten und Heiligenbildern im Florenz des Jahres 1430. Zu den frühesten datierten Einzelblattholzschnitten gehören

- **Maria mit dem Kinde**, 1418, und der
- **Buxheimer Christopherus**, 1423.

Fügte man solche Einzelblattsammlungen zusammen, so erhielt man zwanglos ein Buch. Die in der Frühzeit des Holzschnittes verwendeten wasserlöslichen Tinten neigten zum Durchschlagen, so dass die Rückseite eines Druckes nicht weitergenutzt werden konnte. Man klebte also die einseitig bedruckten Seiten an den Rückseiten aneinander. Die so erzeugten Bildbände, mit thematisch zusammenhängenden Bildfolgen, sogenannte *Blockbücher*, etablierten sich parallel zum Textbuch.

Zu grosser Blüte gelangte der Holzschnitt jedoch erst durch seine Integration in **Gutenbergs** Drucktechnik. Die erste bekannte Vereinigung des neuen Typendrucks mit dem Holztafeldruck gelang **Albrecht Pfister** 1461 in Bamberg mit der Fabelsammlung **Bonders Edelstein**. Im vorausgedruckten Text wurde der Platz für den nachträglich eingefügten Holzschnitt ausgespart. Im Jahre 1472 realisierte **Günter Zainer** dann den gleichzeitigen Druck von Text und Illustration in einem Arbeitsgang. Bereits in der 1493 in Nürnberg erschienenen Weltchronik von **Hartmann Schedel** (1440 – 1514) war der Holzschnitt fest etabliert. Sie enthält 1809 Holzschnitte nach Entwürfen von **W. Pleydenwurff** und **M. Wolgemuts**. Der Holzschnitt entwickelte sich schnell zu einer neuen Kunstform. Bedeutende Werke schufen **Albrecht Dürer** (1471 – 1528), **Tizian (Tiziano Vecellio**) 1488 – 1576), **Lucas Cranach der Ältere** (1472 – 1553) oder **Lucas van Leyden** (1494 – 1533).

Als historisch bedeutender erwies sich allerdings die zweite Bildreproduktionstechnik, die sich gleichfalls in der Zeit des entstehenden Buchdrucks ausbreitete, nämlich der *Kupferstich*. Seine Ursprünge

---

[9]aus **Hans Jürgen Wolf** [10, S.783]

werden im Allgemeinen in Ritzzeichnungen und Ätztechniken gesehen, etwa im Kontext der Goldschmiedekunst.[10] Im Besonderen vermutet man einen Zusammenhang mit Kopier- und Ätztechniken für Gravuren, die seit der Antike für Waffen oder Kunstgegenstände üblich waren, bekannt als *Niellos*. Als Bildreproduktionstechnik tritt der Kupferstich etwa um 1400 in Erscheinung und zwar in Form der noch recht simplen *Schrotblätter*, so bezeichnet auf Grund der schrotkornähnlichen Punktformen. Der älteste datierte Kupferstich, die

Geisselung Christi von **Peter Zanndio**,

stammt aus dem Jahre 1446.

Obwohl der Kupferstich im Vergleich zum Holzschnitt schnell als künstlerisch höherwertiges Verfahren überzeugte, konnten seine speziellen technischen Probleme nicht so schnell ausgeräumt werden. Trotz des grossen Interesses, das die einschlägigen Kunstwerke von **Albrecht Dürer** und seiner Kollegen bewiesen, konnte der Kupferstich den Holzschnitt erst ca. um 1600 verdrängen.

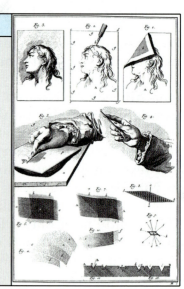

Quelle: Wikipedia

Tafel 9.9: Kupferstich

- um 1400 entwickelte Bilddrucktechnik
    - wohl aus Kopiertechniken von Gravuren (**Niellos**)
    - ältester datierter Kupferstich 1446 (**Geisselung Christi**)
    - von 1600 – 1800 vorherrschende Illustrationstechnik
- Vertiefungen der Kupferplatte farbführend und druckend
    - grösseren Farbübertrag, feinere Strukturen
- als künstlerisch höherwertige Alternative verstanden
- komplexere Drucktechnik
    - Fläche/Zylinder-Druck, dünnflüssige Farben, rauhes Papier
- einer der Wurzeln der modernen Bildreproduktion (Tiefdruck)
    - permanent verbesserte Techniken der Halbtonwiedergabe
        * Ätzung von Kupferplatten führten zur Fotografie

Die Technik des Kupferstichs ist im gewissen Sinne dem Buchdruck entgegengesetzt. Die druckenden Teile sind nicht die erhabenen Stellen der Druckform sondern die durch Stich oder Ätzung

---

[10] Auch **Gutenberg** werden entsprechende Beziehungen nachgesagt.

erzeugten Vertiefungen. Beim Druck werden dann die Vertiefungen mit dünnflüssiger Druckfarbe gefüllt. Die nicht druckenden Teile müssen sorgfältig gereinigt werden.

Die Technik des Kupferstiches hat Vor- und Nachteile. Der hohe, deckende Farbübertrag im Zusammenhang mit den feineren, flexibleren Bearbeitungsmöglichkeiten einer Metallplatte, führten schnell zu einer künstlerischen Bevorzugung des Kupferstiches. Andererseits erfordert der Kupferstich eine anspruchsvollere Drucktechnik. Verfahrensbedingt ist ein höherer Anpressdruck erforderlich, der von Beginn an den Flächen-Zylinder-Druck erforderte.[11] Um den Farbübertrag zu gewährleisten, benötigt man dünnflüssige Farben sowie aufgerautes, saugfähiges Spezialpapier. Auf Grund solcher Probleme sind die häufig negativen Erfahrungsberichte im Umgang mit der neuen Technik, gegen Ende des 15. Jahrhunderts, nur allzu erklärlich.

Schrotblatt 15. Jahrhundert   Peter Bruegel d. Ä., «Die sieben Todsünden», gestochen von Pieter van Heyden 1558

Quelle: Bildarchiv Klaus Kramer   Quelle: Gutenberg Museum, Mainz

Abbildung 9.15
frühe Kupferstiche

Trotz der verfahrenstechnischen Anlaufschwierigkeiten war der Kupferstich ab etwa 1600 die vorherrschende Bildreproduktionstechnik, speziell im künstlerisch anspruchsvollen Bereich oder auch

---

[11] Der Zylinder, wie die ganze Presse, war dabei aus Holz.

im Musiknotensatz. Aus heutiger Sicht sind insbesondere die folgenden Aspekte erwähnenswert:

1. Im Laufe der Zeit wurden verschiedene Techniken entwickelt, die auf eine verbesserte Halbtonwiedergabe ausgerichtet waren, z.B. die *Radierung* oder *Schabkunst*. Bei der Radierung wird die Kupferplatte zunächst mit einer säurefesten Harz-Asphalt-Schicht versehen. In diese werden die gewünschten Strukturen gezeichnet oder geritzt, worauf die Platte mit Säure übergossen wird. Die Zeichnung wird dann an den freigelegten Stellen in das Kupfer geätzt. Die Schabkunst, auch *Schabmanier* oder *Mezzotinto* genannt, wurde 1642 von **Ludwig von Siegen** eingeführt. Hier wird die Platte zunächst gleichmässig aufgeraut, so dass der Abdruck eine gleichmässig schwarze Fläche ergeben würde. An der Stelle, die später wieder heller erscheinen soll, wird die Platte dann wieder glattgeschabt. Bei der *Aquatinta* lässt man die Säure durch ungeschmolzenen Metallstaub hindurch wirken.

2. Aus historischen Gründen ist besonders auf die verwendeten Ätztechniken hinzuweisen. Sie führten schliesslich zur Fotografie und zur fotomechanischen Bildreproduktion.

3. Nicht zuletzt hat der Kupferstich einen modernen Nachfolger gefunden, den *Tiefdruck*, siehe Seite 316, der bis heute bei illustrierten Grossauflagen fest etabliert ist.

9.4.2 Steindruck

Um 1800 entstand ein neues Druckverfahren, der *Steindruck* oder *Lithographie*, in Konkurrenz zu dem etablierten Buchdruck bzw. dem Kupferstich. Im Gegensatz zu den beiden letztgenannten Verfahren erfolgt beim Steindruck die Differenzierung zwischen druckenden und nicht druckenden Teilen der Druckform nicht durch eine mechanische Höher- oder Tieferlegung sondern durch unterschiedliche chemische Oberflächeneigenschaften. Durch Aufbringung von Fetten oder Ölen, werden farbanziehende bzw. -abstossende Gebiete auf der Druckform separiert. Dieses Verfahren hatte vor allem gegenüber dem Kupferstich deutliche Vorteile:

- Die Druckform konnte gezeichnet werden und enthielt keine aufwendige Metallbearbeitung.

- Die Druckgeschwindigkeit im Fortdruck war gegenüber dem Kupferstich etwa dreimal höher.

- Der Steindruck ermöglichte erstmals eine echte Halbtonwiedergabe.

Um die Mitte des 19. Jahrhunderts hatte der Steindruck eine grosse künstlerische Bedeutung erreicht, speziell bei Plakaten. Auch heute ist die Lithographie noch eine etablierte künstlerische Ausdrucksform.

Alois Senefelder (1771 – 1834)

Quelle: Deutsches Museum, Münschen

Tafel 9.10: Lithographie und Steindruck

- nach 1796 von **Alois Senefelder** entwickelt
    - hohe künstlerische Bedeutung (sehr aufwendig)
- Druck auf plan geschliffenen Kalksteinen (**Flachdruck**)
    - *Solnhofener Schiefer*: 98 % Calciumcarbonat $CACO_3$
- **physikalisch-chemisches Funktionsprinzip**
    - Druckbild wird mit Fetttusche oder Ölkreide gezeichnet
    - chemische Reaktion zu fettsaurem Kalk (**hydrophob**)
- zeichnungsfreie Flächen **hydrophil** (wasseranziehend)
    - verstärkt durch Beschichtung mit Gummiarabicum
    - vor Einfärbung befeuchtet: verhindert Farbannahme
- erstes Druckverfahren mit **echter Halftoning-Simulation**
    - abhängig von Korngrösse: 3000 Körner/cm ≈ 55 l/cm
    - Dotgrösse: Menge der an der Kornspitze haftenden Fetts

Als Erfinder des Steindrucks gilt **Alois Senefelder** (1771 – 1834). Wie bei anderen Drucktechniken auch meint die Bezeichnung «Erfinder» nicht, dass **Senefelder** jeden einzelnen Schritt selbst kreiert hat, sondern dass er die Idee des

Druckens mit Steinen

zu einer praxistauglichen Gesamttechnologie zusammengefasst hat. Im Kontext der Lithographie sind speziell die Erfolge der aufkeimenden Chemie gegen Ende des 18. Jahrhunderts zu würdigen und die für Spruchtafeln oder Grabinschriften seit Jahrhunderten üblichen Steinätzungen.

Alois Senefelder familiäres Umfeld war durch den Beruf des Vaters als Schauspieler geprägt. Er wuchs in München auf, wo sein Vater seit 1778 am Hoftheater beschäftigt war. Auf Wunsch seiner Eltern begann er in Ingolstadt ein Jurastudium. Zusätzlich verfasste er Gedichte und kleine Theaterstücke. Gewisse Anfangserfolge verleiteten ihn dazu, ein Leben als Schriftsteller anzustreben. Als sein Vater 1794 überraschend stirbt, und er seine Familie mit unterstützen muss, gelingt es ihm nicht mehr, seinen vertraglichen Verpflichtungen nachzukommen und er verliert die Unterstützung seiner Verleger.

Quelle: MAN Roland Druckmaschinen AG

Abbildung 9.16
frühe Steindruckpesse mit Druckplatte

Senefelder möchte aber nach wie vor publizieren. Er nimmt bei **Johann Michael Mettenleiter** Unterricht im Kupferstechen und beschliesst seine eigene Druckerei zu gründen. Da seine Situation primär durch Geldmangel gekennzeichnet war, suchte er nach einem Verfahren, das möglichst billig realisiert werden konnte. In den Jahren 1796/97 reiften die Konzepte. Die ersten Druckversuche fanden im privaten Kontext statt. So unterstützte ihn der befreundete Hofmusiker **Franz Gleissner** mit einem Auftrag für selbstkomponierte Lieder. In der Folge wurde **Gleissner** auch sein Teilhaber. Das entscheidende Ereignis war jedoch das Zusammentreffen mit **Johann André**, einem Musikalienhändler und Druckereibesitzer aus Offenbach am Main. Interessiert an der neuen Art des Musiknotensatzes, besuchte er 1799 **Senefelder** in seiner Werkstatt und liess sich die Technik erklären. Er erkannte das Potenzial

9.4. Entwicklung der Bildreproduktion

und machte ein Finanzierungsangebot. Ein Handgeld von 2000 Gulden beseitigten **Senefelders** akute Finanznöte und **Andrés** Verbindungen sicherten ihm Patente in London, Paris und Wien, die er unmittelbar an **André** weiterreichte. Mit der zunehmenden Popularität des Verfahrens erfährt **Senefelder** auch in der bayrischen Heimat Unterstützung. Nach seiner Rückkehr aus Österreich ist ihm die Staatsregierung bei der Gründung einer neuen Druckerei behilflich und finanziert ein litographisches Institut. Im Jahre 1809 wird **Senefelder** in den Staatsdienst übernommen.

Funktionsprinzip

Kommen wir zurück zum technischen Funktionsprinzip des Steindrucks, das in der weiterentwickelten Form des Offsetdrucks seine Bedeutung bis in die aktuelle Drucktechnik wahren konnte. Die Druckform besteht aus einem plangeschliffenen Kalkstein. Die Erfahrung zeigte, das der *Sohnhofer Schiefer*[12] aus dem Altmühltal im fränkischen Jura sich besonders eignet. Er besteht zu etwa 98 % aus Calciumcarbonat $CACO_3$, der Rest sind verschiedene Verunreinigungen. Das zu druckende Bild wird nun auf den Stein gezeichnet, wozu man Fetttusche oder Ölkreide benutzt. Die Zeichenfarbe verbindet sich mit dem Kalk zu fettsaurem Kalk, der einerseits wasserabstossend (hydrophob) andererseits fettanziehend (oleophil) wirkt. Nun möchte man bei den zeichnungsfreien Teilen das genau gegensätzliche Verhalten erreichen. Dazu genügt es eigentlich, sie mit Wasser zu befeuchten. Um den Effekt zu verstärken und haltbarer zu machen, werden die zeichnungsfreien Teile zunächst mit einem Gemisch aus Wasser, Salpetersäure und *Gummiarabicum* leicht geätzt und anschliessend mit einer dünnen

Tafel 9.11: Alfons Maria Mucha

Quelle: Gutenberg Museum, Mainz

---

[12] auch bekannt für seine Fossilienfunde

Schicht aus Gummiarabicum, einer stark wasseranziehenden Substanz, überzogen.

A woman sitting by a window 1802 (Henry Fuseli)
Quelle: National Gallery of Australia, Canberra

Abbildung 9.17
aus d. « *Specimens of Polyautography* » 1803

Bei jedem Druckvorgang wird die Druckform vor dem Einfärben mit Wasser gefeuchtet. Dadurch wird verhindert, dass sich anschliessend die fetthaltige Druckfarbe an den zeichnungsfreien Teilen anlagern kann. Die Zeichnung selbst reagiert genau gegensätzlich, hier bleibt die Druckfarbe haften. Dabei ist zu berücksichtigen, dass die verwendete Druckfarbe relativ zähflüssig ist. Sie wird gleichmässig auf eine Rolle aufgebracht, die über die Druckform abgerollt wird. Nur dort wo ein Haftkontakt zustande kommt, findet auch eine Farbübertragung statt, in dem der Farbfilm auf der Rolle aufgespalten und abgerissen wird.

Der Halbtoneffekt des Steindrucks beruht auf der Körnigkeit des Steins, je feiner die Kornbildung des Steins, desto feiner das Halftoning. Diesbezüglich ist der Steindruck als eine Art amplitudenmodulierte Rasterung zu verstehen. Ein Korn entspricht einer Rasterzelle. Die Grösse des zugehörigen Zentraldots ergibt sich aus der Menge des Fetts, das an der Kornspitze haften bleibt, variierbar durch den ausgeübten Druck beim Zeichnen oder den Härtegrad der verwendeten Fettkreide.

Alois Senefelder war sich der Schwächen seiner Technologie durchaus bewusst. Er sah ihre natürliche Anwendung im Bereich der Gebrauchsgraphik wie Musiknoten, Formulare, Landkarten, Tabellen oder Zirkularien. Bis zu seinem Tode suchte er das Konzept zu optimieren und die Lithographie zur vorherrschenden allgemeinen Drucktechnik zu machen. Erwähnenswert sind diesbezüglich sein

> Lehrbuch der Steindruckerei

von 1818, seine frühen Versuche mit Steindruckschnellpressen und die ersten Mehrfarbenlithographien aus dem Jahre 1826. Schlussendlich hat sich das chemische Flachdruckprinzip als überlegen erwiesen. Bis zu seinem technologischen Durchbruch vergingen jedoch noch mehr als ein Jahrhundert.

Rückblickend erscheint die Lithographie als Kunstform. Dieses Verständnis wurde bereits von der Familie **André** propagiert. Insbesondere **Philip André**[13] publizierte bereits 1803 den Kunstband

> Specimens of Polyautography,

wofür er eine illustre Schar bekannter Graphiker engagierte. Ein bedeutender Fürsprecher der neuen Kunstform war u.a. **Johann Wolfgang von Goethe** (1749 – 1832). In der zweiten Hälfte des 19. Jahrhunderts erlebte die Lithographie dann einen bedeutenden Aufschwung im Kontext der Plakatwerbung. Bedeutende Vertreter sind etwa **Eugène Delacroix** (1798 – 1863) oder **Henri de Toulouse-Lautrec** (1864 – 1901). Noch heute gelten die «*Moulin Rouge*»-Plakate des Letzteren als ein Synonym für die Farblithographie. Als Konsequenz der zunehmenden kommerziellen Bedeutung wurden um 1850 dann auch praxistaugliche Steindruckschnellpressen entwickelt: 1846 **Nicolle** (Paris), 1851 **Georg Sigl** (Wien), 1860 **Alexander Dupuy** (Paris).

9.4.3 Fotomechanische Bildreproduktion

Eine der auffälligsten Entwicklungen des 19. Jahrhunderts ist zweifellos die *Fotografie*. Die Geschwindigkeit mit der sie sich zu einem Massenphänomen entwickelte, dokumentiert die qualitative Überlegenheit dieser Reproduktionstechnik. Drucktechnische Verfahren erreichen auch heute nicht die Qualitätsstandards

---

[13] ein in London lebender Bruder von **Johann**

der analogen Fotografie. Dem gedruckten Bild verblieb zum Ende des 19. Jahrhunderts gegenüber dem Konkurrenten Fotografie nur eine wirkliche Stärke, nämlich die massenhafte Vervielfältigung. Dementsprechend war die Entwicklung des Drucks in den nächsten 100 Jahren durch die Übernahme fotografischer Techniken in die Druckformherstellung geprägt. Am Ende dieser Entwicklung stand der konventionelle Fotosatz, wo auch Texte als Bilder behandelt werden.

9.4.4 Entwicklung der Fotografie

Das Aufzeichnungsgerät der Fotografie ist die Kamera, die in der *Camera Obscura* (Lochkamera) ihre historischen Wurzeln hat. Die Camera Obscura war bereits im Altertum bekannt. Sie wurde im 18. Jahrhundert durch neue wissenschaftliche Errungenschaften verbessert, blieb aber ein eher seltenes Werkzeug für Forscher und Künstler. Der Einstieg in die Fotografie gelang 1727 dem deutschen Arzt und Universalgelehrten **Johann Heinrich Schulze** (1687 – 1744) durch den Nachweis der Lichtempfindlichkeit von Silbersalzen. Diese ersten Hinweise auf lichtempfindliche Materialien wurden 1777 von dem bedeutenden deutsch-schwedischen Chemiker **Karl Wilhelm Scheele** (1742 – 1786) bestätigt und ausgeweitet.

Tafel 9.12: Entwicklung der Fotografie

- 1727 **Johann H. Schulze** (1687-1744): Lichtempfind. Silbersalze
- 1802 **Thomas Wedgewood** (1771-1805): Silbersalzfotos (Papier)
- 1822 **Nicéphor Niépce** (1765-1833): lichtbeständ. Heliographie
- 1829 Zusammenarbeit **Niépce** u. **Louis Daguerre** (1787-1851)
  - 1835-37 Entwicklung der Daguerreotypie
    * Positivfoto mit Silberjodid, Fixierung: Kochsalzlösung
- 1835 **William Fox Talbot** (1800-77): erste Negative auf Papier
- 1839 Patente für **Talbot** und **Daguerre**, Veröffentlichungen
  - erstes analytisch berechnetes Objektiv (**Voigtländer**, Wien)
- 1851 **Frederick Archer** (1813-62): nasses Kollodium-Verfahren
- 1871 **R. Maddox** (1820-1902): Bromsilber-Gelatine-Trockenplatte
- 1888 **George Eastman** (1854-1932): Rollfilmkamera Kodak Nr.1

Quelle: Agfa Deutschland, Köln

Der nächste Schritt zum Foto war die Verbindung der Silbersalze mit Papier als Trägermaterial. Erste diesbezügliche Experimen-

9.4. Entwicklung der Bildreproduktion

te wurden um 1802 von **Thomas Wedgewood**, einem Spross der gleichnamigen Steingutdynastie, dem die Arbeiten von **Schulze** und **Scheele** bekannt waren, berichtet. Er tränkte Papier mit Silbersalz und belichtete es mit einer Camera Obscura. Es entstanden erste Fotos, die jedoch noch nicht lichtbeständig waren und folglich nach ein paar Minuten im Tageslicht wieder zerfielen.

Unabhängig von **Wedgewood** beschäftigte sich auch der begüterte Amateurwissenschaftler **Joseph Nicéphor Niépce** (1765 – 1833) seit 1793 in Paris mit derselben Problematik. Er berichtet 1816 von ähnlichen Versuchen Fotos zu erzeugen, aber auch seine Bilder waren sehr schwach und nicht dauerhaft. **Niépce** war mit diesem Teilerfolg nicht zufrieden und versuchte, das erzeugte Bild dauerhaft zu machen. Dabei stiess er etwa um 1810 auf die Lichtempfindlichkeit bestimmter Asphaltlacken. Konkret benutzte er eine Mischung aus Asphalt und Lavendelöl, die bei Lichteinwirkung dauerhaft aushärtet und dann sowohl ätzresistent als auch nicht mehr in Lavendelöl lösbar ist. Die nicht belichteten Anteile bleiben dagegen lösbar.

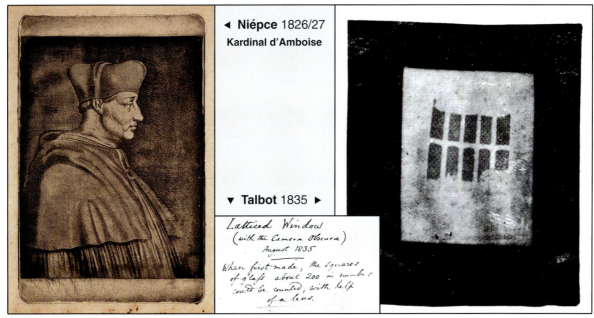

Quelle: Science & Society Picture Library, London

Abbildung 9.18
erste « *Fotos* »

Niépce verwendete diese Erkenntnisse 1826/27 zur ersten fotomechanischen Herstellung einer Druckform. Dazu kopierte er mittels Belichtung einen Kupferstich, der durch Ölung an den nicht bedruckten Stellen transparent gemacht wurde, auf eine mit lichtempfindlichem Asphalt überzogene Zinnplatte. Nach einer Belichtungszeit von mehreren Stunden wurden die unbelichteten Teile ausgewaschen und tiefgeätzt. Die so entstandene erste *Fotografie* zeigt das Porträt des Kardinals **d'Amboise**, siehe Abbildung 9.18. Da **Niépce** selbst von *Heliographie* sprach, wurde diese Bezeichnung bzw. *Heliogravur* später häufig als Gattungsbegriff für fotomechanische Gravuren benutzt. **Nicéphoe Niépce** starb 1833 ohne wesentliche weitere Fortschritte zu erreichen.

Allerdings vereinbarte **Niépce** 1829 einen Forschungsvertrag mit **Louis Jacques Mandé Daguerre** (1787 – 1851), der später von seinem Sohn **Isidor** fortgesetzt wurde. Der Bühnenmaler **Daguerre** gründete 1822 das *Diorama*, ein Illusionsschauspiel für das Theater, das unter anderem die Möglichkeiten der Camera Obscura nutzt. Das gemeinsame Ziel von **Niépce** und **Daguerre** war die einfache und dauerhafte Fixierung der mit der Lochkamera aufgenommenen Bilder.

Louis J. M. Daguerre 1787 – 1851   **William Henry Fox Talbot** 1800 – 1877   **George Eastman** 1854 – 1932

Quelle: Science & Society Picture Library, London

Abbildung 9.19
Porträts der Pioniere

Daguerre entdeckte zuerst, dass eine polierte Silberfläche durch das Bedampfen mit Jod, es entsteht eine Silberjodidschicht, lichtempfindlich wird. Der nächste Schritt des Verfahrens, das später nach ihm *Daguerrotypie* benannt wird, ist die Unterscheidung in ein latentes Bild und dessen Entwicklung.

Daguerre erkannte nämlich, dass es nicht nötig war, das Bild so lange zu belichten, bis es klar erkennbar war. Auch ein nur kurz belichtetes, noch nicht erkennbares Bild, genannt *latentes Bild*, konnte durch eine zusätzliche chemische Reaktion, die *Entwicklung*, sichtbar gemacht werden. Konkret benutzte *Daguerre* Quecksilberdämpfe, die zusammen mit dem durch die Belichtung freigesetzten Silber ein Amalgam bilden. Der dritte entscheidende Schritt, die *Fixierung* des erzeugten Bildes, liess sich durch das Auswaschen des Bildes mit heisser Kochsalzlösung erreichen.

Daguerres Verfahren erwies sich als durchaus praktikabel. Die Belichtungszeiten hatten sich von etwa 10 Stunden bei **Niépce** auf ca. 15 Minuten reduziert. Später ersetzte man Jod durch Brom, was eine Reduzierung auf etwa 2 Minuten erlaubte.

1839 publiziert **Daguerre** das Verfahren, nach finanziellen Zusagen der französischen Regierung. Da es sich um die erste Veröffentlichung eines funktionierenden Verfahrens handelt, betrachtet man **Daguerre** und **Niépce** als die Erfinder der Fotografie.

Obwohl die Daguerrotypie ein grosses Interesse an der Fotografie[14] bzw. der Fototechnik auslöste und auch ein kommerzieller Erfolg war, war sie doch nur eine von mehreren parallelen Entwicklungen, die sich zur gleichen Zeit mit demselben Problem beschäftigten.

Die vielleicht relevanteste Konkurrenzentwicklung war die von **William Henry Fox Talbot** (1800 – 1877), einem reichen englischen Privatgelehrten mit Interesse an Physik und Chemie. Er experimentierte seit 1834 mit Silberchlorid-Papier. 1835 entwickelte er das erste Negativ, von dem er mehrere Positivabzüge herstellen konnte. Dazu wird das Papier des Negativs durch Wachsen transparent gemacht.

Die *Kalotypien* oder auch *Talbotypien* genannten Fotos waren in der Anfangszeit nicht so brillant wie die Daguerrotypien, benötigten aber wesentlich kleinere Belichtungszeiten. Als **Talbot** 1839 von den Aktivitäten **Daguerres** in Paris hörte, startete er mit der Unterstützung **Michael Faradays** seinerseits in London eine Veröffentlichungskampagne, um seine Prioritätsansprüche zu sichern.

---

[14] Ein sehr empfehlenswertes Buch zum Thema ist «*Kunst und Magie der Daguerreotypie (Collection W.+T. Bosshard)*» [5]. Bemerkenswert ist vor allem die aussergewöhnliche Bildreproduktion.

Kapitel 9. Drucken: Gestern, Heute, Morgen

Abb. 9.20: Postgebäude in Zürich um 1844 (J. B. Isenring)

Abb. 9.21: i. d. Franz. Alpen 1845 (M. Choiselat + S. Ratel)

Daguerreotypien: © Collection W. + T. Bosshard

9.4. Entwicklung der Bildreproduktion

Abb. 9.22: Mathilde und Elise Reinhart-Forrer, um 1845

Abb. 9.23: Anonym, Amerika, um 1850

Daguerreotypien: © Collection W. + T. Bosshard

In dem Publikationsgerangel des Jahres 1839 gingen noch einige andere relevante Beiträge verloren. Zu erwähnen sind insbesondere das Verfahren von **Hippolyte Bayard** (1801 – 1877), nach welchem bereits 1826 Papierpositive erzeugt worden sein sollen, und dasjenige des Astronomen und Physiker **François Arago** (1786 – 1853), das ebenfalls 1839 publiziert wurde.

Das grosse Publikumsinteresse, das im Jahre 1839 geweckt wurde, führte zu einer schnellen Weiterentwicklung der Technologie, speziell bezüglich der eingesetzten Materialien, der Kamera und nicht zuletzt in der Farbforschung.

Frederick Scott Archer (1813 – 1857) beschrieb 1851 das *nasse Kollodium-Verfahren*,[15] das die Lichtempfindlichkeit wesentlich verbesserte. Spätestens mit **Richard Leach Maddoxs** (1820 – 1902) Erfindung der *Bromsilber-Gelatine-Trockenplatte* 1871 wird die Fotografie eine professionelle Praxis. Die Trockenplatten hielten sich mehrere Monate und mussten nicht mehr wie beim Kollodium-Verfahren vor Ort chemisch behandelt werden. Zudem markiert die Trockenplatte den Einstieg in die Industrialisierung der Fotografie.

Den entscheidenden Beitrag dazu lieferte jedoch erst **George Eastman** (1854 – 1932). Er gründete 1881 mit einem Partner in Rochester im Staat New York eine Fabrik für Fotobedarf, die zunächst vor allem Trockenplatten herstellte. Auf Grund des harten Konkurrenzdrucks war man aber bald gezwungen, die Produktpalette zu diversifizieren.

Eastman fasste die Idee, den *Rollfilm*, mit dem seit der Jahrhundertmitte experimentiert wurde, zum Markterfolg zu führen. Seine 1884 abgeschlossene Entwicklung hatte drei Lagen, nämlich eine wasserunlösliche Gelatineschicht mit den lichtempfindlichen Substanzen, eine wasserlösliche Gelatineschicht und eine als Träger dienende Papierschicht. Zur Positivkopie löste man die mittlere Schicht im Wasser auf und trennte so die bildtragende Gelatineschicht von dem Papierträger. Die Bildschicht wurde dann auf eine Glasplatte aufgespannt. Die Nachteile bisheriger Papiernegative, in erster Linie die schlechte Qualität, entfielen.

Zunächst sah das Vermarktungskonzept vor, dass der Fotograf die etwas diffizile Trennung von Bild- und Trägerschicht vornimmt, was aber nicht zu dem erhofften kommerziellen Erfolg führte. **Eastman** entschloss sich deshalb, diese Arbeiten in seiner Firma durchzuführen. In der geänderten Produktphilosophie belichtete also der

---

[15] in Äther aufgelöste Baumwolle

9.4. Entwicklung der Bildreproduktion

Fotograf nur noch die Bilder, alle übrigen Arbeiten überlässt er Anderen. **Eastman** erkannte das revolutionäre Potenzial des

> You press the button, we do the rest!

und entwickelte eine einfache handliche Kamera für den Massenmarkt. Die 1888 für 25 $ auf den Markt gebrachte *Kodak Nr.1* veränderte den Fotomarkt. Die Fotografie wurde zum Massenmarkt und **Eastman Kodak**[16] damit zum Weltkonzern.

Quelle: Wikipedia, Reprokamera

Tafel 9.13: fotomechanische Rasterung ...

- ... **durch Übertragung eines Fotos auf eine Druckform**
- frühe Ansätze bei **Niépce** und **Talbot** (Ätzverfahren)
- 1854 **Paul Pretsch** (1808 – 73): **Photo-Galvanographie**
  - galvan. Abformung v. Gelatinebilder, textile Gewebe z. Raster.
- 1857 **M. Berchtholds**: Rasterkopien auf Metallplatten
- 1864 **Joseph Swan**: chromierte Gelatinebilder
  - Auswaschung wasserlöslicher Teile
- 1882 **Georg Meisenbach**: **autotypische Raster** mit Kameras
  - etabliert fotomech. Reprotechnik, wiss. Grundlagen noch offen
- ab 1970 **konventioneller Fotosatz** (Endstufe der Technik)
  - Druckform als fotografische Kopierschicht ($\Rightarrow$ Offsetdruck)
  - Reprokameras erzeugen gerasterte Kopiervorlage
  - Diskretisierung zu Dots mit Lith-Filmen (AM-Raster)

9.4.5 Fotomechanische Rasterung

Die Idee, ein Foto in eine druckbare Form zu überführen, ist eine naheliegende Idee, die bereits von den Pionieren der Fotografie untersucht wurde. Insbesondere die bereits erwähnten Asphaltätzungen von **Niépce** sind hier einzuordnen. Aber auch **Talbot** dachte bereits an die Anwendung seiner Entdeckungen im Druckbereich, wie sein Patent [7] zur Untersuchung von fotografischen Stahlätzungen von 1852 zeigt. Motiviert durch die Fortschritte der Fotografie nach 1850 standen in der zweiten Hälfte des 19. Jahrhunderts insbesondere Ätztechniken, mit und ohne expliziter Rasterung, im Zentrum des Interesses.

---

[16]wie sich die Firma später nannte

Obwohl versucht wurde alle damaligen Druckkonzepte durch fotomechanische Techniken zu verbessern, oder sogar aus ihnen neue Druckverfahren wie den *Lichtdruck*[17] abzuleiten, ist das Konzept speziell für den *Tiefdruck*, siehe Kapitel 9.9.3, geeignet. Konsequenterweise erlebte der Tiefdruck gegen Ende des 19. Jahrhunderts einen rasanten Aufschwung.

Das erste vollständige Verfahren zur fotomechanischen Druckplattenerzeugung wurde von **Paul Pretsch** (1808 – 1873) ausgearbeitet. Er erhielt 1854 das erste Patent auf seine *Photo-Galvanographie*, dem sich in den Folgejahren noch einige anschlossen. Er belichtete Gelatinebilder, die er mit einem feinen Gewebe aufrasterte. Die Quellfähigkeit unbelichteter Stellen führte dann zu einem Relief, das nach einer Härtung galvanisch abgeformt wurde. Die so gewonnene Form dient als Tiefdruckplatte. Im Jahre 1856 veröffentlicht er Arbeiten über Ätztechniken auf Grundlage von Daguerrotypien und über verbesserte Quellverfahren für Gelatinebilder. Ab 1857 beschäftigt er sich auch mit Hochdruckplatten. Auf der Londoner Weltausstellung 1862 präsentiert er verstählte Kupferplatten und Hochdruckformen. Unglücklicherweise erkrankte er noch im gleichen Jahr und erholte sich bis zu seinem Tode 1873 nicht mehr.

Einen ähnlichen Ansatz wie **Pretsch** verfolgte **Joseph Wilson Swan** in seinem Patent von 1864, nämlich der Übertragung von Gelatinebildern auf Metall, wobei er jedoch die galvanoplastische Abformung durch eine Ätzung ersetzte. Er übertrug ein Halbtondiapositiv auf chromiertes Gelatinepapier. Durch die Belichtung verliert die Gelatine einen Teil ihrer Quell- und Wasserlöslichkeit. Die Entwicklung in warmem Wasser wusch den noch löslichen Gelatineanteil aus. Das resultierende Gelatinerelief bestimmte den Grad der Ätzung auf der darunter liegenden Kupferplatte.

Der interessante Effekt ist, dass tiefere Näpfchen im Tiefdruck mehr Farbe übertragen und somit implizit eine gewisse Helligkeitsmodulation des Dots realisieren. Diese Unterstützung des Halbtoneffektes war in den damaligen Zeiten mit geringen Rasterwerten ein entscheidendes Qualitätskriterium und führte schliesslich zur Entwicklung der modernen industriellen Tiefdruckverfahren. Be-

---

[17] 1856 von **A. L. Poitvevin**: Die Quellunterschiede belichteter Gelatineplatten werden durch Feuchtung zur Differenzierung des Farbannahmeverhaltens genutzt. Das Verfahren ist qualitativ hochwertig, erreicht aber in Folge der starken Druckplattenabnutzung nur eine geringe Auflagenhöhe.

kannt wurde insbesondere die 1895 gegründete **Rembrandt Intaglio Printing Company**, der es durch strikte Geheimhaltung gelang, den Rastertiefdruck für etwa 10 Jahre zu dominieren.

Neben der Übertragung der Bildinformation auf die Druckplatte, war die Umformung des Fotos in ein Rasterbild das zentrale Problem. Wie wir im Kapitel 6 darlegten, muss im Druck[18] die Helligkeitsinformation in Rasterzellen simuliert werden. Die automatische Erzeugung dieser Rasterstruktur blieb lange der limitierende Faktor der fotomechanischen Bildreproduktion.

Eine naheliegende Idee ist das Einbringen eines Gitternetzes in den Strahlengang der Bildaufnahme. Die auf diese Art von **Talbot** oder **Pretsch** erzeugten Raster waren jedoch noch recht grob und technisch schlecht handhabbar. Eine Verbesserung brachte **M. Berchtholds** französisches Patent von 1857, in dem gravierte Glasplatten zur Übertragung von Rastern auf beschichtete Metallplatten vorgeschlagen wurden. Um die Gitterstruktur zu erzeugen, wurde das eingravierte feine Liniensystem in der zweiten Hälfte der Belichtung um 90° gedreht.

Die nächsten bedeutenden Fortschritte resultierten aus der Verwendung von Kameras zur Aufrasterung, die vor dem Hintergrund von substanziellen Verbesserungen im Bereich der Kameratechnik und der Fotoemulsionen zu sehen sind. Im Jahre 1880 gelang es **Carl Angerer** in Wien **Berchtholds** Konzept mittels Kameratechnik zu realisieren. Unabhängig von ihm, meldete **Georg Meisenbach** das gleiche Verfahren 1882 in Deutschland zum Patent (DRP 22244) an und wird deshalb oftmals als Erfinder der *Autotypie* bezeichnet. Auf Grund des folgenden Rechtsstreites ersetzte **Angerer** das ursprünglich benutzte Linienraster durch ein Kreuzraster.

Die Kennzeichen des Verfahrens sind mehrere Zwischenschritte. Zunächst wurde vom Original eine vergrösserte, gerasterte Negativkopie erstellt. Innerhalb einer Rasterzelle verlaufen die Halbtöne kontinuierlich vom Zentrum zum Zellenrand, d.h. sie stellen eine Art stetiger Amplitudenmodulation dar, die durch die Schattenbildung des eingeblendeten Linienrasters verursacht wird. Danach wurde das Negativ zum Positiv umkopiert. Die Kopiervorlage der Druckform war dann wieder ein verkleinertes Negativraster. Dieser komplizierte Prozess war notwendig, um eine ausreichende Feinheit des Rasters zu erreichen.

---

[18]Von der beschränkten Intensitätsmodulation sei hier abgesehen. Auch der Tiefdruck ist überwiegend ein Rasterdruckverfahren

Kapitel 9. Drucken: Gestern, Heute, Morgen

9.4.6 Der fotografische Schwarzweissprozess

In den vorangegangenen Abschnitten wurde dargelegt, dass der zentrale Schritt der fotomechanischen Reproduktion in der Erzeugung von Filmen als Kopiervorlagen für die Druckformherstellung liegt. Bevor wir uns im Folgenden mit der Organisation dieser Produktionstechnik befassen, möchten wir hier auf die bisher nur vereinzelt angesprochenen Aspekte der Filmtechnik eingehen. Dabei beschränken wir uns auf den *Schwarzweissprozess*, da nur dieser in der Bildreproduktion eingesetzt wird.

Tafel 9.14: fotografischer Schwarzweissprozess

- **Film**: Schutzschicht, fotograf. Schicht, Lichtschutz, Trägerfolie
- **fotografische Schicht**: lichtempfind. Emulsion auf enem Träger
  - Silberhalogenidkriställchen in Gelatine als Bindemittel
  - Silberbromid $AgBr$ (Silberchlorid $AgCl$, Silberiodid AgI)
  - Korngrösse: Auflösung ↯ Sensibilität
- Belichtung erzeugt ein **latentes Bild**
  - führt zu Entwicklungskeimen (Silberatomgruppen)
  - bewirken lokal unterschied. Entwicklungsgeschwindigkeiten
- **Entwicklung**: Visualisierung des latenten Bildes (Redoxprozess)
  - Entwicklersubstanz reduziert Silberhalogenid zu Silber
  - entstehendes Silber färbt Bild schwarz
  - **Fixierung**: Abbruch bei max. Kontrast nach ca. 5.3 Minuten
- **Sensitometrie**: Abhängigkeit «*Belichtung-Schwärzung*»
  - **Gradation**: Schwärzungskurve bzw. deren mittlere Steigung

Quelle: Agfa Deutschland, Köln

Moderne Filme bestehen aus vier Schichten. Eine etwa 2 μm dicke äussere *Schutzschicht* bedeckt die 10mal dickere lichtempfindliche *fotografische Schicht*. Darunter liegt eine ca. 150 μm erreichende *Lichthofschutzschicht*. Der Name bezieht sich auf eine spezielle Funktion, nämlich der Unterdrückung der Totalreflexion an der Rückseite der *Trägerfolie*, welche den Abschluss bildet.

Die fotografische Schicht ist eine lichtempfindliche Emulsion,[19] die normalerweise aus Gelatine mit eingebetteten Silberhalogenidkriställchen (Körner) besteht. Das *Silberhalogenid* besteht

---
[19]Es ist üblich von Emulsion zu sprechen, auch wenn dies technisch nicht ganz korrekt ist.

überwiegend aus *Silberbromid* (AgBr) mit geringen Zusätzen aus *Silberchlorid* (AgCl) und *Silberiodid* (AgI). Die Eigenschaften der fotografischen Schicht werden entscheidend durch Grösse, Art und Form der Silberhalogenidkörner bestimmt. Mit zunehmender Korngrösse nimmt die *Empfindlichkeit* der Emulsion zu, das *Auflösevermögen* für Details nimmt dagegen ab. Bei der Filmauswahl wird deshalb im Allgemeinen versucht, die benötigte Empfindlichkeit mit der kleinstmöglichen Korngrösse zu erreichen.

Der fotografische Prozess beginnt mit der Belichtung der Emulsion in der Kamera bzw. dem Kopiergerät, wobei ein *latentes Bild* entsteht. Die Bezeichnung latent drückt aus, dass das Bild zu diesem Zeitpunkt noch nicht sichtbar ist. Stattdessen haben sich an den belichteten Stellen Silberatome aus den Silberhalogenidkristallen gelöst, die sich zu so genannten *Entwicklungskeimen* gruppieren. Die Anzahl dieser Entwicklungskeime ist dabei proportional zu der eingefallenen Lichtmenge, so dass ihre lokal unterschiedliche Verteilung die Bildinformation repräsentiert.

Die Visualisierung des latenten Bildes erfolgt durch einen chemischen Redoxprozess. In der *fotografischen Entwicklung* wirkt eine Entwicklersubstanz als Reduktions- und das Silberhalogenid als Oxidationsmittel. Als Reaktionsprodukt entstehen metallische Silber- und Bromionen, wobei das Silber für die Bildschwärzung verantwortlich ist. Die in der Belichtung entstandenen Entwicklungskeime haben eine katalytische Wirkung und lassen die Redoxreaktion in ihrer Umgebung beschleunigt ablaufen. Dadurch werden die bildgebenden Konzentrationsunterschiede des metallischen Silbers zunächst verstärkt. Bleibt die Entwicklungsreaktion ungestört, so läuft sie weiter bis das gesamte Silberhalogenid aufgebraucht ist, auch an den Stellen die anfangs unbelichtet waren. Damit von dem aufgenommenen Bild mehr übrig bleibt als eine schwarze Fläche, muss die Entwicklungsreaktion nach einer gewissen Zeit gestoppt werden. Empirische Untersuchungen zeigen, dass 5.3 Minuten ein oftmals geeigneter Stoppzeitpunkt ist. Der Kontrast zwischen belichteten und unbelichteten Bildstellen ist dann maximal, siehe Abbildung 9.24.

Der Abbruch der Entwicklungsreaktion heisst *Fixierung* und erfolgt gleichfalls chemisch. Im Fixierbad, einer wässrigen Lösung eines Fixiermittels, wird das noch vorhandene Silberhalogenid zusammen mit anderen nicht benötigten Silberverbindungen zunächst in wasserlösliche Silberkomplexe umgewandelt und dann ausgewaschen.

Häufig benutzte Fixiermittel sind etwa Natriumthiosulfat oder Ammoniumthiosulfat.

Die *Sensitometrie* beschreibt den Zusammenhang zwischen der *Belichtung* und der dadurch erzeugten *Schwärzung* der Fotoemulsion. Obwohl dieser Zusammenhang wellenlängenabhängig ist, wird im Kontext von Filmen darauf verzichtet, die Aussagen diesbezüglich aufzuschlüsseln. Das Mass der Schwärzung ist die *optische Dichte* D oder kurz *Dichte* genannt. Sie ist definiert als der negative dekadische Logarithmus des Transmissionsgrades τ, also:

$$D = -\log_{10} \tau$$

Der Transmissionsgrad τ ist dabei durch das Verhältnis

$$\tau = \frac{\Phi'}{\Phi}$$

des den Film durchdringenden Lichtstroms Φ' zum auftreffenden Lichtstrom Φ bestimmt. Ein D = 1 steht also für eine Abschwächung auf ein Zehntel bzw. D = 2 auf ein Hundertstel des ursprünglichen Lichtstroms.

Der erste uns interessierende Zusammenhang besteht zwischen der Entwicklungszeit t und der erreichten Dichte. In Abbildung 9.24 sind die entsprechenden Kurven für einen belichteten und einen unbelichteten Film angegeben. Bei t = 0 liegt in beiden Fällen keine Schwärzung vor. Für t = ∞ ist in beiden Fällen das gesamte Silberhalogenid verbraucht und die Schwärzung hat den Maximalwert D_{max} erreicht. Dazwischen zeigt die Kurve für den unbelichteten Film einen wesentlich kleineren Anstieg. Der für die Fototechnik bedeutende Zeitpunkt ist dann erreicht, wenn die Differenz beider Kurven maximal wird. Das ist der optimale Zeitpunkt für die Fixierung. Der typische Wert für D_{max} liegt bei Negativfilmen bei 2 − 3.

Der zweite für uns wichtige Zusammenhang ist die *Gradations-* oder *Schwärzungskurve*. Sie beschreibt die nach der Entwicklung erreichte Schwärzung als Funktion der Belichtung H, wobei sich H aus dem Produkt — bei nicht konstantem E kann ein entsprechendes Integral benutzt werden — der Beleuchtungsstärke E und der Belichtungszeit t berechnet:

$$H = E \cdot t$$

9.4. Entwicklung der Bildreproduktion

Die Gradationskurve hat einen S-förmigen Verlauf, wie er für eine Ertragsfunktion typisch ist, siehe Abbildung 9.24. Sie beginnt mit einem abszissenparallelen Abschnitt, der dem Entwicklungsschleier entspricht. Der *Entwicklungsschleier* entsteht durch vereinzelte nicht belichtete Silberhalogenidkörner, die trotzdem entwickelt wurden. Der achsenparallele Teil endet bei der *Schwellenschwärzung*. Ab hier hat die Belichtung einen sichtbaren Effekt. Die Kurve geht dann langsam in einen linearen Teil über. Der lineare Abschnitt der Schwärzungskurve ist der eigentliche Arbeitsbereich des Films. Der darunterliegende Teil entspricht einer Unterbelichtung bzw. der sich nach oben anschliessende Teil einer Überbelichtung. Wie bei einer Ertragskurve typisch, existiert eine Belichtung mit maximaler Schwärzung. Wird die Belichtung über diesen Wert erhöht, erniedrigt sich die erzielte Schwärzung wieder, man spricht dann von *Solarisation*.

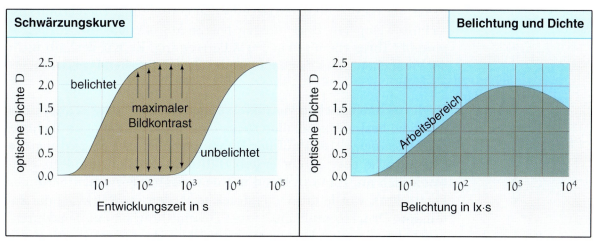

Abbildung 9.24
Sensitometriekurven

Der lineare Abschnitt der Schwärzungskurve entspricht dem technisch nutzbaren Teil. Von besonderem Interesse ist die Kurvensteigung, als *Gradation* γ bezeichnet, denn sie ist ein Mass für die Filmempfindlichkeit.[20] Falls der betrachtete Film keinen ausgeprägten linearen Anteil besitzt, was materialabhängig möglich ist, so drückt der γ-Wert das mittlere Verhalten aus. Die Gradation beschreibt das Kontrastwiedergabeverhalten des Fotomaterials. Für $\gamma > 1$ werden die Kontraste in der Wiedergabe vergrössert, für $\gamma < 1$ werden sie kleiner. Man spricht von *harter* oder *weicher* Gradation. Handelsübliche Negativfilme haben einen γ-Wert zwischen 0.6 und 0.8.

---
[20] zur technischen Definition der Filmempfindlichkeit siehe [4]

Ein Spezialfall sind so genannte *Lithfilme*, wie sie etwa in Reprokameras eingesetzt werden. Durch spezielle Sensibilisierung wird hier die Entwicklungsgeschwindigkeit für stärkere Belichtungen beschleunigt, und umgekehrt, diejenige für schwache Belichtungen abgebremst. Der resultierende Film hat eine sehr hohe Gradation, $\gamma > 2$, so dass hellgraue Töne weiss wiedergegeben werden bzw. dunkelgraue schwarz. Das wiedergegebene Bild enthält nahezu keine Übergänge zwischen Schwarz und Weiss. Genau dieses Verhalten[21] wird bei der Erzeugung eines amplitudenmodulierten Dots im konventionellen Fotosatz[22] benötigt.

9.4.7 Offsetdruck

Nachdem gegen Ende des 19. Jahrhunderts die fotomechanische Bildreproduktion als Konzept gefestigt war, stellte sich natürlich die Frage der optimalen drucktechnischen Umsetzung. Die verfahrenstechnisch engsten Beziehungen bestanden offenbar zur Lithographie mit ihrer chemischen Farbübertragung. Es hat deshalb nicht an Versuchen gefehlt, den Flachdruck entsprechend weiterzuentwickeln.

Da die technologischen Voraussetzungen des Flachdrucks allerdings nicht die besten waren, dauerte es eine Weile bis die neue Technik, der *Offsetdruck*, 1904 auf der Bühne erschien. Die Bedeutung des Offsetdrucks stieg in der ersten Hälfte des 20. Jahrhunderts kontinuierlich an. Hand in Hand mit den grossen Fortschritten in der Fototechnik wurde der Offsetdruck nach dem 2. Weltkrieg die dominante Drucktechnik, die letzten Dämme brachen mit dem Durchbruch des digitalen Fotosatzes nach 1970. Heute repräsentiert der Offsetdruck etwa 65 – 70 % der weltweiten Wertschöpfung in der graphischen Industrie.

Der Rollenoffsetdruck ist ein *indirekter* Flachdruck mit Gummituchzylinder für den gleichzeitigen Schön- und Widerdruck. Das Adjektiv indirekt bezieht sich dabei auf die Farbübertragung, die nicht direkt von der Druckform auf den Bedruckstoff erfolgt, sondern von der Druckform auf einen Druckzylinder, der mit einem Gummituch bezogen ist, und erst von dort auf den Bedruckstoff. Der elastische Gummi führt zu einer deutlichen Qualitätssteigerung speziell bei nicht optimalen Papiersorten.

---

[21]was als eine Art von optischem Runden verstanden werden kann
[22]siehe Seite 297

9.4. Entwicklung der Bildreproduktion

Das Konzept wurde aus dem *Blechdruck* übernommen, wo es allerdings mit dem Hochdruck kombiniert war. Ein frühes Patent für den Druck auf Blech mit Gummizylinder wird 1874 in England an **Robert Barclay** und **Arthur Evans** von der Firma **George Mann** verliehen.

Caspar Hermann 1907

Tafel 9.15: Offsetdruck

- indirekter Flachdruck (mit Druckzylinder)
    - Farbübertragung auf Zwischenträger (Gummituchzyl.)
    - von dort auf den Bedruckstoff übertragen
    - Weiterentwicklung der Lithograhie zum Rotationsdruck
- 1886 **Ruddiman Johnson**: «Zinkdruck-Rotaries»
    - biegsame Zinkplatte mit lichtsensitiver Beschichtung
- 1904 **Ira Rubel** u. **Caspar Hermann** (unabhängig)
    - lithographischer Druck mit Gummituchzylinder
        * Konzept bekannt aus Blechdruck
- 1960 – 70 Ablösung d. Hochdrucks als dominante Druckart
    - bessere Druckqualität (z.B. für Anzeigenmarkt)
    - Offsetdruckplatten sind einfacher herstellbar (Fotosatz)
    - etwa 50 % höhere Druckgeschwindigkeit
    - flexibel bei Bedruckstoffen und Farben

Quelle: MAN Roland Druckmaschinen AG

Der zweite wichtige Input für den Offsetdruck sind leichte, biegsame Druckformen aus Metall. Die ersten solchen Druckformen wurden 1886 von **Ruddiman Johnson** in Edinburgh für seine *Zinkdruck-Rotaries* vorgestellt. Er benutzte Zinkplatten, die mit einer lichtempfindlichen Schicht überzogen waren.

In den USA wurden die Zinkplatten schnell durch Aluminiumplatten, die auch noch heute üblich sind, ersetzt. Im Jahre 1900 baut die **Aluminium Plate and Press Company** in New York ihre erste lithographische Bogenrotationsmaschine für den direkten Metalldruck.

Als das eigentliche Geburtsjahr des Offsetdrucks gilt 1904 und wieder handelt es sich um eine unabhängige Parallelerfindung. Durch einen Fehldruck wird der Amerikaner **Ira W. Rubel** in Washington auf die Qualitätsvorteile der Farbübertragung mittels Gummituchzylinder aufmerksam. Er prägt die Bezeichnung *Offset* für die von ihm konstruierten Maschinen.

Der zweite Erfinder ist der Deutsche **Caspar Hermann**, der in Baltimore (USA) eine kleine Druckerei betrieb. Er versuchte, die Technik des Blechdrucks auf die Lithographie zu übertragen. 1903 wurde ihm ein Patent mit Hinweis auf den Blechdruck verweigert. Im folgenden Jahr offerierte er der **Hariss Automatic Press Company** in Ohio sein Know-how zum Bau einer ersten Bogenoffsetmaschine. **Hermann** erhielt 1907 ein deutsches Patent auf eine seiner Weiterentwicklungen, was ihn veranlasste nach Deutschland zurückzukehren.

Tafel 9.16: Offsetdruckplatten im Fotosatz

- heute meist biegsame **Aluminiumplatten** (bis 0.3 mm)
  - elektrolytisch aufgerauht und oxidiert
  - Oxidationsschicht wasseranziehend (hydrophil)
  - Überzug mit bildgebender Kopierschicht
    * lichtempfindlichem Diazolack (Fotopolymer)
- **Informationsprägung**: Belichtung (UV) und Entwicklung
  - zwei Wirkungsweisen
    * **Negativkopie**: Härten der Kopierschicht
    * **Positivkopie**: Zersetzen der Kopierschicht
  - Farbübertragung durch
    unterschiedliche Oberflächeneigenschaften
    * Feuchtung und Einfärbung analog zu Steindruck
  - Abschluss: mechanische Stabilisierung (z.B. Brennen)

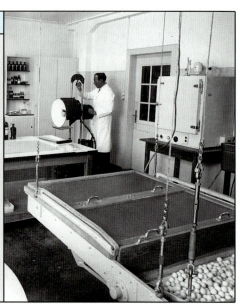

Quelle: EMPA, Druckplattenbeschichtung

Auf der Suche nach einem Financier gelangte **Caspar Hermann** 1910 an **Ernst Hermann**, Inhaber der Druckwalzenfabrik **Felix Böttcher** in Leipzig. **Ernst Hermann** war von dem Konzept so überzeugt, dass er auf eigene Kosten die **Vogtländische Maschinenfabrik VOMAG** mit dem Bau eines Prototyps beauftragte. Die **Universal**, eine Rollenoffsetdruckmaschine mit 8000 Bögen pro Stunde, Bahnbreite 70 cm, ist 1912 produktionsbereit. Nach einer erfolgreichen Vermarktung der Maschine auf der **Bugra** 1914 verhalf das Patent **Hermanns** der **VOMAG** schnell zu einer marktbeherrschenden Stellung.

Im harten Konkurrenzkampf nach dem 2. Weltkrieg setzten sich die Vorteile des Offsetdrucks immer mehr durch. Er bietet eine 50 % höhere Druckgeschwindigkeit bei besserer Qualität als der Hochdruck. Ferner ist er flexibler bei Bedrucksstoffen und Farben. Die grössten Vorteile existieren jedoch bei den Druckplatten, die billiger und schneller zu produzieren sind. Die leichten Aluminiumplatten sind auch in grossen Formaten handhabbar. Die Bedeutung des Buchdrucks geht entsprechend in den 60er Jahren drastisch zurück.

Moderne Offsetdruckplatten sind meist Aluminiumbleche bis etwa 0.3 mm Dicke. Um die Oberfläche wasseranziehend zu machen, wird sie elektrolytisch aufgeraut (anochsiert) und anschliessend oxydiert. Das entstehende Aluminiumoxid ist stark hydrophil. Dann wird die bildgebende Kopierschicht aufgebracht, typischerweise ein lichtempfindlicher Diazolack (Fotopolymer). Zur Übertragung der Kopiervorlage benutzt man UV-Licht, das besonders fotowirksam (aktinisch) ist. Dabei unterscheidet man grundsätzlich verschiedene Vorgangsweisen:

- *Härten* der Kopierschicht durch Licht, was zur Negativkopie führt, oder das
- *Zersetzen* der Schicht durch Licht, was eine Positivkopie, erzeugt.

Durch die fotomechanische Härtung werden die belichteten Stellen für den Entwickler unlöslich. Dagegen werden bei der Zersetzung die belichteten Teile durch den Entwickler aufgelöst. Die verbleibenden Teile der Kopierschicht sind oleophil und nehmen entsprechend die Druckfarbe auf. Der Druckvorgang verläuft dann prinzipiell gleich wie beim Steindruck, mit einem regelmässigen Wechsel von Feuchtung und Einfärbung. Nach der Entwicklung der Druckplatten kann durch eine thermische Nachbehandlung (Einbrennen) ihre mechanische Stabilität und damit ihre Standzeit erhöht werden.

9.4.8 Fotosatz

Die fotomechanische Bildreproduktion kann natürlich auch auf einen vorliegenden Text angewandt werden. Dazu muss man ihn lediglich fotografieren und in die übliche Verarbeitungskette einspeisen. Wenn die Textvorlage dazu jedoch zunächst einmal in konventionellem Bleisatz produziert werden muss, ist das geschilderte Vorgehen offensichtlich nicht sehr effizient. Trotzdem war die Integration von Textsatz und Bildreproduktion, z.B. für Werbegraphik, bereits um 1900 ein Thema. So unterbreitete **W. Friese-Green** 1898 in London Vorschläge, den Textsatz durch Fotografie und Ätzung zu realisieren. Die daraus resultierenden Erfindungen und Patente waren kommerziell aber nicht erfolgreich.

Nach dem 2. Weltkrieg verstärkten sich die Anstrengungen. Der erste bekannt gewordene Ansatz stammt von den Franzosen **René Higonnet** und **Louis Moyround**, die 1944 in London ein Patent für eine Fotosatzmaschine namens *Lumitype* erhielt. Es dauerte jedoch noch 12 weitere Jahre bis daraus ein marktreifes Produkt, die *Photon 200*, wurde. Parallel dazu adaptierten die Hersteller von traditionellen Satzmaschinen, wie **Intertype**, **Monotype** oder **Linotype**, ihre Produkte für den Fotosatz.

Tafel 9.17: Fotosatz

- Textsatz auf Reprofilmen
- 1898 **W. Friese-Green**: Satz durch Fotografie und Ätzung
- ab 1945 verstärkte Anstrengungen (Adaption des Bleisatzes)
    - 1944 **Higonnet** u. **Moyround**: Fotosatzmaschine *Lumitype*
- 1970 Durchbruch mit **Laser-Ausgabe** und **Minicomputer**
    - Trennung von Texterfassung und Ausgabe
    - Editierbarkeit von Text und Layout (Graphikmonitore)
    - Layoutgenerierung mit **Raster Image Processor (RIP)**
    - erweiterte typografische Möglichkeiten
    - kleinformatige Belichter (Recoder, Imagesetter, A4 Format)
- Vervollständigung der fotomechanischen Produktionskette
    - speziell im Zeitungsdruck

Quelle: EMPA, Druckplattenbelichter

Der wirkliche Durchbruch erfolgte ab 1970 mit der Einführung des Minicomputers in der Druckindustrie. Die Minicomputer waren nicht nur wesentlich günstiger als die Mainframe-Computer, sondern sie brachten auch neue funktionale Möglichkeiten wie graphikfähige Monitore, die für die Druckindustrie von grösstem Interesse waren.

- Graphikfähige Monitore erlaubten erstmals die Kontrolle und Korrektur von Satz und Layout.

- Die digitale Datenspeicherung erlaubte die Trennung von Texterfassung und Ausgabe.
- Das Layout wurde mit *Raster Image Processors* (RIPs) generiert.
- Die digitale Layouterzeugung erweiterte die typographischen Möglichkeiten.
- Kleinformatige Laser Belichter, so genannte *Recoder* oder *Imagesetter* im A4-Format, erzeugten einfach und effizient Reprofilme.

Die Vorteile der neuen Technik waren so gewichtig, dass die Druckindustrie schnell zu einem der wichtigsten Kunden der Minicomputerbranche wurde. Für die graphische Industrie war jedoch auch relevant, dass mit dem digitalen Fotosatz die fotomechanische Produktionskette vollständig war. Textsatz und Bildreproduktion konnten mit der gleichen Technik realisiert werden.

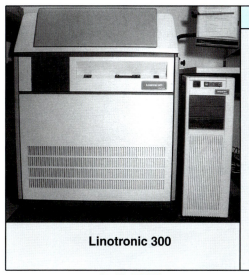

Linotronic 300

Quelle: EMPA

Tafel 9.18: Druckvorstufe zwischen 1970 und 1990

- Arbeitsorganisation zur Druckformerzeugung
  - Bereitstellung von Texten, Graphiken, Bilder
    * als Kopiervorlage (Lith-Filme)
    * hochwertige analoge Filmtechnik (für Spezialisten)
    * hochauflösende Filmbelichter (bis etwa 8000 dpi)
  - **Satz**: Texterfassung, Typographie, Layout
  - **Graphik**: Illustration und Design
  - **Repro**: gerasterte, separierte Bilder
    * spezial. Hardware: Reprokameras, Reproscanner
    * farbmetrische Prozesskontrolle
  - **Montage**: handwerkliches Zusammenfügen der Filme
  - teilweise digitalisiert (proprietäre Minicomputersysteme)

9.5 Die Druckvorstufe zwischen 1970 – 90

Als *Druckvorstufe* bezeichnet man alle Arbeitsschritte und -prozesse zwischen einer Eingabe in Form von Text, Graphik und Bilder bis zur fertigen Druckform, d.h. die Vorbereitung des eigentlichen Drucks. Die Druckvorstufe ist normalerweise eine spezialisierte Abteilung einer Druckerei (Verlags) oder eine eigenständige Unternehmung. Die Strukturen der heute als *konventionell* bezeichneten

Druckvorstufe beziehen sich auf die Hochzeit des Fotosatzes zwischen 1970 – 90. Ihre zentralen Merkmale sind die strikte Trennung von

- *Satz*, zuständig für Texterfassung, Typographie und Layout,
- *Graphik*, die für Illustrationen und Design verantwortlich war,
- *Repro*, welche das Bildmaterial beisteuerte,

sowie der *Film* als gemeinsames Zwischenresultat dieser Arbeitsgliederung. Die fotomechanische Produktionsweise war und ist immer noch hochwertig, basiert allerdings auf hochspezialisierten Techniken wie Reprokameras, Scanner oder Belichter, die ein entsprechend geschultes Personal erforderte. Im Folgenden interessieren wir uns vor allem für das Zusammenfügen der Einzelfilme zu einer gemeinsamen Kopiervorlage, *Montage* genannt. Um sie von den Veränderungen in Folge des Desktop Publishings abzugrenzen, spricht man genauer von *manueller Montage*.

Tafel 9.19: manuelle Montage

- Zusammenkleben einzelner Text- bzw. Bildfilme
  - zur **Kopiervorlage der Plattenbelichtung**
- **Arbeitsungenauigkeiten** führen zu Passerfehler
  - spezielle Werkzeuge: Leuchttisch, Montagefolien, Lupen
  - durch Experten ausgeführt
- **Seitenmontage (Umbruch)**: Integration Text und Bild
  - Layout gemäss Kundenvorgabe (aussenorientiert)
- **Bogenmontage**: Druckplatte enthält mehrere Seiten
  - Aufbau gemäss Verwendungszweck (Buch, Broschüre)
  - Zusatzdaten zum Druckprozess bzw. Weiterverarbeitung
    * Hilfszeichen und Kontrollfelder
  - **Ausschussschema**: Seitenplatzierung u. -ausrichtung

Quelle: EMPA, Filmbearbeitung am Leuchttisch

Auf einem Leuchttisch wird zunächst eine Montagefolie eingespannt, siehe Tafel 9.19. Sie ist aus Poylester, etwa 0.15 – 0.3 mm dick, glasklar, kratzfest und neigt möglichst wenig zur elektrostatischen Aufladung. Auf die Montagefolie werden dann die einzelnen Text- und Bildfilme gemäss Layoutvorgabe eingepasst und mit

Flüssigklebstoff oder Klebstreifen befestigt. Da die Toleranzen dieses Prozesses sehr klein sind, gehören Lupe (Fadenzähler) oder Mikroskop zu den üblichen Werkzeugen der Montage. Besondere Sorgfalt erfordern mehrfarbige Bilder, da hier Arbeitsungenauigkeiten zu Passerfehler führen, die als Moiréeffekte auffällig werden, siehe Kapitel 6.

Man unterscheidet zwischen *Seitenmontage* (Umbruch) und *Bogenmontage*, was grundsätzlich daran hängt, dass Druckbögen im Normalfall mehrere Seiten umfassen. Eine typische Druckbogengrösse ist etwa 70×100 cm, was 8 DIN-A4-Seiten entspricht. Die Unterscheidung geht aber über diese Äusserlichkeiten hinaus. Der Seitenumbruch integriert Text und Bildinformation gemäss den Layoutvorgaben des Kunden, ist also nach aussen gerichtet. Dagegen bezieht sich die Bogenmontage auf die betriebliche Weiterverarbeitung des Druckerzeugnisses, ist also primär nach innen orientiert.

Zunächst muss die Lage und Orientierung der Seiten festgelegt werden, das so genannte *Ausschiessschema*. Dafür existieren viele Varianten, die sich in den Möglichkeiten des Zerschneidens des Druckbogens sowie des maschinellen Faltens (*Falzen*) unterscheiden. Die Auswahl richtet sich nach dem beabsichtigten Verwendungszweck, z.B. Buch oder Magazin, und dem verfügbaren Maschinenpark in der Weiterverarbeitung. Zur Steuerung des Druckprozesses und der Weiterverarbeitung müssen verschiedene Hilfszeichen und Kontrollfelder eingefügt werden, z.B. Pass-, Schneid- und Falzmarken. Die Kontrollfelder sind kleine Testbilder in Streifenform, die zur Überprüfung des Druckprozesses mitgedruckt werden. Sie werden am Rande des Bogens platziert und später abgeschnitten. In der mechanischen Handhabung unterscheidet sich die manuelle Bogenmontage nur unwesentlich von der Seitenmontage. Sie hat aber komplexere Inhalte und den Charakter einer Ablaufplanung.

9.6 Digitale Druckvorstufe

Seit etwa Mitte der 80er Jahre verstärkt sich der Einfluss der Informatik auf die Druckvorstufe. Die exklusiven, proprietären Hard- und Software-Lösungen der graphischen Industrie werden zunehmend durch allgemeine Office-Lösungen ersetzt. Die Grenzen zwischen Massen- und Bürokommunikation beginnen sich aufzulösen.

9.6.1 Camera Ready und Wissenschaft

Die konventionelle Druckvorstufe, wie oben beschrieben, war auf eine hochqualitative Produktion ausgerichtet und damit teuer. Diese Produktionsweise benötigt entweder Kunden, z.B. aus der Werbung, welche die Fixkosten direkt übernehmen, oder Druckerzeugnisse wie Zeitschriften, wo die hohen Fixkosten auf die Gesamtauflage verteilt werden können. Nun gibt es aber Publikationsbereiche, auf die weder das eine noch das andere Szenario zutrifft. Zu diesen zählt die Wissenschaft, die zwar sowohl als Autor als auch als Leser auf das Publizieren angewiesen ist, die sich andererseits aber auch durch eine allgemeine Finanznot auszeichnet. Für diese Zielgruppe offerierte der Fotosatz auch eine Low-Budget-Alternative, die als *Camera-Ready*-Produktion bekannt geworden ist.

Tafel 9.20: Camera-Ready und Wissenschaft

- Filmproduktion durch **Fotografie eines Manuscriptes**
  - ermöglicht durch Fotosatz
- **geringe Kosten**: kein Satz und auch keine Seitenmontage
- weitverbreitet bei wissenschaftlichen Publikationen
  - allgemein Kleinauflagen ($\leqslant$ 1000 Exemplare)
- **Autorenverantwortung**: Texterfassung und Layout
  - **Problem**: klassische Schreibmaschine unzureichend
    * ersetzt durch Texteditoren (vi, emacs)
    * Textformatiersysteme (z.B. troff unter Unix)
- 1982 **Donald E. Knuth**: TEX (wiss. Markup Sprache)
  - bis heute dominant bei wissenschaftlichen Publikationen
  - hochwertiges Layout, public domain, PDFlatex

Camera-Ready meint die Filmerzeugung durch Fotografie des fertigen Manuskripts mit einer Reprokamera. Auf Texterfassung und Satz wird verzichtet bzw. dem Autor überlassen. Der Druckvorstufenprozess beginnt bei Camera-Ready also unmittelbar mit der Bogenmontage. Die vorgelagerten Produktionsschritte entfallen. Die damit verbundene Kostenreduktion, war bei einer typischen Auflagenhöhe von weniger als 1000 Exemplaren bei wissenschaftlichen Monographien, überaus relevant.

Ärgerlich dabei war der damit verbundene Qualitätsverlust des Layouts. Den Autoren standen üblicherweise lediglich die Mittel der Bürokommunikation zur Verfügung, d.h. die Schreibmaschine. Mit den Möglichkeiten der Schreibmaschine liess sich ein mathematischer oder chemischer Inhalt nur unzureichend darstellen. Es ist leicht nachzuvollziehen, dass viele Wissenschaftler mit der entstandenen Situation nicht sehr glücklich waren.

Einer der Unzufriedenen war der Informatiker und Mathematiker **Donald E. Knuth**, seinerzeit Professor an der Stanford University. 1978 beschloss er die Möglichkeiten seiner Disziplin zu nutzen, um Wissenschaftlern das Niveau des mathematischen Bleisatzes zurückzugeben. Vier Jahre später präsentierte er das TeX-System. Es ist eine *Markup Sprache*, d.h. eine Sammlung von Satzanweisungen, die in den Quelltext hineingeschrieben werden. Die Intelligenz des Konzepts steckt im Compiler, der aus der Kombination von Steuerbefehlen und Text das gewünschte Layout erzeugt. Das Konzept von TeX kann als eine Weiterentwicklung von Textformatierungssystemen wie `troff`[23] aufgefasst werden. Diese Systeme waren Bestandteil von Computersystemen und dienten der Programmdokumentation.

Ein grosser Vorteil von TeX war die Plattformunabhängigkeit und ein Fileformat, das ausschliesslich auf dem `ASCII`-Zeichensatz (7-Bit) basierte. Damit konnte ein TeX-File mit jedem beliebigen Texteditor, z.B. `vi` oder `emacs`, erstellt und bearbeitet werden. Ferner konnten TeX-Files problemlos über das Internet ausgetauscht werden. Die Ausgabe erfolgte auf den gerade populär werdenden Laserdruckern und Camera-Ready war nicht länger ein Problem.

Das bis heute unübertroffene Qualitätsniveau, die leichte Handhabbarkeit und die freie kostenlose Verteilung[24] machten TeX innerhalb kürzester Zeit zum wissenschaftlichen Publikationsstandard. Heute benutzt man hauptsächlich LaTeX, das eine Makrosammlung zu TeX darstellt, die für viele Routineprobleme Standardformate offeriert. Auch das vorliegende Werk wurde damit realisiert. Die Autorenerlöse seiner TeX-Bücher erlaubten es **Donald E. Knuth** sich frühzeitig aus dem Arbeitsleben zurückzuziehen.

---

[23] einer `Unix`-Komponente
[24] TeX und die Ableger wie LaTeX sind public domain

9.6.2 Desktop Publishing

Die Entwicklung von TeX- bzw. LaTeX vollzog sich zunächst in der normalen Computerarbeitsumgebung von Wissenschaftlern. Das war im Normalfall ein Unix-Minicomputer oder ein Mainframe. Zunächst unbeachtet, entwickelte sich Anfang der 80er Jahre eine neue Computergeneration, der PC.[25] Die ersten PCs waren sehr primitiv im Verhältnis zu den ausgereiften Computersystemen von Business, Technik und Wissenschaft. Aber im Verhältnis waren sie sehr billig, billig genug, um eine Schreibmaschine zu ersetzen, und das gab den Ausschlag. Entsprechend waren die ersten PCs klar für den Office-Bereich konzipiert. Noch heute ist das Office-Paket die zentrale **Windows** Anwendung. Editierbare Texte und der elektronische Datenaustausch stellten für die Bürokommunikation Quantensprünge der Entwicklung dar.

Tafel 9.21: Desktop Publishing

- in den 80ern: **Entwicklung des PC** (low cost-computer)
  - Durchbruch als **Schreibmaschinenersatz** (Office)
    * *Vorteil*: editierbar u. elektr. Datenaustausch (floppy disk)
    * *Forderung*: Seitenformatierung (Briefe, Formulare, ...)
- 1984 erster Office-Laserdrucker: **HP Laser Jet** (300 dpi, 3000 $)
- 1984 **PostScript**: Layoutbeschreibung und Druckerkontrolle
- 1985 **Apple Laser Writer**: «typesetter quality», 7000 $
  - mit PostScript-Controller von **Adobe**
- 1985 **PageMaker** (**Aldus**): erstes Desktop Publishing Programm
  - abgestimmt auf **Apple Laser Writer**
- 1986 erster PostScript-fähiger Belichter (**Linotype**)
  - etabliert PostScript als Standard-Layout-Sprache
    * Seitenmontage entfällt, Bogenmontage wird digital

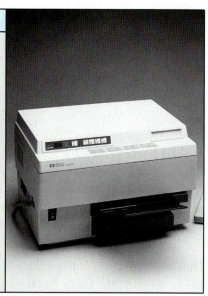

Quelle: Hewlett-Packard, HP Laser Jet 1984, erster Office-Laserdrucker

Die neuen Möglichkeiten für Serienbriefe, Formulare, Präsentationen oder Geschäftsberichte beschleunigten die Nachfrage nach mehr Layoutfähigkeit in der Bürokommunikation. Als sichtbares Zeichen dieser Bedürfnisse kann der erste Office-Laserdrucker, der **HP Laser Jet**, gewertet werden. Er kam 1984 für 3000 $

---

[25]wobei wir PC als Gattungsbegriff verstehen und deshalb auch **Apple**-Produkte dazuzählen

auf den Markt und hatte eine Auflösung von 300 dpi. Die Kombination von PC und hochwertigem Bürodrucker läutete für die Bürokommunikation ein neues Zeitalter ein.

Jemand, der die Zeichen der Zeit erkannte und der auch gewillt war sie zu nutzen, um den Ruf seiner Firma als Technologieführer im aufstrebenden PC-Markt abzusichern, war **Steve Jobs** von **Apple**. Man arbeitete 1984 ebenfalls an einem Laserdrucker. Um den geplanten `LaserWriter` mit einer überlegenen Funktionalität auszustatten, kooperierte **Steve Jobs** mit einer kleinen Startup-Firma namens **Adobe**, im Dezember 1982 von den ehemaligen **Xerox PARC**-Mitarbeiter **John Warnock** und **Charles Geschke** gegründet, die gerade ihr erstes Produkt `PostScript` auf den Markt gebracht hatte. `PostScript` war eine innovative RIP-Programmiersprache in der geräteunabhängig Layout und Graphik beschrieben werden konnten. Der `LaserWriter` erschien 1985 mit `PostScript`-Kontroller für 7000 $ und erfüllte alle in ihn gesetzten Erwartungen.

Apple beanspruchte für den `LaserWriter`

> typesetter quality,

was einerseits dokumentiert, dass die adressierte Funktionalität im professionellen Publizieren keineswegs unbekannt war, und andererseits normale PC-User als Zielgruppe klarstellte. Um das Ziel

> Layoutfunktionalität im PC-Umfeld

verfügbar zu machen, benötigte man noch entsprechende Software, welche die Möglichkeiten der Programmiersprache `PostScript` für Office-Mitarbeiter, typischerweise Nichtprogrammierer, in einem intuitiven Frontend zur Verfügung stellte. Darauf musste man allerdings nicht lange warten. Bereits 1985 stellte eine Firma namens **Aldus** das erste *Desktop Publishing*-Programm `PageMaker` vor. Es folgte 1987 **Quark** mit `QuarkXPress`.

Der schnell gefundene Name der neuen Technik

> Desktop Publishing

betont einerseits die Wurzeln in der *Bürokommunikation*, andererseits signalisiert er eine Abgrenzung zum *Publishing,* d.h. zu der etablierten Publikationstechnik, wie sie in der manuellen Druckvorstufe manifestiert war. So fehlte dem Desktop Publishing insbesondere noch ein direkter Zugang zum digitalen Fotosatz. Zwar optimierten die neuen Verfahren die Camera-Ready-Produktion, der Markt für hochqualitative Druckerzeugnisse basierte aber auf hochauflösenden Filmbelichtern und nicht auf Laserdruckern, so nützlich sie auch waren. Filmbelichter und Laserdrucker sind auf den zweiten Blick aber nicht so verschieden wie es zunächst aussehen mag. Beide Systeme basieren auf einem Raster Image Processor (RIP), der Text-, Graphik- und Bilddaten in Rasterbilder übersetzt. Das Problem bestand einfach darin, dass die etablierten Belichter-RIPs, die neue Sprache `PostScript` nicht verstanden.

Dies war kein prinzipielles Problem, aber ein praktisches, da RIPs in der damaligen Druckvorstufe üblicherweise auf die proprietäre Seitenbeschreibungssprache des Belichterherstellers abgestimmt waren. Umso bemerkenswerter war 1986 die Entwicklung des ersten `PostScript`-fähigen Belichters[26] Linotronic 300 durch **Linotype**, und wie 100 Jahre zuvor schrieb die Firma damit Geschichte, denn `PostScript` setzte sich schnell als Standardformat der Layoutbeschreibung durch.

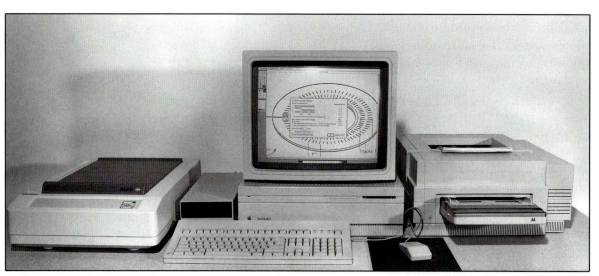

Quelle: EMPA

Abbildung 9.25
DTP-Station ca. 1987

Grundsätzlich hat das Desktop Publishing eine ähnliche Wirkung wie das Camera-Ready Publishing. Die Druckvorstufe reduziert sich

---

[26]mit einem `Apple Macintosh` als Steuergerät

auf die Bogenmontage mit der entsprechenden Kostenreduktion. Zudem ist es auch in der Bogenmontage nicht länger nötig, direkt mit Filmen zu arbeiten. Es genügt die eingegebene Layoutbeschreibung zu modifizieren und an eine Ganzbogenbelichtung weiterzureichen.

Die indirekten Auswirkungen mögen längerfristig die gewichtigeren gewesen sein. Das Desktop Publishing hat der Druckvorstufe die Exklusivität, die sie im manuellen Fotosatz innehatte, genommen. Die hochspezialisierte proprietäre Reprotechnik des konventionellen Fotosatzes wurde durch allgemein zugängliche Bürotechnik ersetzt. Eine Tendenz, die sich bis in die Gegenwart fortsetzt. Und dies nicht nur mit Kosten- sondern auch mit Qualitätsvorteil. Die ehemals anvisierten Zielgruppen des Desktop Publishings, nämlich Agenturen, Designer, Autoren, sind im heutigen Publishing Workflow fest etabliert und ersetzen die freigestellten Tätigkeiten in der Druckvorstufe. Die permanent verbesserten Laserdrucker konkurrenzieren zunehmend mit dem klassischen Druck. Allgemein lässt sich feststellen, dass sich die Grenzen zwischen Bürokommunikation und Druck mehr und mehr auflösen.

9.6.3 Digitale Bogenmontage

Die Aufgaben der Bogenmontage im Bereich der Prozessplanung und -steuerung wurden durch das Desktop Publishing nicht in Frage gestellt und die Bogenmontage wurde zur neuen Eintrittsschwelle in den Druck. Lediglich die benutzte Technik wurde den Gegebenheiten angepasst, d.h. sie wurde digital.

Die Bogenerstellung selbst ist auch eine Layoutbeschreibung. Es war evident die Technik der Seitenerstellung zu übernehmen. Damit dieses Konzept konsequent umgesetzt werden konnte, waren einige technologische Adaptionen notwendig. Zentral war die Entwicklung grossformatiger Belichter, so dass eine Bogenbeschreibung komplett in einem Schritt belichtet werden konnte (*Ganzbogenbelichtung*). Die zu diesem Zweck entwickelten *Computer-to-*Techniken standen seit Anfang der 90er Jahre zur Verfügung.[27] Der zweite wichtige Punkt war eine Erhöhung der RIP-Leistung, die aber glücklicherweise durch die allgemeine Hardware-Entwicklung

---

[27] Wir werden im folgenden Abschnitt auf *Computer-to-...* noch einmal separat eingehen.

geleistet wurde. In der Folge wurde die Bogenerstellung mittels Ausschiesssoftware schnell zum Standard.

Das Erscheinungsbild der digitalen Bogenmontage wird zunehmend auch von Workflow-Software zur Prozesssteuerung und Auftragsabwicklung geprägt. Da bereits die manuelle Bogenmontage hier involviert war, z.B. zum Setzen von Schnitt- und Falzmarken, platzierte man die neuen Konzepte der *Computerintegrierten Fertigung* (CIM) am gleichen Ort. Den Traditionen der Bogenmontage folgend, integriert man dabei die zusätzlichen Daten der neuen Prozesskommunikation (Jobtickets), siehe `www.cip4.org`, in der Layoutbeschreibung.[28]

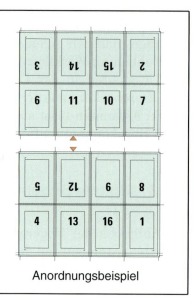

Tafel 9.22: digitale Bogenmontage

- **Bogenlayout** in PostScript oder PDF (Eingabe für RIP)
  - Ausschiessen mit modifizierbaren Standardschemata
  - Ganzbogenbelichtung: grossformatige CtF- oder CtP-Anlagen
  - Layout bis zur Plattenerzeugung editierbar
    * Vermeidung mechanischer Fehlerquellen (Passerfehler)
- **Workflow-Software**: Produktionsplanung und Ablaufsteuerung
  - Vernetzung, Weiterverarbeitung, Auftragsabwicklung
  - Konzepte aus Computerintegrierter Fertigung (CIM)
    * geschlossene **Middleware**-Ansätze (Komplettlösungen)
    * offene **scriptprogrammierte** Ablaufsteuerungen
  - **Jobtickets**: Austauschformat für die Prozesskommunikation
    * Print Production Format (1994, CIP-3)
    * Job Definition Format (2000, CIP-4)

Anordnungsbeispiel

Die Bogenerstellung in `PostScript` hatte einige Vorteile. Vor allem die Vermeidung von mechanischen Ungenauigkeiten beim Zusammenkleben von Einzelfilmen, speziell bei der Farbbildproduktion. Dazu kam die Editierbarkeit des Layouts, praktisch bis unmittelbar vor dem Produktionsstart.

9.7 Computer-to-Techniken

Als erstes dieser Verfahren wurde *Computer-to-Film* (CtF) ein Begriff. Er bezeichnet die vollständige Bebilderung von Kopier-

---
[28] wohl nicht zur Freude des Software Engineerings

vorlagen (Ganzbogenfilme) für die Druckplattenerzeugung durch einen Computer ausgehend von einer digitalen Layoutbeschreibung (`PostScript`-File). Die Forderung der Vollständigkeit ergab sich als Konsequenz aus dem Desktop Publishing, wie in Abschnitt 9.6.2 ausgeführt wurde. Das CtF war entsprechend keine neue Technik, sondern eine Leistungssteigerung bzw. Neuinterpretation bekannter Konzepte.

In der Folge etablierte sich

> Computer-to-...

als Bezeichnung für das Umsetzungskonzept von digitalen Daten zu einem physikalischen Bild. Die verschiedenen Computer-to-Verfahren dokumentieren damit die langsame Abkehr von der fotomechanischen Bildreproduktion.

Den Einstieg in diese Tendenz markiert das *Computer-to-Plate* (CtP). Dabei wird auf die Kopiervorlage verzichtet und die lichtempfindliche Druckplatte direkt durch ein digital gesteuertes Lasersystem belichtet. Die dafür nötigen hochleistungsfähigen Laser stehen seit etwa 1993 zur Verfügung. In der Anfangszeit wurde eine konventionelle Entwicklung eingesetzt, die jedoch bald durch thermische Platten verdrängt wurde. Thermische Platten arbeiten im Infrarotbereich und nutzen die Schwellwertcharakteristik gewisser Polymere. Sobald die thermische Energiezufuhr einen bestimmten Schwellwert erreicht, wird die Oberflächenstruktur vollständig umgewandelt. Da Unter- oder Überbelichtung keinen zusätzlichen Effekt haben, ist das Verfahren sehr stabil. Die CtP-Verfahren enthalten einen Prozessschritt weniger als CtF und sind dadurch sowohl weniger fehleranfällig als auch zeiteffizienter, was zum Beispiel für den Zeitungsdruck von Relevanz ist. CtP-Konzepte existieren für den Offsetdruck, den Flexodruck[29] und für den Siebdruck[30], teils unter speziellen Bezeichnungen. Obwohl gegenwärtig CtF-Systeme noch eingesetzt werden, dominieren CtP-Anlagen deutlich das Marktgeschehen.

Wird die Erzeugung der Druckform in die Druckmaschine selbst verlegt, so spricht man nicht länger von Computer-to-Plate sondern von *Computer-to-Press*. Die Farbübertragung im Fortdruck erfolgt

---

[29]siehe Seite 315
[30]siehe Seite 318

jedoch immer noch mittels einer Druckform. Innerhalb der Kategorie unterscheiden sich die Verfahren durch die Art und Weise wie die Druckplatte erzeugt wird. Wird lediglich die Plattenbelichtung in die Presse verlegt, so spricht man von einer *einmal beschreibbaren* Druckform. Die Plattenerzeugung in der Druckmaschine ist einfach ein weiterer Optimierungsschritt. Die mechanische Positionierung entfällt, es wird eine höhere Passergenauigkeit erreicht und die Umrüstzeiten werden verkürzt.

Die ideale Lösung für den *Computer-to-Press*-Ansatz ist eine *wiederbeschreibbare* Druckform. Dieses Ziel ist technologisch evident und wurde in den vergangenen Jahren intensiv erforscht. Es wurden mehrere Technologien vorgeschlagen und patentiert. Das erste marktreife Produkt, die **DICOweb**, wurde bei MAN Roland entwickelt, siehe rechte Seite.

Tafel 9.23: Computer-to-Verfahren

- Bebilderungsstrategien für digitale Daten
    - unterschieden gemäss der Nähe zum Druckprozess
- **Computer-to-Film**: Kopiervorlage für Plattenbelichter
    - geringe Belichtungsleistung erforderlich, Nassentwicklung
- **Computer-to-Plate**: direkte Belichtung der Druckform
    - seit 1993 hinreichende Laserleistung, therm. Druckplatten
- **Computer-to-Press**: Belichtung in der Druckmaschine
    - mech. Positionierung entfällt, hohe Passergenauigkeit
- **Computer-to-Print**: Bildaufbau ohne Druckform
    - **Non Impact Printing (NIP)**: Elektrofotografie, Inkjets
    - keine Rüstzeiten, effiziente Weiterverarbeitung
    - **Print on Demand**, individualisierte Drucke, bürotauglich

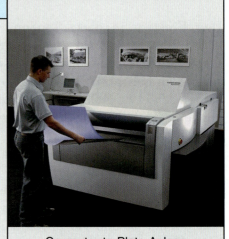

Computer-to-Plate-Anlage

Quelle: Heidelberger Druckmaschinen AG

Die konsequente Extrapolation der vorgängig dargestellten Bebilderungsstrategien digitaler Daten sind die *Computer-to-Print*-Technologien, in erster Linie die *Elektrofotografie* (Laserdrucker) und *Inkjets*. Zur Abgrenzung von Druckverfahren mit Druckform spricht man auch von *Non Impact Printing* (NIP), was aber nicht allzu wörtlich zu verstehen ist. Auf Grund ihrer relativ langsamen Produktionsgeschwindigkeiten konkurrenzieren NIP-Verfahren nicht den klassischen Druck im Bereich von Massenerzeugnissen. Bei Einzelanfertigungen oder Kleinserien haben sie jedoch entscheidende Vorteile. So haben sie technologiebedingt keine Umrüstzeiten.

9.7. Computer-to-Techniken

Abb. 9.26: Die DICOweb von MAN Roland

Eine der anspruchvollsten Entwicklungen im Offsetdruck der letzten Jahre ist die DICOweb von MAN Roland. Unter der Leitung von **Dr. Josef Schneider** (oben links) wurde hier das Computer-to-Press-Konzept vollständig realisiert. Die Maschine benötigt keine Druckplatten mehr, sondern die Druckform wird unmittelbar auf dem Druckzylinder erzeugt (unten rechts). Ein Druckformwechsel benötigt etwa 12 Minuten für 16 A4-Seiten. Bei einer Druckgeschwindigkeit von 5 m/s beträgt die Haltbarkeit der Bebilderung mehr als 30000 Exemplare.

Quelle: MAN Roland Druckmaschinen AG

Zudem kann ein Druckerzeugnis direkt in der korrekten Seitenabfolge produziert werden, was die Weiterverarbeitung stark vereinfacht. Speziell werden dadurch *Print-on-Demand* und individualisierte Drucke unterstützt. Dazu kommen die billigen Anschaffungs- und Produktionskosten, die hohe Verfügbarkeit als Office-Geräte und die permanenten Qualitätssteigerungen. Insbesondere Inkjets zählen bereits heute zu den qualitativ besten Bildreproduktionsverfahren überhaupt, was auch im klassischen Druck für Proof-Zwecke genutzt wird.

9.8 Cross Media Publishing

Mit dem Desktop Publishing wurde in einem gewissen Sinne die postindustrielle Phase der Medienproduktion eingeläutet. Wie im Abschnitt 9.3 ausgeführt wurde, sind die traditionellen Strukturen der Druckindustrie in hohem Masse durch ihre Funktion als Massenmedium in der Industriegesellschaft bestimmt. Um dieser Rolle gerecht zu werden, mussten die gesamten Arbeitsabläufe dem Ziel Kostenoptimierung untergeordnet werden. Die Konsequenz war eine hochgradig arbeitsteilige Produktionsweise, in der viele Spezialisten in genau definierten Organisationsstrukturen auf geplante Art und Weise zusammenarbeiten. Ein Ausdruck dieser strukturierten Arbeitsabläufe sind die vielen Berufsbilder der graphischen Industrie bzw. die zugehörigen Berufsschulen, Fachhochschulen und spezialisierten Universitäten.[31] Als die Printmedien später um Film oder TV ergänzt wurden, änderte das an der prinzipiellen Situation nichts, denn auch die neuen Medien waren industriell organisiert und erweiterten lediglich das Szenarium.

Das Desktop Publishing stellt nun eine Abkehr von der arbeitsteiligen industriellen Arbeitsweise dar. Direkt offensichtlich ist die Reintegration Text-, Graphik- und Bildbearbeitung. Dabei ist kein Zufall, dass die entsprechenden Tätigkeiten von Designern und Autoren übernommen wurden, denn dies beseitigt eine weitere industrielle Spaltung, nämlich die in Gestaltung und Produktion. Auch die zunehmende Konkurrenz des klassischen Drucks durch moderne Office-Drucker lässt sich mühelos in diesen Trend zur Reintegration industrieller Arbeitsabläufe einfügen.

---

[31] wie bespielsweise das **Rochester Institute of Technology** RIT

Der langfristig vermutlich wichtigste dieser Aspekte ist der Trend zur medienneutralen Gestaltung. Die Nutzung einer Layoutbeschreibung in `PostScript` ist potentiell nicht auf den Druck beschränkt, sondern kann prinzipiell genauso im Internet oder auf einer CD-ROM präsentiert werden.

Das Konzept, denselben Inhalt in verschiedenen Medien zu publizieren, ist unter dem Schlagwort

> Cross Media Publishing

bekannt geworden. Die ersten Anschübe gehen vielleicht auf den Anfang der 90er Jahre zurück, als das graphikfähig gewordene Internet populär wurde. Dann entdeckten mehr und mehr Publisher, dass die CD-ROM, ursprünglich erdacht für technische Zwecke innerhalb der Informatik, auch Qualitäten im Umgang mit Endkunden hat. So wurde es in den 90ern durchaus üblich, ein Kiosk-Magazin mit einer CD-ROM aufzuwerten, was einerseits als eine Demonstration des Cross Media Publishing-Konzepts zu verstehen ist, andererseits aber auch die Anerkennung des PCs als neues Massenmedium durch die klassischen Printmedien ausdrückt.

Damit man bei einem Informationsträger von einem Medium reden kann, müssen seine Datenformate allgemein verständlich sein. In anderen Worten, eine Nachricht in einer Fremdsprache, die man nicht spricht, ist keine oder eine nicht akzeptierte Fremdwährung ist kein Zahlungsmittel, auch wenn der entsprechende Wert potentiell sehr hoch sein mag. Kommunikation benötigt also Standards. Im Bereich des medienneutralen Publizierens hat sich das

> Portable Document Format (PDF),

1993 von **Adobe** als Datenformat für Präsentationszwecke eingeführt, als Standard durchgesetzt. Es handelt sich dabei um eine Art vorverarbeitetes `PostScript`, abgeleitet aus dem Speicherformat für `Illustrator`-Graphiken. Es wurde populär durch die Freigabe des `Acrobat-Readers`, der Lese- und Präsentationskomponente des Systems. Heute ist PDF im Bereich des Cross Media Publishing konkurrenzlos. Verschiedene ISO-Arbeitsgruppen haben die internationale Standardisierung in Teilbereichen übernommen, z.B. PDF/A (Dokumentation) oder PDF/X (Druck). Als Druckstandard verdrängt PDF zunehmend `PostScript`. So enthalten die neuesten reinen PDF-RIPs³² von **Adobe** funktionale Erweiterungen im Bereich ICC-Profile, Jobtickets oder Transparency deren Übernahme in `PostScript` nicht beabsichtigt ist.

Auch im Cross Media Publishing gibt es Grossunternehmen, die einen Grossteil ihrer Energien auf die Organisation ihrer Tätigkeiten verwenden müssen, z.B. Zeitungsverlage. Lag das Schwergewicht früher auf der perfekten Synchronisation der unternehmensweit geplanten Arbeitsabläufe, so steht heute die Verwaltung digitaler Daten im Vordergrund. Dementsprechend bekommen Datenbanken einen hohen Stellenwert. Die Situation ist vergleichbar zu derjenigen im Bankenbereich einige Jahrzehnte zuvor. Der einzelne Mitarbeiter stimmt seine Tätigkeiten mit der Datenbank ab. Die Synchronisation der Abläufe, das Managen der Termine, die Abrechnung der Aufträge usw. geschieht durch die Transaktionsverwaltung der Datenbank.

Tafel 9.24: Cross Media Publishing

- Desktop Publishing ⇒ postindustrielle Medienproduktion
    - Reintegration von Text, Graphik und Bild ...
    - durch Agenturen, Designer, Autoren im Büro
    - medienneutrale Gestaltung
- Anfang 90er: graphisches Internet, CD-ROMs
- seit 2000: zunehmende Bedeutung von Digitalkameras
- **Portable Document Format**: 1993 PDF 1.0, Acrobat 1
    - reines Datenformat für Datenaustausch
    - PDF ersetzt `PostScript` als Druckstandard
    - universelle Multimediaplattform (Flash, Macromedia)
- **heute**: Publizieren desselben Inhalts in verschied. Medien
    - medienneutrale Datenintegration mittels Datenbanken und elektonischem Datenaustausch
    - zielgruppenorientierte Ausgabe: Druck, CD-ROM, Web
- Druckindustrie ist nicht länger **die** Medienbranche

Ein wichtiger Aspekt dieses Szenariums betrifft die Arbeitsweise mit Desktop Publishing Software. Die meisten Programme verstehen sich als interaktiv, d.h. das Resultat wird in einer direkten Interaktion mit dem Programm in einem grafischen Editor Schritt für

---

³²PDF Print Engine

Schritt zusammengestellt. Der Vorteil besteht darin, dass der Designer eine unmittelbare visuelle Kontrolle über das Entstehen des Layouts hat. Dieses Vorgehen ist aber für ein datenbankgestütztes Arbeiten nur bedingt geeignet. Effizienter wäre ein generiertes Layout. Eine typische Situation ist die heute typische Personalisierung von Anzeigen. Soll etwa eine allgemeine Anzeige eines Konzerns für einen individuellen Händler angepasst werden, so geschieht dies am einfachsten durch die Datenbank selbst, indem die Daten an ein Programm übergeben werden, das die Anzeige automatisch erzeugt, sprich generiert. Da diese Situation für viele Fälle repräsentativ ist, man denke etwa an Preislisten oder Kataloge, ist zu erwarten, dass der Bedarf an generiertem Layout stark zunehmen wird.

Die allgemeine Konsequenz des Cross Media Publishing ist ein anderes Rollenverständnis von Druckbetrieben. Die Medien bleiben in ihrer gesellschaftlichen Rolle zunächst einmal mehr oder weniger bestehen. Die in der Industrialisierung entstandene Identifizierung von Druckindustrie und Medienbranche gerät aber mehr und mehr ins Wanken. Dabei ist der Grund für diese veränderte Sichtweise nicht eine reduzierte kommerzielle Bedeutung des Drucks, sondern der postindustrielle Charakter der medienneutralen Produktionsweise.

9.9 Konventionelle Druckverfahren

Das klassische Drucken mit Druckform hat bisher wenig von seiner ökonomischen Bedeutung eingebüsst. In den westlich geprägten Ländern trägt die Druckindustrie ca. 6 – 7 % zum Bruttosozialprodukt bei. Der weltweite Umsatz der Medienbranche beträgt ca. 700 Milliarden Euro wovon 2/3 auf die Druckindustrie entfällt.[33] In diesem Abschnitt wollen wir die kommerziell wichtigsten Druckverfahren im Überblick darstellen.

Gemeinsam ist allen hier vorgestellten Verfahren das Benutzen einer Druckform zur Bildübertragung. Aber bereits beim Anpressen bzw. der dadurch bedingten Farbübertragung unterscheiden sie sich erheblich. Die Farbübertragung, oder genauer die Farbschichtspaltung, ist ein hoch komplexer Vorgang, der von vielen Parametern wie der Oberflächenrauigkeit, der Luftfeuchtigkeit,

---

[33] weitere Daten findet man z.B. in [1] oder www.heidelberg.com

der Saugfähigkeit des Papiers, der Viskosität der Farbe, dem Anpressdruck usw. abhängt. Noch heute sind einige Aspekte wissenschaftlich nicht vollständig verstanden.

- Auf den *Hochdruck* sind wir bereits auf Grund seiner historischen Bedeutung eingegangen. Die druckenden Formelemente sind hier erhaben. Ökonomische Relevanz hat heute die Variante des *Flexodrucks,* speziell für Verpackungen, mit einem Marktanteil von etwa 15 % bei steigender Tendenz.

- Bei einer ebenen Druckform spricht man von *Flachdruck.* Auf die Technik der bedeutenden Verfahren, der *Lithographie* und des *Offsetdrucks*, sind wir bereits ausführlich im Abschnitt 9.4.7 eingegangen. Der wertmässige Anteil des Offsetdrucks liegt bei ca. 65 – 70 %, was die klare Führung bedeutet.

- Beim *Tiefdruck* sind die druckenden Teile eingraviert. Dieses Verfahren hat einen stabilen Marktanteil von etwa 10 bis 12 %, der hauptsächlich auf illustrierte Massenauflagen zurückgeht.

- Der *Siebdruck* ist durch eine Druckform in der Art einer Schablone, durch deren Löcher die Farbe auf den Bedrucksstoff gedrückt wird, charakterisiert. Sein Anteil am Umsatz der graphischen Industrie bleibt unter 5 %. Der Siebdruck wird aber auch in anderen Industrien genutzt. Den restlichen Marktanteil von 7 – 8 % liefern digitale druckformlose Verfahren.

Tafel 9.25: Buchdruck

- ältestes Hochdruckverfahren, 400 Jahre dominant
  - heute nur noch Nischenbedeutung
- **drei Druckvarianten**
  - **Tiegelpressen**: Fläche/Fläche
    * als Handpressen prototypisch vor 1800
  - **Schnellpressen**: Fläche/Zylinder
    * qualitativ hochwertig, aber langsam
  - **Rotationsdruck**: Zylinder/Zylinder
    * besonders im Zeitungsdruck, halbrunde Stereos
- **Kennzeichen**
  - zähflüssige Druckfarbe, hoher Anpressdruck
  - aufwendige Druckform, geringe Druckgeschwindigkeit
  - charakteristisches Druckbild mit Quetschränder

9.9.1 Buchdruck

Der *Buch-* oder *Hochdruck* ist, wie im Abschnitt 9.1 beschrieben, das älteste Druckverfahren. Seit **Gutenberg** war es das dominante Druckverfahren, bis es im letzten Jahrhundert durch den Offsetdruck verdrängt wurde. Heute hat der Buchdruck nur noch Nischenbedeutung. Historisch gesehen, gibt es drei bedeutende Varianten.

- Zunächst die *Tiegelpressen* mit flacher Druckform und flachem Gegendruckelement. Handbetriebene Tiegelpressen waren in der vorindustriellen Zeit ein Synonym für den Druck an sich.

- Die *Schnellpressen* mit flacher Druckform und Gegendruckzylinder läuteten dann die Industrialisierung des Druckes ein. Diese Variante ist auch für hochqualitative Drucke geeignet, allerdings nur bei geringer Druckleistung.

- Der *Rotationsdruck* mit Druckform und Gegendruckelement als Zylinder wurde auch für den Hochdruck realisiert, z.B. für den Zeitungsdruck. Die Herstellung der halbrunden gegossenen Stereos war jedoch kompliziert und lieferte nicht die beste Qualität.

Typisch für den Buchdruck ist die Verwendung zähflüssiger Farbe in Kombination mit einem hohen Anpressdruck. Dies begrenzt die mögliche Druckgeschwindigkeit. Ein weiteres Problem des Buchdruckes ist die aufwendige Herstellung der Druckform. Der Hochdruck lässt sich an seinen Quetschrändern im Druckbild erkennen. Die Farbe konzentriert sich am Rande der Buchstaben.

9.9.2 Flexodruck

Dass der Hochdruck nicht gänzlich seine ökonomische Bedeutung verloren hat, liegt am *Flexodruck*, früher auch als *Anilin-* oder *Gummistempeldruck* bezeichnet. Der Flexodruck wird vorwiegend im Verpackungsdruck, z.B. bei Plastikfolien oder Etiketten verwendet. Sein Kennzeichen sind weich- oder hartelastische Druckformen. Sie wurden früher aus Gummi gefertigt. Heute benutzt man eher Fotopolymerplatten, die an druckenden Stellen mit Licht gehärtet werden. Die nicht belichteten Teile bleiben wasserlöslich und werden ausgewaschen.

Ein weiteres Charakteristikum ist die Verwendung von dünnflüssigen Farben, die durch die Verdunstung enthaltener Lösungsmittel schnell abtrocknen. Diese speziellen Farben erfordern ein spezielles indirektes Einfärbungssystem über eine Rasterwalze. Diese Walze besitzt viele kleine Löcher, *Näpfchen* genannt, die zunächst die dünnflüssige Druckfarbe aufnehmen. Von den Näpfchen wird die Farbe dann sehr kontrolliert auf die erhabenen Teile der Druckform übertragen und von dort weiter zu dem jeweiligen Bedruckstoff.

Tafel 9.26: Flexodruck

- Hochdruckvariante, insbesondere im Verpackungsdruck
  - Name in den 50er Jahren eingeführt (früher Anilindruck)
- **Kennzeichnung**: weich- oder hartelastische Druckformen
  - heute meist auf Fotopolymer-, früher Gummibasis
    * abgestimmt auf die jeweilige Anwendung
  - spezielle Farbzuführungssysteme mit Rasterwalze und Rakel
    * erlauben dünnflüssige Farben u. geringe Anpressdrücke
  - geeignet für unterschiedlichste Bedruckstoffe
    * Gewebe, Folien, Rauhpappen, saugend oder nicht, ...
- prinzipiell geringere Qualität als im Offsetdruck
  - jedoch grosse Fortschritte durch CtP
  - andererseits: Abnutzungserscheinungen im Fortdruck
- stark wachsende Bedeutung in den letzten Jahren

Quelle: Heidelberger Druckmaschinen AG

Dieses Konzept der Farbübertragung benötigt nur geringe Anpressdrücke und ist flexibel auf unterschiedlichste Bedruckstoffe wie Gewebe, Folien, Raupappen usw. abstimmbar. Die Qualität des Flexodrucks ist prinzipiell geringer als beim Offsetdruck. Der Flexodruck hat in dieser Hinsicht allerdings stark von den Fortschritten im Computer-to-Plate-Bereich profitiert, so dass heute Rasterweiten von 60 Linien pro cm durchaus üblich sind.

9.9.3 Tiefdruck

Der *Tiefdruck* ist aus dem Kupferstich entstanden. Der Name kennzeichnet, dass die druckenden Elemente der Druckform ihre Vertiefungen (*Näpfchen*) sind. Die nicht druckenden Teile (*Stege*) liegen auf einem konstanten höheren Niveau. Die Einfärbung der Druckform geschieht durch *Flutung*, d.h. der Druckzylinder, in den die Druckform eingraviert ist, wird gänzlich in dünnflüssige Farbe getaucht. Die auf den Stegen unerwünschte Farbe wird durch ein *Rakel*[34], einem dünnen Stahllineal wieder abgestreift. Ein hoher Anpressdruck und Adhäsionskräfte bewirken die Farbübertragung. Dabei zeigt sich eine gewisse Helligkeitsmodulation. Tiefe Näpfchen übertragen mehr Farbe und erzeugen somit einen gesättigteren Dot. Die Verwendung dünnflüssiger Farbe bedingt im Mehrfarbendruck eine explizite Trocknung zwischen den einzelnen Farbdrucken.

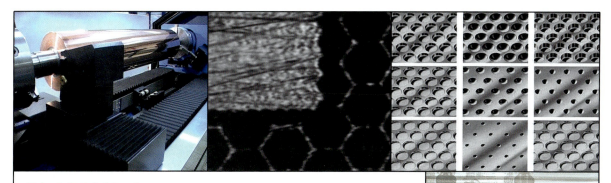

Abb. 9.27: Tiefdruckgravur
Zu sehen sind Gravursysteme von **MDC Max Daetwyler AG**, Bleienbach, Schweiz. Oben rechs ist eine elektromechanische Gravur mit einer Gravurfrequenz von 8100 Zellen/s abgebildet. Rechts davon sind verschiedene Zellenformen zu sehen, wobei speziell auf die hexagonale Variante hingewiesen sei. Die untere Bildreihe zeigt den **Laserstar**, eine Hochleistungsgravurmaschine modernster Bauart. Sie erreicht eine Gravurfrequenz 70000 Rasterzellen pro Sekunde im Verpackungsdruck und 140000 bei Illustrationen. Die hohe Auflösung von bis zu 400 lpi genügt höchsten Ansprüchen.

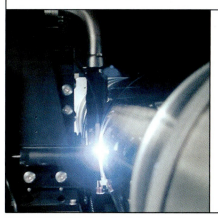

[34]oder auch Rakelmesser genannt

Quelle: MDC Max Daetwyler AG, Bleienbach, Schweiz

Das Besondere des modernen Rakeltiefdruckes sind die Druckformen, die in der Regel in die Druckzylinder eingraviert sind. Die Gravur erfolgt heute zunehmend durch Einbrennung der Näpfchen in den Zylinder mit leistungsstarken Lasern, was in den letzten Jahren sowohl die Produktionszeit als auch die Kosten deutlich gesenkt hat, siehe Abbildung 9.27. Aber auch mit der direkten Lasergravur bleibt der Tiefdruck eine teure Angelegenheit.

Tafel 9.27: Tiefdruck

- historisch aus Kupferstich hervorgegangen
- Farbe in Vertiefungen (**Näpfchen**) der Druckform
  - hoher Anpressdruck drückt Papier in die Näpfchen
  - verschiedene Näpfchentiefe $\Rightarrow$ Helligkeitsmodulation
- **Einfärbung**: Flutung der Druckform mit Farbe
  - Farbentfernung an den nichtdruckenden Teilen (Stege)
    * mittels Rakel und Wischer (Rakeltiefdruck)
  - dünnflüssige Farbe $\Rightarrow$ explizite Trocknung notwendig
- **Druckform**: meist direkt auf Druckzylinder (siehe rechts)
  - Erstellung: Ätzung, (Laser-) Gravur
- etwa 10-15 % des Druckmarktes: Massenauflagen $\geqslant$ 500000
  - Zeitschriften, Kataloge, Wertpapiere, Verpackungen, ...
- hochqualitativ, sehr teuer, höchst effizient

Quelle: MDC Max Daetwyler AG, Bleienbach, Schweiz

9.9.4 Siebdruck

Der *Siebdruck* ist ein Verfahren, das nur teilweise der graphischen Industrie zugeordnet werden kann. Typische Anwendungen sind grossformatige Werbeplakate, Verpackungen, gedruckte Schaltungen oder bedruckte Textilien (T-Shirts). Die Farbübertragung erfolgt durch das Durchdrücken von Farbe durch ein Sieb, meist ein feines Gewebe aus Kunststoff oder Metallfäden. Man bezeichnet den Siebdruck deshalb auch als *Durchdruckverfahren*. Dabei wird ein sehr hoher Farbauftrag von 20 bis 100 µm erreicht,[35] was den Siebdruck auch ausserhalb der graphischen Industrie interessant macht. Zudem verfügt der Siebdruck über die grösste Auswahl an Farben.

Die nicht druckenden Elemente des Siebes werden durch eine Schablone abgedeckt. Die Schablone wird fotomechanisch direkt auf dem

---

[35] Im Offsetdruck werden etwa 0.5 bis 2 µm erzielt.

Sieb erzeugt. Zunächst wird das Sieb mit einem Diazolack beschichtet. Mit UV-Licht werden dann die Nichtbildstellen gehärtet und anschliessend die Bildstellen durch Auswaschung wieder freigelegt. Die üblichen Rasterfeinheiten sind etwa 3 bis 4 mal gröber als die zu Grunde liegende Gewebefeinheit, so dass etwa 9 bis 16 Helligkeitsstufen realisiert werden können.

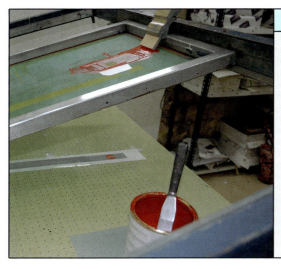

Tafel 9.28: Siebdruck

- **Druckform**: Sieb + aufgebrachte Schablone
    - heute meist fotomechanisch erstellt (Diazolacke)
        * Härtung der Nichtbildstellen durch UV-Licht
        * Säuberung der Bildstellen durch Auswaschen
- **Farbübertragung**: Durchdrücken d. Farbe durch Sieb
    - als Flutwelle vor einem Rakel
    - hoher Farbauftrag 20-100 μm (Offset 0.5-2 μm)
- **Gewebefeinheit** 10-200 Fäden/cm ≈ (3-4)×**Rasterf.**
    - etwa 9 bis 16 Helligkeitsstufen erreichbar
- vielseitig einsetzbar (grösste Farbauswahl)
    - Plakate, Textilien, Verkehrsschilder, Leiterbahnen

9.10 Non-Impact-Printing

Druckverfahren, die ohne feste Druckformen arbeiten und grundsätzlich von Druckseite zu Druckseite ein unterschiedliches Druckbild erzeugen können, bezeichnen wir als NIP-Verfahren, wobei NIP für *Non-Impact-Printing* steht. Non-Impact ist dabei weniger als berührungslos zu verstehen — spätestens der physikalische Bildaufbau basiert auf Kontakt — sondern als Abgrenzung vom konventionellen Druck mit Druckform. Die Ursprünge der NIP-Techniken liegen sicher im Office-Bereich, aber auf Grund der dynamischen Marktentwicklung sind in den letzten Jahren die Grenzen zum professionellen Druck immer mehr verwischt worden.

Im Folgenden werden wir auf die Elektrofotografie (Laserdruck), Inkjets und die Thermografie eingehen. Die ersten beiden Verfahren bestimmen das Marktgeschehen, das letzte hat eine gewisse Bedeutung im Kontext der Fotografie und von Proofsystemen, worauf wir im folgenden Kapitel zurückkommen werden. Über die drei genannten Verfahren hinaus, existieren jedoch noch eine Reihe anderer, z.B. die *Ionographie* oder die *Magnetographie*, auf die wir jedoch nicht näher eingehen werden.

9.10.1 Elektrofotografie (Laserdruck)

Der Name *Laserdruck* wird allgemein für das Drucken nach dem *elektrofotografischen Verfahren* verwendet. Die Funktion des Lasers kann dabei durchaus von LEDs übernommen werden. Der elektrofotografische Bildaufbau basiert üblicherweise auf einer Trommel, die mit einer fotoleitenden Oberfläche beschichtet ist. Zunächst wird die Trommel gleichmässig negativ elektrostatisch aufgeladen. Mit einem Laserstrahl und einem rotierenden Spiegel wird die Trommel nun gezielt an den einzelnen Dots belichtet. Durch diese Belichtung wird sie punktuell leitend und verliert seine Spannung. Gesamthaft entsteht ein latentes Ladungsbild.

Tafel 9.29: Elektrografie

- **Bebilderung**: Erzeugung eines nichtsichtbaren latenten Bildes
  - auf einer Trommel mit fotoleitender Oberfläche
  - partielle Entladung des homog. Ladungsbildes (Laser, LED)
  - Bildeinfärbung: Pudertoner (3 – 6 µm) o. Flüssigt. (1 – 2 µm)
- **Tonerübertragung**: direkt auf Papier oder über Zwischenträger
  - durch Druckkontrakt und elektrostat. Aufladung (Corona)
  - Tonerfixierung: Verankerung auf Papier durch Schmelzen
    * keine Trocknung für die Weiterverarbeitung erforderlich
  - mechanische u. elektrische Reinigung der Trommel
  - zunehmende Bedeutung im Akzidenzd. ($\leqslant$ 10000 Expl.)
  - geringe Auflösung und Druckgeschwindigkeit

Digitaldruckmaschine NexPress2100

Quelle: Heidelberger Druckmaschinen AG

Die Entwicklung des latenten Bildes geschieht durch Zuführung von Tonerpartikeln. Diese ca. 3 bis 6 µm durchmessenden Teilchen sind negativ aufgeladen und lagern sich an den nicht negativen Stellen der Trommeloberfläche an. Der nächste Schritt ist die Tonerübertragung auf Papier, der allerdings noch ein Transportband vorausgehen kann. Beim Mehrfarbendruck hat jede Druckfarbe ihre eigene Trommel. Ein Transportband sammelt dann die Tonerpartikel der hintereinander angeordneten Farbtrommeln, bevor sie gemeinsam auf das Papier übertragen werden. Dazu wird auf der

Papierrückseite eine starke, dem Tonerpartikel entgegengesetzte Spannung aufgebaut, die zudem durch Druckkontakt unterstützt wird.

Es folgt die Fixierung des Toners auf dem Papier. Dazu wird der Toner erhitzt und geschmolzen. Durch diesen speziellen Prozessschritt entfällt insbesondere die Trocknung, was für die direkte Weiterverarbeitung des Drucks von Bedeutung ist. Der letzte Prozessschritt ist die mechanische und elektrische Reinigung der Trommel, worauf die nächste Seite gedruckt werden kann.

Die Qualität von Laserdruckern hat sich in den letzten Jahren deutlich verbessert. Trotz der nur mittelmässigen Druckgeschwindigkeit, ist der Laserdruck auf Grund der fehlenden Rüstzeiten und seiner Flexibilität auch im professionellen Bereich, bis zu vielleicht 10'000 Exemplaren, konkurrenzfähig.

9.10.2 Inkjets

Tintenstrahldrucker oder *Inkjets* erzeugen durch Aufsprühen von Tinte unmittelbar ein Bild auf Papier. Dazu wird der Sprühkopf entlang der einzelnen Dots bewegt und bei Bedarf aktiviert. Es wird kein Zwischen- oder Transferbild erzeugt. Obwohl die Technik hohe Anforderungen an Tinten und Papier stellt, sind ausgezeichnete Qualitäten, selbst mit preiswerten Geräten, erzielbar. Die dünnflüssigen Tinten führen zu geringen Farbaufträgen, Farbschichten $< 1\,\mu m$ sind dem Offsetdruck vergleichbar. Da Inkjets nur eine relativ einfache Steuerlogik benötigen, ist es möglich, die Kontrollsoftware weitgehend auf dem PC zu belassen, was die kommerzielle Konkurrenzfähigkeit, besonders im Low-End-Bereich weiter erhöht. Nachteilig sind die gegenwärtig noch hohen Kosten für die Verbrauchsmaterialien, eine gewisse mechanische Fehleranfälligkeit der Geräte und eine bescheidene Druckgeschwindigkeit. Es sind verschiedene Arten der Tropfenerzeugung und -führung üblich.

- Bei den *Continuous Inkjets* wird ein stetiger Strom feinster Tröpfchen erzeugt. Die Entscheidung, ob eines dieser Tröpfchen den aktuell adressierten Dot erreicht oder nicht, wird durch eine entsprechende elektrische Aufladung des Tröpfchens vollzogen. Aufgeladene Tröpfchen werden vor dem Verlassen des

Sprühkopfes elektrisch abgelenkt, aufgefangen und recycelt. Dagegen erreichen ungeladene Tröpfchen das Papier. Ein einzelner Dot wird aus bis zu 30 einzelnen Tröpfchen zusammengesetzt, was eine entsprechende Helligkeitsmodulations des Dots erlaubt.

- Wenn nur die benötigten Tröpfchen erzeugt werden, spricht man von *Drop on Demand*. Die beiden Hauptvarianten sind *Thermal Inkjets*, auch als *Bubble Jets* bekannt, und *Piezo Inkjets*. Bei der ersten Variante werden die Tröpfchen in der Düsenkammer erhitzt und lokal verdampft. Beim zweiten Verfahren wird das Herausschleudern des Tröpfchens durch eine piezoelektrische Verformung der Düsenkammer verursacht. Auch bei Drop on Demand-Verfahren kann die Dotgrösse durch eine Mengensteuerung in der Düsenkammer oder durch Überlagerung mehrerer Tröpfchen in einem gewissen Rahmen variiert werden, wobei etwa 10 Grauabstufungen erreichbar sind.

Tafel 9.30: Inkjets

- Bilderzeugung durch Besprühen von Papier (Bedruckstoff)
- im Allgemeinen Spezialfarben und -papiere erforderlich
- **Helligkeitsmodulation** möglich durch
    - Sammlung von Tropfen auf einem Pixel (bis etwa 30)
    - Variation der Tropfenvolumen (ca. 10 Graustufen)
- **Continuous Inkjet**: stetiger Strom kleinster Farbtröpfchen
    - werden bildabhängig elektrisch aufgeladen (oder nicht)
        * geladene Tropfen werden abgelenkt und recycelt
- **Drop on Demand**: nur benötigte Tropfen werden erzeugt
    - **Thermal Inkjet** (**Bubble-Jet**): Verdampfen der Farbe
    - **Piezo Inkjet**: piezo-el. Volumenvariation der Düsenkammer
        * erlaubt höhere Druckfrequenzen
- dünnflüssige Farben: Schichtdicken $\leqslant 1\,\mu m$ ($\approx$ Offsetdruck)

Quelle: Hewlett-Packard

Der Prozess der Helligkeitsmodulation der Dots wird unterstützt durch eine zunehmende Anzahl der gleichzeitig verwendbaren Tinten. Besonders für helle Farben werden Spezialfarben z.B. *Lightcyan* eingesetzt, die das Halftoning stark unterstützen. Im Gegensatz zur Elektrofotografie sind Inkjets auch gut für frequenzmodulierte Raster geeignet. Alles in allem kompensieren diese technische

Möglichkeiten die nicht allzu hohe Auflösung, so dass Inkjets ein ausgesprochen gutes Preis-Leistungs-Verhältnis besitzen.

Tafel 9.31: Thermografie

- Speicherung der Farbe auf einer Trägerschicht (Folie)
- Farbübertragung durch Wärme (auf Papier ohne Zwischenträger)
- Wärmezufuhr: Laser oder Schreibkopf mit Heizelementen
- **Thermotransfer**: Schmelzen der Farbschicht
    - Übertragung der flüssigen Farbe durch leichtes Andrücken
        * Farbe: Wachs oder Resin (spezielles Polymer)
        * Farbschichtdicke konstant, Dot-Fläche variable
- **Thermosublimation**: Verdampfen (Sublimation) der Farbe
    - Farbe dringt über Diffusion ins Papier ein
        * erfordert spezielle Oberflächeneigenschaften
    - diffundierende Farbmenge steuerbar (Helligkeitsmodulation)
        * über Temperatur und/oder Heizdauer

9.10.3 Thermographie

Thermographische Druckverfahren haben eine gewisse Ähnlichkeit zur Schreibmaschine. Anstatt ein Farbband mit einem Kugelkopf oder Typenrad aus Papier zu drücken, wird eine Farbfolie mit einem Laser oder Heizkopf auf das Papier oder einen Zwischenträger übertragen.

- Beim *Thermotransferverfahren* wird eine Wachs- oder Resinschicht zum Schmelzen gebracht und durch leichtes Andrücken auf den Bedruckstoff übertragen. Die erzeugte Farbschichtdicke ist konstant, die Dot-Grösse ist in einem beschränkten Umfang variabel.

- Bei der *Thermosublimation* wird die Farbe dagegen verdampft und diffundiert dann ins Papier. Der Verdampfungsprozess kann durch die Heizleistung relativ gut gesteuert werden, so dass eine fein abgestufte Helligkeitsmodulation der Dots resultiert. Dabei bleibt die Dotgrösse weitgehend konstant. Die Helligkeitsmodulation resultiert aus der Materialdichte der übertragenen Farben. Damit der Prozess in der geschilderten Art funktioniert, muss sowohl die Oberfläche des Bedruckstoffes speziell auf die Aufnahme der diffundierenden Farben vorbereitet als auch die Farbträgerfolie in mehreren Schichten sorgfältig präpariert werden.

Thermographische Drucker werden insbesondere für Prüfzwecke eingesetzt, siehe Kapitel 10. In diesem Kontext erfolgt die Farbübertragung zunächst auf einen Zwischenträger, der die einzelnen Farben einsammelt. Der Übertrag auf das Papier erfolgt dann mit einem Laminator. Ein weiteres Einsatzgebiet ist die Ausgabe von Fotos, etwa für Ausweise oder Kreditkarten. Handelsübliche Geräte mit 600 dpi Auflösung und 100 Grauwerten pro Dot genügen hier höchsten Qualitätsanforderungen.

9.11 Literaturverzeichnis

[1] Heidelberger Druckmaschinen AG. 100 Jahre Offsetdruck. *Pressemitteilung, siehe www.heidelberg.com*, 2004.

[2] Helmut Kipphan. *Handbuch der Printmedien*. Springer, Berlin, 2000.

[3] Hermann Meyn. *Massenmedien in Deutschland*. UVK Verlagsgesellschaft mbH (UTB), Konstanz, 2004.

[4] H. Paul, editor. *Lexikon der Optik*. Spektrum Akademischer Verlag, 1999.

[5] René Perret. *Kunst und Magie der Daguerreotypie, Collection W.+T. Bosshard*. BEA+Poly-Verlags AG, Brugg, ISBN 3-905177-52-8, 2006.

[6] R. Stöber. *Deutsche Pressegeschichte*. UVK Verlagsgesellschaft mbH (UTB), Konstanz, 2005, 2. Auflage.

[7] W. Talbot. Improvements in the Art of Engraving. British Patent Specification No. 565, 1852.

[8] W. König and W. Weber. *Propyläen Technikgeschichte*. Ullstein, Frankfurt am Main, 1990.

[9] E. Webster. *Print Unchained. Fifty Years of Digital Printing, 1950–2000 and Beyond*. DRA, West Dover, Vermont, USA, 2000.

[10] H. Wolf. *Geschichte der Druckverfahren*. Historia, Elchingen, 1992.

Kapitel 10

Proofing

Im Allgemeinen versteht man unter einem *Proof*[1] oder *Prüfdruck* eine visuelle Qualitätskontrolle und/oder eine entsprechende Dokumentation. Durch die Digitalisierung der Arbeitsabläufe in der Medienbranche erweitert sich das Verständnis des Begriffs. So ist eine Layoutbeschreibung in PDF eine abstrakte Datensammlung und als solche visuell nicht vorhanden. In automatisierten Abläufen haben Kontrollen dieser abstrakten Daten, besonders im Eingangsbereich, dann auch eher den Charakter einer Syntaxanalyse als den eines Prüfdrucks. In verteilt organisierten Produktionen übernimmt der Proof zunehmend die Rolle der Prozesssynchronisation. In der Digitalfotografie stellt sich durch den Wegfall der Analogfilme das Problem der Dokumentation.

Tafel 10.1: Proof

- **allgemein:** visuelle Qualitätskontrolle und Dokumentation
  - Visualisierung abstrakter Spezifikationen (PDF-Viewer)
  - wachsende Bedeutung im digitalen Workflow
    * z.B. **Fotografie:** Dokumentation abstrakter Bilddaten
- «*Gut-zum-Druck*» : visuelle Sollvereinbarung *Kunde-Druck*
  - Simulation des nachfolgenden Drucks
  - Hauptzweck: **Farbverbindlichkeit**
    * Druckqualität stark schwankend
      · Druckprozess bis heute nicht automatisch regelbar
      · neue Herausforderungen: z.B. im Verpackungsdruck
- **eigenständiger Technologiemarkt** für integrierte Systeme
  - heute stark mit Digitaldruck und CMS korreliert

Für das Verständnis des klassischen

> Gut-zum-Druck

ist es wichtig, sowohl die Beziehung

> Kunde-Druckerei

---

[1] Der Gebrauch der Worte « *Proof* » bzw. « *Proofing* » ist ein wenig ungewöhnlich wie aus dem folgenden Zitat von **Gary G. Field** [1, p. 325] zu entnehmen ist: *Proof is a noun of which prove is the verb form; therefore, this activity should be called color proving rather color proofing. The term* « proofing » *has, however, achieved widespread usage in the printing industry.*

als auch die technischen Rahmenbedingungen des Drucks zu berücksichtigen. Ein Probedruck auf einer Produktionsmaschine ist in der Mehrzahl der Fälle ausgeschlossen. Der Prüfdruck erfolgt im Normalfall auf speziellen Proofdruckern, für die ein eigenständiger Technologiemarkt existiert. Der Proof ist deshalb im Allgemeinen eine Simulation, die mehr und mehr auf Digitaldruck und Color Management basiert.

Bei einer Simulation stellt sich naturgemäss die Frage der Verbindlichkeit, vor allem der Farbverbindlichkeit. Druckmaschinen sind bis heute nur bedingt farbmetrisch regelbar. Die Simulation bezieht sich in Folge dessen normalerweise auf gemittelte Prozessparameter, wie sie etwa in der ISO/DIN-Norm[2] 12647 dokumentiert sind[3] und nicht auf konkrete Maschinenparameter. Das Gut-zum-Druck ist demgemäss nicht als technische Simulation des nachfolgenden Drucks zu verstehen, sondern als Soll-Vereinbarung zwischen Kunde und Druckerei. Der rechtliche Aspekt des Vorgangs ist von zentraler Bedeutung.

10.1 Proof-Arten

Preflight-Checks dienen der Kontrolle von Datenformaten. Heute handelt es sich in erster Linie um PDF-Parser. Wichtige Anliegen sind z.B. die Versionskontrolle und die Verifikation bestimmter Unterformate. So ist es keinesfalls selbstverständlich, dass ein korrektes PDF-File auch druckbar ist. Die Druckbarkeit wird im ISO-Standard PDF/X spezifiziert und kann durch einschlägige Programme wie der *Altona Test Suite*[4] überprüft werden. Verifikationssoftware dieser Art ist eine zwingende Notwendigkeit, die sich aus der stetig wachsenden Automatisierung der Arbeitsabläufe ergibt.

Aus der konventionellen Druckvorstufe sind *Stand-* oder *Formproofs* bekannt. Es handelte sich um Layout-Checks nach der Montage, wo vor allem die Text-Bild-Integration verifiziert wurde. Traditionell benutzte man dazu eine fotomechanische Ozalid-Kopie, die verfahrensbedingt eine blaue Farbe hat. Die Bezeichnung

Blaupause bzw. Blue Print

---

[2] ISO 12647: Graphic technology — Process control for the production of half-tone colour separations, proof and production prints
[3] aus Sicht des Color Management sprechen wir hier von Standardprofilen
[4] beziehbar über BVDM, ECI, FOGRA oder Ugra

ist daraus abgeleitet. Im modernen Workflow musste die Blaupause jedoch dem Laserdrucker weichen.

Das *Gut-zum-Druck* ist ein Kontrakt- oder Farb-Proof. Sein Ziel ist die farbverbindliche Freigabe eines geplanten Druckerzeugnisses. Der Kontrakt-Proof ist also Teil einer rechtlichen Vereinbarung zwischen Kunde und Druckerei. Zur Sicherstellung der Rechtsverbindlichkeit sind gewisse Regeln einzuhalten, auf die wir im Anschluss zurückkommen werden.

Tafel 10.2: Proof-Arten

- **Preflight-Check**: Kontrolle des Datenformats (PDF-Parser)
    - signifikant wegen wachsender Datenkomplexität (PDF/X3)
        * fehlende Fonts, schadhafte Dateien, Versionskontrolle
- **Stand-** oder **Formproof**: Druckvorstufe
    - Layout-Check nach Montage (Text-Bild-Integration)
    - traditionell: Ozalid-Kopie (Blue Print), heute: Laserdrucker
- **Farb-** oder **Kontraktproof**: farbverbindliche Freigabe
    - zunehmend auch als Eingangskontrolle für Fotografien
    - State-of-the-Art: hochwertige Inkjets (Tendenz Softproof)
- **Rasterproof**: Farbproof mit Halftoningkontrolle
    - Andruck oder hochwertige Simulation
        * z.B. Kunstdrucke, Werbeverpackungen (Tiefdruck)

Für anspruchsvolle, teure Produktionen, z.B. im Tiefdruck, kommen auch *Rasterproofs* zum Einsatz. Hier interessiert man sich nicht nur für den Farbeindruck sondern auch für die zu Grunde liegende Halftoningstruktur. Da eine Rastersimulation technisch komplex ist, sind im Rasterproof trotz der hohen Kosten auch ganz konventionelle Andrucke nicht ungewöhnlich.

10.2 Rahmenbedingungen des Kontraktproofs

Als Simulation eines Druckprozesses unterliegt der Farbproof einer Reihe von Anforderungen, die auch teilweise standardisiert sind. Ihre Einhaltung ist die Voraussetzung für die Akzeptanz des Proofs. Die Anforderungen sind teils technischer Natur wie die Definition von Fehlertoleranzen. Andererseits gibt es organisatorische Festlegungen wie die Regelung der Abnahme. In den letzten Jahren beobachtete man eine gewisse Verunsicherung, da durch die vordringende Computer-to-Plate-Technologie[5] gut etablierte Verfahrensweisen in Frage gestellt wurden und die neuen digitalen Proofkonzepte noch keine ausreichende Glaubwürdigkeit besassen. Zwischenzeitlich hat sich zwar die Lage rund um den Digitalproof entspannt,

---

[5]siehe Seite 306

aber die Diskussion um Glaubwürdigkeit und Rechtsverbindlichkeit hat sich lediglich der nächsten Proofgeneration, dem Proofen am Monitor (Softproof), zugewandt.

Die Frage der notwendigen technischen Voraussetzungen des Proofens wurde primär durch das Eindringen von Inkjets der mittleren und unteren Preiskategorie in den professionellen Proofmarkt aufgeworfen. Da ein Prüfdruck keinen direkten Zusatznutzen hat, ist es ein natürliches Optimierungsziel, ihn so kostengünstig wie möglich zu erstellen. Die erste offensichtliche Anforderung an einen Prüfdrucker ist Genauigkeit, speziell eine hohe Wiederholgenauigkeit. Damit eine farbmetrisch korrekte Simulation möglich ist, muss der Gamut des Proofers den Gamut des simulierten Druckprozesses enthalten. Da ein Prüfdruck als Dokument verwendet wird, muss er ein stabiles Zeitverhalten bezüglich Farben oder Tinten aufweisen. Spätestens 30 Minuten nach dem Druck sollten sich die Farben stabilisiert haben und es auch für zwei bis drei Monate, in einer vor direkter Sonneneinstrahlung geschützten Umgebung, bleiben. Bei der Wahl des Papiers ist zu beachten, dass für den Prüfdruck keine aufgehellten Papiere zulässig sind. Da speziell für Inkjets die beiden letzten Anforderungen keine Selbstverständlichkeiten sind, ist es sinnvoll, bei der Auswahl eines Prüfdruckers auf eine unabhängige Zertifizierung zu achten.

Seit Einführung des Color Management hat sich das Proofen stark an dieser Technik orientiert. Dies ist sehr naheliegend, da ein Druckerprofil genau die Daten zur Verfügung stellt, die zur Simulation des Druckers benötigt werden. Ein gegebenes CMYK-Ausgabefile wird mit dem Profil des vorgesehenen Druckers zurücktransferiert in den *Profil Connection Space*[6] PCS und von da aus erfolgt eine normale Druckausgabe mit dem Profil des Proofers. Für beide Transformationen benutzt man den *absoluten Rendering Intent*,[7] was einer echten physikalischen Simulation entspricht. In

---

Tafel 10.3: Constraints des Proofings

- möglichst billig (Proof: kein zusätzlicher Nutzeffekt)
- hohe Genauigkeit (insbesondere: Wiederholbarkeit)
- Proof-Gamut muss Print-Gamut enthalten
- speziell bei Inkjets
    - korrekte Wahl des Papiers (keine optischen Aufheller)
    - stabiles Zeitverhalten der Tinten bzw. Farbstoffe
        * zwischen 30 Minuten und 2-3 Monaten
- ausreichend hohe Auflösung, speziell im **Rasterproof**
    - Art des Farbauftrags kompatibel mit Druck?
- identische Dateninterpretation durch Print- und Proof-RIP
    - Versionsnummern bei PostScript und PDF

---

[6] siehe Abschnitt 8.1
[7] siehe Seite 207

10.2. Rahmenbedingungen des Kontraktproofs

Folge wird auch das Weiss des Ausgangsdruckers simuliert und nicht einfach mit dem Papier des Proofs identifiziert. Dieser Umgang mit dem Weisspunkt wird aber in der graphischen Industrie kontrovers diskutiert. Es ist jedoch keine technische Frage, sondern eine Diskussion um das Verständnis eines Proofs an sich.

Der Kontraktproof wird hauptsächlich im Akzidenzdruck eingesetzt. Aus den in Kapitel 8 ausgeführten Gründen wird im Normalfall nicht eine individuelle Druckmaschine simuliert, sondern standardisierte Durchschnittswerte, etwa gemäss dem vorgängig bereits erwähnten Offsetdruck nach ISO 12647. Abschliessend sei darauf hingewiesen, dass das Proofen mit ICC-Profilen zwar weit verbreitet, aber nicht exklusiv ist. Nach wie vor existieren integrierte Proofsysteme mit proprietärer Technologie.

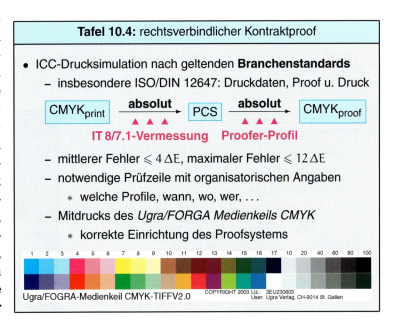

Tafel 10.4: rechtsverbindlicher Kontraktproof

- ICC-Drucksimulation nach geltenden **Branchenstandards**
  - insbesondere ISO/DIN 12647: Druckdaten, Proof u. Druck

  $CMYK_{print}$ →absolut→ PCS →absolut→ $CMYK_{proof}$

  IT 8/7.1-Vermessung   Proofer-Profil

  - mittlerer Fehler $\leq 4\,\Delta E$, maximaler Fehler $\leq 12\,\Delta E$
  - notwendige Prüfzeile mit organisatorischen Angaben
    * welche Profile, wann, wo, wer, ...
  - Mitdrucks des *Ugra/FORGA Medienkeils CMYK*
    * korrekte Einrichtung des Proofsystems

Die Rechtsverbindlichkeit eines Proofs erfordert, dass er nach geltenden Branchenstandards durchgeführt wird. In erster Linie ist hier wieder die ISO/DIN-Norm 12647 zu nennen, wo insbesondere die Standardprofile für die Simulation des Offsetdrucks festgelegt sind. Ferner erwartet man eine minimale Simulationsgenauigkeit, d.h. eine mittlere Fehlerabweichung $\leq 4\,\Delta E$ und einen maximalen Fehler $\leq 12\,\Delta E$. Auf Grund verbesserter Toleranzen im Offsetdruck ist in näherer Zukunft mit einer Revision dieser Zahlen nach unten zu rechnen.

Als Dokument benötigt der Proof entsprechende organisatorische Angaben. In einer diesbezüglichen Prüfzeile sollten die verwendeten Profile, das Datum, der Ort, die Ausführenden usw. festgehalten werden. Schliesslich sollte ein visuelles Testchart mitgedruckt werden, um die farbmetrische Korrektheit zu verifizieren. Der Ugra/FOGRA Medienkeil CMYK, siehe Tafel 10.4, hat sich für diesen Zweck als sehr geeignet erwiesen.

Zweck dieser Bemühungen ist die visuelle Abnahme des Prüfdrucks durch den Kunden. Das Ziel der Abmusterung ist die Druckfreigabe, das schon angesprochene Gut-zum-Druck. Die Situation stellt sich speziell im Akzidenzdruck, bei Prospekten, Katalogen oder problematischen Vorlagen. Die technischen Umstände der Abmusterung sind in der ISO-Norm 3664 festgelegt. Zunächst benötigt man einen blendfreien Arbeitsplatz, besser eine spezielle Abmusterungskabine, wie in Tafel 10.5. Das Licht sollte farblich neutral, idealerweise D_{50}, sein. Die Beleuchtungsstärke sollte 2000 ± 500 lx betragen. Um das Durchscheinen des Widerdrucks zu verhindern, sind Auflichtvorlagen mit Schwarz zu hinterlegen.

Tafel 10.5: Abmusterung

- visuelle Proof-Begutachtung, insb. im Akzidenzdruck
    - Prospekte, Kataloge, Bücher, ...
- Ziel: **Druckfreigabe** ≪ *Gut-zum-Druck* ≫
- ISO 3664: Abmusterungs- und Messbedingungen
    - blendfreier Arbeitsplatz (besser Kabine)
    - farblich neutral, Lichtart D_{50}
    - Beleuchtungsstärke Proof: 2000 lx ±500 lx
    - Auflichtvorlage ist mit Schwarz zu hinterlegen
        * Durchscheinen des Widerdrucks

Quelle: Gretag Macbeth

10.3 Technik

Bis in die 70er Jahre war der *Andruck*, der Probedruck auf einer tatsächlichen Druckerpresse, die Standardtechnik des Proofs. Allerdings benutzte man meist spezielle Andruckmaschinen, die sich durch kurze Einrichtungszeiten bei geringer Druckgeschwindigkeit auszeichneten. Der Andruck ist die teuerste Proofart, bietet aber auch die beste Übereinstimmung mit dem Auflagendruck. Er kann mit den originalen Druckplatten, -farben und -papier[8] durchgeführt werden. Die wirtschaftliche Bedeutung des Andrucks ist heutzutage eher gering. Für Sonderfälle, z.B. teuere Massenauflagen im Tiefdruck wie Modekataloge, wird er indessen noch eingesetzt.

Im Fotosatz entwickelte sich aus der eingesetzten Filmtechnologie auch eine entsprechende fotomechanische Prooftechnik, bekannt

---

[8] auch doppelseitig

als *Analogproof*. Ziel dieser Entwicklung war eine Überprüfung des Montagefilms und zwar bevor er zur Druckplattenproduktion benutzt wird. Dazu wurden mit dem Montagefilm dünne Folien mit fotosensitiven Schichten belichtet. Diese wurden zunächst im Nassverfahren entwickelt und die einzelnen Farbauszüge übereinander platziert (*Overlay-Technik*). Die Verfahren, die man aus heutiger Sicht mit dem Analogproof verbindet, ergaben sich aus der Aufgabe der Nassentwicklung und/oder durch das Zusammenfügen der Farbauszüge bzw. des Substrats durch Laminierung. Verfahren ohne Nassentwicklung benutzten eine fotosensitive Klebschicht. Durch die Belichtung geht an den entsprechenden Stellen die klebende Wirkung verloren. Ein anschliessend aufgebrachter Toner haftet nur an den unbelichteten Stellen.[9] Alternativ zu Toner kamen auch Farbfolien zum Einfärben der belichteten Klebschichten zum Einsatz. Dazu werden sie vollflächig an die teilweise klebenden Proof-Folie angepresst und bleiben beim Ablösen nur an den klebenden Teilen haften. Die so entstandenen Farbauszüge wurden dann nacheinander auflaminiert.

Tafel 10.6: Andruckmaschinen (Pressproof)

- bis in die **70er Jahre** die **Standardtechnik**
- meist spezialisierte Druckmaschinen
  - mit kleiner Druckgeschwindigkeit,
    aber kürzerer Umrüstzeit
- teuerste Proofart
- beste Übereinstimmung mit Auflagendruck
- **Auflagenpapier** verwendbar (auch doppelseitig)
- benutzt **originale Druckplatten** und **-farben**
- umsatzmässig geringste Bedeutung
  - hauptsächlich bei Sonderfällen
    * Tiefdruck: grosse, teure Massenauflagen

Der Analogproof war als Technik gut akzeptiert. Er bot einen grossen Farbraum, der fein abstufbar war, so dass Druckfarbräume gut simuliert werden konnten. Bis etwa 100 lpi war auch die Wiedergabe von Rasterstrukturen gut. Nachteilig war die stark glänzende Oberfläche und die relativ hohen Kosten. Dass diese Technologie heute ihre ehemals grosse Bedeutung eingebüsst hat, geht auf eine externe Ursache zurück, nämlich den Übergang zur digitalen Druckplattenproduktion (Computer-to-Plate). Wenn

Tafel 10.7: fotomechanischer Proof

- Belichtung von fotosensitiven Schichten oder Folien
  - direkt ab Film, vor der Druckplattenproduktion
- Kombination der Schichten
  - Ursprung: Overlay-Technik (Übereinanderplatzieren)
  - später: Belichtung erzeugt Klebschicht für Toner
    * zusammenfügen der Farbschichten durch Laminieren
- gute Übereinstimmung mit Normaldruck (hohe Akzeptanz)
  - grosser Farbraum, feinabstufbar, hohe Detailgenauigkeit
    * Nachteile: glänzende Oberfläche, relativ hohe Kosten
    * heute durch Technologiewandel veraltet
      · Filmerzeugung entfällt durch Computer-to-Plate

---

[9]ein typisches Verfahren ist etwa der *Cromalin*-Farbproof von *DuPont*

keine Filme mehr erzeugt werden, können sie auch nicht mehr für Belichtungen eingesetzt werden.

Ein CtP-Workflow benötigt also eine neue Prooftechnik, den *Digitalproof*. Potenzielle Kandidaten sind die Druckverfahren ohne Druckformen, insbesondere also der Laserdruck, Inkjets und die Thermographie. Da Laserdrucker jedoch technologiebedingt Qualitätsschwankungen aufweisen, sind sie für rechtsverbindliche Farbproofs ungeeignet.[10]

Tafel 10.8: Digitalproof

- **Continuous Inkjet**: hohe Akzeptanz im Farbproof
    - galt lange als **Synonym für Digitalproof**
    - **Auflösung**: 300-400 dpi (ungenaue Graphikwiedergabe)
    - grosser Gamut in feinen Abstufungen
    - aufwendige Technik, relativ teuer in Wartung u. Verbrauch
- **Drop-on-Demand-Inkjets**: gr. Fortschritte in d. letzten Jahren
    - Auflösung bis etwa 1500 dpi
    - Druckkosten niedrig (Tendenz fallend, gr. Marktdynamik)
    - heutige High-End-Geräte als Farbproofer akzeptiert
        * z.B. Agfa Sherpa, Grossformatplotter 120-160 cm
    - Low-Cost ($\leqslant 5$ kFr): mit ICC-CMS zunehmende Bedeutung
        * noch nicht gänzlich akzeptiert

Hauptsächlich werden Inkjets im Farbproof eingesetzt. Hier hat man eine hohe Marktdynamik. Prinzipiell geeignet sind auch die thermographischen Drucker. Sie sind im Kontraktproof allerdings seltener anzutreffen. Die ersten digitalen Proofdrucker, die eine hohe Akzeptanz erreichten, waren *Continuous Inkjets*.[11] Lange Zeit galten sie als synonym für den Digitalproof. Continuous Inkjets haben einen grossen, fein abgestuften Gamut, der auch die Simulation von Sonderfarben erlaubt. Dagegen ist die Auflösung mit ca. 400 dpi eher gering mit einer entsprechend ungenauen Graphikwiedergabe. In Anschaffung, Wartung und Verbrauch war diese aufwändige Technik sehr teuer.

Die heute im Digitalproof eingesetzte Technologie sind *Drop-on-Demand*-Inkjets. Hier hat es in den letzten Jahren die grössten Fortschritte gegeben. High-End-Geräte dieser Art erreichen Auflösungen bis etwa 1500 dpi. Als Grossformatplotter der Dimension 120×160 cm kann er auch grössere Druckbögen simulieren. Die Farbverbindlichkeit genügt höchsten Ansprüchen, entsprechend unbestritten ist die Akzeptanz dieser Technologie. Allerdings bewegt sich der Markt weg von dem hochpreisigen Segment und das Preis-Leistungs-Verhältnis hat sich in letzter Zeit bemerkenswert

---

[10]dominieren aber andererseits den weniger anspruchsvollen Design-Proof, auf Grund ihrer höheren Druckgeschwindigkeit
[11]siehe Seite 9.10.2

entwickelt. Auch im Low-Cost-Bereich lässt sich mit ICC-Profilen problemlos ein Proof erstellen. Die Akzeptanz ist aber hier weder allgemein gegeben noch gerechtfertigt.

10.3.1 Rasterproof (True Proof)

Bei anspruchsvollen Produktionen kann es angemessen sein auch die Rasterstruktur zu überprüfen. Grundsätzlich lassen sich z.B. Moiré-Effekte, verursacht durch Interferenzen mit Bildmotiven, nicht ausschliessen. Typisch für solche Probleme sind Stoffmuster in Modekatalogen. Die Voraussetzung zur Analyse von Dots, Rasterwinkel und Rasterfrequenz ist eine ausreichend hohe Auflösung und identische Rasteralgorithmen, d.h. im Allgemeinen identische RIPs. Da die Forderung nach einer hohen Auflösung durchaus nicht trivial ist, konnte sich der Andruck in diesem Segment eine gewisse Bedeutung erhalten, besonders in Kontext von teuren Tiefdruckproduktionen.

Bei den eigentlichen Simulationsverfahren sind drei Technologien verbreitet. Die erste sind die Thermotransfer- oder Thermosublimationsdrucker. Der zweite Ansatz kann als Übertragung des Analogproofs auf Computer-to-Plate verstanden werden. Anstatt der Druckplatte werden auf der CtP-Maschine Farbauszüge auf Folie erzeugt, die mit einem externen Laminator zusammengefügt werden. Schliesslich kommen auch beim Rasterproof Inkjets zum Einsatz. Auf Grund der nicht immer ausreichenden Auflösung ist dies allenfalls für AM-Raster empfehlenswert.

Tafel 10.9: Rasterproofsysteme (True Proof)

- Güte von Verläufen, Moiré-Effekte, ...
  - Interferenz mit Bildmotiven: Stoffmuster in Modekatalogen
- Analyse von **Dots, Rasterwinkeln, Rasterfrequenz**
  - Voraussetzung: hohe Auflösung und gleiche RIPs
- **3 Arten digitaler Rasterproofsysteme**
  - Thermosublimations- oder Thermotransferdrucker
    * erweiterte Farbproofer (in Europa nicht etabliert)
  - Nebenprodukt aus CtP-Anlagen: Folien anstatt Druckplatte
    * übertragbar auf verschiedene Trägermaterialien
    * hohe Kosten (Anschaffung, Verbrauch)
  - Softwaresimulation des Rasters auf Inkjet
    * Problem: mangelnde Auflösung (nur bei AM sinnvoll)
    · Spezialtinten simulieren nur Farbverhalten

10.3.2 Softproof

Im heutigen Arbeitsablauf der graphischen Industrie ist der Monitor das zentrale Werkzeug. Es ist deshalb natürlich, den Monitor auch zum Proof einzusetzen,[12] wobei man dann vom *Softproof* spricht. Durch Techniken wie dem ICC-Color Management ist der Softproof konzeptionell durchaus möglich und wird als Design-Proof auch heute schon praktiziert. Als rechtsverbindlicher Farbproof ist er jedoch noch nicht akzeptiert. Dies liegt an verschiedenen Gründen. So weisen Monitore Farbschwankungen über den gesamten Bildschirmbereich auf. Dann erreicht die handelsübliche Farbmesstechnik[13] bei Monitoren[14] nicht die Selbstverständlichkeit wie bei Körperfarben.[15] Desweiteren existieren organisatorische Probleme wie inkompatible Abmusterungsempfehlungen für Monitor und Druck bzw. wie dokumentiert man rechtsverbindlich ein Monitorbild. Schliesslich besitzt ein Monitor im Allgemeinen[16] nicht die Auflösung für eine korrekte Rastersimulation.

Tafel 10.10: Softproof

- **Proofing am Monitor**: work in progress
- Konzept naheliegend: Erweiterung von PDF-Viewer
    - prinzipiell möglich durch ICC-CMS
    - als Farbproof allgemein noch nicht akzeptiert
        * inkompatible Abmusterungen (Monitor, Druck)
        * Rasterstrukturen nur durch Zoomen visualisierbar
        * Dokumentation nicht offenbar (digitale Unterschrift)
    - **Vorteile**
        * geringe Kosten (keine zusätzliche Hardware)
        * partizipiert am Fortschritt der Informatik (Grafikkarten)
        * erweiterte Berücksichtigung von Viewing Conditions
        * einfache und effiziente Realisierung

Dagegen stehen die Vorteile. Zunächst die geringen Kosten, da keine zusätzliche Hardware benötigt wird. Die Leistungsfähigkeit von Graphikkarten wurde in den letzten Jahren enorm gesteigert. Dieses Potenzial kann genutzt werden, um visuelle Simulation im Druckbereich auf ein neues Leistungsniveau zu heben, z.B. für einen online-Einbezug der tatsächlich vorhandenen Betrachtungsumgebung. Nicht zuletzt ist der Softproof einfach und bequem.

10.3.3 Remote Proofing

In der Medienbranche existiert speziell im Anzeigenmarkt ein Trend zum *verteilten* Produzieren. Es ist nicht untypisch, dass ein

---

[12] siehe Tafel 10.10
[13] Relativmessgeräte
[14] Selbstleuchter
[15] Das EyeOne unterstützt aus diesem Grund keine Spot-Messungen bei Monitoren.
[16] High-End-Monitore ausgenommen

Modehaus dieselbe Anzeige europaweit in vielleicht 100 verschiedenen Zeitungen oder Magazinen schaltet. Selbstverständlich wird erwartet, dass die Anzeigen überall gleich aussehen. Durch diese Forderung entsteht für das Proofen eine neue Herausforderung, das sogenannte *Remote Proofing*. Das verteilte Proofen ist als Technologie noch im Entstehen begriffen. Verschiedene Aspekte lassen sich jedoch bereits identifizieren. So werden grundsätzlich keine neuen Techniken benötigt, sondern die vorhandenen werden stärker integriert, speziell der Softproof und der Datenaustausch per Internet. Der Proof wird zeitnäher agieren, vielleicht mit einer Kamera an der Druckmaschine. Die Computerinfrastruktur wird für erweiterte Simulationen genutzt werden.

Tafel 10.11: Remote Proofing

- Verteiltes Proofen im weltweiten Mediennetzwerk
  - duch Arbeitssituation induziertes Bedürfnis
- Basis: Softproof und Internet Print Protocol (IPP)
- State-of-the-Art: work in progress
- **Erwartungen**: neues Proof-Verständnis
  - Ausschöpfung der Computerinfrastruktur
  - zeitnäher (Kamera an der Druckmaschine)
  - erweiterte Simulationsmöglichkeiten
    * Materialeigenschaften, 3-D-Präsentationen, ...
  - Kostensenkungen (Zeit, Transportkosten, Softproof)

10.4 Tendenzen

Das Proof-Szenario ist in Bewegung. Der allgemein hohe Kostendruck erzwingt Veränderungen in Richtung Low-Cost-Inkjets und Softproof. Das Remote Proofing wird die gewohnten Arbeitsabläufe in Frage stellen. Erweiterte Simulationsverfahren stellen das traditionelle Verständnis des Proofs in Frage. In Folge der allgemeinen Veränderungen durch das Desktop Publishing verschwindet die Unterscheidung zwischen Design- und Farbproof.

10.5 Literaturverzeichnis

[1] G. Field. *Color and Its Reproduction*. GATF Press, Pittsburgh, 1999, Second Edition.

[2] P. Green. *Understanding Digital Color*. GATF Press, Pittsburgh, 1999, Second Edition.

[3] J. Homann. *Digitales Colormanagement. Daten, Proofs und Druck nach DIN / ISO 12647*. Springer, Berlin, 2006, 3. Auflage.

[4] M. Dätwyler, E. Widmer, and K. Simon. Evaluating a Digital Proofing Device. *Acta Graphica: Journal for Printing Science and Graphic Communication*, pages 49–66, 2003.

Stichwortverzeichnis

A

absolute Farbmetrik 66
absoluten Rendering Intent 328
Abstrakte Profile 220
Adaptation 27, 29
    chemische 28
    chromatische 15
    neuronale 28
additive Farbmischung 52
Aderhaut 26
ähnlichsten Farbtemperatur 92
äussere Farbmischung 59
Aktivierung 31
Albrecht Dürer 269
Altona Test Suite 326
Amplitudenmodulation 145
Analogproof 331
André, J.+P. 274
Andruck 330
Angerer, C. 287
Anregung 31
Aquatinta 272
Arago, F. 284
Archer, F. S. 284
Auflösevermögen 289
Auflösungsgrenze 44
Aufsichtsfarben 87
Augapfel 23
Auge 23
Augenachse 24
Augenempfindlichkeit 20

Ausschiessschema 299
Ausschliessen 258
Autotypie 287

B

Bayard, H. 284
Bayer, B. 159
Beck, H. 134
Beleuchtungsstärke 19
Belichtung 290
Berchtholds, M. 287
Bestrahlungsstärke 19
Blackwell, H. R. 41
Blau 94
Blechdruck 293
blinder Fleck 25
Blockbücher 268
Blower-Maschine 261
Blue noise 155
Bogenmontage 248, 299
Bonders Edelstein 269
Boston 255
Braun, G. 191
BRDF 85
Brightness 233
Brodhun, E. 41
Bromsilber-Gelatine-Trockenplatte .. 284
Brown, P 36
Bubble Jets 322
Bullock, W. H. 257
Bunttonzahl 131
Burgess, H. 254

Buxheimer Christopherus 269

C

Calverley, J. 258
Camera Obscura 278
Camera-Ready 300
Candela 21
CARISMA 173
chemische Adaptation 28
Chromatic Adapation Tag 223
chromatische Adaptation 15
CIM 306
CIP4 306
Clipping 190
Clustered Dot 158
CMYK 93
Color Appearance 16
Color Lookup Table 234
Color Management 134
Color Management System 203
Color Management Systeme 189
Color Matching Method 207, 224
Colorant Order Tag 223
Colorant Table Tag 223
Computational Color Reproduction ... 11
Computer-to 305
    Film 306
    Plate 307
    Press 307
    Print 308
Continuous Inkjets 321, 332
Contrast 233
Craske, C. 257
Cromalin 331
Cross Media Publishing 11, 247
CtF 306
CtP 307
Cusp 198
Cyan 94

D

d2d-Separation 103
d2d-Transformation 103
Daguerre, L. J. M. 280
Daguerrotypie 280
Dalton, J. 35
Davis-Gibson-Filter 93
Desktop Publishing 248, 265, 303
Device-Link 220
Dichte
    optische 290
Didot, F. 257
Digitalproof 332
DIN-Farbsystem 131
Dioptrien 23
Diorama 280
Dispered Dot 158
Dithermatrix 155
Dot 93, 143
Dot-by-Dot 159
Dreibereichsverfahren 135
Drop on Demand 322
Drop-on-Demand 332
Drucken 249
Druckform 250
Druckplatte 248
Druckpunkt 93, 143
Drucktypen 250
Druckvorstufe 248, 297
Dürer, A. 269

Dunkeladaption 28
Dunkelstufe 131
Durchdruckverfahren 318

E

Eastman, G. 284
Ebner, F. 191
Elektrofotografie 308, 320
Embedded Profil 220
Empfindlichkeit 289
energiegleiches Spektrum 18
Entwicklung 281
Entwicklungskeimen 289
Entwicklungsschleier 291
Error Diffusion 159

F

Fairchild, M. 16, 137, 191
Falzen 299
Farbabstand 68
Farbart 61
Farbatlanten 125
Farbe 9
    Gestaltung 7
    Umstimmung 9
Farbempfindung 13
Farbkonstanz 9, 15
Farbmessung 52, 132
Farbmetrik 13, 51
farbmetrisch absolut 218
farbmetrisch relativ 218
Farbmischung
    additive 52
    äussere 59
    innere 59
    multiplikative 56
    subtraktive 56
Farbordnungssysteme 125
Farbort 62
Farbtemperatur 91
Farbton 63
farbtongleiche Wellenlänge 63
Farbvalenz 51, 53
Farbvalenzmetrik 13
Farbwertanteile 61
Fechner, G. T. 13, 40
Fertigung
    computerintegrierte 306
Film 298
Fixierung 281, 289
Flachbettscanner 141
Flachdruck 314
Flächenbedeckungen 100
Flexodruck 315
Flimmerfusionsfrequenz 47
Floyd, R. 159
Fluoreszenz 87
Foeva 27
Fogra 238
Formproofs 326
Fotografie 277, 280
fotografische Schicht 288
Foveola 24, 26
frequenzmodulierte Rasterung 151
Friese-Green, W. 296

G

Gally 255
Gammakorrektur 111
Gamut 134, 167

Gamut Mapping	167
Ganglienzellen	26
Ganzbogenbelichtung	305
GCR	101
Ged, W.	257
Gegendruckelement	250
Geisselung Christi	270
gelber Fleck	27
Geschke, C.	303
gestrichenes Papier	252
Gilke	255
Giorgianni, E. J.	207
Glanzfalle	90
Gleichheitsverfahren	134
Gleismühle	253
Goran, S.	164
Gordon	255
Gradation	291
harte	291
weiche	291
Gradationskurve	290
Graphik	298
Grassmann, H. G.	52
Grassmannsche Gesetze	57
Grey Component Replacement	101
Grey, T.	232
Grossfeld-Normvalenzsystem	66
Grün	94
Gummiarabicum	275
Gummistempeldruck	315
Gut-zum-Druck	87, 327
Gutenberg, J.	249

H

Hadern	253
Halbtöne	143
harte Gradation	291
Heliographie	280
Heliogravur	280
Helladaptation	29
Hellempfindlichkeitsgrad	20
Helmholtz, H. v.	35, 68
Hemmung	31
Hering, E.	36
Hermann, C.	294
Hermann, L.	33
Hermann-Gitter	33
Higonnet, R.	296
Hill, R.	256
Hochdruck	314, 315
Hoe, R.	257
Holzschliff	253
Holzschnitt	268
Hornhaut	23
Hue-Shift	173

I

ICC	207
ICC-Profil	206
idealer Mehrfarbendruck	99
Illuminatoren	267
Imagesetter	297
Inkjets	321
innere Farbmischung	59
International Color Consortium	189, 203
Ionographie	320
IR-Screening	150
Iris	24
Irrational Tangent Screening	150

J

Jobs, S. 303
Johnson, R. 293
Judd, D. 70

K

Kalotypien 281
Kang, H. 163
Kardinal d'Amboise 280
Keller, F. G. 253
Key Color 100
Knuth, D. E. 301
Kodak Nr.1 285
König, A. 41
Koenig, F. 255
Körperfarben 9, 83
Kohlrausch-Knick 29
komplementär 63
Kontrastschwelle 45
Kontrastsensitivität 45
Kopiervorlage 248
Kraushaar, A. 232
Kries, J. v. 37, 54
Kupferstich 269
Kurzendfarbe 94

L

Lambert, J. H. 84, 125
Lambertsche Fläche 84, 136
Lambertscher Farbatlas 125
Landolt-Ring 46
Langendfarbe 94
Langsiebpapiermaschine 253
Lanston, T. 262
Laserdruck 320

latentes Bild 281, 289
Lederhaut 23
Leonardo da Vinci 36
Lettern 250
Leuchtdichte 22
Levy, L.+M. 143
Liberty 255
Libraries Gilden 267
Lichtdruck 286
Lichthofschutzschicht 288
Lichtreiz 13
Lichtstärke 19
Lichtstrom 19
Lignin 254
Linienelemente 69
Linotype Simplex 261
Lithfilme 292
Lithographie 247, 272, 314
lokaler Kontrast 199
Londoner Times 256
Lookup Tables 206
lpi 146
Lucas Cranach der Ältere 269
Lucas van Leyden 269
Ludwig von Siegen 272
Lumitype 296
Luo, M. 82
LUT 206
Luther, R. 94

M

MacAdam, L. D. 71
MacAdams-Ellipsen 71
MacMichol, E. 36
Maddoxs, R. L. 284

Magenta	94
Magnetographie	320
Makula	27
manueller Montage	298
Maria mit dem Kinde	269
Marinoni, H.	257
Marks, W.	36
Markup Sprache	301
Massenmedien	262
Maxwell, J. C.	35
Mechanical Dot Gain	102
Media White Point Tag	222
Meisenbach, G.	143, 287
Mergenthaler Linotype Co.	261
Mergenthaler Printing Co.	261
Mergenthaler, O.	260
mesopisches Sehen	28
Messgeometrie	86
Mezzotinto	272
Mitscherlich, A.+R.	254
Mittelfarbe	94
Mittelfehlfarbe	94
Mittelpunkt-Transformation	138
mittlere Augenempfindlichkeit	20
Moiré	147
monochromatische Strahlung	18
Monotype	261
Montage	298
Morovic, J.	191
Moyround, L.	296
multiplikative Farbmischung	56
Munsell Book of Color	127
Munsell, A. H.	127
Munsell-Color-Science-Laboratory	127
Munsell-System	127

N

nasses Kollodium-Verfahren	284
National Typography Company	261
Natural Color System	129
Netzhaut	25
Neugebauer, H.	99
neuronale Adaptation	28
New York Herald	257
New York Tribune	261
Niépce, J. N.	279
Nicholson, W.	256
Niellos	270
NIP	319
Noise Encoding	155
Non Impact Printing	308
Non-Impact-Printing	319
Normalisierung	137
Normbeobachter	15
Normlichtarten	92
Normvalenzsystem	52, 59, 63

O

Oblique-Effekt	46, 148
Öffentlichkeit	264
Offsetdruck	292
Optical Dot Gain	102
Optimalfarbe	94
optische Dichte	290
optischen Achse	24
Ordered Dither	158
Original Heidelberger Tiegel	255
Ostwald-System	126
Overlay-Technik	331

P

Papier

gestrichenes 252
Papille 25
PCS 207
Pfister, A. 269
Photo-Galvanographie 286
photometrische Grössen 19
photonisches Sehen 28
physiologischer Grenzwinkel 144
Piezo Inkjets 322
Planck, Max 91
Plancksche Strahlungsgesetz 91
Planckscher Farbenzug 91
Pleydenwurff, W. 269
Pogsonschen Helligkeitsskala 42
Poitvevin, A. L. 286
Preflight-Checks 326
Presse 264
Pretsch, Paul 286
Primärfarben 94
Primärvalenzen 59
Print-on-Demand 310
Profil Connection Space 207, 328
Proof 325
Prüfdruck 325
psychometrische Buntheit 74
psychometrische Helligkeit 72
psychometrische Sättigung 74
Psychophysik 13
  direkte 41
psychophysikalische Methoden 13
Pupille 24
Purity 70
Purkinjie-Shift-Effekt 20
Purpurgerade 63

R

Radierung 272
radiometrische Grössen 19
Radiosity 87
Raster 146
Raster Image Processors 297
Rasterproof 327
Rastertechnik 143
Rasterung 149
Rasterzelle 144
Rational Tangent Screening 149
Raytracing 87
Recoder 297
Reference White Point 222
Regenbogenfarben 56
Regenbogenhaut 24
Reizschwelle 39
relative Farbmetrik 66, 137
relativer Spektralwertanteil 70
Remission 84
Remissionsgrad 86
Remote Proofing 335
Rendering Intents 218
Repro 298
Retina 25
retinale Pigmentepithel 26
retinalen Exzentrizität 27
rezeptive Feld 32
Rhodopsin 29, 30
Richter, M. 131, 137
Robert, N. L. 253
Rochester Institute of Technology ... 310
Rollfilm 284
Rot 94
RT-Screening 149

Rubel, I. W. 293

S

Sättigung 63
Sättigungsstufe 131
Satz 248, 298
Schabkunst 272
Schabmanier 272
Schedel, H. 269
Scheele, K. W. 278
Schneider, J. 309
Schnellpresse 256
Schreibmaschine 259
Schroeder, M. 159
Schrödinger, E. 52, 69, 94
Schrotblätter 270
Schuberth, E. 199
Schulze, J. H. 278
Schutzschicht 288
Schwärzung 290
Schwärzungskurve 290
schwarze Strahler 90
Schwarzweissprozess 288
Schwellenschwärzung 291
Scientific American 259
Screening 149
Scriptoren 267
Sehen
    mesopisches 28
    photonisches 28
    skotopisches 28
Sehschärfe 46
Sehwinkels 25
Seitenmontage 248, 299
Sekundärfarben 94

Senefelder, A. 273
Sensitometrie 290
Separation 102
SGDA 198
Sharma, A. 207
Sholes, C. L. 259
Siebdruck 314, 318
sigmoidale Kurve 188
Silberbromid 289
Silberchlorid 289
Silberhalogenid 288
Silberiodid 289
Simon, K. 198
Simultankontrast 14
skotopisches Sehen 28
Softproof 334
Sohnhofer Schiefer 275
Solarisation 291
Spatien 258
spektrale Strahlungsdichte 17
spektraler Hellempfindlichkeitsgrad .. 20
Spektralfarben 56
Spektralfarbenzug 62
Spektralphotometer 134
Spektralverfahren 134
Spektralwertkurven 61
Spektrum 17
    energiegleiches 18
sRGB 111
Stäbchen 26
Stege 316
Steinberg, L. 159
Steindruck 272
Steradiant 19
Stereotypie 257

Stevens, S. S. 41
Stevenssche Potenzfunktion 51
Stevensschen Exponenten 115
stochastischer Rasterung 151
Strahlungsleistung 19
Strahlungsstärke 19
subtraktive Farbmischung 56
Süsstrunk, S. 113
Sulfatzellstoff 254
Swan, J. W. 286

T

Tag Table 221
Tageslichtarten 92
Tagged Image File Format 221
Talbot, F. 143
Talbot, W. H. F. 281
Talbotypien 281
Testchart 229
Thermal Inkjets 322
Thermosublimation 323
Thermotransferverfahren 323
Tiefdruck 272, 286, 314, 316
Tiegelpresse 250
Tilghman, B. C. 254
Tintenstrahldrucker 321
Tizian 269
Tiziano Vecellio 269
Tonwertreproduktionskurven 222
Tonwertzunahme 102
Transduktionsprozess des Sehens 30
Transfermatrizen 110
Transmission 84
Transmissionsgrad 87
Trommelscanner 140

Tsai Lun 252

U

UCR 101
UCS 70
Übertragungsfunktion 44
Ulbrichtsche Kugel 89
Ulichney, R. 155
Umstimmung 9
Umstimmung des Auges 15
Unbuntaufbau 101
Under Color Removal 101
Uniform Chromaticity Scale Diagram 70
Unterschiedsschwelle 40
Urfarben 37

V

Video Card Gamma Tag 235
Viewing Conditions 113
virtuelle Primärvalenzen 65
Voith, J. M. 253

W

W. Stiles 41
Wald, G. 36
Walter, J. 256
Warnock, J. 303
Watt, C. 254
Weber, E. H. 40
Weber-Fechner-Gesetz 51
Wedgewood, T. 279
weiche Gradation 291
Weissstandard 136
Weiterverarbeitung 248
Werbung 265
Wiedergabeziele 218

Winkelhaken 258
Wolf, H. J. 269
Wolgemuts, M. 269
Wrong von Kries Transformation 138
Wyszecki, G 41

─────────────── **Y** ───────────────

Yellow 94
Young, T. 35

─────────────── **Z** ───────────────

Zainer, G. 269
Zanndio, P. 270
Zapfen 26
Zentrierung 138
Zinkdruck-Rotaries 293
Zolliker, P. 198